As esposas

As esposas

As mulheres nos bastidores da vida
e da obra de prodígios da literatura russa

Alexandra Popoff

TRADUÇÃO DE
Lúcia Helena de Seixas Brito

Amarilys

Título original em inglês: *The Wives - The Women Behind Russia's Literary Giants*
Copyright © 2012 by Alexandra Popoff

Amarilys é um selo editorial Manole.

Editor-gestor: Walter Luiz Coutinho
Editor: Enrico Giglio
Produção editorial: Luiz Pereira, Katharina Cotrim e Marcia Men
Capa: Axel Sande / Gabinete de Artes

Dados Internacionais de Catalogação na Publicação (CIP)
(Câmara Brasileira do Livro, SP, Brasil)

Popoff, Alexandra
  As esposas : as mulheres nos bastidores da vida e da obra de prodígios da literatura russa / Alexandra Popoff ; tradução de Lúcia Helena de Seixas Brito. -- Barueri, SP : Amarilys, 2013.

  Título original: The wives : the women behind Russia's literary giants.
  Bibliografia
  ISBN 978-85-204-3536-6

  1. Cônjuges de escritores - Rússia - Biografia 2. Esposas - Rússia - Biografia 3. Mulheres - Rússia - Biografia I. Título.

13-04326   CDD-891.709

Índices para catálogo sistemático:
1. Esposas de escritores russos : Biografia :
   Literatura russa   891.709

Todos os direitos reservados.
Nenhuma parte deste livro poderá ser reproduzida, por qualquer processo, sem a permissão expressa dos editores.
É proibida a reprodução por xerox.

A Editora Manole é filiada à ABDR – Associação Brasileira de Direitos Reprográficos.

1ª edição brasileira – 2013

Editora Manole Ltda.
Av. Ceci, 672 – Tamboré
06460-120 – Barueri – SP – Brasil
Tel. (11) 4196-6000 – Fax (11) 4196-6021
www.amarilyseditora.com.br I info@amarilyseditora.com.br

Impresso no Brasil I *Printed in Brazil*

Este livro contempla as regras do Acordo Ortográfico da Língua Portuguesa de 1990, que entrou em vigor no Brasil em 2009.

Para meus pais.

Sumário

Nota sobre nomes russos 9

Prólogo 11

CAPÍTULO UM 23
Anna Dostoiévski: acalentando uma memória

CAPÍTULO DOIS 83
Sofia Tolstói: babá de um talento

CAPÍTULO TRÊS 135
Nadejda Mandelstam: testemunha da poesia

CAPÍTULO QUATRO 197
Vera Nabokov: apenas uma sombra

CAPÍTULO CINCO 231
Elena Bulgákov: a Margarida misteriosa

CAPÍTULO SEIS 275
Natália Soljenítsin: "companheira inseparável de meu trabalho"

Epílogo 313

Bibliografia 317

Notas 327

Índice remissivo 349

Agradecimentos 359

Nota sobre nomes russos

No idioma russo, o tratamento formal entre pessoas exige o uso do primeiro nome e do sobrenome (derivado do primeiro nome do pai). No texto, adotei apenas os primeiros nomes, por serem mais familiares para os leitores ocidentais.

Com poucas exceções, utilizo a forma masculina dos nomes de família; por exemplo, Anna Dostoiévski, Sofia Tolstói, Vera Nabokov, Elena Bulgákov e Natália Soljenítsin. Na Rússia, esses nomes têm terminação feminina: Dostoiévskaia, Tolstáia, Nabokova, Bulgákova e Soljenitsina. A terminação do nome de Nadejda Mandelstam é a mesma tanto em inglês como em russo. Os nomes Anna Kariênina, Natasha Rostova, Anna Akhmatova e Marina Tsvetaeva são bastante conhecidos e aparecem inalterados no texto. Entre familiares e amigos é comum o uso de uma forma diminutiva do primeiro nome; por exemplo, Tânia para Tatiana, Macha para Maria, Sacha para Alexandra, Fédia para Fiódor e Vânia (ou Vanechka) para Ivan.

Prólogo

Fui criada em Moscou, na família de um escritor, e cresci acreditando que a esposa de todo escritor, a exemplo de minha mãe, tinha participação ativa no trabalho criativo do marido. Ela, uma contadora de histórias nata, colaborava com meu pai desde o momento da concepção de um romance até o desfecho final. A pedido dele, ela lhe falava sobre sua infância em Kiev, na época do expurgo em massa praticado por Stálin, nos anos 1930. Meu avô trabalhava como redator de discursos de um ministério e sua família vivia em um prédio de apartamentos cujos moradores eram, em sua maioria, funcionários do governo. No auge do movimento expurgatório, minha mãe presenciou prisões realizadas no edifício. Todas as noites, ela ouvia o som dos "camburões" ao estacionarem na entrada e, pela manhã, a porta de alguns vizinhos se encontrava lacrada; os adultos desapareciam nas prisões e campos de trabalho forçado, enquanto seus filhos eram encaminhados para orfanatos. Minha avó mantinha uma lâmina de barbear sob o travesseiro, com o intuito de se precaver contra tal destino: havia, pelo menos, o suicídio como opção. Felizmente, meu avô foi transferido para outro departamento em Moscou, onde, em virtude do volume de prisões, a polícia secreta soviética perdeu-o de vista. A guerra começou logo depois.

No outono de 1941, minha mãe viu de perto, em uma estação ferroviária, detentos a caminho dos *gulags*, uma imagem que ela jamais esqueceria: homens, trajando uniforme de prisioneiro, forçados a se ajoelhar na plataforma coberta de neve, enquanto os guardas os contavam como se fossem gado. Essa história, narrada por ela, serviu de inspiração para o romance *July 1941* [Julho de 1941], escrito por meu pai, um dos primeiros trabalhos antistalinistas publicados na União Soviética.[1] A cena da estação viria a ser o pomo da discórdia entre meus pais: ela reivindicava o crédito por aquele trecho para si e ele argumentava que contara com outras fontes.

Minha mãe foi para seu marido a leitora, redatora e consultora literária número um. Ela costumava discutir as cenas dos romances que ele escrevia e, quando fazia as revisões, vivia mais uma vez aquela ficção. Quando criança, eu realmente não via nada de incomum naquele trabalho colaborativo de meus pais e, de fato, considerava que ser a esposa de um escritor era, em si só, uma profissão.

Eu não deixava de ter razão: na Rússia, as esposas de literatos tradicionalmente desempenhavam múltiplas tarefas, atuando como estenógrafas, redatoras, datilógrafas, pesquisadoras, tradutoras e editoras. Os escritores russos eram casados com mulheres de refinado gosto literário, que se envolviam a fundo na arte de seu cônjuge e não se sentiam desconfortáveis em desempenhar um papel secundário. Vivendo sob regimes de liberdade restrita, as mulheres combatiam a censura e preservavam os arquivos ilegais dos escritores, a despeito de todos os riscos que corriam por isso. Elas estabeleceram uma tradição própria, sem par no ocidente.

Ithaca, setembro de 1958: uma sugestiva fotografia mostra Vera Nabokov na frente de sua máquina de escrever, ao lado de uma imagem refletida no espelho, do próprio Vladimir Nabokov ditando seu texto. Durante os 52 anos em que estiveram casados, Vera foi, segundo palavras do escritor, sua assistente e fonte de inspiração. Em 1965 Nabokov concedeu uma entrevista, na qual descreveu esse trabalho conjunto:

> Bem... minha esposa gentil e paciente... senta-se em frente à sua máquina de escrever e eu vou falando, lendo as minhas notas para ela, fazendo algumas modificações e, com muita frequência, discutindo um ou outro aspecto.

Ela comenta, "Oh, não diga isso, você não pode dizer isso".
"Bem, vamos ver, acho que dá para alterar."[2]

O casamento de Nabokov foi peça fundamental para seus escritos: Vera contribuía com ideias, ajudava a realizar pesquisas, redigia manuscritos, revisava, traduzia os trabalhos, organizava as correspondências e, durante o período em que ele deu aulas em Cornell, ela o auxiliava preparando as palestras e dando nota aos trabalhos dos alunos. Saul Steinberg observou que "seria difícil escrever sobre Vera sem falar de Vladimir. Porém, seria impossível escrever sobre Vladimir sem falar de Vera".[3]

Embora trabalhasse ao lado de Nabokov, Vera mantinha discrição sobre seu envolvimento. De acordo com o que declarou em uma entrevista, ela se sentia desconcertada quando via seu nome numa nota de rodapé. Demonstrava extrema preocupação com a reputação do marido e preferia permanecer à sombra dele, sempre relutante quanto a compartilhar informações privadas com outros.

Na verdade, no país de onde vieram, o íntimo casamento literário dos Nabokov não era um fenômeno incomum. Vera apenas seguia os passos de suas notáveis predecessoras, Sofia Tolstói e Anna Dostoiévski, que foram, para os respectivos maridos, assistentes e colaboradoras indispensáveis. Tomando emprestada uma expressão do próprio Nabokov, podemos dizer que essas mulheres formavam com os escritores uma "sombra indissociável".

Quando Lev Tolstói conheceu a esposa de Dostoiévski, exclamou, "É impressionante a semelhança entre as esposas de nossos escritores e seus maridos!". Tolstói se referia a uma aliança especial entre os literatos e as respectivas musas. Em suas reminiscências, Anna Dostoiévski descreve o episódio com uma ironia sutil, muito característica dela:

"Você me considera, de fato, parecida com Fiódor Mikhailovich?", perguntei sorrindo.
"Extraordinariamente parecida! Fiel à imagem da esposa de Dostoiévski que eu tinha em minha mente!"[4]

A reação de Tolstói ao ver Anna não foi apenas divertida, mas também digna de nota: ele não conhecia Dostoiévski pessoalmente, portanto, a imagem mental que criou não refletia, decerto, uma semelhança física. Ao conhecer Anna, Tolstói percebeu que a mesma aura emanada do trabalho ficcional de Dostoiévski agora se revelava em sua viúva. Anos mais tarde, no funeral de Tolstói, Boris Pasternak teve oportunidade de observar Sofia e descreve seu sentimento de admiração pela mulher que secundou o insigne romancista e serviu de modelo para as heroínas por ele criadas. Parecia impossível dissociá-la das criações do marido:

> Na sala jazia uma montanha como Elbrus, e ela era um de seus rochedos, enorme e impassível; uma nuvem de tempestade, do tamanho de metade do céu, cobria a sala, e ela era um de seus relâmpagos independentes.[5]

Ainda em criança, quando se conheceram, Sofia já admirava os escritos de Tolstói. Ela se casou com ele aos dezoito anos, e foram morar em Iásnaia Poliana, naquela época, uma propriedade isolada, e perfeitamente compatível com o estilo do escritor. Ela se mostrava sempre ávida em ajudar o marido, copiando-lhe os trabalhos e escrevendo cartas e diários, que propiciaram a Tolstói um profundo conhecimento da alma feminina. Sofia copiava os manuscritos dele durante a noite, pois a família em crescimento demandava sua atenção durante o dia. Esse trabalho nunca foi um fardo para ela, que tinha dotes artísticos e se sentia fascinada pela narrativa de Tolstói:

> À medida que copio, mergulho em um mundo novo repleto de emoções, pensamentos e impressões. Nada me toca tão profundamente como as ideias e a genialidade dele... Tento dosar o ritmo com que escrevo, com a rapidez necessária para acompanhar a história e absorver sua atmosfera, mas, ao mesmo tempo, sendo lenta o bastante para conseguir parar e refletir sobre cada nova ideia, a fim de discuti-la com ele mais tarde. Sempre conversamos sobre os romances e, por alguma razão, ele dá ouvidos ao que digo (o que me faz sentir muito orgulho) e confia em minhas opiniões.[6]

Em 1865, enquanto Tolstói escrevia *Guerra e paz*, um estranho que visitava a propriedade denominou Sofia "a esposa perfeita para o escritor" e "a babá" do talento do marido.[7] Os romances mais célebres de Tolstói foram escritos nos primeiros vinte anos de seu casamento e esses trabalhos refletem intimamente sua vida familiar. Nas décadas seguintes, Sofia continuou sendo para o marido, além de fonte de inspiração, sua editora, tradutora, fotógrafa e biógrafa.

Embora o casamento de Tolstói já tenha sido objeto de muitas descrições, ele ainda guarda aspectos que precisam ser mais bem compreendidos. Sofia não recebeu créditos pelas inúmeras contribuições feitas ao escritor. Pelo contrário, ela foi amplamente criticada por não ter apoiado o marido na fase em que ele se inclinou para a religião e renunciou a seus bens e direitos autorais. Quando Tolstói, aos 82 anos, abandonou sua fazenda, o mundo que cercava Sofia se transformou em um tribunal, onde ela teve de enfrentar acusações. Apesar de a fuga ter sido uma opção do próprio Tolstói, que desejava viver seus dias e morrer como um simples peregrino, a culpa recaiu sobre Sofia. Ela foi impedida de visitar o marido em seu leito de morte, na casa do chefe de uma estação ferroviária em Astápovo e, assim, o grande homem morreu cercado por seus discípulos.

O público russo tratava seus escritores como profetas, mas manifestava pouco apreço pelas esposas desses literatos; a dedicação delas não era reconhecida. Depois da morte de Fiódor Dostoiévski, Anna foi importunada por delegações de todo o país, que vinham para falar a respeito da importância de seu falecido marido para a literatura nacional e sobre a "grande perda que a Rússia sofrera". Quando finalmente encontrou alguém capaz de demonstrar consideração pelo lado pessoal de sua perda, ela agarrou as mãos do estranho e beijou-as em sinal de gratidão.

Anna era uma estenógrafa de vinte anos quando assumiu a incumbência de anotar os ditados de Dostoiévski. O encontro entre eles ocorreu em circunstâncias dramáticas: em 1866, o escritor se achava preso a um contrato impossível que o forçava a escrever um romance completo em apenas quatro semanas. O não cumprimento desse compromisso o levaria a perder os direitos sobre toda a sua obra.

Ao longo de 26 dias, Anna anotou o que ele ditava, para depois, em casa, transcrever suas anotações; foi graças a essa perseverança que Dostoiévski logrou se livrar de uma catástrofe. Ao finalizar o romance *O jogador*, ele percebeu que não conseguiria continuar escrevendo sem a ajuda dessa colaboradora: ditar passou a ser sua forma preferida de compor. Ele contou a Anna um sonho revelador, no qual encontrara um diamante reluzente entre seus papéis. O escritor fora, de fato, premiado.

Para pedir Anna em casamento, Dostoiévski se valeu de uma mal disfarçada história sobre um artista idoso, doente e mergulhado em dívidas, que se apaixonara por uma garota exuberante. Estaria ela disposta a se casar com o artista, ou isso representava um sacrifício grande demais? Anna, que já na infância fora "cativada" pelos romances de Dostoiévski, sentiu-se atraída pela ideia de poder ajudá-lo em seu trabalho e lhe dedicar carinho.

Meu amor se assentava inteiramente na razão... Refletia muito mais a adoração e reverência por um homem de tal talento e dono de qualidades tão nobres de espírito... O sonho de me tornar sua companheira por toda a vida, de compartilhar com ele o trabalho e lhe iluminar a existência, de lhe proporcionar felicidade... foi essa ideia que se apossou de mim; e Fiódor Mikhailovich[8] se tornou meu Deus e meu ídolo.[9]

Durante quatorze anos de um casamento marcado pela insegurança financeira, o comportamento de Anna em relação a Dostoiévski não se modificou; apesar das privações, ela considerava sua vida "extraordinariamente feliz".[10] Anna editou muitos de seus romances, inclusive as obras mais célebres, *Crime e castigo* e *Os irmãos Karamazov*. Dostoiévski se referia à esposa como sua colaboradora e anjo da guarda: foi dela que ele recebeu cuidados quando o vício do jogo o dominou e também nas crises epiléticas, sendo encorajado, vezes sem fim, a voltar a escrever. No final das contas, publicando os romances e administrando os negócios do marido, Anna pagou as dívidas que ele fez. Todavia, conforme observa em suas memórias, não foi apenas o aspecto financeiro que a motivou a se tornar editora – ela descobriu aí uma atividade interessante para sua vida.

Mesmo depois de morto, Dostoiévski não deixou de ser seu ídolo: Anna colaborou com os biógrafos do marido e orientou a criação dos museus dedicados a ele. Da mesma forma, Sofia continuou a trabalhar para Tolstói durante toda a viuvez: ela preparou suas cartas para publicação, reuniu tudo que a imprensa divulgou sobre ele, catalogou sua biblioteca e acompanhou turistas nas visitas à propriedade, que manteve intacta.

As duas mulheres documentaram meticulosamente, por meio de diários, memórias e correspondências, tanto sua vida pessoal como a do marido. Anna Dostoiévski, porém, foi muito mais cautelosa que Sofia: além de guardar os registros estenográficos, ela utilizou um código próprio, ininteligível até mesmo para outros estenógrafos. Ao contrário de Tolstói, Dostoiévski não podia ler os diários da esposa, um acordo providencial, em face da desconfiança e inconstância que o caracterizavam. Trinta anos mais tarde, ao preparar o diário para publicação, Anna transcreveu suas anotações. Ela não queria que os leitores conhecessem suas experiências reais e, sobretudo, tentou compor uma imagem mais virtuosa da vida privada de Dostoiévski. Em nome desse propósito, ela sacrificou a verdade, chegando, até mesmo, a recriar alguns episódios. Tais fatos permaneceram incógnitos até o final do século XX, quando um especialista russo conseguiu decifrar o código de Anna, e seus cadernos originais de anotações foram publicados.[11] Esse novo material biográfico trouxe revelações sobre o caráter da esposa de Dostoiévski e sobre o relacionamento do casal durante seu primeiro e mais desafiador ano de vida conjunta.

A contribuição inspiradora de Sofia Tolstói e Anna Dostoiévski na vida dos mais proeminentes escritores russos teve, sem dúvida alguma, uma influência marcante nos casamentos literários do século XX. Entretanto, durante a ditadura política de Stálin, com o fim da liberdade de expressão, a arte de escrever entrou para o rol das atividades passíveis de punição com pena de morte. Prestar assistência a escritores genuínos, passou a exigir dessas mulheres uma coragem extraordinária.

Quando, em 1938, Óssip Mandelstam, um dos principais poetas do século XX, foi enviado para o *gulag*, sua esposa Nadejda escapou por pouco da mesma sorte e, a despeito de todos os riscos, dedicou-se a ocultar os arquivos ilegais do marido: o confisco e a destruição da poesia de Óssip resultariam na morte espiritual do autor. Por muitas décadas ela levou uma vida nômade, escondendo-se das autoridades e dando aulas para se sustentar. O que a motivou a continuar viva foi a missão que abraçou: publicar os trabalhos de Mandelstam e contar sua história. Nadejda fez da própria memória um arquivo adicional de grande parte da poesia e da prosa do marido. Após a morte de Stálin, em 1953, ela pôde manter registros escritos dos trabalhos de Mandelstam que memorizava, acompanhados de informações sobre o contexto em que foram criados, e começou a batalhar por uma publicação póstuma.

Parte da mais destacada literatura russa do século XX deve à coragem dessas mulheres sua sobrevivência até os dias de hoje. Elena Bulgákov casou-se com o criativo e atormentado escritor satírico, a cujos trabalhos Stálin, em pessoa, negou o direito de publicação. A única peça de Mikhail Bulgákov que pôde ser encenada nos anos 1930 foi *Os dias dos Turbins*, inexplicavelmente a peça favorita de Stálin. A publicação das obras subsequentes, no entanto, foi impedida pelo tirano, e Elena testemunhou as reiteradas proibições impostas a todas as produções de Bulgákov.

Em seu diário, que corajosamente manteve durante os expurgos da década de 1930, Elena fez uma crônica sobre as perseguições e prisões de que seus amigos foram vítimas – atores, escritores, diretores e oficiais do exército. Ao longo de todo o período em que Bulgákov sofreu com a depressão e a doença dos rins, ela foi uma fonte inesgotável de força e esperança. Elena serviu de inspiração para a personagem principal do romance *O mestre e Margarida*, cujo papel retrata a esposa de um escritor que se alia a forças sobrenaturais para salvar o romance de seu amado mestre.

Em 1940, à beira da morte, em consequência da moléstia nos rins, e já quase cego, Bulgákov ditou para Elena uma revisão de *O mestre e Margarida*. Hoje publicada em todo o mundo, a versão final dessa obra-prima só chegou até os leitores graças ao zelo da esposa do autor na guarda do arquivo e à tenacidade com que ela batalhou pela publicação do trabalho, só tendo alcançado seu objetivo 25 anos após a morte do marido.

A história mostra que muitos escritores tiveram nas esposas o respaldo moral e prático de que precisavam. Nora Joyce foi não apenas a "rocha" da vida de James Joyce, como também seu modelo. Mas, embora tenha inspirado a personagem Molly Bloom em *Ulisses*, ela nunca chegou a ler o romance e tampouco se interessava pela criatividade do escritor. Ao contrário de Nora, as esposas dos literatos russos contribuíram ativamente para a produção literária da época. Essas mulheres se tornaram de tal modo parte constituinte da obra, que elas costumavam empregar a palavra "nós" para descrever o progresso do trabalho de seus maridos.

É surpreendente a dependência desses escritores em relação às esposas, em questões que vão de inspiração a ajuda técnica. Tolstói poderia ter contratado um escriba para copiar seus romances, mas preferia que Sofia o fizesse, porque via nela seu primeiro leitor. A literatura que ele escrevia os uniu: Sofia costumava se referir a *Guerra e paz* como se fosse um filho dos dois. Dostoiévski, Nabokov, Mandelstam e Bulgákov queriam que suas esposas anotassem os ditados, porque, desse modo, tinham retorno instantâneo a respeito do trabalho. Nadejda Mandelstam não permitia que o poeta escrevesse uma linha sequer, pois ela gravava os versos na memória à medida que ele os compunha. Mandelstam esperava, até mesmo, que ela memorizasse versões diferentes dos poemas – e essa "tecnicidade", segundo palavras de Joseph Brodski, fortaleceu os laços matrimoniais do casal.[12] Quando Mandelstam faleceu em um campo de concentração, Nadejda sobreviveu "graças à alegria inspirada pelos versos dele". Havia entre os dois um relacionamento de intelectuais e artistas (ela era pintora), mas foi Nadejda quem moldou seu intelecto para servir ao poeta.

De acordo com a própria Nadejda, Mandelstam fizera dela "uma parceira absoluta de sua vida".[13] Quando Mandelstam ouvia o cunhado comentar que ela se transformara no eco do poeta, ele replicava: "É isso que *nos* agrada". A perda de identidade de Nadejda é semelhante à de Vera Nabokov: as duas atuavam como parceiras invisíveis no processo criativo do marido e pareciam preferir que as coisas fossem desse modo.

Quando, em 2002, conheci Natália Soljenítsin em Moscou, perguntei se ela tinha conhecimento de algum biógrafo que estivesse escrevendo sobre sua vida e, à maneira de Vera Nabokov, ela me respondeu: "Eu jamais o permitiria".[14] Natália não se arrependeu de abandonar a própria carreira de matemática, pois considerava muito mais importante sua contribuição para o trabalho de Soljenítsin.

Ela conheceu Soljenítsin no final da década de 1960. Na época, tinha 28 anos e estava cursando seu doutorado. Ele precisava de uma pessoa confiável que pudesse ajudá-lo a datilografar *O primeiro círculo*, mas mantivesse essa colaboração em segredo. Seus amigos, contrários à ideia, recomendaram Natália, que havia trabalhado como assistente literária de ninguém menos que Nadejda Mandelstam. Natália decerto já ouvira falar de Soljenítsin, pois a novela que ele acabara de publicar *Um dia na vida de Ivan Denisovich*, sendo o primeiro relato dos crimes de Stálin a sair no país, alcançara sucesso imediato e total. Conhecendo-o, ela assumiu o trabalho literário do autor e também sua luta contra o estado comunista.

Em 1974, quando Soljenítsin foi preso e deportado, Natália planejou engenhosamente o contrabando dos arquivos ilegais do autor para o ocidente. Ele precisava de todo o material para poder continuar trabalhando, e ela se dispôs a ir encontrá-lo só depois que todos os papéis estivessem a salvo. Na época, o casal tinha três filhos pequenos, dos quais o menor ainda aprendia os primeiros passos. Ela colocou em risco a própria segurança e a dos filhos, organizando uma rede secreta de aliados. Movida por uma vontade férrea, Natália estabeleceu relações com correspondentes e diplomatas estrangeiros, que tinham condições de transportar maletas contendo os documentos de Soljenítsin. Depois de conseguir distribuir os arquivos, colocando-os em segurança, ela atravessou a fronteira soviética, levando consigo uma bagagem volumosa que continha, inclusive, a escrivaninha do marido.

Natália Soljenítsin surpreenderia visitantes no ocidente com a dimensão do trabalho que realizou para dar apoio ao escritor. Além das extensas pesquisas para embasamento dos romances históricos, ela fez a redação e composição das obras completas de Soljenítsin. Ao mesmo tempo, desempenhava funções de secretária, porque ele, assim como Nabokov, raramente atendia o telefone. Sempre movido pelo desejo de dar a ela o devido crédito, Soljenítsin se dizia o mais privilegiado entre todos os escritores russos, por ter encontrado uma colaboradora tão devotada.

De acordo com declarações dadas por Vera Nabokov durante a primeira década de seu casamento, "Alguém deveria escrever um livro sobre a influência que uma mulher exerce sobre o marido, ou seja, o estímulo e a inspiração".[15] No entanto, nem ela, nem nenhuma das outras escreveu esse livro. Aos 82 anos, Vera ainda passava o dia todo em sua escrivaninha, dedicando-se à tradução dos trabalhos de ficção de Nabokov e se acreditava carente do dom epistolar. Elena Bulgákov nunca escreveu um livro de reminiscências sobre seu marido, embora alimentasse esse desejo. Anna Dostoiévski redigiu memórias brilhantes, mas insistia em se considerar "totalmente desprovida de talento literário".[16] Sofia Tolstói, por sua vez, embora tenha escrito alguns textos de ficção, não viveu para os ver publicados.

No ocidente a história se deu de outra forma, pois as mulheres, já no século XVIII, estabeleceram-se como prósperas romancistas, disputando seu espaço com os escritores homens. O casamento dos Fitzgerald é um bom exemplo de tal rivalidade. Zelda não admitia submeter à aprovação do marido suas ideias e temas, tampouco se contentava em "ser uma nota de rodapé na vida de outra pessoa", segundo as célebres palavras de Martha Gellhorn.

Quando Gellhorn visitou Nadejda Mandelstam, em Moscou, ela casualmente falou a respeito do ex-marido, Ernest Hemingway: "Por que eles gostam desse falastrão em seu país?".[17] Gellhorn ressentia-se por ser conhecida como esposa de Hemingway, uma atitude que surpreendeu Nadejda, habituada com o fato de as esposas dos escritores russos serem embaixadoras dos maridos. Não há uma explicação simples que justifique por que na Rússia essas talentosas mulheres não buscaram uma carreira literária independente. É necessário notar que, até meados do século XX, a literatura russa era dominada por homens. Escrever prosa ainda não fazia parte da esfera de competências das mulheres – a maioria encontrou seu nicho na redação de memórias, cartas e diários. O impacto de tal condição se manifestou na forma pela qual elas contavam suas histórias – falando para o mundo através da genialidade dos maridos.

CAPÍTULO UM
Anna Dostoiévski: acalentando uma memória

P oucos escritores descrevem o dia de seu nascimento como uma ocasião festiva. Para Anna, todavia, ele foi o presságio do futuro casamento com Dostoiévski. Ela nasceu em São Petersburgo, em 30 de agosto de 1846, dia da festa de Santo Alexandre Névski,[18] perto do mosteiro erguido em homenagem a ele. Anna chegava a este mundo enquanto uma festiva procissão, acompanhada pelo próprio imperador, atravessava os portões do monastério, embalada pelo som dos sinos da igreja e de músicas alegres. Nascer em dia de festa era considerado prenúncio de um futuro feliz. "A profecia se realizou", escreve ela. "A despeito de todos os infortúnios materiais e sofrimentos morais que me couberam suportar, eu avalio minha vida como excepcionalmente feliz, e não desejaria modificá-la em nenhum aspecto".[19]

Anna foi batizada na igreja paroquial do mosteiro de Alexandre Névski, local em que fora celebrado o casamento de seus pais. Trinta e cinco anos mais tarde, Dostoiévski seria sepultado no cemitério desse mesmo mosteiro. Aos olhos dela, os dois nomes ilustres estavam inter-relacionados: Alexandre Névski, santo e herói nacional, brilhava para ela ao alvorecer e na hora do crepúsculo, enquanto Dostoiévski era o sol e o Deus de sua vida.

A mulher, cujo amor por Dostoiévski residia, em sua essência, na esfera intelectual, nascera de pais unidos por uma atração mútua despertada logo à primeira vista. Eles sequer falavam o mesmo idioma quando se conheceram: a mãe de Anna era sueca e o pai, ucraniano. Maria Anna Miltopeus cresceu na Finlândia, em uma comunidade sueca, na antiga cidade de Turku (Åbo em sueco). Alguns dos mais eminentes ancestrais, clérigos e estudiosos do local (um deles foi o bispo Lutero), foram sepultados na Catedral de Turku,[20] a Abadia de Westminster da Finlândia. Aos dezenove anos, Maria Anna ficou noiva de um oficial sueco, morto em uma ação na Hungria. Nos dez anos seguintes à morte do noivo, o casamento esteve fora de seus planos – apesar dos diversos pretendentes atraídos por sua notável beleza e encantadora voz de soprano (ela chegou a sonhar com uma carreira teatral). Mais tarde, os parentes de Petersburgo, em cuja residência ela estava hospedada, ofereceram uma festa à qual compareceu um grupo de jovens solteiros. Grigori Ivanovich Snitkin,[21] um imponente servidor público de 42 anos, não era visto como um possível par (ele apenas viera acompanhando um dos hóspedes), mas foi o único capaz de impressionar a jovem sueca. Maria Anna confessou à sua família, "gostei do rapaz mais velho – aquele que conta histórias e ri". Como a diferença em termos de crença religiosa era um obstáculo para o casamento, Maria Anna, uma luterana, decidiu entrar para a Igreja Ortodoxa. (Depois de convertida, ela adotou o nome Anna Nikolaievna). Mais tarde, passou a tomar parte dos ritos ortodoxos, trazendo consigo um livro de orações luteranas.

Embora ocupasse uma posição modesta, Snitkin era um homem de educação refinada, que se formara em uma escola jesuíta e adorava a literatura e as artes. Profundo conhecedor de teatro, desde a juventude ele nutria grande admiração pela célebre atriz trágica Asenkova. Quando Anna e a irmã eram pequenas, ele as levou ao túmulo de Asenkova e pediu que se ajoelhassem e rezassem "pelo descanso da alma da mais ilustre artista de nosso tempo".[22] Tal incidente causou profunda impressão em Anna, que viria a reverenciar o talento de Dostoiévski com a mesma intensidade da admiração de seu pai por aquela atriz.

A família de Anna levou uma vida "sem desentendimentos, dramas ou catástrofes". O temperamento de seu pai se harmonizava perfeitamente com o de sua mãe. Ela, uma mulher prática e obstinada, e ele, um homem tímido e romântico. Snitkin aceitava a autoridade da esposa, reservando para si apenas uma liberdade – colecionar porcelanas antigas e raras. A atmosfera amigável do ambiente familiar contribuiu para a personalidade equilibrada e alegre de Anna, características que encantaram Dostoiévski, um sujeito atormentado e sombrio. Anna era a segunda filha – tinha uma irmã mais velha e um irmão caçula – e a favorita do pai. Assim como Snitkin, ela podia passar um mês inteiro sob o efeito de encantamento causado por uma ópera ou um espetáculo de balé que assistira com a família nas férias.

Considerando-se a época em que viveu, Anna recebeu uma educação excelente. Ela estudou em uma escola primária na qual a maioria das disciplinas era ensinada em alemão, idioma falado em casa por sua mãe (Anna viria a atuar como intérprete de Dostoiévski na Alemanha e na Suíça, para onde viajaram logo após o casamento). Matriculada em uma recém-inaugurada escola secundária para meninas, o Ginásio Marinskaia de Petersburgo,[23] Anna recebeu na formatura uma medalha de prata, distinção à qual atribuía a motivação do brilhante escritor para se casar com ela.

Ela conhecia o nome Dostoiévski desde pequena: seu pai o considerava o maior entre os escritores vivos e assinava o periódico literário *O Tempo*, editado por ele.[24] Cada nova edição da publicação, com fascículos do romance *Humilhados e ofendidos*, era avidamente disputada pela família; os nomes dos personagens de Dostoiévski foram adotados pelos familiares. Anna recebeu o apelido de Nietotchka Nezvanova, em alusão à personagem do romance homônimo. Aos quinze anos, ela chorou lendo *Memórias da casa dos mortos*, um relato da vida de Dostoiévski em um campo de concentração na Sibéria, ao qual ele foi enviado em virtude de atividades dissidentes. No final da década de 1840, no auge das revoluções que agitaram a Europa, Dostoiévski chegou a fazer parte do Círculo de Pietrachévski,[25] um grupo de intelectuais que discutia as utópicas ideias socialistas. Anna tinha três anos de idade quando, em 1849, Dostoiévski foi julgado e condenado ao exílio em regime de trabalho forçado.

Ela pertencia à geração de mulheres russas que, na esteira das grandes reformas promovidas pelo czar Alexandre II nos anos 1860, tinha como meta cursar a educação superior e desenvolver uma carreira profissional: "Para mim, uma garota dos anos sessenta, a ideia de independência era preciosa demais". Em 1864, ela entrou para o recém-inaugurado Instituto de Pedagogia, pensando em estudar ciências naturais: "Física, química e zoologia foram uma revelação para mim; então, eu me inscrevi no departamento de física e matemática da escola". Todavia, as palestras sobre literatura russa a atraíram mais do que as aulas de ciências e, após o primeiro ano, ela abandonou a escola, sem arrependimentos.

Nessa mesma época o pai de Anna, já idoso, adoeceu, e ela queria ficar a seu lado e cuidar daquele "amado enfermo". Anna lia para ele os romances de Dickens, sem saber que essa era, também, a leitura favorita de Dostoiévski. O fato de ter deixado a escola aborreceu seu pai e, para tranquilizá-lo, ela se matriculou em um curso noturno de estenografia, que era então uma novidade na Rússia. Um anúncio no jornal dizia que os formados poderiam trabalhar em tribunais de justiça, reuniões de comunidades acadêmicas e congressos, o que lhe pareceu a chance de alcançar a independência econômica que tanto sonhava.

Enquanto na Rússia só em 1860 aconteceu a primeira conferência pública registrada por um estenógrafo, essa prática já vinha sendo adotada há bastante tempo na Alemanha e na Inglaterra: Dickens aprimorou o exercício da estenografia quando trabalhou como repórter, cobrindo as sessões do parlamento. O primeiro curso oferecido, em 1866, chamou a atenção de Anna. Ele foi ministrado pelo professor Pavel Olkhin, que aplicava o sistema Gabelsberger. Olkhin, que era médico, também escreveu livros sobre temas populares, e um deles, que tratava dos últimos dias de vida de suicidas, fascinou Dostoiévski, pois incitava o interesse que há muito ele nutria pelo assunto.[26]

O curso de estenografia de Olkhin alcançou popularidade imediata, atraindo a adesão de 150 alunos. A grande maioria, porém, desistiu logo em seguida. Como outros, Anna dizia que tudo aquilo não passava de "rabiscos incompreensíveis", os quais ela jamais conseguiria aprender. Seu pai, no entanto, repreendeu-a pela falta de persistência, profetizando que ela se tornaria uma ótima estenógrafa.

Abalada pelo falecimento do pai, no final daquele ano, Anna não conseguia assistir às aulas. O professor permitiu, então, que ela concluísse o curso por correspondência e, depois de três meses praticando a taquigrafia, ela se tornou perita na atividade. Em setembro de 1866, Anna era a única aluna que o professor Olkhin recomendava para realização de trabalhos literários.

O dia em que ela recebeu a primeira incumbência – e com o autor predileto – foi o mais feliz de sua vida. Disseram-lhe que Dostoiévski desejava ditar um novo romance e pagaria cinquenta rublos pelo projeto. A ideia de se tornar independente, e ser capaz de ganhar o próprio dinheiro, atraiu-a de tal forma que "se eu herdasse quinhentos rublos não estaria tão feliz...".[27] Olkhin advertiu-a, no entanto, de que Dostoiévski era uma pessoa de convivência difícil: "Ele me pareceu um homem muito ranzinza e sombrio!". Entretanto, esse fato não abalou a confiança da moça, porque ela precisava do trabalho: sua família enfrentava sérias dificuldades financeiras depois da morte do pai e, embora eles possuíssem duas casas de aluguel, que rendiam dois mil rublos por ano, havia outras dívidas a pagar.

Anna passou em claro a noite que precedeu seu encontro com o escritor, temendo que Dostoiévski pudesse submetê-la a um teste de conhecimentos sobre seus romances. "Como eu não convivia com celebridades literárias em meu círculo social, imaginava-os criaturas excepcionais a quem eu devesse falar de um modo especial". Ela descobriria que lembrava dos trabalhos de Dostoiévski melhor que o próprio autor: ele lhe confidenciou, durante o namoro, que "se recordava apenas vagamente" do tema abordado em *Humilhados e ofendidos*.

No fatídico dia 4 de outubro, querendo dar ares de uma mulher formal, ela saiu mais cedo de casa para comprar alguns lápis e uma pasta. A casa Alonkin, onde Dostoiévski morava, era um amplo prédio de apartamentos, de vários andares, ocupado por comerciantes e artesãos, o que a fez lembrar, imediatamente, da casa de Raskólnikov em *Crime e castigo*. Anna estava adentrando o mundo dos heróis de Dostoiévski: a criada que abriu a porta trajava um xale xadrez, como aquele que, na história, era compartilhado pela senhora Marmeladov e a filha. Anna foi orientada a aguardar em uma sala de jantar mobiliada de maneira bastante frugal, mas não precisou esperar muito tempo, pois o autor apareceu em poucos minutos. Ele a conduziu para o escritório – uma sala comprida, com duas janelas e pé direito alto, que lhe pareceu estranhamente sombria e silenciosa. Talvez a impressão fosse causada pelo papel de parede escuro. Anna recordaria: "Senti uma espécie de depressão naquele ambiente de penumbra e silêncio".[28]

Dostoiévski, um homem de altura mediana, vestia uma jaqueta azul surrada. Ele tinha um aspecto cansado e envelhecido; o rosto pouco amável, o cabelo castanho avermelhado e levemente alisado com brilhantina, que parecia uma peruca. Foram os olhos, no entanto, que mais a impressionaram – um era castanho escuro e o outro tinha a pupila tão dilatada que se tornava impossível enxergar sua íris. "Essa desarmonia dava a seus olhos uma expressão enigmática."

Tal aparência resultava de um ferimento sofrido por Dostoiévski: durante um ataque epilético recente, ele caíra sobre um objeto pontiagudo. Logo no início da reunião ele contou a ela que sofria de epilepsia e havia tido um ataque alguns dias antes. Depois que Anna se sentou à frente de uma pequena mesa junto à porta, o autor começou a caminhar pela sala com passos nervosos, fumando incessantemente e fazendo perguntas ao acaso.

Ele quis saber se Anna se tornara estenógrafa porque vinha de uma família pobre. Desejando iniciar um relacionamento em igualdade de condições, ela respondeu, com uma atitude formal, que não admitia intimidades. O comportamento correto da moça imediatamente encantou Dostoiévski, para quem todos os estenógrafos eram niilistas, um novo tipo de jovem já assimilado na literatura (Turguêniev retratara niilistas russos em *Pais e filhos*, romance no qual satiriza a mulher erudita por meio de uma personagem fumante e vulgar, Kukshima).[29] Havia também o fato de que jovens bem comportadas não deveriam entrar desacompanhadas no apartamento de um homem. Ainda nervoso e incapaz de ordenar os pensamentos, repetidas vezes Dostoiévski perguntou a Anna como ela se chamava e lhe ofereceu cigarros, recebendo sempre como resposta uma recusa e a justificativa de que a imagem de uma mulher fumando era suficiente para desagradá-la.

Para testar as habilidades da jovem, Dostoiévski ditou uma passagem de uma revista literária, começando em ritmo muito rápido, o que a obrigou a pedir que ele falasse mais devagar. Logo que Anna transcreveu as anotações, ele as leu, e não perdeu a oportunidade de repreendê-la pela falta de uma vírgula. No final, Dostoiévski se declarou incapacitado de continuar naquele momento, adiando o ditado para o começo da noite, mas não se dignou a perguntar se o arranjo seria inconveniente para ela. Anna se sentiu tratada como uma "máquina Remington de datilografia".[30] Ao se despedir da jovem, o escritor se disse satisfeito por ter uma mulher como estenógrafa, pois era menos provável que ela se envolvesse em bebedeiras e causasse a interrupção do trabalho.

É impossível colocar em palavras a deprimente e lamentável impressão que Fiódor Mikhailovich produziu em mim em nosso primeiro encontro. Ele me pareceu distraído, muito preocupado, desamparado, solitário, irritado e à beira de uma enfermidade. Era como se estivesse oprimido pelos infortúnios, a ponto de não enxergar o rosto das pessoas e ser incapaz de manter um diálogo coerente.[31]

Essa impressão se dissipou, de certa forma, quando ela retornou no início da noite e Dostoiévski começou a relembrar histórias sobre sua prisão, em 1849. Encarcerado na Fortaleza de Pedro e Paulo, junto a outros membros do Círculo de Pietrachévski*, e condenado à morte, ele aguardava o veredicto na companhia dos demais sentenciados, quando repentinamente os tambores soaram a retirada. Ele contou à Anna que aquele dia, no qual sua pena de morte foi comutada para trabalhos forçados, foi o mais feliz de toda a sua vida. Ao voltar para a cela, ele foi cantando a plenos pulmões. A franqueza de Dostoiévski não só a surpreendeu como encantou; "Esse homem, aparentemente arredio e austero, estava me falando de sua vida passada, com tantos detalhes e de maneira tão aberta e natural, que eu não pude deixar de me sentir atônita... a franqueza que ele demonstrou naquele dia... cativou-me no fundo da alma, deixando uma maravilhosa impressão".

Percebendo que ao contar suas reminiscências ele se mostrava mais disposto para o trabalho, Anna passou a encorajá-lo a falar sobre o passado. O escritor contou uma série de histórias tristes – a infância marcada pela adversidade, um casamento infeliz com Maria Isaeva, que morreu de tuberculose, e o noivado desfeito com Anna Korvin-Krukovskaia.[32]

No dia seguinte, ao chegar atrasada para o ditado da manhã, Anna encontrou o escritor em pânico: ele imaginara que ela havia desistido da tarefa e, dessa forma, a parte já realizada estaria perdida. Dostoiévski era obrigado a entregar um romance completo em menos de um mês, sob pena de perder os direitos sobre seu trabalho por um período de nove anos. Esse contrato escravizante fora imposto a ele na época em que estava finalizando *Crime e castigo*, e vivia sob pressão dos credores de seu falecido irmão. Determinada a cumprir o prazo, Anna assumiu pessoalmente o compromisso, passando a trabalhar durante a noite para transcrever suas anotações.

---

* Grupo de intelectuais reunido pelo radical socialista Mikhail Pietrachévski a fim de discutir política e literatura. (N.E.)

Apesar da pressão, eles estabeleceram um eficiente método de trabalho, com intervalos para discussão do romance, que versava sobre um jogador obsessivo, residente na cidade fictícia de Roulettenburg; uma história baseada nas aventuras de jogo do próprio Dostoiévski. Quando Anna condenou a fraqueza do jogador, o autor lhe explicou a natureza do vício, que conhecia por experiência pessoal. Ela desfrutava dessas noites de conversa – sobre o passado dele e o romance – e sentia prazer na atenção que o brilhante escritor dedicava às "suas observações quase infantis". Ele lhe falou também sobre as viagens para o exterior e sobre a ocasião em que perdeu na roleta em Homburg, tendo sido obrigado a penhorar sua mala. O fato de estar anotando o que ditava Dostoiévski, sentada à mesma escrivaninha na qual ele escreveu *Crime e castigo*, alimentava a vaidade de Anna.

Preocupado com o prazo iminente, o escritor questionava se conseguiriam terminar a tempo, e Anna o tranquilizava, contando as páginas do manuscrito que ela já havia copiado. "Ele sempre perguntava, 'Quantas páginas nós fizemos ontem? Quantas fizemos no total?'". O número crescente de páginas completas lhe acalentava o espírito: Dostoiévski já não caminhava pela sala ao fazer o ditado, mas, ao contrário, sentava-se à mesa, na frente de Anna, lendo para ela o rascunho que escrevera na noite anterior.

Quando o trabalho estava se aproximando do fim, ele confessou a Anna que sentia uma terrível tristeza em pensar que não tornaria a vê-la, pois não sabia onde encontrá-la. Foi, então, convidado a fazer a ela uma visita, na casa em que morava com a mãe. Dostoiévski quis saber imediatamente a data e o endereço (a mãe dela morava em um bairro despovoado e triste perto do Instituto Smolni para Nobres Donzelas); ele anotou em um caderno azul.

Em 31 de outubro, Anna chegou com as páginas finais de *O jogador*. O romance fora concluído em 26 dias, portanto, antes do prazo. Ela usava, pela primeira vez, um vestido lilás (durante o luto pela morte do pai, vestiu apenas roupas pretas), e quando entrou, Dostoiévski ficou com a face ruborizada. Ela pressentia a possibilidade de ser pedida em casamento, mas não sabia se deveria aceitar. Em seu diário, escreveu "Ele me agrada muito, mas, ao mesmo tempo, sua irascibilidade e sua doença me assustam".[33]

Dostoiévski depositou nela suas esperanças de um futuro melhor: "Mas ainda não encontrei a felicidade... Continuo sonhando que começarei uma vida nova e feliz". Ele procurou, também, os "conselhos" de Anna quanto à admissibilidade de um novo casamento, e perguntou que tipo de esposa deveria escolher nesse caso – gentil ou inteligente. Ela optou pela inteligente, e ele argumentou que precisava de uma esposa gentil; "Ela se compadecerá de mim e me amará".

Nesse momento, Dostoiévski expressou a Anna sua gratidão por tê-lo ajudado a se livrar de uma catástrofe, confessando estar muito satisfeito com sua nova forma de trabalhar e afirmando que gostaria de ditar para ela o último fascículo de *Crime e castigo*. Acrescentou que queria celebrar a conclusão de *O jogador* com alguns amigos em um restaurante e convidou-a a acompanhá-lo. Anna aceitou com certa hesitação, sabendo, no fundo, que era tímida demais para ir.

Como o autor passava os dias escrevendo, para ganhar a vida, ele não tinha oportunidade de conhecer mulheres socialmente. Aquelas com quem se envolveu no passado – Korvin-Krukovskaia e Apollinaria Suslova[34] – eram aspirantes a escritoras. Ele as conheceu por meio de seu periódico literário *O Tempo*. (Dostoiévski foi o editor da primeira novela de Suslova, uma mulher vinte anos mais nova que ele, e manteve com ela um relacionamento tempestuoso. O temperamento instável era uma característica comum aos dois. Embora Suslova representasse para ele a fonte do grande tormento, suas contribuições foram importantes, já que ela lhe serviu de modelo para diversas heroínas. Em retribuição, Suslova descreveu seu relacionamento com Dostoiévski, na última novela que escreveu.)[35]

Inepto em termos de negócios e sem saber o que fazer se o editor sumisse e se recusasse a aceitar o manuscrito de *O jogador*, Dostoiévski procurou o conselho de Anna, que, por sua vez, recorreu à mãe, pedindo que buscasse o parecer de um advogado. O profissional por ela consultado orientou Dostoiévski a obter um comprovante oficial do registro de seu romance em um tabelião ou delegacia de polícia, documento esse que lhe foi de grande valia quando, como esperado, o editor desapareceu.

Anna foi pega de surpresa no momento em que Dostoiévski perguntou se ela já havia ido para o exterior e sugeriu que viajassem juntos no verão seguinte. A dúvida do escritor pode ter sido inspirada pela dolorosa memória de sua viagem para a Europa em companhia de Suslova, três anos antes. Foi naquela ocasião que a *femme fatale* se apaixonou perdidamente por um estudante de medicina espanhol, e Dostoiévski se entregou à paixão pelo jogo. Anna, que, naquela época desconhecia tal episódio, respondeu diplomaticamente que não sabia se sua mãe lhe daria permissão para viajar ao exterior. Dostoiévski acompanhou-a até a porta e lhe amarrou cuidadosamente o capuz. Ao deixá-lo, ela sentiu "uma grande felicidade e uma terrível tristeza",[36] provável premonição do destino que a aguardava.

Em 8 de novembro, Anna chegou para trabalhar na terceira parte de *Crime e castigo*. Ao encontrá-la, Dostoiévski exibia uma expressão "exaltada e ardente, beirando o êxtase", sinal de que tivera um sonho maravilhoso. Ele apontou para seu baú de jacarandá, valioso presente oferecido por seu amigo siberiano, no qual ele guardava manuscritos, cartas e outras coisas importantes:

> Então, este é meu sonho: eu me encontrava sentado à frente daquela caixa, reorganizando os papéis nela guardados. De repente, alguma coisa brilhou em meio aos documentos, algo como uma pequena estrela cintilante. Enquanto eu folheava os papéis, a estrela surgia e desaparecia. Fiquei intrigado e comecei a ajuntar o material em um dos lados. E eis que entre aquelas folhas encontrei um pequeno diamante – bem pequeno –, muito faiscante e luzidio.

O sonho foi apenas ponto de partida para um improviso maior: ele contou a Anna que desejava discutir com ela a ideia de um novo romance e precisava de alguns conselhos sobre o universo psicológico de uma garota. Tratava-se de uma mal disfarçada história sobre um artista idoso que se apaixona por uma jovem exuberante e nutre a esperança de encontrar nela a felicidade. O herói da trama, um homem doente, sombrio e endividado, porém dotado de um "coração esplêndido", era um artista talentoso e, ao mesmo tempo, "fracassado, pois não fora capaz, uma vez sequer na vida, de dar corpo às suas ideias como sonhava e, por esse motivo, nunca deixou de se atormentar". A garota, por outro lado, era muito bonita ("Eu adoro seu rosto") e extremamente habilidosa. Mas o que um velho artista poderia oferecer a uma menina cheia de vida? E, "amá-lo não exigiria dela um grande sacrifício?... Esse é o assunto sobre o qual desejo sua opinião, Anna Grigorievna... Imagine que esse artista sou eu; que eu lhe confessei meu amor e lhe pedi para ser minha esposa. Diga-me, qual seria sua resposta?".

Seu semblante revelava um profundo embaraço, um tal tormento interior, fazendo-me compreender... que uma resposta evasiva de minha parte destruiria para sempre sua autoestima e seu orgulho. Observei aquele rosto atormentado, que se tornara tão estimado para mim, e disse, "Eu responderia que amo você e o amarei por toda a minha vida".

Pressionada por Dostoiévski a revelar desde quando nascera sua afeição por ele, Anna confessou ter se apaixonado, aos quinze anos, pelo herói de *Humilhados e ofendidos*. Ela se encheu de compaixão pelo escritor quando leu seu relato *Memórias da casa dos mortos*, sobre o tempo que passou na Sibéria, "e foi movida por esses sentimentos que vim trabalhar para você. Eu desejava profundamente ajudá-lo e, de alguma forma, aliviar a existência do homem cujo trabalho eu adorava". O conceito de sacrifício feminino tinha um significado especial para a geração a que Anna pertencia, inspirada pelo exemplo das mulheres dezembristas, que seguiram seus maridos até o exílio na Sibéria após a fracassada rebelião de 1825 contra o regime autocrático. As mulheres que haviam passado pela vida de Dostoiévski, no entanto, não se propuseram a renunciar aos próprios interesses para servi-lo. Korvin-Krukovskaia, moça talentosa com quem Anna viria a conhecer e fazer amizade depois de seis anos de casada, não se sentiu adequada para o papel. De acordo com palavras dela, a esposa de Dostoiévski "precisa se devotar inteiramente a ele, entregar-lhe a própria vida... E eu não posso fazer isso, quero viver para mim! Ademais, ele é tão nervoso, tão exigente!".[37]

Percebendo que havia pedido a mão de Anna, Dostoiévski se declarou orgulhoso de seu improviso, dizendo considerá-lo melhor que os romances, pois "foi um sucesso instantâneo e deu os frutos desejados". Quando se deu conta de que iria casar com Dostoiévski, Anna ficou "atordoada, quase esmagada pela imensidão de minha felicidade".

O noivado do escritor com uma jovem e atraente estenógrafa transformou-se em manchete: o jornal *Son of the Fatherland* publicou um artigo intitulado "Casamento de um romancista". Ele descrevia Dostoiévski ditando seus textos, caminhando de um lado a outro e puxando os longos cabelos ao se deparar com uma passagem mais difícil, retrato que Anna considerou divertido e acurado.

Ela foi obrigada a socorrer o autor mais uma vez quando Mikhail Katkov, editor do *Mensageiro Russo* exigiu os fascículos seguintes de *Crime e castigo*, para as edições do outono e do inverno. Em virtude de seu noivado com Anna, ele negligenciara o envio dos capítulos e ficou exasperado quando se viu frente a outro prazo exíguo, tendo que concluir o romance antes do Natal. Como ele havia começado a utilizar a estenografia, reduzindo "quase à metade"[38] o tempo de produção, foi possível assumir esse compromisso. Dostoiévski mostrou a Anna a carta do editor, e ela o aconselhou a parar de receber visitas para poder se dedicar ao trabalho; no início da noite ele deveria ir ao apartamento da mãe dela para ditar os manuscritos. Assim, logo estavam de volta à rotina: eles se sentavam à escrivaninha e, depois de um breve bate-papo, "o ditado começava, pontuado por conversas, brincadeiras e risadas". Dostoiévski admitia que sua composição literária nunca antes fluíra tão facilmente, atribuindo o fato à colaboração entre os dois.

Dostoiévski, já na casa dos 45 anos, era contemporâneo do pai de Anna, e recebia dela o mesmo cuidado que outrora dedicara ao pai. Essa cuidadosa atenção deixou-o mais bem-disposto e contribuiu para a melhora de sua saúde. "Durante os três meses que precederam nosso casamento, ele sofreu apenas três ou quatro ataques epiléticos". Quando se conheceram, esses ataques ocorriam semanalmente, sendo alguns tão graves, que, além de deprimido, deixavam-no durante horas impossibilitado de falar ou recobrar a memória.

A diferença de idade entre eles incomodava Dostoiévski, devido à aparência jovem de Anna: ele se sentia constrangido pelo fato de ela parecer uma menina. Mas Anna o tranquilizava, dizendo que envelheceria rapidamente. "Embora essa promessa fosse uma brincadeira, as contingências de minha vida transformaram-na em realidade... A diferença de idade entre nós dois logo se tornou imperceptível". Depois de poucos anos de casada, Anna observaria em seu retrato como as feições suaves e a expressão do olhar haviam se tornado circunspectos.

Além da doença, Dostoiévski vivia assoberbado pelo peso da família e das dívidas. Ele assumira os compromissos financeiros do irmão falecido e também sustentava o enteado, o irmão alcoólatra, a cunhada viúva e os filhos dela. Os parentes contavam com essa ajuda, ignorando o fato de ele frequentemente ser obrigado a penhorar seus bens para mantê-la. Anna se revoltava quando sabia que, uma vez mais, como acontecia cinco a seis vezes em todos os invernos, ele empenhara o próprio casaco de frio para poder garantir o sustento da família, mais exigente a cada dia. Os valiosos vasos chineses que ele possuía desapareciam do apartamento enquanto Anna estava envolvida na anotação dos ditados, e ela via que na mesa de jantar, colheres de madeira haviam substituído as de prata. Não era difícil perceber que as dívidas obrigavam Dostoiévski a aceitar ofertas insignificantes dos editores: ele não se encontrava em condição de negociar.

Dias antes de pedir Anna em casamento, o escritor fez um apelo desesperado ao jornal *Mensageiro Russo*, solicitando um adiantamento de quinhentos rublos: "Eu esgotei completamente meu dinheiro... e não tenho com que me sustentar".[39] O editor concedeu-lhe o empréstimo, que, no entanto, serviu apenas para cobrir algumas dívidas, deixando-o outra vez sem um tostão sequer. Como não havia dinheiro para o casamento, ele decidiu ir ao encontro de seu editor, em Moscou, para pedir um empréstimo maior.

A mãe de Anna não tentou dissuadi-la do casamento com Dostoiévski, a despeito da doença e da penúria em que ele vivia. Ela se lembraria disso com gratidão, constatando que a mãe, sem dúvida, percebera que essa união traria "muito tormento e dor para mim", mas mesmo assim não interferiu. Décadas mais tarde, Anna comentou: "Quem poderia me convencer a recusar essa grande e iminente felicidade que, mais tarde, apesar das diversas dificuldades de nossa vida conjunta, mostrou-se uma felicidade real e genuína para nós dois?".

As cartas que Dostoiévski enviou de Moscou para sua noiva revelavam afeição e ansiedade, mas careciam de romantismo. "Os vagões-dormitório são o mais vil absurdo, horrivelmente úmidos, frios, cheirando a fumaça de carvão. Padeci com uma terrível dor de dente... durante todo o dia e toda a noite, até o amanhecer."[40] Anna, porém, lia essas cartas "com imensa alegria" e partilhava da ardente esperança do escritor pela *nova felicidade* que teriam juntos. "Eu acredito e confio em você, assim como em meu futuro", escreveu ela.[41]

Ao tomar conhecimento do casamento de Dostoiévski, Katkov concordou com um generoso empréstimo de dois mil rublos; por ser uma quantia superior à que a revista tinha condições de pagar, o valor foi parcelado. Agora, eles podiam fazer os preparativos para as núpcias. No entanto, as demandas dos parentes do escritor não tinham fim e ele não sabia recusar ajuda à família de seu falecido irmão e a seu enteado Paul. Paul tinha a mesma idade de Anna, mas faltava-lhe disposição para o trabalho. Os familiares sabiam tirar proveito do sentimento de culpa que Dostoiévski nutria, por considerar insuficiente a ajuda a eles dispensada. Em vista de tal situação, o novo empréstimo se dissipava rapidamente. Dessa vez, ele entregou a Anna algumas centenas de rublos para as despesas do casamento, advertindo-a de que, dessa união, dependia o futuro dos dois.

A cerimônia ocorreu às 8 horas da noite do 5 de fevereiro de 1867, na catedral Izmailovski. "A catedral ostentava uma iluminação fulgurante, um coral magnífico entoava cânticos, muitos convidados elegantes estavam presentes..." A recepção aconteceu no apartamento da mãe de Anna, onde um radiante Dostoiévski apresentava a noiva aos amigos, repetindo a cada um deles: "'Veja esta minha menina encantadora! É uma pessoa maravilhosa esta minha menina! Ela tem um coração de ouro!' - e outras frases semelhantes que me deixavam terrivelmente embaraçada".

Nos dias seguintes à celebração, Dostoiévski sofreu um duplo ataque epilético quando estavam visitando a irmã de Anna. Foi o primeiro acesso que ela presenciou: repentinamente ele interrompeu uma frase, soltando um grito horrível e "bárbaro".

> Nos anos posteriores houve muitas ocasiões nas quais eu ouvi aquele uivo "'bárbaro", prenúncio de um ataque epilético; um uivo que sempre me abalava e aterrorizava. Nessa oportunidade, no entanto, não me assustei nem um pouco, embora fosse a primeira vez na vida que eu presenciava um ataque de epilepsia... empurrei uma cadeira para o lado, com um lâmpada acesa sobre ela, e deixei-o escorregar para o chão. Sentei-me no chão, e mantive a cabeça dele sobre meu colo durante toda a convulsão. Não havia ninguém para me ajudar: minha irmã teve uma crise nervosa e meu cunhado e a criada estavam agitados, cuidando dela.

Um segundo ataque, mais grave que o primeiro, aconteceu logo em seguida. Dessa vez, depois de recobrar a consciência, Dostoiévski ficou horas gritando de dor. Atemorizada, Anna percebeu a gravidade da doença certa noite que passou em claro, ouvindo-o gritar, gemer e falar coisas sem nexo, tendo estampada no olhar uma expressão de loucura e o rosto retorcido pelas convulsões.

Foi com "desgosto e pesar" que ela mais tarde relembrou sua lua de mel: o desejo ardente de se tornar a companheira de Dostoiévski e ajudá-lo a cumprir seu destino chocava-se com a dura realidade. Paul, o enteado que com ele vivia, recebeu Anna com hostilidade, movido, sem dúvida, pelo temor de perder suas concessões e seus privilégios (ele chamava Dostoiévski de "paizinho"). Com a presença constante do rapaz – sempre se queixando e fazendo exigências – e dos outros parentes, Anna se sentia distante do marido antes mesmo de sua vida conjunta ter de fato começado. Não conseguiam ficar a sós e a distância entre eles só fazia aumentar: Dostoiévski trabalhava à noite e, durante o dia cabia a ela o encargo de entreter os hóspedes e os familiares do escritor, tarefa que, por contrariar sua habitual independência, desgostava-a demais. Criada em uma família tradicional, ela não se permitia recusar hospitalidade a alguém, e acabava sem tempo para se dedicar às atividades de seu interesse – ler, praticar a estenografia e ajudar Dostoiévski. Impossibilitada de desfrutar das conversas a dois e das intimidades espirituais (ela não sentia então atração física pelo marido), Anna temia que seu relacionamento caminhasse para um divórcio.

Para salvar o casamento, o casal decidiu fazer uma viagem de alguns meses ao exterior. Mas, tão logo levantaram o dinheiro necessário e anunciaram sua intenção, os parentes de Dostoiévski passaram a exigir um adiantamento em dinheiro, correspondente ao montante de diversos meses. Seus credores também pressionaram por pagamento, ameaçando-o com uma ação judicial. Arrasado pelos problemas, só não desistiu da viagem graças à firme determinação de Anna em libertá-los a qualquer custo do pesadelo doméstico, para que começassem uma verdadeira vida de casal, "entrelaçados",[42] segundo uma expressão do próprio Dostoiévski. Ela estava disposta a penhorar seu dote, embora "gostasse demais do meu piano, dos meus móveis e enfeites encantadores, de todas as coisas queridas que acabei de adquirir".

A mãe de Anna, contrariada pelo fato de a filha tão laboriosa ter de entreter as visitas em vez de trabalhar, apoiava a viagem pela Europa. "Ela era sueca e enxergava a vida por uma perspectiva ocidental, mais cultural, temendo que os bons hábitos inculcados por minha criação se dissipassem em virtude de nosso estilo de vida russo, com sua hospitalidade desregrada." Quando a mãe a ajudou a empenhar o piano, os móveis, as roupas finas e as joias, Anna pressentiu que não tornaria a ver essas coisas, previsão que de fato se confirmou. Além do dote, havia também sua herança: em poucos meses, ao completar 21 anos, ela herdaria um dos imóveis de locação da mãe. Mas dada a urgência de partir para o exterior, antes que novas complicações surgissem, Anna acabou perdendo o direito de usufruir dessa casa, leiloada durante sua ausência.

Em 14 de abril de 1867, uma Sexta-feira Santa, o casal partiu de São Petersburgo para umas férias de três meses, e só retornaram quatro anos mais tarde. Anna começou a escrever um diário em códigos taquigráficos, registrando suas impressões e suas conversas com Dostoiévski. Ele se interessou demais por essas anotações "e sempre me dizia, 'Eu daria tudo, Anechka, para descobrir o que está escrito nesses seus rabiscos - sem dúvida, você está falando mal de mim".[43] Fazendo uso da estenografia para registrar seus pensamentos, ela se permitia expressá-los sem reservas, providência essencial durante uma viagem na qual o diário foi seu único confidente. Além do mais, Anna desejava criar uma memória fiel de todos os dias que passaram juntos e de tudo o que conversaram.

> Eu via em meu marido um ser fascinante e totalmente enigmático, e parecia-me mais fácil compreendê-lo se eu anotasse seus pensamentos e suas expressões. Além disso, não havia uma alma sequer com quem eu pudesse confidenciar, tanto minhas dúvidas como minhas observações, e acabei fazendo de meu diário o amigo a quem era possível confiar minhas esperanças, meus pensamentos e todos os meus temores.[44]

A viagem começou em Vilna,[45] onde o casal fez uma breve estada após cruzar a fronteira russa. Era domingo de Páscoa e os funcionários do hotel saíram para a missa matinal. Dostoiévski, que não confiava nos europeus ocidentais, apesar de já ter viajado anteriormente para o exterior, temia ser roubado e, assim, não apenas trancou a porta do quarto, como a bloqueou com uma barricada de mesas e baús. Anna não teve tempo para pensar a respeito dessa excentricidade do marido, pois foi obrigada a passar a noite assistindo-o após mais um forte ataque, que durou quinze minutos.

Não demorou para que Anna descobrisse que essa não era a viagem pela Europa que ela imaginara. Dostoiévski, que a princípio pareceu um "ser enigmático", no dia-a-dia mostrou-se irascível e sem tato. Logo na chegada a Berlim, "pôs-se a amaldiçoar todas as coisas; os alemães, o hotel e o clima".[46] Aborrecida com tal atitude, ela sugeriu uma caminhada por *Unter den Linden**. Como havia penhorado suas roupas finas, ela trajava um casaco de inverno e um chapéu, o que lhe conferia uma aparência ridícula, em um dia quente e chuvoso. Não bastasse isso, Dostoiévski censurou-a por estar malvestida e usando um par de luvas surradas. "Senti-me magoada e lhe disse que seria melhor não sairmos juntos, já que eu estava tão malvestida; dei meia-volta e rapidamente tomei a direção oposta."[47] (Quando preparava seu diário para publicação, Anna acrescentou uma frase para amenizar a impressão de desavença e assumir a culpa pelo ocorrido: "Acabei me acalmando e percebendo que Fiódor nunca teve a intenção de me machucar dizendo aquelas palavras, e que eu não tivera motivos para me exaltar".)[48]

Os maus tratos continuaram em Dresden, onde Dostoiévski repreendeu sua noiva por se vestir "como uma auxiliar de cozinha". Como na ocasião era o escritor quem administrava todos os recursos financeiros, ela comentou, "Ele poderia, pelo menos, dar-me 20 francos por mês... desde que saímos da Rússia, não me comprou um vestido sequer; como então pode se queixar...".[49] Em suas memórias, escritas 45 anos mais tarde, Anna modificou drasticamente o relato, de forma a apresentar um retrato de Dostoiévski oposto ao da vida real: "Então... nós saímos para comprar um traje de verão para mim e fiquei maravilhada pelo fato de Fiódor Mikhailovich não ter se entediado com a tarefa de escolher e examinar tecidos... modelos e corte dos artigos que estávamos comprando. Tudo o que ele escolheu para mim era de boa qualidade, simples e elegante, o que me fez ganhar total confiança em seu bom gosto".[50] Na verdade, Dostoiévski comprou roupas de verão apenas para ele, e Anna continuou saindo com seu velho e surrado vestido preto, em meio às senhoras europeias elegantemente trajadas. Reclamar, porém, não era uma característica dela, que se limitou a escrever em seu diário: "Fico pensando que talvez ele devesse perceber e dizer, você também precisa de vestidos de verão, principalmente porque eles são tão baratos aqui".[51]

O isolamento, longe de casa, obrigou-os a se unirem, e assim, a despeito das enormes discordâncias e da falta de recursos, o vínculo criado

---

* Por baixo das Tílias, em alemão. (N.T.)

durante as viagens fortaleceu o casamento dos dois, tornando-o inabalável. A ingenuidade e a alegria naturais de Anna ajudaram a atenuar os desentendimentos e a evitar o rancor. Em Berlim, depois de fugir do marido durante o passeio em *Unter den Linden*, ela foi assaltada pelo medo de que ele pedisse o divórcio e a mandasse de volta para casa. Mas Dostoiévski, ao contrário, divertiu-se e ficou enternecido quando ela lhe falou sobre seus temores.

Em Dresden, a Galeria se tornou o ímã e o foco da vida espiritual dos dois: eles eram apaixonados pelas artes e, acima de tudo, não tinham condições financeiras para bancar outros divertimentos. Dostoiévski, que tinha grande admiração pela *Madona Sistina*, de Rafael, iniciou seu roteiro na Galeria visitando-a, deixando as outras obras-primas para depois. Quanto a Anna, era a primeira vez que admirava aquele quadro. "Nenhuma outra pintura tinha antes produzido uma impressão tão forte em mim", escreveu ela. "Quanta beleza; quanta inocência e tristeza se estampam naquele rosto magnífico; e há tanta submissão e tanto sofrimento em seus olhos! Fédia vê tristeza no sorriso da madona".[52] Um Dostoiévski excêntrico empoleirou-se em uma cadeira para admirar o quadro mais de perto (ele era míope). Foi repreendido por um encarregado da segurança e teve que abandonar seu posto. Retomando-o, logo que o guarda se afastou, declarou não se importar de ser expulso por aquele homem, pois ele "tinha apenas uma alma de lacaio". Embora chocada, Anna deixou a sala para evitar discussões ("por que censurar o lacaio cujo trabalho é manter a ordem"?), e logo Dostoiévski se juntou a ela, satisfeito por ter conseguido admirar convenientemente a pintura.[53] Ele era capaz de permanecer horas admirando-a, perdido em pensamentos, porque a considerava "a mais elevada manifestação da genialidade humana".[54] Ticiano também lhe proporcionava "intenso prazer: ele era incapaz de afastar os olhos do quadro *A moeda do tributo*, sensibilizado pela imagem do Redentor. Anna partilhava da fascinação do marido pelos temas bíblicos tratados nas pinturas de Murillo, Correggio e Carracci, mas também admirava os cenários dos autorretratos de Rembrandt, em especial *Rembrandt e sua esposa*.

Às três horas, quando a Galeria fechava, eles costumavam jantar em um restaurante nas proximidades, apropriadamente denominado "Vila Italiana" (*Italienisches Dorfchen*). O estabelecimento, cujas janelas enormes davam vista para as duas margens do rio Elba, oferecia um menu econômico, mas bastante apetitoso, no qual sempre havia peixe fresco, pescado ali no rio. Jornais estrangeiros, inclusive os franceses que Dostoiévski gostava de ler, ficavam à disposição dos fregueses. Entretanto, todas as vezes que iam a um restaurante, um café ou uma loja, o hábito do escritor de discutir com os atendentes por causa da gorjeta e do serviço, deixava Anna apreensiva; Dostoiévski reclamava em altos brados da qualidade da comida. Ele era obsessivo em sua aversão aos alemães, a quem caluniava, chamando de "estúpidos". Para surpresa de Anna, embora o marido falasse o alemão com dificuldade, sempre encontrava as palavras certas, principalmente quando queria lançar insultos. Não demorou para que ela fosse influenciada a acreditar que os garçons alemães eram trapaceiros, e aqueles transeuntes a quem pediam orientações, "particularmente obtusos". No entanto, a habilidade de Anna em transformar as polêmicas do marido em brincadeira, apaziguavam-no: um indivíduo em geral carrancudo e taciturno, em Dresden estava sempre rindo e se divertindo. Ela aprendeu a lidar com o mau humor e o desdém do companheiro: quando ele a chamava de "verme maldito", Anna ria com espontaneidade; sua reação o desorientava e desarmava. Em parte, a linguagem inapropriada empregada por Dostoiévski podia ser atribuída ao período durante o qual ele viveu como prisioneiro na Sibéria. Porém, a principal explicação estava em seu temperamento explosivo e sua irascibilidade: ele era capaz de elogiar a esposa em um momento para, em seguida, insultá-la. Algumas vezes Anna assumia a culpa em prol da paz: "Na verdade, tudo era minha culpa – mas o que isso importa, desde que nós não estejamos zangados um com o outro?".[55]

No início das noites eles caminhavam pelo parque Grosser Garten de Dresden, onde se deliciavam ouvindo a banda noturna. Certa vez, Dostoiévski iniciou uma discussão com a esposa no momento em que a banda executava "Variações e *pot-pourri*" da ópera *O poeta e o camponês*, de Franz von Suppé. Para desviar-lhe o foco dos pensamentos, Anna suplicou que ele ouvisse com atenção porque "esta ópera personifica *nós* dois, sendo ele o poeta e eu o camponês... Lembrava, de fato, nossa discussão. Era possível distinguir nitidamente duas vozes – a do camponês, gentil, suplicante e perseverante, e depois, a do poeta, aos gritos, recusando-se a escutar qualquer coisa e sempre assumindo uma posição contrária". Ela começou, então, a entoar a melodia da ária do camponês, improvisando o texto, "Fiódor, meu querido, meu amado, perdoe-me, eu lhe imploro...". Dostoiévski, juntando-se à brincadeira, respondeu, "Não, não, de jeito algum...".[56] Anna foi uma companheira fiel e sensata do Quixote (Dostoiévski), e ele gostava da ideia.

À noite, enquanto o escritor lia na cama, Anna se deitava ao lado dele ("este é meu local favorito, como na infância, apoiada nas costas de meu pai")[57]. Ele ficava acordado até às duas da madrugada, e quando a despertava de seu sono profundo para lhe dizer boa-noite, os dois se beijavam, riam e conversavam durante meia hora – o momento mais feliz de todo o dia: "Eu lhe conto meus sonhos e ele partilha comigo suas impressões sobre o dia; assim, juntos, somos extremamente felizes".[58]

Em junho, convidada a conhecer um grupo de estenógrafos que utilizava o mesmo método que ela – o sistema Gabelsberger – Anna monopolizou as atenções, como a primeira russa a exercer a estenografia. O professor Woldemar Zeibig, bibliotecário do Royal Stenographic Institute, era amigo de Olkhin, com quem ela aprendera a técnica. Olklin escreveu para o amigo, recomendando-a, o que valeu a ela uma cordial recepção. Anna respondeu às boas-vindas com algumas palavras de reconhecimento, porém, mais tarde arrependeu-se de não ter proferido um discurso mais adequado. No dia seguinte, quando o jornal *Dresdner Nachrichten* publicou um artigo sobre ela, Anna percebeu "uma expressão de hostilidade" no rosto de Dostoiévski. Certo dia, durante uma caminhada, ele protagonizou uma cena ao encontrarem por acaso alguns estenógrafos, o que a levou a se afastar de seu círculo profissional e, até mesmo, do gentil Zeibig e de sua esposa russa. (Tempos depois, Zeibig escreveu um ensaio intitulado "Mulheres e a estenografia".) A preocupação de Anna com a paz de espírito do marido sempre esteve acima de todas as coisas, exigindo dela boa dose de sacrifícios "para evitar tais complicações no futuro".[59]

Na terceira semana de sua estada em Dresden, durante a qual uma felicidade completa foi o sentimento predominante, ao relembrar o trabalho do romance *O jogador*, Dostoiévski mencionou ter tentado a sorte na roleta em Homburg. Como ele insistia no assunto, Anna se perguntou "por que não permitir que ele sacie essa vontade, já que ela toma o lugar de todas as outras coisas em sua mente?".[60] Sentindo-se impotente para afastá-lo do jogo, ela não se opôs à viagem. Aborreceu-a muito mais a recente descoberta de que ele continuava a se corresponder com a antiga amada, Suslova. Ela encontrou uma carta de Suslova na carteira do marido e leu-a às escondidas, temendo que a *femme fatale* pudesse surgir em Dresden e a paixão de Dostoiévski por ela se reacendesse. "Senhor, não me faça passar por esse infortúnio", escreveu Anna.[61] (Como Suslova não sabia do casamento de Dostoiévski, ele lhe contou ansiosamente em sua resposta todos os acontecimentos, descrevendo também "a extraordinária bondade e o temperamento franco"[62] da esposa).

Na chegada a Homburg, o escritor logo perdeu "tudo, até o último centavo...".[63] Era tamanha a confusão e a ansiedade expressas em suas cartas diárias para Anna, que ele lhe implorou, "Prometa-me que você nunca mostrará estas cartas a ninguém".[64] Ele atribuía suas perdas ao fato de não estarem juntos: embora Anna escrevesse regularmente, ele sentia falta da esposa e, quando a correspondência demorava a chegar, surgia o medo de "que você estaria doente e morrendo".[65] Como as cartas de Anna não continham reprovações, mas apenas palavras de consolo, eram como "uma dádiva celeste".[66] Ele a orientava a enviar mais dinheiro "imediatamente, no mesmo dia, no mesmo instante, se possível".[67] Tendo acabado de receber um cheque da mãe, Anna pôde cobrir algumas perdas, mas percebeu que os fundos eram insuficientes: "Escrevi à mamãe, suplicando-lhe que empenhasse secretamente meu casaco de pele e me enviasse algum dinheiro".[68]

Em outra carta, Dostoiévski explicou sua teoria sobre o jogo de roleta: ele não jogava por prazer, senão para pagar as dívidas urgentes, e se o fizesse de forma fria e calculada, "Não haveria risco de perder". Ele percebera que a primeira meia hora sempre trazia ganhos, e portanto, o estratagema era ir embora imediatamente. Entretanto, não conseguia resistir à atração das mesas e continuava a jogar, embora consciente de que perderia.[69] Lendo esse relato, Anna logo compreendeu "que Fédia queria, evidentemente, permanecer por mais tempo e jogar. Eu me apressei em escrever a ele, dizendo que ficasse, se assim o desejava... Não há o que fazer e, talvez, isso seja necessário para que ele abandone essa ideia tola de ganhar. Senti-me muito triste...".[70]

Dostoiévski jogou todo o montante que Anna lhe enviou e estava mortificado com suas perdas e sua decepção: ele jogara também todo o dinheiro que pediu a ela para poder pagar a viagem de volta. No total, estimava ter perdido mais de mil francos (350 rublos), "um crime", considerando-se a situação financeira em que viviam. Veio a promessa de solicitar outro empréstimo de Katkov e "triunfar por meio do trabalho", mas o escritor temia a crítica de Anna. Seu pleito por um novo socorro, somado à autopunição, transformou-se em uma cantilena bastante familiar:

> Ania, querida, minha amada, minha amiga, minha esposa, perdoe-me, não me chame de canalha! Cometi um crime, perdi tudo o que você me enviou; tudo, até o último centavo; recebi o dinheiro ontem, e ontem mesmo o perdi. Ania, como vou olhar para você agora, o que você dirá de mim?[71]

Quando Dostoiévski retornou a Dresden, sem seu relógio, a alegria do reencontro foi imensa, apesar das perdas sofridas, que ele agora precisava explicar em detalhes à esposa. A viagem da jogatina serviu apenas para alimentar sua antiga paixão. Ele agora sonhava em passar várias semanas em uma cidade na qual existisse roleta, convencido da possibilidade de ganhar uma fortuna, caso Anna estivesse a seu lado e ele não precisasse se apressar. Dostoiévski prometeu manter "frieza e cuidado *sobre-humanos*". Anna foi persuadida a viajar com ele para Baden-Baden, descobrindo mais tarde uma falha grave no plano do marido: "O sucesso poderia ter sido completo – na única condição, porém, de seu sistema ser aplicado por um indivíduo inglês ou alemão, de cabeça fria, e não por uma pessoa nervosa e impulsiva como meu marido, que vai até os limites extremos de todas as coisas".[72]

Em Baden-Baden, uma popular estância de jogos, onde o casal passou cinco semanas, Anna viveu o pesadelo do vício de Dostoiévski – "uma paixão destruidora, uma força primária, contra a qual até mesmo uma personalidade forte seria incapaz de lutar".[73] Eles alugaram um quarto mobiliado e barato sobre a loja de um ferreiro, onde o barulho começava às quatro da manhã. Anna, grávida de poucos meses, sofria em virtude do enjoo matinal e da permanente privação do sono, mas a falta de meios os impedia de mudarem para outro lugar.

O desespero de Dostoiévski pelo jogo, em Baden-Baden, perturbava-a mais do que em Homburg, porque ela o vivenciava de perto. Sendo obrigada a esperar pelo retorno do marido (ele insistia que uma mulher respeitável não deveria entrar em um cassino), Anna se inquietava com a perspectiva de não terem dinheiro para comer e pagar a senhoria.

Decidiram em comum acordo que Anna ficaria encarregada da guarda do dinheiro para evitar que ele consumisse tudo no jogo, o que, na prática, traduzia-se em Dostoiévski ter que voltar até ela sempre que precisava de mais. As cenas lamuriosas eram mais traumáticas do que perder dinheiro: ele se jogava aos pés da esposa, dizendo-se arrependido, pedindo perdão e implorando por mais fundos. Anna temia que isso pudesse provocar um ataque epilético e tentava encorajá-lo, apresentando a ele uma situação financeira menos desesperadora. No final, ela acabava cedendo e entregando a ele a quantia pedida: "Se eu lhe recusasse o dinheiro, ele enlouqueceria".[74]

Quando as economias se esgotavam, Dostoiévski empenhava seus poucos bens e os presentes que dera a Anna de casamento. "Tirei meus brincos e meu broche, e fiquei um longo tempo admirando-os; eu sentia como se estivesse dizendo adeus a eles... Fiódor se confessa envergonhado e, ao mesmo tempo em que afirma ficar com o coração partido por me privar de coisas tão preciosas para mim, diz que não há como evitar fazê-lo."[75] O par de brincos e um broche de diamantes e rubis acabaram perdidos para a jogatina compulsiva do escritor em Baden-Baden.

Entretanto, os infortúnios serviram para aproximá-los: o amor incondicional de Anna foi uma fonte de esperança para Dostoiévski, que agora dependia dela como uma criança. "Nós conversamos e chegamos à conclusão de que nosso amor cresceu na mesma proporção que nosso dinheiro minguou e, no final das contas, isso é o que importa."[76] Ele dizia à esposa que todos os novos sentimentos e pensamentos que ela lhe dedicava estavam tornando-no um homem melhor.[77]

Quando acontecia de ganhar na roleta, ele voltava para casa com um ramalhete de rosas brancas e vermelhas, trazendo os bolsos "abarrotados" de pacotes de queijo, caviar e *ryzhiki*, os cogumelos salgados favoritos de Anna. Ela ficava feliz porque seus desejos foram lembrados: "Não existe um homem como este! Que outro marido neste mundo encontraria *ryzhiki* para sua esposa, em Baden-Baden?... Não é encantador? E, o meu marido não é o mais precioso do mundo?". Ele trazia cestas de frutas e eles se deleitavam com damascos, cerejas e groselhas. Em tais ocasiões, sentiam-se fantasticamente ricos, embora incapazes de manter essa condição.

Em uma carta para seu amigo, o poeta Apollon Maikov, Dostoiévski descreveu as atribulações que enfrentaram durante quatro meses no exterior, acrescentando que Anna "revelou-se mais forte e profunda do que eu sabia e imaginava e, em muitas situações, ela tem sido simplesmente um anjo da guarda para mim; por outro lado, ainda conserva muito da criança e da menina de vinte anos, o que é maravilhoso e *essencial*, embora me faça duvidar que eu tenha energia e capacidade para corresponder".[78] Além da enfermidade do marido e das dívidas que se acumulavam, Anna ainda enfrentava uma penosa solidão decorrente do fato de eles viverem constantemente "sozinhos".

A carta para Maikov foi escrita já em Genebra, para onde Anna convenceu Dostoiévski a irem em seguida; as passagens foram compradas com um cheque que a mãe dela enviara. O escritor manteve a rotina de jogo em Baden-Baden até o momento da partida. Como consumiu o dinheiro reservado para a viagem, foi obrigado a penhorar seu anel, por vinte francos. Uma hora antes do horário previsto para o trem, ele chegou contando a história das perdas. Anna, que ficara fazendo as malas sozinha, enfureceu-se; apesar disso, ela lhe pediu para "não desistir e ajudar... a fechar os baús".[79]

Em Genebra, apesar dos escassos recursos financeiros, a vida pareceu mais feliz em comparação com o período calamitoso de Baden-Baden. Aos sete meses de casamento, Anna sabia como cortar despesas e consertar seus vestidos usados. Sem dinheiro para um apartamento decente, eles viviam em um único quarto, no qual dormiam, faziam as refeições, liam e escreviam. Anna dizia a Dostoiévski que estava disposta a viver com ele em "uma ilha deserta", o que o levou a comentar na carta a Maikov: "Anna Grigorievna é verdadeiramente um anjo... Ela se diz feliz, bastante feliz, e não precisa de entretenimentos... e que junto comigo em um quarto ela está muito satisfeita".[80] Nesse quarto, além de anotar os ditados do marido e praticar a tradução do francês, ela releu *Crime e castigo*, leu as obras completas de Balzac e o romance *A pequena Dorrit*, de Dickens, depois que Dostoiévski acabou de lê-lo. Julgando necessário ganhar a vida, Anna começara a fazer traduções ainda em Baden-Baden. Paralelamente, ela vinha registrando em seu diário os acontecimentos do ano anterior: sua vida antes de Dostoiévski, o encontro com ele e sua colaboração em *O jogador*.

No outono de 1867, Dostoiévski escreveu um esboço de *O idiota*, previsto para sair nas primeiras edições de 1868 do jornal *Mensageiro Russo*. Era um a ideia "antiga e muito acalentada – compor o retrato de um homem magnânimo".[81] O príncipe Michkin está em busca do amor romântico e, como Quixote, possui uma "alma sincera e infantil".[82] A tarefa de retratar um herói "notável pela beleza perfeita" era, porém, assombrosamente difícil, e Dostoiévski temia não estar à altura do desafio, admitindo não saber como desenvolver tal personagem.[83] Faltando poucos meses para a entrega do primeiro fascículo do romance, o escritor "assumiu o risco, como na roleta, "Talvez ele surja da minha pena".[84] Mas, desapontado com os resultados insatisfatórios que obtinha no decorrer do trabalho, confessou a Anna que havia concretizado apenas um décimo de sua ideia poética.

A epilepsia do escritor aumentou sobremaneira em Genebra: enquanto nos períodos mais favoráveis a doença se manifestava uma vez por mês, ele passou a sofrer violentos ataques a cada dez dias, dos quais levava cinco dias para se recuperar. Somada à depressão e à ansiedade, decorrentes da doença e do prazo que se extinguia, a incapacidade de prover o sustento da família, prestes a aumentar de tamanho, era mais um motivo de aflição. Eles viviam do dinheiro obtido pela penhora de seus pertences (os dois vestidos sobressalentes de Anna e sua mantilha de laço preto renderam 50 francos) e de pequenos empréstimos levantados junto aos amigos, entre eles Maikov. Enquanto isso, aguardavam mais um adiantamento do *Mensageiro Russo*, para onde Dostoiévski era obrigado a enviar seu novo romance de fascículo em fascículo. Como acontecia sempre, o relacionamento do casal não era abalado pelas dificuldades, tampouco pela monotonia da rotina (ambos sonhavam em frequentar o teatro em Genebra, desejo frustrado por conta da penúria em que viviam). Ao cair da noite, eles escreviam um poema cômico, "Abracadabra", uma atividade que os divertia. "Estamos muito unidos agora e tenho a impressão de que ele me ama incondicionalmente", Anna escreveu no dia em que teve que empenhar seu vestido.[85]

A subsistência da família dependia do novo romance de Dostoiévski, mas ele estava sempre nervoso e doente demais para se dedicar ao trabalho com perseverança. Era necessária uma solução extrema capaz de fazê-lo voltar a escrever. Dessa forma, três meses antes do nascimento do bebê, no auge de uma crítica falta de dinheiro, Anna concordou que ele fosse tentar a sorte na roleta outra vez. "Que homem estranho", comentou em seu diário. "Parece que o destino o puniu com suficiente rigor e já lhe provou muitas vezes que ele não vai enriquecer por meio da roleta; mas esse homem é incorrigível, ele ainda acredita... que vai mesmo enriquecer, ganhar, sem a menor dúvida...".[86]

Em outubro de 1867, Dostoiévski viajou para Saxon les Bains, a poucas horas de Genebra, e retornou exausto e sem dinheiro, depois de penhorar novamente a aliança de casamento. Ele relatou seus infortúnios à Anna, mas ela pouco escutou. O escritor tinha agora um novo plano – solicitar a Katkov um salário mensal, pedido que, acreditava, não seria recusado, tendo em vista que Anna estava prestes a dar à luz uma criança. Envergonhada por ele ter usado sua gravidez como desculpa, Anna implorou à mãe o dinheiro que precisavam, embora fizesse qualquer coisa para não preocupá-la. (A mãe, em São Petersburgo, estava pagando os juros dos móveis da filha e era acossada pelos parentes e credores do escritor.) Apesar das perdas no jogo, a ida de Dostoiévski ao cassino gerou frutos: um lampejo de inspiração. "De volta a Genebra, ele retomou com fervor o trabalho interrompido, e escreveu cerca de 39 páginas... em 23 dias".[87]

O inverno de 1867-68 passou rapidamente "em um trabalho conjunto e incessante na redação do romance".[88] Com Anna tomando os ditados e copiando, Dostoiévski conseguiu, a duras penas, cumprir o prazo; o primeiro capítulo foi enviado no último momento possível e publicado na edição de janeiro. Antes do nascimento do bebê, o casal se mudou para um apartamento maior, com dois dormitórios, porém, "terrivelmente frio",[89] pois a difícil situação financeira os obrigava a economizar querosene. Ao cair da noite, eles conversavam a respeito dos livros que estavam lendo e sobre Cristo e os evangelhos. "Fico sempre muito feliz quando ele fala comigo não apenas sobre assuntos corriqueiros... quando ele me julga capaz de escutar e discutir questões mais importantes e abstratas."[90]

Durante as caminhadas, Dostoiévski gostava de parar na frente das vitrines, indicando os brincos de diamante que desejava comprar para Anna, em substituição àqueles que ele perdera no jogo. Ao longo de toda a vida, ele tentou amealhar uma quantia suficiente para devolver à esposa o presente que havia dado a ela de casamento; certa vez, presenteou-a com um bracelete de ouro, no qual gastou todos os honorários recebidos. Como careciam de dinheiro para as necessidades básicas, Anna devolveu a joia à loja.

A criança era esperada para março de 1868. Durante o último mês da gravidez de Anna, Dostoiévski passava diariamente pela casa da parteira, para garantir que se lembraria do local quando o momento decisivo chegasse: sua memória, debilitada pela epilepsia, "tornara-se imprecisa... Eu não consigo mais reconhecer as pessoas. Esqueço o que li no dia anterior".[91] Ciente do quanto essas caminhadas diárias colina acima eram dificultadas pela asma, Anna reconhecia o sacrifício do marido. No entanto, todos os preparativos foram em vão: horas antes do início do trabalho de parto, Dostoiévski sofreu um violento ataque e, exausto, caiu no sono. Quando as dores começaram, ela tentou acordá-lo, mas logo percebeu que ele estava completamente incapacitado. Anna precisou esperar onze horas, rezando para ter forças, até que Dostoiévski estivesse em condições de chamar a parteira.

Que noite terrível eu passei então! As árvores ao redor da igreja farfalhavam com violência; vento e chuva crepitavam nas janelas... Devo admitir que o sentimento de estar completamente só e desamparada me agoniava. Como foi penoso enfrentar aquelas horas difíceis de minha vida sem ter um parente sequer a meu lado, e sabendo que meu marido, meu único guardião e protetor, também estava indefeso. Comecei a rezar com fervor e as preces alimentaram minhas forças.[92]

A parteira suíça confidenciou à Anna que nunca antes vira um pai de recém-nascido subjugado por tal estado de angústia. Expulso do quarto, Dostoiévski permaneceu de joelhos, rezando, com o rosto coberto pela palma das mãos, enquanto, atendendo às inquisições de Anna, a parteira a mantinha informada sobre as condições em que ele se encontrava: "Lembrando meus pensamentos e sentimentos naquele dia, preciso dizer que eu me compadecia menos por mim do que por meu pobre marido, para quem minha morte representaria uma catástrofe".[93] Quando a criança nasceu, Dostoiévski irrompeu no quarto da esposa e se jogou de joelhos junto a ela, beijando-lhe as mãos. Mais tarde, no romance *Os demônios*, ele descreveria a arrebatada emoção que experimentou com o nascimento da filha Sônia. Dostoiévski escreveu a um amigo, contando a transformação suscitada por essa experiência: "Ouvi o choro de um bebê, *minha filha*. Uma sensação estranha para um pai, mas, de todas as sensações humanas, uma das mais extraordinárias...".[94]

Dostoiévski se revelou "o pai mais carinhoso do mundo"; embalava a filha Sônia nos braços e cantava para ela. Ele se reconhecia nos traços e até mesmo na expressão facial da menina, "inclusive as rugas na testa – ela fica lá deitada como se estivesse escrevendo um romance!".[95] Entretanto, nem o amor pela recém-nascida conseguiu afastá-lo das mesas de jogo: em abril, um mês depois do nascimento de Sônia, ele estava de volta a Saxon les Bains. Dessa vez, perdeu todo o dinheiro que possuía logo na primeira meia hora após a chegada, 220 francos. Agora, além da dívida colossal acumulada – devia 5.060 rublos para o *Mensageiro Russo* –, mostrava-se um colaborador indigno de confiança: os fascículos mais recentes estavam atrasados e o número de páginas era insuficiente. Todavia, como o próprio Dostoiévski, em completo delírio, escreveu de Saxon les Bains para Anna, o futuro deles dependia do sucesso do romance. Por esse motivo, ele pedia que ela não lamentasse o dinheiro: após a perda, uma "ideia extraordinária e incrível" lhe ocorrera.[96] "Exatamente como aconteceu em Wiesbaden, quando, logo depois de perder eu idealizei *Crime e castigo*..."[97]

Em maio, o casal sofreu um golpe terrível, pois Sônia, com apenas três meses de vida, pegou um resfriado que se transformou em pneumonia. Um dos melhores pediatras da cidade foi chamado e submeteu a criança a exames diários; apenas algumas horas antes de Sônia falecer, ele havia assegurado aos pais que o estado clínico da menina estava apresentando melhoras. "Não consigo expressar a profunda consternação que tomou conta de nós quando vimos nossa amada filha morta." Todo o sofrimento de Anna se tornava ainda maior diante do desconsolo do marido: "Sua dor era devastadora. Ele soluçava e chorava como uma mulher, em pé na frente do corpo de sua querida... e cobria-lhe a pequenina face embranquecida e as mãos com beijos ardentes. Nunca mais em minha vida presenciei espasmos de dor tão violentos".[98]

As despesas médicas e o funeral, somados às perdas de Dostoiévski no jogo, privaram completamente o casal de qualquer meio de subsistência. Como sempre, o escritor apelou para a compaixão de Katkov e, com o dinheiro obtido junto a ele, mudaram-se de Genebra para a pequena cidade de Vevey, pois a outra tornara-se intolerável. O verão foi triste e sombrio: Anna, em um estado de "extrema tristeza", com os nervos em frangalhos, passava as noites chorando. A condição emocional de Dostoiévski deixou-a profundamente alarmada, pois a dor o consumia e ele se lamentava, dizendo que o passar do tempo só fazia aumentar o sofrimento da lembrança de Sônia. Além de tudo, a "deteriorada cidadezinha de quatro mil habitantes"[99] carecia de uma boa biblioteca e de jornais russos, recursos dos quais ele se valia para encontrar inspiração. Incapaz de manter a concentração no romance, que agora escrevia com o coração pesado, ele decidiu mudar-se para a Itália.

Naquele outono, a família Dostoiévski viajou através dos Alpes, caminhando parte do tempo na frente de "um enorme comboio do correio, que subia a montanha". Eles colheram flores silvestres alpinas e se entregaram à contemplação da pitoresca rota da montanha, do céu azul e das quedas d'água. Em Milão, viveram durante dois meses em uma ruela estreita, próxima à rua principal. Estranhos nesses arredores, onde os vizinhos costumavam se comunicar através das janelas, o casal se sentia isolado, e Anna logo foi tomada pela saudade de casa. O outono transcorreu frio e chuvoso, forçando-os a se confinarem no apartamento. Eles viviam em paz, porém em completo isolamento, "como em um monastério",[100] segundo as palavras do próprio Dostoiévski. A única distração eram as idas esporádicas à catedral de Milão. O escritor, que não podia contar com as notícias e atualidades russas para seu romance, decidiu persuadir Anna a se mudarem para Florença, na época a capital da Itália, onde ele esperava encontrar uma biblioteca mais completa. A mudança custou cem francos, mas, como Dostoiévski escreveu à sua sobrinha, Anna estava "tolerante e meus interesses são mais preciosos a ela do que qualquer outra coisa...".[101]

Em Florença, estabeleceram-se nas proximidades do Palácio Pitti, uma enorme edificação renascentista às margens do rio Arno, que no século XVI pertencera à família Médici e mais tarde abrigou tesouros de imenso valor: futuros proprietários amealharam uma vasta coleção de pinturas, porcelanas e joias. O casal Dostoiévski frequentava a galeria de artes do palácio e de lá às vezes ia visitar a estátua da Vênus de Médici, a qual o escritor considerava um trabalho de gênio. "Para nossa grande alegria, encontramos em Florença uma excelente biblioteca, que assinava dois jornais russos; assim, meu marido usufruía de sua sala de leitura todos os dias..."[102] Nessa cidade, o escritor se dedicou com afinco ao romance, cujo prazo se esgotaria no final daquele ano. Havia pressa nos ditados: Dostoiévski não relia a cópia depois que Anna a completava, e, mesmo assim, temia que o tempo fosse insuficiente. (A despeito das falhas, *O idio-*

ta se tornou um dos romances mais originais de Dostoiévski.) Ao se aproximar o final do trabalho, o casal se viu acossado pelo medo de que, com ele, terminasse também o salário mensal pago pelo *Mensageiro Russo*.

Tendo aprendido um pouco de italiano, para falar e ler os jornais, Anna passou a ser intérprete de Dostoiévski em suas excursões pela cidade, e nas lojas onde, apesar da carência de recursos, ele insistia em procurar joias para a mulher. O ano novo, 1869, trouxe notícias bem-vindas – em janeiro, Anna descobriu que estava esperando outra criança. "Nossa alegria não tinha limites, e meu querido marido começou a demonstrar tanta preocupação comigo, como tivera na primeira gravidez".[103] Naquele ano, o romance *Guerra e paz* foi lançado na Rússia, um evento literário de grande destaque, que monopolizou todas as atenções do casal. (Nikolai Strakhov, amigo de Dostoiévski e, mais tarde, editor de Tolstói, enviou-lhe o romance, composto por seis volumes.) Dando pela falta do terceiro volume, Anna repreendeu o marido por ter perdido um livro tão fascinante, ouvindo em resposta que provavelmente havia sido esquecido no correio. Tempos depois, soube que Dostoiévski o escondera para evitar que ela lesse a descrição da morte da esposa de Andrei Bolkonski durante o trabalho de parto.

Os últimos três meses em Florença foram cheios de angústia. Em maio, esperando por um pequeno adiantamento da *Aurora*, uma revista recém-lançada, para a qual Dostoiévski contribuía com sua ficção de menor valor, eles se mudaram para um apartamento diminuto, com o objetivo de economizar no aluguel. O imóvel dava vista para o mercado, localizado entre construções de pedra, com arcadas e colunas. No calor do verão, a área se transformava em uma fornalha, provocando a elevação da temperatura do apartamento, oculto pelas tarântulas, tal qual os banhos de vapor da Rússia. Para piorar a situação, Anna estava nos últimos meses de gestação e eles dividiam o pequeno espaço com a mãe dela, que chegara para ajudar com o bebê. O adiantamento atrasou várias semanas e, quando finalmente chegou, foi suficiente apenas para pagar o aluguel e algumas dívidas, obrigando Dostoiévski a recorrer outra vez à ajuda de Katkov. (Após enviar o romance completo, o escritor ainda devia mil rublos ao *Mensageiro Russo*. Apesar do insucesso do livro *O idiota* e da consequente impossibilidade de ganhar com ele o dinheiro que esperava, Katkov continuou a prover suporte financeiro a Dostoiévski. Ele percebeu que o periódico seria lembrado no futuro por ter publicado Tolstói e Dostoiévski.)

Durante 1869, o ano da conclusão de *O idiota* e do nascimento da segunda filha do casal, eles viajaram para Praga, onde, além dos fãs que Dostoiévski possuía, esperavam conviver em um ambiente de intelectuais eslavos. Impossibilitados, porém, de encontrar uma moradia de acordo com suas posses, eles partiram para Dresden, uma cidade que já haviam experimentado e na qual o custo de vida era relativamente barato. Lá, contavam com alguns amigos e Dostoiévski se entregou ao trabalho com todo afinco.

A família Dostoiévski esperava o nascimento do bebê para o início de setembro, "com entusiasmo, medo, esperança e falta de coragem".[104] Anna passou mal durante todo o ano: "Eu receio demais pela saúde dela", escreveu Dostoiévski a seu amigo Maikov, "ela está constantemente adoentada... e, além do mais, teme morrer no parto...".[105] Ambos desejavam uma menina e decidiram chamá-la Liubov (amor, em russo) ou pelo apelido Liúba. Quando, em 14 de setembro, o feliz evento aconteceu, Dostoiévski informou a Maikov que LIUBOV havia nascido: "Tudo transcorreu perfeitamente, e a criança é grande, saudável e muita bonita. Ania e eu estamos felizes".[106] Maikov foi escolhido para padrinho da menina e a mãe de Anna, que permanecera em Dresden, para madrinha.

Em Dresden, Dostoiévski trabalhou nos esboços da obra *A vida de um grande pecador*, que deu origem a *Os irmãos Karamazov* e a *Os demônios*, romance tendencioso sobre a anarquia revolucionária e política na Rússia. Nesse meio tempo, as dúvidas em relação a seus dotes artísticos se reacenderam: ele confidenciou à esposa que a constante pressão dos prazos e sua incapacidade para refinar as criações conduziam a uma inevitável "ruína" de seu talento. Na opinião de Anna, os romances do marido poderiam se igualar aos de Tolstói, bastando que houvesse segurança financeira e tempo para as revisões. Ela era testemunha do desespero do escritor ao encontrar erros nos capítulos já remetidos: "Se eu pudesse trazê-lo de volta! Se eu pudesse corrigi-lo! Agora compreendo... o porquê de o romance não estar obtendo sucesso".[107] (Enquanto esteve no exterior, ele não recebeu a revista que publicava seus trabalhos.) Um dos primeiros romances de Dostoiévski, *Gente pobre*, que Anna leu na juventude, foi talvez o único trabalho que ele pôde planejar e escrever sem a pressão e o medo dos prazos.

A desoladora situação financeira do casal se manteve inalterada e, um mês após o nascimento da filha, Dostoiévski retratou em uma carta a Maikov o desespero em que se encontravam: "Como posso escrever, se tenho fome, se empenhei minhas calças por duas moedas de prata para enviar um telegrama! Mas, não importa minha fome! Afinal de contas, ela está amamentando um bebê. Imagine se *ela* precisar penhorar a última saia de lã que a mantém aquecida!".[108]

Apesar das privações, a segunda estada em Dresden foi mais tranquila: Anna não estava tão sozinha como antes. Além de sua mãe, o irmão Ivan também chegou: "Eu estava cercada pelas criaturas que me são mais estimadas e caras – meu marido, minha filha, minha mãe e meu irmão...".[109] Ivan Snítkin estudava na Academia de Agricultura de Moscou, onde havia ocorrido, fazia pouco tempo, o assassinato de um estudante que era seu colega de classe. A vítima pertencia a uma organização conspiradora denominada Represália do Povo e liderada pelo terrorista revolucionário Serguei Niecháiev. Destacado radical, que havia conspirado o assassinato de Alexandre II, o fanático Niecháiev suspeitava das pessoas que o cercavam e ordenou a morte do estudante, em novembro de 1869.[110] Dostoiévski acompanhou o evento pelos jornais alemães, que também relataram a existência de uma rede de organizações revolucionárias na Rússia. Ivan lhe contou sobre o estado de espírito dos estudantes e descreveu o parque da academia de agricultura onde ocorreu o crime, cena que Dostoiévski reproduziu no romance *Os demônios*, da qual o assassinato é o fio condutor.

Dostoiévski iniciou a publicação de *Os demônios* no periódico de Katkov em 1871, época em que, após quatro tumultuados anos fora de casa, o casal encerrou seu exílio. Na primavera, às vésperas do retorno para a Rússia, a inquietação de Dostoiévski se manifestou outra vez, e ele acabou indo para Wiesbaden para jogar roleta com o dinheiro que Anna conseguira economizar. Então, ela estava grávida do terceiro filho e reservara trezentas moedas de prata para o nascimento, dinheiro esse que acabou dando ao marido: "Para aplacar sua ansiedade e afastar os pensamentos sombrios que o impediam de se concentrar no trabalho, eu recorri ao dispositivo sempre capaz de entretê-lo e distraí-lo".[111] A viagem se tornaria a última aventura com o jogo na vida de Dostoiévski.

A culpa por ter perdido o dinheiro destinado à esposa grávida, à filha pequena e à criança por nascer, somada ao sonho torturador com seu falecido pai (sempre que sonhava com o pai, ele enxergava no sonho a premonição de um desastre) e a outras experiências místicas daquela noite, transformou-o profundamente.[112] Ele experimentou uma súbita cura de suas obsessões e descreveu essa conversão para Anna: "Um fato incrível aconteceu comigo, a fantasia infeliz que me atormentou durante quase dez anos, desapareceu. Por dez anos... sonhei em ganhar. Eu sonhava movido pela urgência, pela paixão. Agora está tudo acabado!".[113] Como sempre, a ruína no jogo estimulou-lhe a imaginação e, no retorno a Dresden, lutando para se salvar por meio do trabalho, ele parou para escrever *Os demônios*.

Preparando-se para retornar à Rússia, o casal discutiu o que seria feito do arquivo que Dostoiévski acumulou durante as viagens. Por conta de sua condição de ex-prisioneiro político, as autoridades examinariam sua correspondência, como um simpatizante os havia advertido. Dostoiévski insistiu em queimar os rascunhos, mas Anna conseguiu salvar os cadernos que continham *O idiota* e *Os demônios*, deixando-os com sua mãe, que estava retornando para casa sozinha.

De fato, na fronteira em Verjbolovo os pertences e os documentos do casal foram meticulosamente examinados pelos oficiais alfandegários da Rússia; eles quase perderam o trem para São Petersburgo. A revista só terminou quando Liúba, entediada e faminta, começou a gritar a plenos pulmões por um pãozinho: incomodados com a gritaria, os oficiais devolveram os documentos.

Todos aqueles anos de privações fizeram de Anna uma mulher decidida e capaz de enfrentar qualquer problema de ordem prática. Os sinais do envelhecimento se revelavam em seu rosto e, aos 24 anos, parecia uma contemporânea do marido. Seus amigos e familiares notavam a mudança e "me repreendiam por não cuidar de minha aparência, não me vestir com esmero e não pentear os cabelos com elegância". Anna não dispunha de recursos financeiros que lhe permitissem trajar roupas da moda e, além do mais, usava cores escuras com o propósito de parecer menos atraente. Embora ficasse magoada quando as pessoas confundiam sua idade, a preocupação com a tranquilidade de Dostoiévski vinha sempre em primeiro lugar:

Eu estava decididamente convencida de que Fiódor Mikhailovich me amava por minhas boas qualidades de espírito e de caráter, e não apenas pela aparência física... Assim, meu aspecto antiquado e a evidente esquiva em compartilhar da companhia masculina atuavam positivamente sobre meu marido, já que não alimentavam seu ciúme infundado.[114]

Apesar de todas as provações que enfrentaram no exterior, Anna viria a relembrar o período de seu casamento passado na Europa "com a mais profunda gratidão ao destino". Eles acabaram estabelecendo uma convivência fundada em intenso sentimento mútuo de compreensão e valorização: o coração de um estava verdadeiramente "entrelaçado ao do outro".[115] Dostoiévski agora dependia dela não apenas no plano emocional como também na esfera das decisões: "Ele transferia para mim, de bom grado, todos os seus afazeres, acatava meus conselhos...".[116] (Em 1873, o escritor redigiu um testamento, deixando todos os seus direitos literários para Anna.)

A família Dostoiévski retornou a São Petersburgo em 8 de julho e oito dias depois Anna deu à luz seu filho, Fédia. Eles viveram por um tempo em quartos mobiliados até que Anna tivesse condições de alugar um apartamento adequado: ela negociou um contrato com um comerciante e comprou, em prestações, algumas peças de mobiliário, das quais dependiam, já que em sua ausência perderam todos os bens que possuíam na Rússia: os móveis de Anna foram confiscados para cobrir prêmios de seguro; a casa que ela herdou acabou perdida em negociações escusas do marido de sua irmã, e a valiosa biblioteca de Dostoiévski foi vendida pelo sobrinho Paul.

Como na vida de Jó, as calamidades os acossaram por toda parte: menos de um ano depois da chegada, a pequena Liúba fraturou o pulso, que foi reposicionado sob sedação por clorofórmio. Os pais temiam que ela não sobrevivesse à anestesia, um recurso ainda relativamente novo.[117] Anna "enxergava a imagem nítida" da morte da primeira filha e não acreditava que Liúba conseguiria resistir, receio compartilhado por Dostoiévski. Pálido, com as mãos tremendo, ele acompanhou Anna até uma sala, onde, rezando, aguardaram apreensivos pelo resultado: "... nós nos ajoelhamos e rezamos com todo fervor durante aqueles momentos, como talvez nunca antes tínhamos rezado".[118] Embora a cirurgia tenha sido bem-sucedida, a preocupação do casal em relação à saúde da filha só fazia aumentar.

O retorno da família à Rússia foi logo descoberto pelos credores de Dostoiévski: sabendo de sua chegada, por meio de uma notícia de jornal, eles passaram a cobrar o pagamento imediato das dívidas, ameaçando-o de prisão caso não o fizesse. O escritor caminhava pela sala, puxando os cabelos nas têmporas e repetindo: "O que neste mundo vamos fazer agora, o quê?". Para evitar que o estresse interferisse em seu trabalho no romance *Os demônios*, Anna assumiu para si a tarefa de negociar com os credores.

Embora o total dos débitos somasse 25 mil rublos, Anna estimou que as dívidas pessoais de Dostoiévski somavam apenas um décimo dessa quantia. Ao assumir precipitadamente a responsabilidade pelas dívidas do irmão falecido, ele acabou agindo com a prudência de uma criança e assinou diversas notas promissórias: ele confiava na palavra das pessoas e foi muitas vezes enganado. Conhecendo a tendência natural do marido a se aborrecer com qualquer coisa, Anna escondeu dele a negociação que fez com os credores, sujeitos de honestidade duvidosa que haviam comprado as promissórias de Dostoiévski por alguns centavos e queriam resgatá-las pelo valor original. Eles chegaram até a lançar ameaças contra Anna. Destemida, ela os lembrou de que se o escritor fosse colocado na prisão, poderia permanecer lá até o prazo da dívida expirar e, nesse caso, eles não receberiam coisa alguma. Enquanto isso, ela se esforçaria para tornar confortável a estada do marido na prisão, visitando-o todos os dias na companhia dos filhos. As propriedades do casal não podiam ser bloqueadas, porque ela alugara o apartamento em seu nome e comprara os móveis em prestações. Os credores aceitaram os argumentos expostos e concordaram em dividir os pagamentos ao longo dos anos. Esse novo acordo, no entanto, não solucionaria todo o problema, já que ela, sem contar com uma renda regular, teria de pagar a quantia prometida nas datas fixadas. Além do mais, como a receita da família dependia do sucesso do trabalho de Dostoiévski, ela vivia sob eterna tensão e ansiedade: "Onde levantar essa quantia até tal data; onde, e por quanto, empenhar tal item; como esconder de Fiódor Mikhailovich as visitas de alguns credores...".[119] (Anna conseguiu liquidar as dívidas em 1881, ano em que Dostoiévski faleceu.) O enteado Paul, agora casado, continuava a pressionar por dinheiro e ameaçava reclamar a Dostoiévski, para quem o compromisso de cuidar do rapaz, assumido no leito de morte da primeira esposa, tinha o peso de uma obrigação moral.

Anna procurou um trabalho independente como estenógrafa, vendo sua empreitada ser frustrada pelo escritor, porque a ideia de tê-la longe de casa perturbava-o mais do que o aperto financeiro. Em 1872, ela se candidatou para o trabalho em uma conferência provincial e Dostoiévski consentiu, admitindo mais tarde que contara com a hipótese de ela não ser aceita pelo presidente do evento. Quando Anna foi contratada, ele levantou objeções quanto às viagens que faria sozinha. Ela acabou declinando o trabalho, por receio das cenas que ele poderia fazer e também da chance de ele aparecer na conferência e levá-la de volta para casa.

Naquele ano, tentando garantir uma renda, o casal se lançou a um arriscado empreendimento editorial, decidindo publicar por conta própria o romance *Os demônios*. Foi uma iniciativa ousada: para os amigos, um projeto financeiramente arriscado. Na época, os livros eram impressos e distribuídos em todo o território russo por diversas empresas de porte; um romancista que tentasse publicar o próprio trabalho para vendê-lo de sua casa estava fadado ao fracasso. Dostoiévski teve anteriormente uma experiência bem-sucedida, quando editou com o irmão as revistas *O Tempo* e *A Época*, mas, naquela oportunidade, couberam-lhe apenas as atividades literárias.

Precisando adquirir experiência empresarial, da qual ambos careciam, Anna foi atrás de informações: ela visitou tipografias e livrarias, fazendo perguntas fortuitas e conhecendo métodos de negociação com livreiros, tais como descontos baseados no número de exemplares. A confecção dos livros exigia pagamento à vista, mas ela descobriu que um autor renomado como Dostoiévski conseguiria dos impressores um prazo de seis meses, com juros incidindo sobre o valor devido. Após estimar que produziriam 3.500 cópias, ela contratou uma conceituada tipografia e o trabalho começou. Anna assumiu toda a parte administrativa, mas também conferia a primeira e a segunda provas, enquanto a leitura da prova final ficava sob a responsabilidade de Dostoiévski. "O período entre o final de 1872 e o início do ano seguinte foi dedicado ao trabalho com o livro."[120] Quando o romance, já encadernado, foi entregue na casa do casal, eles o admiraram e, impaciente por fazer a primeira venda, Dostoiévski levou um exemplar a um destacado livreiro, seu conhecido, retornando com uma oferta que lhes daria prejuízo. Anna atribuiu o fracasso ao fato de ele não ter tomado a iniciativa.

Em janeiro de 1873, ela divulgou o romance e antecipou seu desempenho. Sua previsão se mostrou acertada: naquela mesma manhã, mensageiros de diversas livrarias vieram bater em sua porta. Eles começaram negociando o desconto sobre o preço de varejo, e acabaram descobrindo que Anna tinha pleno conhecimento sobre o negócio e sabia quais condições seriam aceitáveis.

> Novos compradores chegaram, e os da manhã voltaram para buscar outro suprimento de livros. Era evidente o sucesso do romance, e eu senti o raro prazer do triunfo. Eu estava feliz com o dinheiro, sem dúvida, mas minha felicidade residia principalmente no fato de eu ter encontrado um negócio interessante para minha vida – a publicação do trabalho de meu amado esposo. Além do mais, havia a satisfação com o sucesso da empreitada, que contrariou o receio de meus conselheiros literários.[121]

Acordando ao meio-dia, depois de ter passado a noite escrevendo, Dostoiévski descobriu que Anna havia vendido 115 exemplares. Antes do final do ano, o estoque já estava quase esgotado, resultado que garantiu ao casal um lucro de quatro mil rublos. Esse sucesso encorajou-os a também publicar por conta própria *O idiota* e *Memórias da casa dos mortos*. Além disso, entre 1876-77 Anna administrou a publicação do periódico mensal *Diário de um escritor*, do qual Dostoiévski era o único colaborador. Aos 38 anos de idade, ela se mostrou, por meio de sua atividade editorial, uma administradora experiente. Mikhail Alexandrov, proprietário de uma tipografia, que trabalhou com Anna, relembra a forma como ela lidava com o lado empresarial da publicação do periódico:

> Todas as transações com tipografia, fábrica de papel, encadernadores, livreiros e distribuidores de jornais, assim como a embalagem e remessa do material pelo correio, eram realizadas por Anna Grigorievna, que havia adquirido excelente capacitação para a atividade, supervisionando a publicação dos trabalhos de Fiódor Mikhailovich.[122]

Em 1873, Dostoiévski tornou-se editor-chefe de uma revista conservadora, O Cidadão, atividade que lhe rendia uma modesta, porém regular, receita de três mil rublos (cinco mil, com suas colaborações habituais). Era um trabalho árduo que demandava a leitura de pilhas de manuscritos e provas tipográficas, deixando-lhe pouco tempo para as criações literárias. No entanto, a maior dificuldade do escritor, devido à sua irritabilidade e sua índole explosiva, era manter uma boa convivência com a equipe e os autores. Ele carecia do domínio necessário para evitar os conflitos, mesmo com alguns dos colaboradores mais assíduos e, indiscutivelmente, gozava da antipatia de todos. Anna conseguiu preservar alguns dos relacionamentos, "esquecendo" de expedir as cartas furiosas do marido. Em sua atividade editorial, ele cometeu um grande erro em 1874, quando, violando as regras da censura, publicou uma citação extraída diretamente do discurso do imperador. Ele se declarou culpado e foi condenado a passar 48 horas na prisão. Enquanto cumpria a sentença em uma prisão militar, Anna ia visitá-lo, levando seus pãezinhos frescos prediletos. Demonstrando admirável estado de espírito ao sair do presídio, Dostoiévski declarou por meio de gracejos que o período atrás das grades havia sido providencial, pois lhe permitira reler Os Miseráveis.

Embora a atividade editorial de Dostoiévski tenha perdurado por pouco mais de um ano (ele renunciou ao cargo em abril de 1874), sua saúde decaiu visivelmente nesse período. Ele desenvolveu uma tosse persistente e seus problemas respiratórios se deterioraram, atingindo o estágio de um enfisema, que acabaria por levá-lo à morte sete anos mais tarde. Durante vários anos ele viajou sem a família, para a região de Ems, na Alemanha, em busca de repouso terapêutico.

Enquanto estava longe de Anna, Dostoiévski se sentia atormentado pela ansiedade e por "toda sorte de dúvidas", além do que, encontrava dificuldade para escrever.[123] Suas cartas, de Ems, vinham cheias de pedidos para que ela escrevesse com mais frequência, "nem que sejam doze linhas apenas, como um telegrama, sobre sua saúde e a das crianças. Você não acredita no quanto eu me preocupo com as crianças e sofro por isso".[124] Quando a resposta da esposa demorava (embora fosse um legalista, o escritor ficou sob vigilância até 1875 e, portanto, os censores liam sua correspondência), ele imaginava todos os problemas possíveis. Dostoiévski escrevia para Anna, sabendo que os oficiais leriam sua carta, mas não se importava que soubessem o quanto ele amava a esposa. "É a duras penas que espero suas cartas, minha querida... Você é um pouco má nesse aspecto, mas não deixa de ser minha joia, e é muito difícil para mim estar aqui sozinho, sem você... Estou em completa solidão agora e, além dela, apenas preocupação. Escreva-me, contando detalhes sobre as crianças... Detalhes sobre o que conversam e o que fazem."[125] As histórias que ela escrevia a respeito dos filhos "reanimavam" o escritor.[126] De acordo com Anna, ele tinha grande capacidade de se relacionar com as crianças, participando do mundo delas por meio de jogos, danças e das "mais animadas conversas".[127]

Embora a saúde dos filhos fosse uma preocupação partilhada pelo casal, a apreensão de Dostoiévski era levada ao extremo. Ele se alarmava até mesmo com as menores ocorrências relatadas por Anna e esmiuçava as cartas enviadas por ela, em busca de qualquer sinal de problema. Certa vez, escreveu à esposa contando o terrível pesadelo no qual o filho Fédia subira no parapeito da janela e caíra do quarto andar. A resposta irônica de Anna fez Dostoiévski cair em si: "Por favor, acalme-se meu querido! As crianças estão saudáveis e, de sábado para domingo Fédia não estava caindo do quarto andar, mas sim dormindo calmamente em sua cama".[128]

O temperamento alegre de Anna começara a mudar: ela se queixava de nervosismo e revelava acentuada propensão à ansiedade e a mudanças bruscas de humor. Durante a ausência de Dostoiévski foi acometida pelo receio de que ele viesse a sofrer ataques epiléticos, desamparado em meio a estranhos. Em 1873, ao receber um telegrama do marido, ela perdeu o controle e teve uma súbita crise de choro na frente do carteiro, imaginando que ele tivesse adoecido. Suas mãos tremiam descontroladamente e ela não conseguiu abrir a correspondência, atraindo uma pequena multidão por causa de seus gritos incessantes. "Quando finalmente consegui ler, fui tomada por uma insana felicidade, e permaneci gritando e rindo por um longo tempo."[129] De acordo com um comentário de Dostoiévski, Anna e ele se "fundiram", formando "um único corpo e uma única alma".[130] Em uma fotografia tirada quando já haviam completado onze anos de casamento, os olhos de Anna contemplam o vazio e seu rosto sisudo estampa uma expressão grave: por meio da face e da postura, ela deixa entrever a tensão e o estresse que a exauriram durante o manejo das agudas crises emocionais de Dostoiévski.

Suas memórias mais felizes eram as do inverno de 1874-75, na Staraia Russa, localidade ao sul de São Petersburgo, que a família havia inicialmente escolhido como refúgio de verão. Ao longo dos anos, eles retornaram ao local diversas vezes, mas, para Anna, a primeira viagem, quando, do barco que os conduzia através do lago Ilmen, ela e Dostoiévski contemplaram as paredes brancas de pedra da antiga Novgorod, com suas cúpulas de igreja, foi a mais memorável. "Faz muito tempo desde a última vez que nos sentimos tão felizes e envoltos em tanta paz!"[131]

Em Staraia Russa, Dostoiévski escreveu o romance *O adolescente*, a ser publicado na *Anais da Pátria*, uma prestigiada revista populista que fazia oposição política ao extremamente conservador *O Cidadão*, do qual Dostoiévski fora editor. Na época, Katkov estava publicando *Anna Kariênina*, e sua revista pagava polpudos direitos autorais a Tolstói, motivo pelo qual ele não tinha condições de bancar adiantamentos a Dostoiévski. No entanto, em 1874 o escritor recebeu uma oferta lucrativa de Nikolai Nekrasov, editor da *Anais da Pátria*. (Nekrasov, o primeiro a reconhecer o talento literário de Dostoiévski, tornou-se seu amigo. Mais tarde, representando posições políticas contrárias, eles acabaram se tornando "inimigos literários".) Nekrasov era, também, um grande poeta, e, durante suas visitas, uma curiosa Anna se postava atrás da porta fechada para escutar a conversa dos dois. Ao receber a oferta de Nekrasov, Dostoiévski se confessou impossibilitado de tomar qualquer decisão sem antes consultar a esposa, atitude que deixou o editor estarrecido, pela demonstração do domínio que Anna exercia sobre seu amigo. Este justificou sua submissão, atribuindo-a à inteligência e ao tino para os negócios que a esposa possuía. Ao sair da sala, ele se encontrou com Anna, que o aconselhou a aceitar imediatamente a oferta do editor. Apesar de a quantia paga por Nekrasov ser superior à da revista de Katkov, Dostoiévski titubeou, por não estar certo de que seu romance se adequasse àquele periódico populista e, assim, ele fosse obrigado a fazer modificações que não aceitaria fazer; nesse caso, teria que devolver o adiantamento. Mas seus temores se mostraram injustificados. Por conta da insegurança financeira, Anna decidiu que eles passariam o inverno em Staraia Russa, onde o custo de vida era muito mais barato do que em São Petersburgo.

A exemplo dos anos passados no exterior, eles ficaram completamente isolados nesse refúgio, mantendo uma programação rígida para acomodar o trabalho de Dostoiévski. "Depois do meio-dia ele me chamava ao seu escritório e ditava o que havia escrito ao longo da noite. Trabalhar com ele era sempre uma alegria para mim, além do que, eu me sentia orgulhosa em ajudá-lo e em ser a primeira pessoa a conhecer o trabalho, pelos lábios do próprio autor". Ele ditava das duas até as três horas da tarde e, ao terminar, sempre pedia a opinião da esposa.

"Está ótimo", eu respondia. Porém, meu "ótimo" significava para Fiódor Mikhailovich que a cena recém-ditada, apesar de perfeita segundo a opinião dele, não produzira uma emoção especial em mim. E meu marido atribuía grande importância às minhas reações espontâneas. De algum modo, aquelas páginas do romance que me provocavam uma emoção devastadora, produziam o mesmo efeito nos leitores...[132]

Quando Dostoiévski sentia dúvidas em relação a algum capítulo, ele lia o texto para Anna e ficava observando sua reação. Um capítulo que descrevia o suicídio de uma jovem, em *O adolescente*, causou nela uma impressão desconcertante, como também, mais tarde, em Nekrasov. Este, ao receber o primeiro fascículo do romance, ficou acordado a noite toda lendo-o e depois comentou que a cena do suicídio era "o ápice da perfeição".[133] Anna, quando soube, por Dostoiévski, da observação do editor, escreveu a ele contando que ela fora a primeira a usar essas mesmas palavras.[134] Dostoiévski não apenas acatava os conselhos empresariais da esposa, como também escutava com atenção as sugestões que ela fazia sobre o trabalho. Ainda em 1874, ela pediu a ele que não começasse a escrever *O adolescente* antes de traçar um esboço detalhado da história: "A pressa só prejudicará. Lembro-me que foi assim com *O idiota* e *Os demônios*".[135] Os cadernos de anotações, nos quais Dostoiévski detalhou a ideia do romance *O adolescente*, foram os mais completos que ele fez.

Os incêndios frequentes nas casas de madeira da comunidade faziam parte da monotonia em Staraia Russa. Ao soar o sino, Anna vestia as crianças, ainda adormecidas, e as levava para fora. Os maços de anotações e os manuscritos do romance *O adolescente* ficavam todas as noites preparados para um resgate iminente. Quando o perigo passava, os papéis de Dostoiévski eram desembrulhados e retornavam ao devido lugar, pois ele tinha verdadeira obsessão pela ordem.

Esses manuscritos e cadernos de anotações escaparam por pouco da destruição quando, no final do verão, a família – agora maior, com a chegada do filho recém-nascido, Aliócha, e de sua babá – viajou de Staraia Russa para São Petersburgo. (Depois do nascimento de Aliócha, em 10 de agosto, Anna recuperou rapidamente as energias e logo voltou a assumir a anotação dos ditados de Dostoiévski, agora na fase final do romance.) Em Novgorod, após cruzarem o lago Ilmen, Anna descobriu que uma maleta de couro preta com os pertences pessoais do marido, dentre os quais seus cadernos e os manuscritos de *O adolescente*, havia desaparecido. Sem os cadernos de anotações, seria impossível a reconstituição das partes finais do romance, que ele deveria entregar para a revista no dia seguinte. Quando Anna reportou a Dostoiévski o incidente, "ele perdeu a cor e disse em voz baixa, 'Sim, é uma grande perda. O que faremos agora?'". Sem lhe contar, Anna tomou um táxi até a desolada região do cais, movida pela certeza de que a maleta fora deixada lá. Batendo à porta do escritório, já fechado, ela foi atendida por um vigia que lhe entregou a pesada mala de mais de setenta quilos. O guarda sumiu dentro do armazém e, como o motorista se recusava a abandonar o veículo, por receio de ser roubado, Anna precisou arrastar a mala sozinha, fazendo uma pausa a cada passo. Ela retornou para casa sentada sobre a preciosa carga, "decidida a não abandoná-la, na eventualidade de serem atacados por desordeiros".[136] Ao perceber a presença de Dostoiévski no portão a esperá-la, Anna gritou de longe, "Fiódor Mikhailovich, sou eu; estou trazendo a maleta!".

Já com quase dez anos de casados, Anna escreveu a Dostoiévski, para lembrar que eram "apenas uma entre milhares de famílias", na qual marido e mulher compartilhavam uma compreensão "tão profunda e duradoura".[137] Ela o venerava como artista e como homem, e lhe assegurava: "Eu não poderia ser tão feliz com outra pessoa como sou com você...".[138] O amor e a estima de um pelo outro só fazia aumentar: Dostoiévski confessou a ela que, depois de dez anos, amava-a mais do que nas vésperas do casamento.[139] Anna custava a se convencer de que seria mesmo merecedora do amor de um homem tão brilhante, e sempre lhe escrevia, com devotado arrebatamento, lembrando-o de sua condição de "mulher comum, modesta... Como sempre afirmo, 'Você é meu sol, está acima das montanhas, e eu me coloco a seus pés, rezando'".[140] Dostoiévski respondia no mesmo tom, "Você é meu ídolo, meu Deus... ajoelho-me à sua frente e beijo incessantemente seus pés".[141] De acordo com o escritor, Anna era sua "única amiga", e ele, que se sentia grato por muitas coisas, acreditava que ela era capaz de muito mais do que apenas ajudar com os romances e administrar o empreendimento editorial do casal.

> Minha joia preciosa, onde você foi buscar essa ideia de ser "modesta"? Você é uma mulher rara... Não só cuida de toda a casa, como também orienta a todos nós, pessoas caprichosas e enfadonhas, começando por mim e terminando em Liócha.[142] Mas, em meus projetos, você consome seus dons. Atravessa noites conferindo as vendas e os "negócios" do *Diário de um escritor*... Se lhe fizessem rainha e lhe confiassem um reino, tenho certeza que você o governaria como ninguém – com a inteligência, o bom senso, o coração e a habilidade administrativa que só você possui.[143]

No ano de 1876, o periódico que editavam, *Diário de um escritor*, conheceu grande sucesso. Foi um ano feliz para Anna, que se viu livre de maiores preocupações com a saúde das crianças e de Dostoiévski. Outra vez animada por seu natural bom humor, ela estava disposta até mesmo a brincadeiras. Para provocar o marido, que não deixava de lhe declarar seu amor, Anna enviou para ele uma carta anônima banal, copiada de um romance barato que haviam lido juntos recentemente. Ela acreditava que ele reconheceria o texto, mas, em todo caso, estava preparada para uma possível reação. A carta dizia, "você está sendo traído, de modo vil, por certa pessoa bastante próxima" e sugeria que Dostoiévski procurasse uma prova no medalhão da esposa, "aquele que ela carrega bem junto ao coração".

A brincadeira de Anna quase terminou em tragédia: ao ler a carta, um Dostoiévski enraivecido arrancou o cordão do pescoço da esposa, machucando-a. Ele não associou a mensagem ao romance lido: cartas anônimas são muito semelhantes. Enquanto Anna observava, ele, com as mãos trêmulas, batalhava para abrir o medalhão. Quando finalmente conseguiu, ficou atônito ao descobrir dois retratos – o dele e o da filha Liúba. Demorou um tempo até que ele compreendesse por que Anna enviara a carta anônima: caindo em si, Dostoiévski advertiu-a, "Em minha cólera, eu poderia ter estrangulado você!... Eu lhe imploro, nunca mais brinque com essas coisas – não posso responder por mim quando estou dominado pela raiva!".[144] Ciente do "estado enlouquecido, quase irresponsável" a que Dostoiévski era capaz de chegar, Anna não voltou a provocá-lo.

Ela tinha poucas distrações (colecionar selos era uma delas)[145] e quase nunca saía, enquanto a popularidade crescente de Dostoiévski o obrigava a aceitar convites. Anna não o acompanhava nas idas aos salões elegantes e nas noites literárias, em parte por não ter condições de se trajar adequadamente para tais ocasiões: "Nossa situação financeira não me permitia pensar em roupas sofisticadas".[146] Além dos três filhos pequenos e das dívidas, havia os tratamentos a que Dostoiévski se submetia todos os anos na Alemanha e, portanto, ela abriu mão dos entretenimentos. Em 1873, cedendo à insistência do marido, Anna comprou ingressos para a temporada de ópera italiana, pela qual nutria grande admiração. (Criada pelo czar Nicolau I, a ópera italiana permanente de São Petersburgo era comparada às de Paris e Londres.) Porém, com o propósito de economizar, ela optou por uma cadeira na galeria, atrás de um enorme candelabro que obstruía a visão do palco; ainda assim, desfrutou da apresentação dos grandes cantores de seu tempo, madame Patti, Sofia Scalchi e Camille Everardi.

Nas conversas noturnas que entabulavam, Dostoiévski tentava compensar Anna pela falta de convivência social, contando-lhe tudo o que vira e escutara durante o dia – e "suas histórias eram tão cativantes e narradas com tal força de expressão que substituíam plenamente a vida social para mim". Fascinada pelas narrações do marido e alheia ao tempo, ela algumas vezes ficava acordada em companhia de Dostoiévski até as cinco horas da manhã.

O "periódico pessoal" do escritor fez dele uma figura pública, cuja opinião política e literária era acatada com grande interesse. O *Diário de um escritor* revelou alguns dos melhores e dos piores aspectos de seu talento e de sua personalidade. Ali ele expôs suas ideias progressistas sobre as mulheres e demonstrou a compaixão que sentia pelos filhos dos menos favorecidos, dentre os quais os criminosos juvenis, a cujo respeito escreveu na primeira edição do *Diário*, em 1876. Mas seu periódico revelou também o extremo nacionalismo e a exagerada intolerância religiosa que o caracterizavam, e, principalmente, o ódio pelos judeus, que superava o preconceito vigente na época em seu país. (Anna compartilhava desse preconceito, porém em menor escala.)

A edição de dezembro de 1877 divulgou a morte de Nekrasov. Anna compareceu ao funeral do poeta em companhia de Dostoiévski, que chorava a perda do velho amigo e editor; o casal passou a tarde lendo os poemas de Nekrasov, pelos quais nutriam grande admiração. Acompanhando o cortejo, atrás do esquife, Dostoiévski contemplou a própria morte (com a evolução do enfisema, ele percebia que ela não estava muito distante), e rogou a Anna que prometesse não sepultá-lo entre seus "inimigos" literários. No calor do momento, ela jurou enterrá-lo no mais importante cemitério de São Petersburgo, o Alexandre Niévski, ao lado do poeta Vassili Jukóvski, que ele muito admirava. Quando Dostoiévski faleceu, três anos mais tarde, Anna, mesmo sem esperar que pudesse, conseguiu cumprir sua promessa "utópica".

Em maio de 1878, Alicha, o filho mais novo de Dostoiévski, morreu em consequência da epilepsia herdada do pai. O falecimento do amado menino de três anos teve um efeito devastador sobre os dois. Anna se tornou apática, "alheia a tudo: os afazeres domésticos, os negócios e, até mesmo, minhas crianças...". Os apelos do marido para que ela acatasse os desígnios de Deus e aceitasse a morte do filho com humildade, não encontravam eco. Mais tarde, descrevendo a dor da esposa, no capítulo "Mulheres de fé", do romance *Os irmãos Karamazov*, Dostoiévski valeu-se das dúvidas e dos pensamentos que Anna partilhara com ele. À medida que o escritor ditava o capítulo, Anna "escrevia com uma mão e enxugava as lágrimas com a outra. Percebendo minha reação, Fiódor Mikhailovich chegou perto de mim e me beijou na cabeça, sem dizer uma palavra". *Os irmãos Karamazov*, romance que dedicou à esposa, foi o último e mais importante trabalho de Dostoiévski, responsável pelo amplo reconhecimento que ele conquistou.

Em janeiro de 1879, quando os primeiros capítulos de seu romance apareceram no *Mensageiro Russo*, o sucesso foi imediato. Ao longo de todo aquele ano, e também no seguinte, Dostoiévski foi convidado com frequência a participar de recitais, nos quais o público o recebia com grande entusiasmo. Devido à fragilidade de sua saúde, Anna o acompanhava a esses eventos literários, sempre trajando um elegante vestido de seda preto, confeccionado especialmente para tais ocasiões. Cabia a ela carregar a pesada bagagem de Dostoiévski, com os livros, os medicamentos para a tosse, lenços sobressalentes e um cachecol xadrez para proteção da garganta do escritor: ele denominava a esposa "meu escudeiro fiel". Invariavelmente, antes de subir ao palco, Dostoiévski pedia a Anna que lhe desse a mão, para trazer sorte; já no púlpito, ele não começava a leitura antes de divisá-la entre os presentes e, por isso, ela acenava com um lenço branco para facilitar sua localização. Quando perguntado sobre o que faria se Anna deixasse o local, ele respondia que interromperia a leitura, abandonaria o palco e a seguiria.

A situação financeira do casal experimentou expressiva melhora e ele pôde finalmente comprar para a esposa um par de brincos de diamante de elevado valor, para substituir o que havia dado a ela como presente de casamento. (Dostoiévski pediu a opinião de um perito em pedras preciosas, sobre a compra. Sempre meticulosa, Anna registrou em uma lista dos presentes recebidos do marido, a data da aquisição, o nome do comerciante e o preço.) Quando ela usou os brincos pela primeira vez em um evento literário, o escritor ficou radiante de felicidade.

> Enquanto outros escritores faziam sua leitura, meu marido e eu estávamos sentados junto a uma parede decorada com espelhos. De repente, percebi-o olhando para o lado e sorrindo para alguém. Ele se voltou então para mim e sussurrou alegremente: "Eles brilham, eles têm um brilho radiante!". Na verdade, o jogo das pedras cintilava sob a multiplicidade de luzes e meu marido estava ali, feliz como uma criança.

Leitor soberbo, Dostoiévski causava uma comoção avassaladora nos espectadores. Sua voz, normalmente fina e delicada, tornava-se penetrante em momentos de maior exaltação. Um contemporâneo relembrou o êxtase a que a plateia foi transportada pela emoção de Dostoiévski, quando ele leu um capítulo de *Os irmãos Karamazov*. "Nunca mais senti essa paralização mortal em um auditório, tal absorção completa do espírito de uma multidão de milhares de pessoas pelo estado emocional de um homem... Quando Dostoiévski lia, o ouvinte... ficava completamente dominado pelo poder hipnótico desse senhor idoso, emaciado e desinteressante..." Assim como os outros ouvintes, Anna chorava durante as leituras, embora conhecesse a história de cor.

Na saída, quando os fãs o cercavam, ela "costumava permanecer de lado, porém nunca longe". Na Páscoa, depois de ele ter interpretado seus textos em um evento beneficente do curso superior para mulheres de Bestujev, o casal foi separado no vestíbulo do teatro por um exército de alunas. Embora a multidão a empurrasse para o lado, Anna tinha certeza de que Dostoiévski não partiria sem ela. De fato, ele logo se dirigiu às garotas dizendo: "Onde está minha esposa?... Encontrem-na, por favor!".

Ao contrário do marido, que sentia ciúmes até mesmo da menor atenção dirigida a Anna por seus conhecidos, ela não se perturbava ao vê-lo seguido por um batalhão de admiradoras. Korvin-Krukovskaia, com quem Dostoiévski tivera um breve relacionamento, visitou a família em Staraia Russa e foi convidada a ficar para o verão. (Ela se casou com Charles Victor Jaclard, um revolucionário socialista francês, membro do Partido Comunista. Em 1887, ameaçado de deportação pelas autoridades russas, Anna intercedeu por meio de conexões de Dostoiévski no governo e o processo foi postergado.) Anna raramente acompanhava o marido às recepções elegantes oferecidas por suas amigas, Elizabeth Narishkin-Kurakina e a condessa Alexandra Tolstáia, damas que serviam a grã duquesas. (Tolstáia era, também, parente e confidente de Tolstói.) Dostoiévski apreciava as conversas com essas mulheres viajadas e inteligentes e preferia a companhia delas à dos homens, cujos argumentos políticos logo o irritavam.

Embora contasse com poucos amigos do sexo masculino, Dostoiévski tinha um grande companheiro em Constantin Pobedonostsev, funcionário do governo, que conheceu quando de sua atividade editorial no *O Cidadão*. Naquela época, Pobedonostsev era um funcionário graduado, além de tutor do futuro Alexandre III. Em 1880, ele se tornou procurador-chefe do Santo Sínodo e chefe secular da Igreja Ortodoxa. Dessa forma, Dostoiévski mantinha relações com um dos homens mais influentes do império e figura símbolo da Rússia reacionária, responsável pela excomunhão de Tolstói, em 1901.

Em 1880, a Rússia celebrou o festival Púchkin, inaugurando, em Moscou, o monumento em homenagem a ele. Em rara demonstração de unidade, a estátua foi financiada pelo povo, o que fez do evento um acontecimento verdadeiramente popular. Com o temporário esquecimento das rivalidades políticas, o liberal Ivan Turguêniev dividiu o palanque com o conservador Dostoiévski. Os discursos dos dois foram aguardados com grande expectativa: o aluguel de uma janela ou varanda com vistas para a praça onde se dava o encontro alcançou a exorbitante quantia de cinquenta rublos.

Aos olhos dos leitores, o recém-publicado *Os irmãos Karamazov*, avaliado como o melhor trabalho de Dostoiévski, colocou-o no mesmo patamar que Tolstói. Entretanto, durante décadas o festival foi lembrado apenas pela participação de Dostoiévski, porque Tolstói, depois de sua conversão religiosa, deixou de comparecer a tais eventos, por considerá-los fúteis demais (os dois escritores nunca se encontraram, mas era grande a admiração que cada um nutria pelo trabalho do outro. *Os irmãos Karamazov* foi o último livro lido por Tolstói na fatídica noite de sua partida de casa, em 1910). Anna não chegou a testemunhar o triunfo de Dostoiévski, fato tido por ela, mais tarde, como a grande privação de sua vida.

Ela desejava acompanhá-lo, mas ele não permitiu: depois do falecimento de Alióchka, em consequência da epilepsia, a preocupação de Dostoiévski com a saúde das crianças assumiu proporções desmedidas e ele não aceitava deixar Liúba e Fiódor sob os cuidados de uma ama, nem mesmo por um único dia. O casal calculou que a estada de toda a família em Moscou, durante uma semana, chegaria a trezentos rublos, além do que Anna precisaria confeccionar um vestido de cores claras, adequado para a ocasião. Depois de muitas deliberações, concluíram que, a despeito da condição financeira mais estável em que agora se encontravam, não teriam como arcar com toda essa despesa. Na época, com a maioria das dívidas já quitadas e Dostoiévski recebendo os direitos autorais de seu novo romance, Anna dera início em 1880 a uma nova empreitada lucrativa: um serviço no ramo livreiro, para pessoas residentes fora da cidade. Ao cabo do primeiro ano, os negócios lhe renderam oitocentos rublos, quantia muito superior àquela necessária para a viagem.

Dostoiévski prometeu que escreveria todos os dias, descrevendo o festival em seus mínimos detalhes, além do que, colheria a assinatura de russos ilustres para a coleção de autógrafos que Anna reunia. Nada disso, porém, comparava-se à possibilidade de estar com o marido e testemunhar o apogeu de um sucesso, pelo qual ambos haviam lutado incansavelmente durante quatorze anos. Embora ele tenha cumprido sua palavra e, em alguns dias, chegado a lhe escrever duas vezes, Anna se sentia tomada pela tentação de participar do evento, sonhando até em comparecer incógnita para assistir ao discurso do marido. Preocupada com a saúde de Dostoiévski, ela temia que a excitação pudesse desencadear um ataque epilético: "... Mais de uma vez eu pensei em viajar a Moscou e lá permanecer, com minha identidade mantida em segredo, só para poder observar Fiódor Mikhailovich". Ao longo desses exaustivos 22 dias de sua estada em Moscou, a alegria e a boa disposição de Dostoiévski não se alteraram. (A exemplo dos demais palestrantes, as despesas do escritor foram pagas pelo governo municipal, a Duma de Moscou, situação que tanto ele como Anna desconheciam no início.)

Em 6 de junho, dia da cerimônia de inauguração, era intensa a exaltação popular: de acordo com palavras do próprio escritor, "É impossível descrever esse momento, até mesmo em vinte páginas...".[147] Durante os dias que se seguiram, reservados para a apresentação dos palestrantes, Dostoiévski dirigiu seu discurso a um público que lotava o *Hall* da Nobreza de Moscou, e foi recebido com uma explosão de "arrebatamento e entusiasmo (devido aos Karamazovs!)... Fui interrompido por estrondosos aplausos em absolutamente todas as páginas... Eu li em voz alta, com paixão". Dostoiévski expressou sua convicção de que Púchkin deu ao povo russo a confiança em sua individualidade e em seu destino singular, "esperança na força de nosso povo e, com ele, a confiança em nossa futura missão independente no seio da família europeia".[148] Dostoiévski, ao contrário de Turguêniev, cujas atitudes eram ocidentalizadas, compreendeu o estado de espírito da multidão que comparecera para celebrar o poeta nacional. O escritor monopolizou o evento e, ao terminar seu discurso, foi saudado por uma ovação de meia hora. Ele descreveu para Anna esse triunfo: "Quando finalizei – nem sei como lhe falar do estrondo, daquele tumulto: estranhos presentes na plateia choravam, soluçavam e se abraçavam... A ordem do encontro foi transgredida: todos corriam na direção da plataforma para me ver: senhoras bem-nascidas, meninas estudantes, secretários de estado... todos me abraçavam e me beijavam".[149]

Em reconhecimento a Dostoiévski por sua atitude de valorização da força espiritual da mulher russa, uma delegação de estudantes do sexo feminino coroou-o com uma grinalda de louros, na qual se lia, "Em nome das mulheres russas, sobre quem você disse tantas coisas sublimes". O discurso apareceu em diversos periódicos e seis mil exemplares do *Diário de um escritor* foram vendidos em poucos dias, tendo sido necessária uma nova tiragem.

Em seu último ano de vida, o público alçou Dostoiévski à posição de um oráculo; multidões de jovens o seguiam, fazendo perguntas, cujas respostas vinham quase sempre na forma de um discurso. Anna tentava controlar o fluxo de visitantes ao apartamento do casal, mas Dostoiévski insistia que era seu dever receber a todos. Ocorriam com frequência visitas de pessoas dispostas a discutir questões políticas, discussões que o deixavam esgotado, obrigando Anna a interromper as reuniões, com a alegação de que o excesso de esforço físico ou de excitação poderia, de acordo com os médicos, desencadear uma hemorragia pulmonar.

No início de outubro, Dostoiévski enviou ao *Mensageiro Russo* os últimos capítulos de *Os irmãos Karamazov*. Ainda faltavam cerca de 320 páginas para serem escritas até o final do verão e Anna ajudou-o a cumprir o prazo, trabalhando com ele no chalé de Staraia Russa durante toda a estação; e em setembro "o outono estava magnífico".[150] Depois da publicação em fascículos, o casal editou *Os irmãos Karamazov* na forma de livro: três mil exemplares esgotados em poucos dias. No início de 1881, as dívidas dos Dostoiévski estavam liquidadas e, pela primeira vez em sua vida de casados, eles contavam com um saldo positivo de aproximadamente cinco mil rublos.

O escritor, em excelente estado de espírito, passou a visitar amigos e até concordou em participar de uma representação teatral na residência da condessa Tolstáia; era uma peça sobre Ivan, O Terrível, na qual Dostoiévski desempenhava o papel de um monge solitário. Anna agora o acompanhava a todas essas reuniões, consciente da progressão do enfisema que o acometia: ele já respirava com dificuldades, como se sufocado por um tecido dobrado várias vezes, e a subida ao terceiro andar (do Salão Nobre, por exemplo) chegava a demorar 25 minutos.

Anna relata que, em 26 de janeiro, Dostoiévski arrastou uma estante pesada para apanhar seu suporte de canetas, objeto que ele utilizava para enrolar os cigarros.[151] O esforço causou o rompimento de uma artéria pulmonar, o que o fez cuspir sangue. Anna chamou imediatamente um médico, e enquanto aguardavam o doutor, a irmã do escritor, Vera Mikhailovna, chegou de Moscou para lhe fazer uma visita que na verdade tinha como objetivo colocar em discussão a disputa sobre algumas propriedades. Extenuado após a saída da irmã, Dostoiévski sofreu outra hemorragia ainda mais violenta.

As notícias sobre a gravidade da doença se espalharam rapidamente e as pessoas, algumas desconhecidas, vinham pedir informações sobre o estado de saúde do escritor: "A campainha da porta não parou de tocar desde as duas horas da tarde até altas horas da noite, e precisou ser amarrada". Anna passou a noite em um colchão no chão, ao lado da cama de Dostoiévski. Ele pediu que ela lesse um trecho do evangelho, presente recebido das esposas dos dezembristas, na Sibéria. O evangelho o ajudara nos dias mais difíceis de sua pena e agora colocava um ponto final em sua vida, aos 59 anos: "Mas Jesus respondeu a ele, 'Não me detenha...'". Quando Anna leu essa passagem de Mateus, o escritor disse a ela, "Isso significa que estou morrendo". Ele tomou a comunhão e se despediu das crianças e de Anna, reafirmando a ela seu amor apaixonado e dizendo "nunca a traí, nem mesmo em pensamento".

Em seu último dia de vida, jornalistas, parentes e outros visitantes se aglomeraram na residência de Dostoiévski. "Meu querido marido morreu na presença de uma multidão, alguns intimamente ligados a ele, mas outros indiferentes tanto a ele como à dor inconsolável de nossa família tornada órfã".[152] Com a morte do autor, uma sucessão de visitantes inundou seu apartamento durante dois dias e meio, e as salas ficaram tão apinhadas que Anna mal conseguia atravessar a multidão para ficar ao lado do esquife, no escritório do marido. "Às vezes, o ar se tornava tão denso, o oxigênio tão escasso, que a lamparina e as velas altas que rodeavam o ataúde se apagavam. Estranhos estiveram em nossa casa não apenas durante o dia, mas ao longo de toda a noite." Anna se fechou em um quarto separado, ocupado por sua mãe, mas não conseguiu ficar sozinha: uma procissão sem fim de pessoas batia à sua porta para discursar a respeito da importância de Dostoiévski no panorama literário do país. Ela os ouvia em silêncio, reprimindo qualquer demonstração de emoção, "por temer que no dia seguinte algum repórter desocupado fizesse uma descrição ridícula de minha dor".

Após três dias de muitos discursos de condolências, eu finalmente me desesperei e disse a mim mesma, "Meu Deus, que tortura! O que pode significar para mim 'a imensa perda que a Rússia sofreu'? Que importância tem a Rússia neste momento de minha vida? Vocês não conseguem entender o que *eu perdi*? Perdi a melhor pessoa deste mundo; a alegria, o orgulho e a felicidade de minha vida; meu sol, meu Deus! Tenham pena de mim, tenham pena de mim enquanto ser humano, e não venham me falar da perda para a Rússia!".

Um mensageiro do mosteiro Alexandre Niévski veio oferecer uma sepultura no cemitério do monastério, sem custo, em homenagem ao escritor que defendia a fé ortodoxa. Cumprindo a promessa que fizera a Dostoiévski, Anna solicitou e conseguiu um lote próximo ao túmulo do poeta Jukóvski.

Trinta mil pessoas compareceram ao funeral. Anna, que vinha acompanhada de Liúba, então com onze anos, esqueceu seu documento em casa, e por pouco não perdeu a cerimônia de sepultamento. Ela foi informada da presença de "milhares de viúvas de Dostoiévski que já haviam entrado, algumas na companhia de crianças". Mil e quinhentos pranteadores lotavam a igreja do Espírito Santo e Anna, junto à sua filha, só pôde entrar quando um conhecido confirmou a identidade das duas. Caminhando atrás do ataúde até a chegada ao cemitério, ela não viu a enorme procissão que se estendia por mais de um quilômetro, com faixas e coroas de flores ostentando o nome de Dostoiévski, o título de seus trabalhos e suas citações; só mais tarde, por meio da imprensa, ela tomou conhecimento dessa manifestação. Quando a procissão adentrou o cemitério, já lotado, os fãs precisaram se colocar em cima de árvores e cercas. Mais de setenta coroas foram carregadas até o túmulo de Dostoiévski e levadas embora, como suvenir, no final da cerimônia.

Anna recusou a oferta feita pelo Ministério do Interior para pagamento das despesas do funeral, pois julgava caber a ela essa responsabilidade. Outra oferta recebida, dizia respeito à educação de seus filhos por conta do Estado, nas instituições de maior prestígio do país. Ela podia matricular Fédia no Corpo de Pajens Imperial, colégio russo do mesmo padrão de Eton, onde estudava a elite da aristocracia, e Liúba, no Instituto Smolni, a melhor escola para as filhas da nobreza. Anna, porém, a exemplo do que o marido teria feito, preferiu assumir sozinha essa tarefa, contando com os rendimentos das publicações de Dostoiévski, fruto do trabalho dos dois, e enviou-os para outras instituições.

No dia em que Anna recebeu do ministro das Finanças uma carta, comunicando que o imperador lhe havia concedido uma pensão anual de dois mil rublos, ela correu para o escritório de Dostoiévski, pensando em dividir com ele a notícia, que o faria muito feliz,[153] sem dúvida alguma. Só depois de entrar na sala, lembrou-se de que ele não estava mais neste mundo. Vários meses após a morte de Dostoiévski, ela ainda continuava mergulhada nesse estado de esquecimento: movida pelo propósito de não deixá-lo esperando para o jantar, Anna se apressava em voltar para casa, trazendo os doces prediletos do marido e ansiosa em partilhar logo com ele algumas novidades.

Embora tivesse apenas 35 anos quando Dostoiévski faleceu, e tenha vivido outros 37, ela nunca pensou em se casar novamente. "Eu tinha consciência de uma coisa apenas: daquele momento em diante, minha vida pessoal... havia terminado, e meu coração estava órfão para sempre." Mais tarde, ela fez um comentário impregnado da ironia que lhe era característica, "Com quem mais eu poderia casar depois de Dostoiévski? Só com Tolstói!".[154] Ao longo das décadas seguintes, Anna continuou a desempenhar sua missão, movida pela plena convicção de que sua tarefa era disseminar as ideias e os trabalhos de Dostoiévski.

Contemplando os quatorze anos de seu casamento, os quais, segundo ela, proporcionaram-lhe "a maior felicidade possível", Anna descreveu seu vínculo conjugal com Dostoiévski como a união de duas personalidades diferentes, dotadas de "pontos de vista distintos". Ela não partilhava das ideias políticas do marido, tampouco tentava se imiscuir em seu espírito, e ele "prezava meu respeito por sua vida espiritual e intelectual. Por isso, algumas vezes me dizia, 'Você foi a única mulher capaz de me entender!'... Ele via em mim uma rocha, na qual podia se apoiar, ou melhor, descansar. 'Nunca deixa você cair e lhe dá afeto'".[155]

Depois que Dostoiévski morreu, Anna, a única pessoa em quem ele sempre confiou plenamente, tornou-se sua embaixadora. Esse papel exigiu que ela acabasse por fechar o próspero empreendimento editorial que criaram, *F.M. Dostoiévski, Livreiro (Para as províncias apenas)*. Anna recusou uma oferta de compra de 1.500 rublos, pois se sentia responsável pelo negócio que levava o nome de seu marido. A administração da firma não era dispendiosa e tinha potencial para se transformar em uma grande editora, como acontecera com outras pequenas empresas de serviços no ramo livreiro. No final, ela desistiu dessa ideia, fechou a firma e, ao invés de vendê-la, assumiu o controle da publicação das obras completas de Dostoiévski.

A partir de 1883, Anna lançou sete edições dos trabalhos de Dostoiévski, edições que alcançaram um sucesso não imaginado por ela. A primeira dessas edições, em quatorze volumes, incluía, além da ficção do escritor, suas cartas e anotações e o material para sua primeira biografia, composto essencialmente por reminiscências sobre a vida de Dostoiévski, para as quais contribuíram os amigos e familiares, atendendo a insistentes pedidos de Anna. Mais tarde, para satisfazer à demanda, ela lançou a prosa do autor em volumes independentes, por preços acessíveis.

Esse sucesso financeiro alimentava nela sentimentos conflitantes, pelo fato de Dostoiévski não ter tido a chance de aproveitá-lo. No passado, Anna se sentiu muitas vezes acossada pela preocupação de ficar na pobreza depois da morte do marido, o que a deixaria sem condições de cuidar da educação dos filhos. Ela havia também presenciado o desespero dele quando era obrigado a escrever apressadamente, sem poder revisar os grandes romances. Ele trabalhava sob a pressão de prazos exíguos e sua memória, turvada pelos ataques epiléticos, não tinha tempo para se recuperar: era necessário correr para despachar os manuscritos, caso contrário o pagamento não seria liberado. Lendo comentários, segundo os quais a prosa de seu marido não tinha o mesmo refinamento da de Tolstói, Anna viria a recordar as críticas de Dostoiévski a essa situação.

Durante décadas, ela colecionou tudo o que dizia respeito à memória do autor e, quando o museu histórico de Moscou ofereceu-lhe um espaço reservado para guarda dos pertences do escritor – uma sala octogonal e bem iluminada –, ela doou todo o seu acervo, composto por manuscritos, cadernos, cartas, retratos, bustos, biblioteca, autógrafos e outros inúmeros objetos – 4.230 itens no total. Além disso, Anna criou um índice de quatrocentas páginas, com detalhes sobre esses itens, incluindo, entre outras coisas, informações a respeito dos livros que Dostoiévski leu e dos edifícios ligados à memória do escritor. Na época de sua publicação, em 1906, esse índice foi descrito como "uma conquista ímpar para a bibliografia da literatura russa".[156]

Com os rendimentos de suas publicações, Anna fundou um internato em nome de Dostoiévski. O colégio, ligado a uma paróquia em Staraia Russa, tinha o propósito de atender a crianças campesinas de ambos os sexos. Na condição de administradora da escola, ela levantava fundos por meio de concertos beneficentes que organizava. Antes de 1917, o colégio de Dostoiévski já havia formado mais de mil garotas, que se tornaram professoras na área rural. Outro sonho acalentado por Anna era a criação de um museu literário de Dostoiévski na casa em que viveram, em Staraia Russa, casa essa que ela comprou depois da morte do marido. Em seu testamento, Anna deixou a casa para o filho Fiódor, com a condição de ele manter ali um museu.[157]

Em uma carta endereçada ao filósofo e estudioso da obra de Dostoiévski, Vassili Rosanov, que deixou um importante trabalho sobre *Os irmãos Karamazov*, Anna escreveu, "Se fiz alguma coisa pela memória de meu amado marido, fiz por gratidão... pelas horas de arrebatado deleite artístico que vivi lendo seus escritos".[158] (Rosanov era fascinado por Dostoiévski, sem nunca o ter conhecido; tal interesse levou-o a se casar com a ex-amante do escritor, Apollinaria Suslova.)

Em 1906, Anna vendeu os direitos autorais das obras completas de seu marido para um editor abonado, Alfred Marx, que as publicou em uma tiragem de 120.000 exemplares, superando mais de vinte vezes o número de cópias publicadas por Anna. Embora ela dividisse os rendimentos com os filhos, o povo conjecturava a respeito de sua imensa fortuna. Ela escreveu a Rosanov, em outubro de 1907, dizendo, "Acho graça quando me tomam por 'rica'. Não possuo uma fortuna. Investi e continuarei investindo meus proventos na escola de Staraia Russa, no museu e em minhas publicações [dos trabalhos separados de Dostoiévski], mas, quanto a mim, vivo modestamente".[159] Apesar de trabalhar pela preservação da herança cultural da Rússia, Anna foi considerada, nos anos pré-revolucionários, uma "mulher de negócios sagaz e mesquinha". O biógrafo de Dostoiévski, Leonid Grossman, que a entrevistou nos meses de inverno de 1916-17, resume a crítica feita a ela por seus contemporâneos:

> Ao longo de sua vida, Anna Grigorievna granjeou a reputação de mulher de negócios pragmática e expedita, que algumas vezes extrapolava sua eficiência. Ela conquistou resultados brilhantes no complexo ambiente dos negócios editoriais, os quais aprendeu por conta própria... A eficiência de Anna Grigorievna induziu muitas acusações e, no final, lançou uma... sombra sobre sua reputação, obscurecendo as verdadeiras conquistas dessa mulher admirável e trabalhadora incansável...[160]

Anna, já na casa dos sessenta anos, era vista regularmente em bibliotecas públicas, onde, nas palavras de Grossman, entregava-se ao estudo com "toda a perseverança e energia de uma jovem estudante".[161] Na época, ela desenvolvia o trabalho *Reminiscências* e confessou a Grossman que sua missão estava muito longe do fim. Anna viajou outra vez para a Europa, visitando cidades onde vivera com Dostoiévski; na galeria de Dresden e em Basiléia, deteve-se em frente aos quadros que o haviam impressionado. Jantando no "Vila Italiana", com vistas para o rio Elba, escreveu para a filha Liúba, "As memórias me trouxeram uma grande emoção".[162]

Em 1910, ao tomar conhecimento de que um diretor talentoso, Vladimir Nemirovich-Danchenko levara para os palcos do teatro de artes de Moscou *Os irmãos Karamazov*, Anna escreveu a ele manifestando seu desejo de ver a peça. Dois anos depois, durante a estreia em Petersburgo, ela conheceu o ator[163] que interpretava Dimitri Karamazov. Ele descreveu mais tarde o encontro que teve com Anna (então com 65 anos) durante um intervalo da apresentação. Ela se aproximou, em estado de grande agitação, e disse, "Maravilhoso! Foi exatamente isso que Fiódor Mikhailovich imaginou. Ah! Se ao menos ele estivesse vivo, se ao menos estivesse vivo!". A conversa de dez minutos que mantiveram valeu para o ator mais do que "centenas de biografias sobre Dostoiévski... Eu sentia a respiração dela bem perto de mim".[164] Anna também relembrou aquela estreia com euforia: "Eu estava em minha cadeira no camarote, rezando para que Deus me concedesse a felicidade suprema, enviando-me a morte ali, naquele exato momento. O maior de meus sonhos se realizou – eu vi o meu *Irmãos Karamazov*. Morrer, levando nas mãos o binóculo presenteado por Fiódor Mikhailovich – que morte sublime seria!".[165]

Em 1917, Serguei Prokofiev, que acabara de compor a ópera *O jogador*, também queria conhecer Anna. Ele se confessou ansioso por encontrar a mulher a quem Dostoiévski havia ditado essa história. Ao se separarem, o compositor pediu a Anna que registrasse em seu livro de convidados algumas palavras sobre o sol. Ele esperava que ela escrevesse algo relacionado aos raios oblíquos do sol do entardecer, já que essa era uma imagem consagrada por Dostoiévski, mas Anna escreveu: "O sol de minha vida – Fiódor Dostoiévski".[166]

Quando eclodiu a revolução de 1917, Anna se encontrava em um sanatório perto de São Petersburgo, dando andamento a alguns projetos inacabados e acrescentando notas às cartas de Dostoiévski que vinha preparando para publicação. Conforme ela mesma observou, em 1916, nas cartas do marido ainda residia sua maior fonte de alegria e orgulho. Nessa casa temporária, ela vivia cercada, como de costume, pelos retratos, manuscritos e livros de Dostoiévski. Logo depois da conflagração de março de 1917,[167] uma multidão de trabalhadores armados se dirigiu à estância, à procura de um ministro czarista. "A massa popular rumou diretamente para o nosso hotel e, em poucos minutos, começamos a escutar o som que chegava do andar inferior, onde portas eram batidas com violência e passos pesados se chocavam contra o chão... Eu me tranquei aqui no quarto, pensando horrorizada que todas essas coisas tão preciosas para mim, retratos, pilhas de manuscritos, cartas e livros, estavam fadados a perecer."[168] Os revolucionários não examinaram o quarto, alegando saber quem era aquela mulher. Os eventos em marcha naquele momento da história não interessavam a ela: Anna revelou a Grossman que continuava completamente imersa no passado, em algum ponto dos anos 1870, na companhia dos amigos de Dostoiévski, o círculo que não mais existia. "Sinto que todas as pessoas que estudam a vida e a obra de Dostoiévski passam a ser parte de minha família".[169]

Em maio de 1917, Anna viajou para o Cáucaso com o propósito de se juntar à família de seu filho, na *datcha* que possuía perto do Mar Negro.[170] A propriedade, parte de uma pequena fazenda, consistia em um chalé e um pomar, plantado por ela mesma; Anna adorava o lugar, que batizou de *Otrada* (bem-aventurança). A vontade de Dostoiévski era que a família possuísse uma fazenda e a de Anna, que fosse deixada em herança para o filho.

Naquele verão, a malária se alastrou, em decorrência do rompimento do equilíbrio dos pântanos, causado pela construção de uma estrada de ferro entre Adler e Tuapse. Anna e sua família foram acometidos pela doença e, em agosto, precisaram deixar às pressas a casa em que estavam. Chegando exausta a Tuapse, ela não teve condições de prosseguir viagem com os outros até São Petersburgo, e lá permaneceu para se recuperar. Tempos depois, seguiu sozinha até Ialta, na Crimeia, e se instalou em um hotel chamado "France". No quarto desse hotel, além de lutar contra a malária, Anna sofreu uma série de pequenos derrames.

Ela passou vários dias na cama, embrulhada em seu casaco, embaixo de uma pilha de cobertores, conversando esporadicamente sobre Dostoiévski com um ou outro visitante. De acordo com Zinaida Kovrigina, uma médica que a visitou, Dostoiévski representava para Anna "a razão de viver, o ar que ela respirou até seus últimos dias de vida".[170] Depoimentos de outras pessoas e de seu neto Andrei Dostoiévski dão conta da existência de uma cesta de manuscritos do escritor, mantidos por Anna, cujo paradeiro é desconhecido.[171]

No início da guerra civil e da intervenção dos aliados, em 1918, Anna ficou retida na Crimeia, sem recursos. Aos 71 anos, ela vivia o pesadelo vislumbrado por Dostoiévski, em uma situação na qual uma vida humana não tinha valor algum. Após a revolução, sua pensão foi suspensa. Em 8 de janeiro, ela escreveu ao filho Fédia, relatando rumores correntes de que todas as pensões seriam extintas. "Estou sem dinheiro. Preciso pagar médico, hotel e remédios caros".[172] Houve escassez de alimentos e racionamento de pão. Como acontecera durante o primeiro ano em que esteve casada com Dostoiévski, Anna se inquietava com a conta do hotel. Em uma carta para Fédia ela contou que uma bibliotecária lhe havia emprestado dinheiro para pagamento dessa conta e o crédito ainda cobriria algumas semanas. Liúba, que vivia no exterior desde 1913, e naquele momento deixara de receber juros da conta bancária da família, era mais um motivo de preocupação para Anna. Ela não tinha notícias da filha, porque desde meados de outubro de 1917, o correio estava suspenso.

Em 21 de janeiro, Anna escreveu para o filho sobre uma recente batalha em Ialta: marinheiros revolucionários, em um torpedeiro, bombardearam a cidade. A bomba explodiu nas proximidades do hotel, estilhaçando as janelas na vizinhança. Quando os bolcheviques chegaram, realizaram um funeral solene nos jardins da cidade, enterrando seus mortos em uma cova rasa comunitária, o que gerou medo do alastramento de doenças no verão. "Mas o verão está ainda muito longe. Talvez já tenhamos sido todos massacrados quando ele chegar. Estou tão habituada à ideia de morrer de repente, que nada me causa medo. Se eu morrer, lembrem-se bem de mim. Sempre amei vocês dois e... continuo a amá-los".

Em fevereiro, houve uma semana de bombardeamentos, seguida por um período de anarquia. Anna escreveu que o comitê revolucionário de Ialta exigiu vinte milhões de rublos da administração municipal e, na impossibilidade de levantar todo esse dinheiro, obrigou os bancos a liberarem os depósitos das contas de seus correntistas. Com isso, ela não recebeu a quantia que Fédia lhe enviara: o cheque ficou retido na agência postal, para ser depositado em um banco, ao qual, ela imaginava, os bolcheviques teriam acesso. Correram rumores de que até meados de março, o mais tardar, toda a burguesia estaria aniquilada e que o hotel onde ela estava hospedada passaria a ser administrado por um comitê revolucionário. Enquanto isso, as mulheres proletárias usavam um emblema sinistro na manga de suas roupas, no qual se lia: "A burguesia será esmagada". Mas Anna escreveu, "Já estou preparada para morrer, e sinto-me tranquila".[173]

Sua última carta data de 29 de março: ela precisava de uma quantia entre duzentos e trezentos rublos para pagar a conta do hotel e temia ser despejada. Anna tornou pública a terrível notícia do incêndio que destruiu a *datcha* da família, no Mar Negro, causando a morte das duas mulheres que dela tomavam conta; "Eu teria tido o mesmo destino se para lá tivesse voltado, como era meu desejo...". Ana faleceu em 9 de junho, no auge da guerra civil, durante um período de fome e epidemias. Ela foi sepultada em Ialta, dentro da igreja de Aleutski. Fédia viveu apenas três anos mais do que ela: morreu de tifo, em 1921, em Moscou. Liúba, que se tornou escritora e escreveu reminiscências sobre seu pai, faleceu na Itália, em 1926, vítima de leucemia.

Enquanto o túmulo de Dostoiévski atraía grupos de peregrinos, a de Anna só foi salva do esquecimento por alguns poucos voluntários. Maria, irmã de Anton Tchékhov e diretora do Museu Anton Tchékhov em Ialta, cuidava da sepultura no início dos anos 1930. Andrei Dostoiévski, neto de Anna, que devotava grande carinho à memória da avó, costumava visitar o jazigo. Em 1932, sob a ditadura de Stálin, quando a igreja de Aleutski foi demolida junto a outras, a família escavou as ruínas e transferiu os restos mortais de Anna. Logo depois, o túmulo foi avariado por ladrões, em busca de ouro. Durante a Segunda Guerra Mundial, o cemitério serviu de base para uma bateria antiaérea, e a sepultura de Anna ficou perdida, sendo reencontrada novamente em 1960, por um pesquisador local.

A vontade de Anna era ser sepultada no mesmo monumento que o marido, no mosteiro de Alexandre Niévski. Passaram-se muitos anos até que Andrei Dostoiévski conseguisse convencer as autoridades a atender ao pedido da avó. No quinquagésimo aniversário de morte de Anna, seus restos mortais foram transferidos para o monastério, próximo ao local onde sua vida começara.

As pessoas que a conheceram durante seus últimos anos de vida, lembram-se dela como uma mulher de grande fé, que considerava seus sonhos realizados. De acordo com declaração feita a Grossman, em 1916, o destino fez dela "uma mulher comum", e lhe concedeu a infinita felicidade de ser casada com um escritor notável. "Mas algumas vezes, resgatei minha felicidade por meio de intenso sofrimento".

CAPÍTULO DOIS
Sofia Tolstói: babá de um talento

Em 1863, o ano em que seu marido Tolstói começou a escrever *Guerra e paz*, e no qual o primeiro filho do casal nasceu, Sofia, então com dezenove anos, escreveu em seu diário: "Minha vida é banal demais, como minha morte. E ele possui uma vida interior tão fértil, com tal talento e imortalidade".[174] Os críticos comparavam Tolstói a Homero, o criador da *Ilíada* e, até mesmo, ao Deus Todo-poderoso, criador do universo. Tolstói instituiu um universo próprio: só em *Guerra e paz*, contam-se 559 personagens. Entre romances, obras não ficcionais, cartas e diários, somam-se noventa volumes, uma produção impressionante para o espaço de uma vida.

Poucos foram capazes de perceber o peso do fardo que Sofia era obrigada a carregar: durante quase cinquenta anos, ela foi casada com um dos mais complexos artistas do século XIX, um homem cujo nome se tornou tão conhecido no mundo quanto o de Shakespeare. Ao longo de décadas, ela foi a única mulher na vida de Tolstói e, também, a única em quem ele buscava inspiração e suporte para as questões práticas da vida.

Sofia tinha dezoito anos quando se casou com escritor, que, aos 34, já alcançara a consagração com os romances *Infância*, *Adolescência* e *Contos de Sebastópol*, seus relatos realistas sobre o campo de batalha na guerra da Crimeia. Quando no inverno de 1854, então com 26 anos, Tolstói partia para a guerra, Sofia tinha apenas dez. Chocada com a notícia da ida do escritor (Tolstói era hóspede assíduo na casa dos pais de Sofia), ela se desfez em choro, decidida a abraçar a profissão de enfermeira para se juntar a ele na linha de frente e lhe dedicar cuidados. De certo modo, essa fantasia juvenil se concretizou: ela cuidou de Tolstói enquanto ele viveu.

No ano em que o escritor partiu para a guerra, Sofia leu *Infância* e decorou suas passagens favoritas sobre a infinita necessidade de amor e o poder da fé. Segundo confessou, apenas *David Copperfield*, de Dickens, havia lhe suscitado uma impressão tão forte. Coincidentemente, esse também era o livro favorito de Tolstói: "Se você tiver que passar toda a literatura do mundo por uma peneira, e conservar apenas a melhor, restará Dickens. Fazendo o mesmo com a obra de Dickens, ficará com *David Copperfield*".[175]

Sofia não sabia exatamente quando Tolstói entrara em sua vida: ele era amigo de sua mãe, Liubov Alexandrovna Islavin. A ligação entre as duas famílias vinha de gerações anteriores: o avô materno de Sofia, Alexander Islenev,[176] foi vizinho e companheiro de caçadas do pai de Tolstói, Nicholas. A mãe de Sofia costumava dançar com Tolstói nas festas de comemoração dos aniversários dele, tendo chegado a despertar no rapaz um sentimento que se assemelhava a um primeiro amor. Aos dezesseis anos, ela se casou com o médico Andrei Behrs, vinte anos mais velho.

Os ancestrais de Sofia pelo lado do pai eram luteranos alemães. Seu bisavô, Ivan Behrs (Johann Bärs), foi convidado a deixar a Rússia para ser instrutor militar da imperatriz Elizabeth I, da Áustria. O pai de Sofia e o tio, Alexander Behrs, tornaram-se médicos e fizeram carreira no governo. (Na época, os médicos mais proeminentes de Moscou e São Petersburgo tinham origem alemã.) Os dois eram músicos diletantes: o tio tocava clarinete e participava de concertos, com casa lotada, em São Petersburgo.[177] O romancista Ivan Turguêniev fazia parte do rol de admiradores do tio Alexander. O pai de Sofia, que também desfrutava da intimidade com Turguêniev, teve, na juventude, uma filha com a mãe do romancista, fruto de um breve relacionamento. Assim, a família de Sofia conhecia os dois mais importantes escritores russos, Tolstói e Turguêniev, assíduos frequentadores da família quando ela era criança.

Nascida em 22 de agosto de 1844, Sofia foi a segunda de treze filhos, cinco dos quais morreram ainda crianças. Behrs era médico da corte e a família vivia em um apartamento do Kremlin, na entrada da Praça Vermelha. Filhos de um funcionário graduado da corte, eles praticavam ginástica no Grande Palácio do Kremlin e rezavam na igreja da Natividade da Virgem Santíssima, a capela privada dos grão-duques e czarinas, local onde Sofia viria a se casar com Tolstói.

Embora Sofia e suas duas irmãs tenham recebido em casa uma educação refinada, que privilegiava o casamento como objetivo, a formação luterana proporcionou-lhes uma percepção diferente da vida. As crianças na casa dos Behrs foram ensinadas a lutar pelo próprio sustento e, ao contrário do que ocorria nas famílias nobres, tinham tarefas rotineiras a desempenhar. Sofia, a irmã do meio, cuidava dos irmãos menores e se revezava com Liza, a mais velha, nos afazeres da cozinha. Elas sabiam como preparar alimentos simples e eram responsáveis por servir o café do pai, pela manhã, tarefa que nas famílias nobres cabia aos serviçais. Liza, séria e arredia, era uma aluna aplicada, apelidada de "professora" no seio familiar, enquanto Sofia, uma garota espirituosa, não se interessava muito pelos estudos e ocupava o lugar de braço direito da mãe. Tânia, a irmã mais nova, e favorita dos familiares, era confidente de Sofia e foi sua amiga durante a vida toda.

O interesse de Sofia pelas artes já se manifestara na infância e, mais tarde, ela atribuiu essa inclinação à influência do tio Constantin Islavin, talentoso pianista e amigo pessoal de Tolstói e Nikolái Rubinstein.[178] Quando criança, as visitas do tio eram motivo de júbilo para ela e seus irmãos: "Ele nos apresentou às artes e, durante toda a minha vida cultivei... um forte desejo de aprender, ávida por compreender todas as formas de criatividade".[179] Sofia se deliciava com as tardes musicais passadas em casa, quando o tio tocava Chopin ao piano e a mãe cantava com sua voz aguda de soprano.

Sempre que estava na Rússia, Turguêniev visitava os pais de Sofia e, na mesa do jantar, divertia a todos com as histórias de suas caçadas, descrevendo com perfeição "o belíssimo cenário, o pôr do sol ou um inteligente cão de caça".[180] Turguêniev era um homem de estatura alta e Sofia, míope, só conseguia ver-lhe o rosto quando ele se abaixava para tomá-la no colo. "Ele nos erguia no ar com suas mãos avantajadas, beijava-nos e sempre tinha algo interessante para nos contar".[181] Aos sete anos, Behrs levou Sofia e a irmã Liza para conhecer o grande amor de Turguêniev, a afamada meio-soprano madame Viardot.

Tolstói não fazia distinção no tratamento dedicado aos filhos dos Behrs e, ocasionalmente, participava de suas brincadeiras de Natal. Certa vez, compôs uma miniópera, na qual Sofia cantava com seus irmãos. No verão, quando a família se retirava para a *datcha* nas proximidades de Moscou, o escritor os visitava, e foi aí, segundo Sofia, que teve início um pequeno romance entre os dois:

> Lembro-me que uma vez estávamos brincando, muito felizes, e eu ficava repetindo uma mesma tolice: 'Quando eu for czarina, farei tal e tal coisa', ou 'Quando eu for czarina, ordenarei tal e tal coisa'. O cabriolé de meu pai, com o cavalo desatrelado, encontrava-se logo abaixo da varanda. Saltei para dentro dele e gritei, 'Quando eu for czarina, passearei pela redondeza em um cabriolé como este!' Lev Nikolaiévitch tomou imediatamente o lugar do cavalo, empunhou as rédeas e me levou em um trote animado. 'E eu vou levar minha czarina para um passeio!' disse ele... 'Pare, por favor, é muito peso para você!' gritei, embora estivesse adorando ser transportada pelos arredores, e encantada em observar a força de Lev Nikolaiévitch.[182]

Quando ainda adolescente, ela participou de performances amadoras e espetáculos de *vaudeville* organizados pela família, aos quais Tolstói teve oportunidade de assistir. Sofia, atriz nata e "a mais indócil" entre os irmãos, recebia até mesmo papéis masculinos. Ela se adaptava com facilidade a diferentes papéis e situações, habilidade que lhe valeu o apelido de "cata-vento" e foi de grande utilidade tempos depois. A família de Sofia frequentava o Teatro Bolshoi, onde Behrs (ele era médico adjunto dos teatros de Moscou) possuía cadeiras no camarote do diretor. Certa vez, Tolstói se juntou a eles para assistir no Bolshoi à sua peça favorita de Mozart, *Don Giovanni*. Durante um intervalo, ele conversou com Sofia e Liza sobre as óperas de sua preferência e "nós passamos momentos alegres e divertidos na companhia dele".[183]

Aos dezesseis anos, Sofia foi aprovada nos exames externos da Universidade de Moscou, recebendo diploma de preceptora. Ela tinha talento para a literatura: sua dissertação sobre música foi considerada o melhor entre os trabalhos de todas as moças naquele ano. Mais tarde, já casada, seu professor relembrou esse trabalho e parabenizou Tolstói por ter uma esposa com tal sensibilidade literária. Os exames marcaram o fim da meninice: ela ganhou um relógio e também permissão para planejar seus momentos de lazer, assim como usar vestidos longos e prender as tranças. Durante o breve interlúdio entre a meninice e o casamento ela se dedicou à leitura e à prática de pintura, música, escrita e fotografia, formas de criatividade que a fascinaram até o fim da vida.

Mais ou menos nessa época, Sofia havia escrito uma novela chamada "Natasha", na qual descrevia sua família e o primeiro amor de suas irmãs. Tolstói leu a história pouco antes de se casarem, e comentou em seu diário, "Que extraordinária força de verdade e simplicidade!".[184] Às vésperas do casamento, Sofia queimou o romance, arrependendo-se tempos depois, pois nele podia ser facilmente reconhecida a figura de Tolstói, que, mais tarde, usou-a como inspiração para criar as irmãs Rostóv, de *Guerra e paz*: "Quando Lev Nikolaiévitch concebeu [Natasha Rostova] em *Guerra e paz*, ele se inspirou em minha novela e emprestou dela o nome para sua heroína...".[185] Acompanhando o crescimento das três irmãs Behrs, o escritor observou certa vez que se algum dia se casasse, seria dentro desse núcleo familiar. Ele ficou órfão muito cedo, e a família de Sofia tomou o lugar da sua, conforme revelou em *Anna Kariênina*, ao retratar a si próprio no personagem Liévin:

> "Por mais estranho que possa parecer, Constantin Liévin era apaixonado pela casa e pela família, acima de tudo o lado feminino dela. Ele não se lembrava da própria mãe, e sua única irmã era mais velha, portanto, foi na casa de Cherbátski seu primeiro contato com uma família antiga, nobre, educada e honrada, convívio de que fora privado pela morte dos pais".[186]

No verão de 1862, quando Tolstói passou a visitar os Behrs com mais frequência, os pais esperavam que ele pedisse a mão da filha mais velha, Liza, como ditavam as normas sociais. Aos dezenove anos, Liza costumava contribuir com histórias para a revista educacional de Tolstói, intitulada *Iásnaia Poliana*, além de manter longas discussões literárias com ele. A situação do escritor na família Behrs estava se tornando embaraçosa, porque, intimamente, ele escolhera Sofia, tendo admitido em seu diário que sentia por ela uma atração irresistível.[187]

Naquele mesmo verão, Sofia acompanhou a mãe e as irmãs em uma visita à fazenda do avô, chamada Ivitsi, nas vizinhanças de Iásnaia Poliana. A expectativa de Liza era que Tolstói a pediria em casamento, porém, a viagem selou a sorte de Sofia. "Tenho absoluta fé no destino", ela escreveu. "O mesmo destino que me lançou na vida de Lev Nikolaiévitch".[188] A primeira conversa de caráter mais pessoal que os dois entabularam aconteceu nessa fazenda, onde Tolstói se revelou durante uma dança. Quando os convidados estavam partindo, ele pediu que Sofia ficasse com ele no terraço e, então, tomando um pedaço de giz, começou a escrever sobre uma mesa de jogo de cartas. Tolstói escrevia apenas as primeiras palavras de suas longas sentenças, que Sofia ia decifrando, movida pela euforia do momento: "Nós estávamos muito sérios e entusiasmados. Eu acompanhava o movimento de suas mãos grandes e coradas e sentia todo meu poder de concentração e minhas emoções focados naquele pedaço de giz e nas mãos que o seguravam".[189] Tolstói confessou que os pais dela estavam equivocados quanto às suas intenções de se casar com Liza. Embora o pedido não tenha acontecido naquela ocasião, Sofia percebeu que alguma coisa bastante significativa ocorrera, "algo que nós não conseguíamos interromper".[190]

> Aqueles últimos dias de minha meninice foram extraordinariamente intensos, iluminados por um brilho estonteante e um súbito despertar da alma... 'Noites insanas!', Lev Nikolaiévitch dizia nos momentos em que nós estávamos sentados no terraço ou caminhando pelo jardim. Não houve cenas românticas, nem confissões. Nós já nos conhecíamos havia muito tempo. Nossa amizade era muito simples e tranquila. E eu tinha pressa em colocar um ponto final em minha maravilhosa, livre, serena e descomplicada meninice.[191]

Quando a família de Sofia retornou a Moscou, Tolstói continuou a visitá-los, mas agora, levando no bolso uma carta com seu pedido de casamento. Ele a entregou a Sofia em 16 de setembro, véspera do dia da santa de seu nome, que era o mesmo de sua mãe. Naquela carta, ele implorava que ela não aceitasse, caso tivesse a menor sombra de dúvida. Sofia passou rapidamente os olhos pelo texto, fixando-se nas palavras, "Diga-me *com toda honestidade*, você quer ser minha esposa?" (tempos depois, Tolstói mostrou a ela uma variação mais detalhada e complexa dessa proposta, contendo as palavras: "Eu faço exigências terríveis e impossíveis sobre o casamento. Quero ser amado do mesmo modo que sou capaz de amar. Mas isso é impossível").[192] Tolstói, tomado por intenso nervosismo, ficou aguardando no quarto da mãe de Sofia. "Eu fui encontrá-lo, e ele segurou minhas mãos com toda força. 'Bem, qual é a resposta?', perguntou. 'Sim – sem dúvida', respondi".[193] Tolstói insistiu que o casamento fosse realizado o mais brevemente possível, e assim, o noivado durou apenas uma semana. Em *Anna Kariênina*, querendo dar a esse episódio maior veracidade, o escritor mudou o período para um mês.

Durante essa frenética semana de noivado, Tolstói entregou a Sofia seus diários de solteiro, para que ela tomasse conhecimento de seu passado sexual e seu concubinato com a aldeã Aksinia Bazikina, com quem tivera um filho. O primeiro diário começava com uma anotação feita aos dezenove anos, quando ele foi submetido a um tratamento contra gonorreia, adquirida da relação com uma prostituta. "Lembro-me da devastação causada em mim por esses diários... Chorei ao conhecer seu passado."[194] Sofia julgava errada a atitude dele ao lhe confiar os diários, especialmente às vésperas do casamento. Ela se sentiu desiludida com o homem que inspirara seus sonhos juvenis. Alguns anos antes, Tolstói havia lido para a família a novela *Primeiro amor*, de Turguêniev, e ela recordava os comentários feitos por ele, segundo os quais os sentimentos do jovem de dezesseis anos eram puros e autênticos, ao passo que a paixão física do pai era "abominável e depravada".[195] Sofia ficou estarrecida com a incoerência entre as palavras e as atitudes de Tolstói.

Após a cerimônia, em 23 de setembro, Tolstói não escondia sua "impaciência em partir" para Iásnaia Poliana, enquanto Sofia começava a temer a iminente intimidade com o marido. Eles viajaram em uma carruagem dormitório que Tolstói comprou especialmente para a viagem, e ali "teve início o tormento que toda noiva é obrigada a enfrentar".

> Que sofrimento, que terrível humilhação! E que repentina paixão foi despertada; nova, inconsciente, irresistível, até então dormente em uma jovem menina. Graças à escuridão na carruagem ele não podia enxergar meu rosto, nem eu o dele... Subjugada por seu poder e pela intensidade de seu sentimento, eu me limitava a obedecer e amar, embora esmagada pela agonizante dor física e a insuportável humilhação.[196]

Sofia jamais perdoou a impaciência de Tolstói: três décadas mais tarde, em sua novela *Who is to blame?* ["De quem é a culpa?"], ela descreveu sua primeira noite como um estupro: "Houve violência; esta garota não estava pronta para o casamento; uma paixão feminina recém-despertada voltou a adormecer..."[197] Um novo diário, iniciado na ocasião do casamento, revela a confusão e o desapontamento que dela se apossaram. "Sempre sonhei com um homem que eu pudesse amar por completo; novo, um ser *puro*".[198] Ela adorava Tolstói como escritor, mas ainda precisava separar o homem de sua obra.

A despeito das diferenças – de idade, intelecto e experiência de vida –, o sucesso do casamento era o obstinado propósito de Sofia. Tolstói esperava que ela se adaptasse rapidamente a seu estilo de vida na fazenda e lhe prestasse assistência em seus projetos. Na época, ele se rendera a um apaixonado interesse pelas atividades agrícolas e Sofia começou a ajudá-lo na administração do escritório e no controle da produção de manteiga. Ela escreveu à irmã Tânia, contando sobre suas novas responsabilidades: "Nós nos tornamos verdadeiros fazendeiros: compramos gado, galinhas, leitões e bezerros. Abelhas também...".[199] Porém, o grande interesse de Sofia era, de longe, a literatura do marido, e, no final de outubro, ela voltou a escrever para Tânia, revelando que estava copiando, para enviar a uma revista literária, a novela *Polikuchka, o enforcado* que Tolstói escrevera. O autor saudou com satisfação o envolvimento da esposa, permitindo que ela permanecesse no escritório enquanto ele escrevia. E a incentivava a ler suas cartas e seus diários, deixando-os sempre abertos sobre a mesa.

Quando jovem, projetando seu ideal de família, Tolstói escreveu que teria uma esposa interessada por seu trabalho, assim como por seus passatempos, e que ela abriria mão dos próprios entretenimentos. Ao ler essas anotações, Sofia observou, "Pobre homem, ele ainda era jovem demais para perceber que não é possível planejar antecipadamente a felicidade, e que, ao tentar fazê-lo, o infortúnio torna-se inevitável. Todavia, que sonhos nobres e magníficos ele nutria".[200] Mesmo assim, ela logo veio a partilhar o ideal de família que ele planejara e se dedicou com afinco à sua consecução.

Na primavera de 1863, Sofia escreveu à irmã, contando que Tolstói começara a redigir um novo romance; essa foi a primeira menção a *Guerra e paz*. Ele fez diversos esboços do início da história, devagar, "com dificuldades", aperfeiçoando pouco a pouco sua prosa; e Sofia copiava todas as revisões. O romance representava um mundo amplo e inteiramente novo, que ela ainda não tivera a chance de vivenciar e, para compreender aquele texto, Sofia se empenhou de corpo e alma. O trabalho com a cópia de *Guerra e paz*, que levou sete anos, proporcionou a ela uma alegria extrema, "A ideia de servir a um gênio, um homem notável, dava-me forças para fazer qualquer coisa".[201] Enquanto ele escrevia, a casa ficava mergulhada no mais profundo silêncio. E ela, acostumada a uma vida alegre e movimentada, foi obrigada a aprender a conviver com a solidão: eles passavam todo o tempo no campo, viajando para Moscou só quando Tolstói tinha alguma pesquisa a fazer.

A vida familiar proporcionava "cenas de paz" para o romance: o primeiro filho do casal, Serguei, nasceu em 28 de junho de 1863. Tolstói descreveu o evento e a comoção que se seguiu, discutindo as vantagens do aleitamento materno e "o caráter artificial e pernicioso da amamentação por amas de leite".[202] Sofia enfrentou dificuldades para amamentar o filho: ela foi acometida pela mastite, o que os obrigou a recorrer a uma ama. Tolstói não conseguia disfarçar seu desapontamento e furtava-se ao contato com essa mulher, expressando no rosto uma "carrancuda animosidade". Sofia sentia que ele a culpava por não ter sido capaz de fazer jus ao ideal rousseauniano de mãe e esposa saudável. Em 23 de julho, ela anotou em seu diário: "Estou agonizando de dor. Liova é sanguinário... Ele deseja me varrer da face da terra, porque estou sofrendo e deixando de cumprir meu dever; não quero vê-lo, em hipótese alguma, porque ele não sofre e continua impassível, escrevendo".[203]

No outono, a aristocracia de Tula realizou um baile em homenagem ao herdeiro Nikolai Alexandrovich. Sofia desejava ardentemente participar da festa, mas Tolstói acabou indo na companhia da cunhada Tânia, que na ocasião os visitava em Iásnaia. Sofia confidenciou à irmã que o marido jamais consentiria sua ida, porque desaprovava o uso de vestidos de noite decotados por mulheres casadas, além do que sentia ciúmes dela. "Quando Lev Nikolaiévitch vestiu o casaco e saiu para o baile com Tânia, eu explodi em lágrimas e chorei a noite toda. Em meio à nossa vida monótona, solitária e enfadonha, surgiu de repente aquela oportunidade e eu (com apenas dezenove anos) fui privada de aproveitá-la".[204] O passeio dele com Tânia inspirou o primeiro baile de Natasha Rostova em *Guerra e paz*.

Tolstói "fundiu" Sofia e a irmã, para criar a sua Natasha. Tânia foi o modelo da heroína jovem e Sofia, que nunca tivera a dádiva da despreocupação, deu vida à fase maternal da personagem. Tania acompanhava Tolstói nas caçadas, passeios que ele viria a descrever em um encantador capítulo sobre os Rostóv. Sofia aceitou essas buscas de inspiração quando o marido leu o capítulo para ela, "depois de ter acabado de escrevê-lo, e juntos nós rimos e ficamos felizes".[205]

Naquele mesmo ano, tendo feito progressos com o romance, Tolstói admitiu a diversas pessoas que se considerava um homem ungido pela sorte. Segundo declarou a uma parente, Alexandrine, "Sou marido e pai, plenamente satisfeito com as circunstâncias de minha vida... Tenho mera *ciência* das condições financeiras de minha família, e não penso sobre elas. Com isso, ganho enorme espaço de atuação intelectual".[206] Em outra carta, ele explicou que o casamento o havia transformado, possibilitando maior produtividade: "Eu me imagino uma macieira, cujos galhos cresciam para todos os lados e acabaram podados no curso da vida; agora que ela foi aparada, contida e está apoiada, seu tronco e suas raízes podem crescer sem obstáculos. É assim que eu prospero...".[207] Quando Tolstói estava escrevendo *Guerra e paz*, Vladimir Sollogub, um homem das letras, visitou Iásnaia, e ficou impressionado com a rigorosa organização que Sofia conferiu à vida do escritor, e com a presteza da assistência por ela dispensada. Sollogub qualificou-a de "a esposa perfeita para um escritor" e a "babá" do talento do marido. Tomada por imensa satisfação pelo elogio, Sofia registrou em seu diário a promessa de se tornar "de agora em diante, uma babá ainda mais dedicada do talento de Liovochka".[208]

Em outubro de 1864, dias depois do nascimento de sua filha Tânia, Tolstói sofreu um acidente durante uma caçada. Ele fraturou o braço e teve luxação no ombro. No mês seguinte, ainda impossibilitado de usar o braço direito, ele foi a Moscou em busca de um médico que o pai de Sofia havia contratado. O escritor pediu à esposa que copiasse o primeiro capítulo do romance, pois pretendia oferecê-lo ao *Mensageiro Russo*. Ao partir para Moscou, Tolstói declarou a Sofia: "Você é minha salvação", e ouviu em resposta que ela ficava feliz em poder ajudá-lo e se dedicaria às cópias "do início da manhã até a noite".[209]

Nesse meio tempo, ele precisou passar por uma cirurgia no braço, procedimento realizado no apartamento dos pais de Sofia, em 28 de novembro. A mãe e a irmã dela estiverem presentes na sala onde a operação aconteceu. O braço de Tolstói foi deslocado outra vez e reposicionado, sob efeito de sedação com clorofórmio. Após a cirurgia, ele foi acometido por profunda depressão, e logo depois de receber os capítulos enviados por Sofia escreveu a ela declarando que seu próprio talento o "decepcionara". Em outra carta, continuou a se queixar, dizendo-se vítima do infortúnio, em consequência do que "o entusiasmo com o romance estava aos poucos se dissipando".[210] Distante de casa, Tolstói se viu mentalmente desequilibrado e sem confiança: "Longe de você, falta-me *'equilibre'*...".[211] Os novos capítulos que ele ditara para a irmã de Sofia, em Moscou, careciam de interesse e inspiração, "e sem emoção, o trabalho de um escritor não tem condições de fluir".[212] O crescente desespero levou-o a comentar em outra carta: "Na qualidade de boa esposa, você pensa em seu marido como em si mesma, e me lembro de ouvi-la dizer que todo o aspecto militar e histórico ao qual dedico tanto esforço acabará se revelando ruim, mas o resto – a vida familiar, os protagonistas, o lado psicológico – agradarão. Não poderia haver verdade maior".[213] Sofia não ignorava que algumas vezes ele "duvidava das próprias aptidões, negava seu talento" e escreveu, para tranquilizá-lo:

> Lembre-se... quantas alegrias seu romance lhe proporcionou; como você o concebeu cuidadosamente... e agora o despreza! Não, Liovochka, está errado. Volte, e, em vez da escura casa de pedra do Kremlin, você verá nossa Chepyzh[214] brilhando sob a luz do sol... rememorará nossa vida feliz aqui... e, mais uma vez, com a alegria estampada no rosto, você partilhará comigo seus planos literários... E ditará para mim...[215]

As cartas de Sofia deram novo ânimo ao escritor. "Minha querida", ele respondeu. "Apenas continue me amando tanto quanto eu a amo, e nada mais me importa, tudo está perfeito".[216] Relembrando a euforia do reencontro, Sofia escreveu: "É impossível que o amor de uma mulher seja mais profundo que o meu por Lev Nikolaiévitch. Ele não era formoso, tampouco jovem, tinha apenas quatro dentes estragados na boca. Mas a alegria que se apossava de mim quando eu o encontrava... aquela alegria iluminou minha vida por um longo, longo tempo".[217]

Os anos durante os quais ele escreveu *Guerra e paz*, mesmo período em que nasceram três dos filhos do casal, foram os mais felizes de seu casamento. Sofia recorda: "Eu vivi junto aos personagens de *Guerra e Paz*, eu os amei, observei a vida de cada um se desdobrar como se eles estivessem vivos. Nossa vida era extraordinariamente feliz graças ao amor que sentíamos um pelo outro, nossos filhos e, sobretudo, pelo trabalho em uma grande obra-prima, amada primeiro por mim e depois pelo resto do mundo...".[218] O trabalho no romance os uniu: o vínculo criado se demonstraria duradouro. Em 1866, Tolstói viajou para realizar pesquisas em Moscou, ele escreveu diariamente a Sofia, contando seu progresso com o romance e reafirmando seu amor por ela: "Não tenho você a meu lado, mas sinto sempre sua presença. Isso não é apenas uma frase...".[219] Ao enviar a Tolstói um novo capítulo do manuscrito, que acabara de copiar para ser encaminhado à revista, Sofia escreveu a ele, referindo-se à publicação do romance, "Estou começando a sentir que este é seu filho e, portanto, também meu. Assim, mandar este lote de folhas a Moscou é o mesmo que deixar a criança sair para o mundo, e me faz temer que alguém possa machucá-la...".[220]

Tolstói trabalhou incansavelmente, com o propósito de concluir o romance até o final de 1867. A pressão aumentou quando, além do acordo com a revista, ele assinou um contrato para publicação de um livro. Quase nunca satisfeito com o trabalho realizado, ele passava longas horas tentando aperfeiçoá-lo. Algumas vezes, na leitura dos capítulos para Sofia, a extrema tensão nervosa causava uma súbita explosão de lágrimas. Ela era obrigada a dividir com ele essa tensão e comentou, "Liovochka escreveu durante todo o inverno, muito irritado e ávido, sempre com os olhos molhados. Sinto que esta história ficará magnífica. Todas as partes cuja leitura já ouvi comoveram-me até as lágrimas...".[221] A partir daí ela realmente compreendeu o romance de uma maneira diferente, admirando tanto as partes de guerra como as de paz.

No inverno, Sofia tratou da escarlatina dos filhos, uma infecção bacteriana para a qual praticamente não havia cura. A pequena Tânia ficou inconsciente por vários dias, e a mãe se viu atormentada pelo medo de perdê-la. Embora esgotada pela preocupação e pelas escassas horas de sono, ela continuou a fazer as cópias para Tolstói. A despeito de todo o cansaço e mal-estar, Sofia nunca considerou suas tarefas um fardo. O envolvimento com o trabalho criativo do marido era uma fonte de júbilo e, ao longo dos anos, ela deu sua contribuição, cedendo a ele suas cartas e seus diários com o intuito de ajudá-lo a compor heroínas verossímeis.

Embora houvesse um prazo a cumprir, Tolstói insistia em fazer diversos conjuntos de provas, e Sofia copiava todas as revisões. Em raras oportunidades, quando as provas eram despachadas e as crianças dormiam, os dois podiam se conceder uma noite de distração. Eles ficavam acordados até tarde, fazendo duetos. "Lev Nikolaiévitch apreciava, acima de tudo, as sinfonias de Haydn e Mozart. Naquela época eu tocava muito mal, mas me esforcei com afinco para melhorar".[222]

Em fevereiro de 1868, foi publicado o primeiro volume de *Guerra e paz*. Apesar da dimensão avantajada e do preço exorbitante – dez rublos de prata –, ele logo sumiu das prateleiras. Antes mesmo de sua conclusão, o romance alcançou sucesso sem precedentes: Turguêniev previu que ele sobreviveria tanto tempo quanto o idioma russo. Tolstói foi prontamente proclamado "uma autêntica celebridade literária" e "um gigante entre seus companheiros escritores".

Quando em maio seguinte Sofia deu à luz seu quarto filho, chamado Lev, como o pai, Tolstói escreveu a ela, de Moscou, "À exceção das necessidades da mente, nada neste mundo consegue desviar meus pensamentos de você e de nosso lar".[223] Sofia é retratada em muitas passagens do romance, sobretudo no epílogo, onde é possível reconhecê-la em Natasha Rostova e na princesa Maria, ambas, fonte de inspiração dos mais profundos anseios de seu marido. Os dois casamentos harmoniosos projetam o ideal de família de Tolstói, ideal esse que Sofia o ajudou a concretizar na vida.

Com a publicação de *Guerra e paz*, Tolstói se firmou na posição de maior escritor vivo, mas o casal não usufruiu desse sucesso. Após concluir seu grande épico, aos 41 anos, ele foi acometido por uma depressão profunda; falando de morte reiteradas vezes. Sofia registrou em seu diário: "Em algumas ocasiões (mas só quando está distante de sua casa e sua família), ele se imagina enlouquecendo e, tão grande é esse medo da loucura, que eu me apavoro só de ouvi-lo falar".[224] Em setembro de 1869, durante viagem a Arzamas, para a compra de mais terras, Tolstói escreveu a Sofia, descrevendo a terrível noite que passara no hotel, assaltado por um repentino sentimento de "desespero, medo e terror".[225] Desde criança, ele costumava sofrer crises de intensa angústia, e precisava se manter "sempre ocupado" para conseguir superá-las; sem o romance para absorver suas energias, ele entrou em um período de inatividade mental, perseguido pelas dúvidas.[226] Deitado na cama, em Iásnaia, com o olhar perdido em algum ponto, ele se dirigia a Sofia em tom ameaçador, quando ela o perturbava: "Deixe-me sozinho; você não pode pelo menos me deixar morrer em paz?".[227]

Durante esse período transitório, Tolstói se ocupou com projetos diversos, desde o estudo do idioma grego, até reformas da educação pública. Ele criou currículos e cartilhas, movido pela convicção de que "duas gerações de *todas* as crianças russas – filhos de czares e campesinos – estudarão apenas com a ajuda desta cartilha...".[228] Sofia colaborava com o periódico do marido, *Russian Reader*, cedendo suas histórias originais, e ajudava com as cópias e correções de prova das cartilhas, que ele revisou tantas vezes quanto o fizera com seu grande romance.

No inverno de 1872, Tolstói abriu em sua casa uma escola para filhos de camponeses, envolvendo a família e até mesmos os hóspedes, na tarefa de ensinar. Enquanto ele ministrava lições para um numeroso grupo de garotos, em seu escritório, Sofia ensinava a uma classe de meninas, em outra sala. Ela escreveu à irmã contando que havia uma "urgente necessidade" de repassar ensinamentos a essas crianças que estudavam "com notável prazer e entusiasmo".[229] A escola só funcionou até o verão, mas o interesse de Tolstói pela educação pública continuou ao longo dos anos, levando Sofia a abrigar conferências para professores, em Iásnaia.

Enquanto Tolstói pesquisava novos temas, em busca de inspiração, ela registrava em seu diário as proposições do marido. Ele imaginava escrever uma comédia ou, talvez, um novo romance histórico da época de Pedro, o Grande, mas acabou decidindo por uma obra contemporânea "sobre uma senhora casada, de estirpe nobre, que arruína a própria vida".[230] A ideia para *Anna Kariênina* surgiu do suicídio de uma mulher da vizinhança, evento que impressionou Tolstói profundamente. Em 1872, a concubina de um vizinho, Anna Pirogova, atirou-se sob um trem, movida por uma crise de ciúme. O escritor, que assistiu à autópsia e viu o corpo mutilado da mulher, tempos depois reviveu o trágico incidente em *Anna Kariênina*.

Em 1873, Tolstói escreveu a abertura do romance e leu para Sofia as consagradas linhas sobre famílias felizes e infelizes e a confusão no ambiente doméstico da vida de Oblonski. Ela registrou a data em seu diário: 19 de março. Tão logo ele começou a redigir a história, Sofia reassumiu sua "tarefa de copiar e demonstrar entusiástico apreço pelo trabalho dele".[231] O romance levou cinco anos para ser concluído, mas, ao contrário de *Guerra e paz*, foi escrito em meio a longas e frequentes interrupções.

Na ocasião do trabalho com *Anna Kariênina*, a família estava passando por "momentos de dor". Entre junho de 1873 e novembro de 1875, Sofia deu à luz três crianças, todas elas mortas precocemente. As duas tias de Tolstói, que viviam com a família, também faleceram nesse período. Tais eventos contribuíram para o agravamento da depressão do escritor, descrita por ele, em carta para Sofia, como "a circunstância mais dolorosa"[232] e motivo do entorpecimento de seus sentidos. Para ajudá-lo a superar essa fase difícil, Sofia concordou em viajar para as planícies de Samara, onde ele comprou uma fazenda. Durante um longo tempo, todo verão ela era obrigada a mudar o seu núcleo familiar para a árida estepe, viajando grandes distâncias com os filhos pequenos. As viagens anuais para Samara trouxeram novo ânimo a Tolstói e contribuíram com material para o romance, no qual, vários capítulos retratam o notável espetáculo do trabalho coletivo no campo. Sofia logo se adaptou àquela vida espartana, conseguindo, até mesmo, encontrar nela alguma poesia. Escrevendo para a irmã, ela descreveu a terra arada por bois, os espaços infinitos e o implacável sol de Samara.

> Grande parte da beleza da planície não é percebida em consequência da seca, mas à noite há algo encantador naquele cálice celeste invertido e na infinita extensão de terra. Algumas vezes, ouve-se à distância, homens tocando suas gaitas ou o tilintar dos sinos que os bois levam em seu pescoço. Os arados aqui são puxados por dez bois; tudo é tão estranho e gigantesco; lavradores, ceifadores e outros trabalhadores passam a noite no campo, carregando luzes que podem ser avistadas aqui e acolá...[233]

No verão de 1873, a colheita na fazenda de Tolstói foi escassa e a seca deixava os campos nus, por toda parte. "Não tem chovido aqui desde a Semana Santa, assim, há um mês contemplamos, por um lado, o espaço infinito que definha gradativamente à frente de nossos olhos e, por outro, o horror estampado no rosto da população local que luta, pelo terceiro ano seguido, para se alimentar e semear o solo outra vez".[234] A família Tolstói empregava algumas centenas de trabalhadores, arcando com um custo superior à renda que a terra tinha condições de produzir, além do que, contratava cozinheiros locais para fazer o pão e o mingau que alimentava toda essa gente. Embora o assunto corrente fosse a perda das colheitas e a fome iminente, as autoridades se recusavam a reconhecer a crise. Sofia mostrou a Tolstói um artigo escrito por ela, no qual descrevia a fome em Samara e apelava por ajuda. Ele leu: "Mas quem vai lhe dar crédito, se não há fatos?".[235] Sem perda de tempo, o escritor se lançou a uma pesquisa na província, avaliando a situação de todas as famílias e, ao retornar, redigiu um relatório sobre a fome, publicado no jornal *A gazeta de Moscou*. Como o artigo de Sofia não tinha sido publicado, ela se referia a esse relatório como "nosso artigo".[236] A ajuda começou a aparecer e muitos foram beneficiados. Sofia comentou em suas memórias: "Não foi em vão que naquele ano Deus nos enviou para viver nas estepes de Samara; nossa presença pode ter evitado a morte de muita gente pela fome".[237] Vinte anos mais tarde, durante a carestia generalizada da década de 1890, os Tolstói organizaram outra operação de socorro em escala muito maior.

Depois da pausa do verão, a família regressou a Iásnaia e Tolstói retomou a redação de *Anna Kariênina*. Nesse período, o famoso pintor Ivan Kramskoi lá estava, e persuadiu Tolstói a posar para um retrato. (Kramskoi fora contratado pela Galeria Tretiakov, para retratar russos prodigiosos). Sofia teve a oportunidade de presenciar o trabalho criativo de dois gigantes. "Lembro-me de entrar na pequena sala de visitas, e ficar observando os dois artistas: um pintava o retrato de Tolstói e o outro, escrevia o romance *Anna Kariênina*. Ambos, sérios e absortos, ambos, artistas genuínos de grande magnitude; eu senti profunda admiração por eles".[238] Ela pediu que Kramskoi fizesse uma cópia daquele retrato, mas ele recusou, sob o argumento de que a pintura de outro original seria mais fácil. Dessa forma, pintou dois quadros simultaneamente.

A pintura de Kramskoi conseguia capturar todo o magnetismo do olhar de Tolstói. Em 1904, movida por uma verdadeira obsessão pela pintura, Sofia copiou os retratos do escritor feitos por vários artistas, entre os quais o próprio Kramskoi. Ela se entregou a essa tarefa com surpreendente ousadia, considerando-se que nunca estudara artes. Entretanto, a técnica de Kramskoi estava muito além da insipiente habilidade de Sofia, o que a impediu de retratar aquele olhar penetrante. Em lugar disso, ela representou os olhos que conhecia e amava, "sorridentes e carinhosos, e cheios de entusiasmo".[239]

Em novembro de 1873, o filho mais novo do casal, Pétia, faleceu em consequência de uma infecção de garganta. O efeito sobre Sofia foi devastador: "Eu o alimentei durante quatorze meses e meio. Um garotinho inteligente e feliz – eu amava demais meu querido e agora não sobrou nada. Ele foi sepultado ontem. Não consigo conciliar os dois Pétias, o vivo e o morto; ambos são preciosos para mim, mas o que pode haver em comum entre o Pétia vivente, tão inteligente e afetuoso, e o inanimado, tão frio, inerte e grave...?".[240] Pétia foi enterrado no cemitério da família em Kochaki, próximo à antiga igreja Nikolski, atrás da túmulo dos pais de Tolstói. Sofia ficou extremamente abalada ao vê-lo exposto à neve e ao gelo, deitado em um ataúde aberto, com sua veste branca: "Eu o amamentei... eu o protegi das correntes de vento, vesti-o para aquecê-lo... agora ele está petrificado...".[241] Em *Anna Kariênina*, Tolstói tomou como modelo a experiência da esposa para retratar a dor de uma mãe que perde seu filho:

> E novamente sua memória foi assaltada pela imagem cruel – eterno tormento para um coração de mãe – da morte do último menino, vítima do crupe. O funeral, a indiferença do mundo diante daquele pequeno ataúde cor de rosa, sua dor solitária e comovente, à vista da pálida fronte com o cabelo em cachos sobre as têmporas, e da pequenina boca entreaberta que ela viu de relance no momento em que o caixão foi coberto pela tampa cor de rosa adornada com uma cruz.[242]

Para esquecer sua dor, Sofia se entregou de corpo e alma ao trabalho, deixando que as tarefas do dia-a-dia tomassem o espaço do sofrimento. "Eu dava aulas para as crianças, uma após a outra... No início da noite, fazia as cópias de Lev Nikolaiévitch, cortava e costurava as roupas de meus filhos antes do período de férias...".[243] Na ocasião, ela enfrentava uma gravidez difícil, tendo concebido uma nova vida em um momento no qual se encontrava emocionalmente despreparada. "As pessoas que nunca experimentaram a maternidade e sentiram essa vida totalmente fisiológica, não conseguem imaginar como é árduo e insuportável o esforço..."[244] Em *Anna Kariênina*, Tolstói retrata as frequentes gestações de Sofia e faz referências à contracepção. Embora ele tenha sido o primeiro escritor russo a trazer à luz essa questão, a prática anticoncepcional era contrária às suas convicções. Cada nova gravidez postergava ainda mais o sonho de Sofia por uma vida mais espiritual, dedicada às artes, à música e à literatura. Quando os filhos cresceram, ela encontrou a chance de começar a explorar seus talentos, mas descobriu que já era tarde para realizações.

Tendo concluído a primeira parte de *Anna Kariênina*, Tolstói se preparava para publicá-la. "Você vai gostar do novo romance de Liovochka", Sofia escreveu a Tânia, em dezembro, "ficará excelente, quando ele terminar – se Deus quiser".[245] Tolstói fazia revisões contínuas: ela copiava sem enxergar o fim. A exemplo dos dias bem-aventurados de *Guerra e paz*, algumas vezes o casal permanecia acordado até tarde da noite, fazendo duetos. Eles conversavam e liam e, à uma hora da manhã, tomavam uma ceia, aquecida por Sofia em um fogareiro.[246] Depois disso, na mais completa exaustão, ela lia romances ingleses de Henry Wood, adormecendo por volta das três.

Em 1874, tomado por total desinteresse pelo romance, Tolstói não o retomou após a pausa do verão, como costumava fazer. Em lugar dele, passou a se dedicar à educação básica, advogando apaixonadamente o emprego de seu método pessoal para ensino de literatura. O escritor abriu escolas em seu bairro e sonhava em criar faculdades, onde os campesinos pudessem se formar professores. Em certa ocasião, quando visitava as novas escolas, deparou com "crianças esfarrapadas, sujas e esquálidas, com olhos cheios de brilho", e se propôs a impedir que fossem tragadas pela escuridão. As pessoas reais lhe despertavam mais interesse do que as imaginárias. Tolstói confessou a Sofia sua intenção de abandonar o romance, que se tornara repulsivo demais para ele.

Quando ele deixou de lado *Anna Kariênina*, a família passava por um momento de insegurança financeira. A colheita em Samara fora devastada outra vez, levando-os a perder, segundo estimativa de Tolstói, vinte mil rublos em dois anos. Enquanto isso, eles se viam "inundados por cartas dos editores, oferecendo dez mil de adiantamento e quinhentos rublos de prata por página impressa".[247] Tolstói se recusava, no entanto, até mesmo a discutir o assunto. Sofia, agora incapaz de compartilhar da paixão do marido pela educação básica, confidenciou suas inquietações à irmã Tânia:

> O que eu amo e valorizo é sua vocação para escrever romances; só ela desperta meu entusiasmo, enquanto os ABCs, a aritmética e a gramática, eu desprezo... O que está faltando em minha vida agora é o trabalho de Liovochka, pelo qual sempre tive respeito e admiração. Veja, Tânia, sou uma verdadeira esposa de escritor, tão próximo de meu coração trago nosso trabalho criativo.[248]

No final do ano, a despeito de muita relutância e persistente falta de inspiração, Tolstói retomou o romance. O jornal *Mensageiro Russo*, que já havia publicado *Guerra e paz*, estava agora lançando *Anna Kariênina* em fascículos. Em fevereiro de 1875, no auge do trabalho com o romance, faleceu o filho caçula do casal, Nikolái, de dez meses, vitimado pela meningite. No período de luto, o editor e amigo de Tolstói, Nikolái Strakhov, escreveu que a receptividade recebida por um fascículo publicado quase superara a alcançada por *Guerra e paz*. A notícia não conseguiu vencer a indiferença de Tolstói. Sofia deixou evidente seu estado de abatimento quando escreveu, "O romance de Liovochka foi publicado e considerado um enorme sucesso, o que me causa estranha sensação: nós, aqui, atormentados por esse sofrimento, e todos lá fora nos aplaudindo".[249] Tolstói revisava as páginas prontas para publicação e acrescentava novos capítulos, enquanto ela fazia as cópias diariamente. A ficção do marido lhe dava um sentido à vida e a ajudava a preencher o vazio.

A filha Tânia, de onze anos, viria a relembrar sua mãe sentada à frente da escrivaninha, no início das noites. Embora tivesse deixado para trás um longo dia, revelava pela "expressão de concentração em seu rosto, que para ela o momento mais importante... estava apenas começando...". Vez ou outra, Tolstói se aproximava e ficava observando por cima dos ombros da esposa, à medida que ela copiava. "Minha mãe tomava então as mãos grandes de meu pai e as beijava com amor e veneração, enquanto ele lhe alisava com ternura os cabelos negros e brilhantes, para depois se inclinar e beijá-la no alto da cabeça".[250] Ilia, filho do casal, que na época tinha sete anos, lembrava-se de ter escutado em casa o nome "Anna Kariênina", compreendendo mais tarde que se tratava "do título de um romance no qual *papai* e *mamãe* estavam trabalhando".[251]

No início de 1876, o *Mensageiro Russo* publicou um fascículo contendo os capítulos que descreviam o pedido de casamento feito por Liévin a Kitty, cuja inspiração veio do noivado do próprio Tolstói com Sofia. Havia, também, um capítulo sobre a febre puerperal que quase levou Anna Kariênina à morte, após o nascimento de sua filha. A ideia surgiu de uma experiência vivida por Sofia: ela contraiu essa infecção em 1871, logo após o nascimento da segunda filha, Macha.

Aos 32 anos, sem jamais ter feito uma viagem, Sofia sonhava em passar férias no exterior. Ao mesmo tempo em que Tolstói prometia considerar a ideia de uma temporada na Europa, ele demonstrava clara relutância em deixar Iásnaia: "É bem provável que iremos em breve para o exterior, talvez para a Itália, tão abominável para mim; menos, porém, que a Alemanha. Penso que dentre os países da Europa, eu só seria capaz de viver na Inglaterra. Mas as pessoas fogem de lá, pensando em sua saúde, e, assim, não há razões para eu ir".[252] O argumento final contra a viagem foi a questão das despesas, que, em setembro de 1876, quando o escritor adquiriu cavalos ingleses puro-sangue para sua fazenda em Samara, aparentemente, não era um problema. Na época, ele possuía trezentos cavalos e tinha enorme interesse em criação, tendo empregado um grupo de administradores e cuidadores para a fazenda de garanhões. Muitos anos mais tarde, com o esmorecimento do projeto, a maior parte dos valiosos cavalos de raça morreu negligenciada.

Na primavera de 1877, *Anna Kariênina* estava fazendo "um surpreendente e delirante sucesso".[253] Os capítulos produziam "ruidosas manifestações" nos círculos literários e recebiam críticas eufóricas. Cada fascículo se transformava em um evento ansiosamente aguardado pelo público. Strakhov, o editor de Tolstói, ironizava que o anúncio de cada parte publicada pela imprensa era tratada com a mesma urgência que os relatos de guerra. A publicação de *Anna Kariênina* converteu Tolstói no mais homenageado e próspero romancista russo. O acordo com a revista e outra edição independente, publicada em 1878, renderam-lhe vinte mil rublos, dinheiro empregado no mesmo ano para aquisição de uma área com aproximadamente 4.400 hectares em Samara.[254] Mas, ainda em 1881 (data considerada por Tolstói como marco de sua conversão espiritual), ele passou a encarar o mundo por uma perspectiva diametralmente oposta, sentimento que o inspirou a renunciar à sua fortuna, por julgá-la uma futilidade.

Quando Tolstói estava terminando de escrever *Anna Kariênina*, Sofia começou a notar uma acentuada mudança espiritual no marido: "Já se podia perceber em Lev Nikolaiévitch a manifestação de certa ansiedade, somada à insatisfação com a vida, à busca de maior significado para as coisas e à necessidade de uma existência mais espiritual e religiosa".[255] O epílogo do romance, no qual a ideia de suicídio é companheira assídua de Liévin, projeta as dúvidas e pensamentos suicidas do próprio Tolstói. Ao contrário do que ocorreu uma década antes, depois da conclusão de *Guerra e paz*, ele estava agora dominado por uma intensa depressão, que o transformou profundamente.

Em março de 1877, Tolstói revelou a Sofia os motivos de sua felicidade: "Em primeiro lugar, você, e depois, minha religião".[256] Registrando uma mudança positiva no humor do marido, ela comentou em seu diário, "Depois de uma longa batalha entre a falta de fé e a ânsia por alcançá-la, ele subitamente ficou mais tranquilo". No início, Tolstói se tornou um ortodoxo devoto, respeitador de todas as normas da igreja. Para conciliar o ambiente doméstico com esse novo entusiasmo, embora acreditando em sua efemeridade, Sofia impôs à família rigorosa observância de todos os costumes ortodoxos. Porém, como ela imaginara, o período de devoção do escritor logo terminou, com o mesmo ímpeto que se iniciara.

Strakhov, que acompanhara Tolstói em uma peregrinação ao monastério Optina Pustin, em 1877, ficou atônito quando, em sua visita seguinte a Iásnaia, encontrou-o "em uma nova fase de antagonismo à igreja".[257] A vida de Tolstói era inspirada, a um só tempo, por uma complexa busca espiritual e por conversões repentinas, capazes de pasmar a todos que o cercavam. De devoto recente da Igreja Ortodoxa, ele se tornou seu mais contundente crítico, acusando a instituição de aliança com o Estado, e definindo sua história como uma série de "mentiras, crueldades e decepções".[258] Tolstói apontou os principais males que assolavam a igreja oficial do país – a intolerância em relação aos praticantes de outras religiões e o respaldo às políticas do governo, tais como as que diziam respeito à pena de morte e à guerra. A insistência do escritor quanto a uma não submissão da igreja ao poder político acabou por fazer dele um arqui-inimigo do governo e da Igreja Ortodoxa.

Tolstói expressou suas novas convicções em uma série de trabalhos não ficcionais, iniciados com *Crítica da teologia dogmática*. Além disso, o autor realizou uma estafante tradução dos quatro evangelhos. Em 1879, Sofia relatou os novos desenvolvimentos à sua irmã Tânia: "Liovochka está trabalhando, ou, pelo menos assim ele diz, mas que seja! Ele escreve tratados religiosos, lê e se perde em pensamentos, até lhe doer a cabeça; e tudo isso, para demonstrar a incoerência entre a igreja e os ensinamentos dos evangelhos. Dificilmente haverá na Rússia mais do que dez pessoas interessadas nesse assunto... Apenas espero... que, como uma doença, isso tenha um fim".[259] Mas as buscas religiosas de Tolstói iriam ocupar todos os seus dias até o final da vida: nas décadas seguintes ele só retomou a literatura em períodos esporádicos.

Os ataques de Tolstói à religião tradicional magoavam Sofia e criaram uma fratura no relacionamento do casal: "Argumento algum me obrigaria a me afastar da igreja. Eu não podia aceitar as ideias de Lev Nikolaiévitch a respeito do cristianismo e da religião em geral... Eu sentia que ele estava certo, mas apenas quanto à sua perfeição pessoal... Da renúncia à igreja e à ordem social vigente eu não podia partilhar... minha alma não conseguia admitir".[260] Incapaz de compreender e aprovar as obras não ficcionais do marido ("isso me machuca, mas não consigo ser diferente"),[261] ela renunciou à atividade de copista de Tolstói.

Mais ou menos nessa época, Tolstói se tornou crítico do estilo de vida da família, que julgava carecer de austeridade. Em 1879, o casal tinha seis filhos vivos. O mais velho, Serguei, estava para entrar na universidade e Tânia, para se apresentar à sociedade. Todavia, as ideias de Tolstói a respeito do futuro dos filhos tomaram outro rumo: ele agora desaprovava a formação educacional e o sucesso social, além de opor objeções à mudança da família para Moscou, mudança essa, decidida havia muito tempo. (Em 1882, o escritor mudou de opinião e adquiriu uma casa em Moscou.) De acordo com Tânia, foi o próprio pai que a levou ao primeiro baile. Em um curto espaço de tempo, ele passou a condenar toda forma de entretenimento e a criticar as pessoas de sua classe social e todos aqueles que eram ricos.

As transformações sofridas por Tolstói ocorreram no auge da fama e abalaram não apenas suas opiniões, como seu caráter e sua criação; atingiram, também, a vida da própria Sofia, que sofreu uma reviravolta. Ela temia ter de assumir sozinha a criação dos filhos – em uma época na qual a orientação do pai era fundamental para a formação dos meninos mais velhos. Em 20 de dezembro de 1879, Sofia deu à luz a sétima criança, Micha. Árduas noites de amamentação e insônia a aguardavam e, conforme admitiu à irmã, ela já não tinha o vigor que a maternidade exigia.[262] Aos 35 anos, após quase duas décadas no campo, Sofia desejava viver em sociedade e viajar, como outras mulheres de sua classe social, e, também, sonhava com a oportunidade de explorar seus talentos e suas aspirações. Todavia, ela não contava com o apoio de Tolstói, que, ao contrário, esperava que a esposa acatasse seus novos ideais de austeridade.

Aos poucos, Tolstói ia se tornando mais circunspecto, seu humor mais sombrio. No mais importante trabalho de não ficção que desenvolveu na época, *Uma confissão*, ele descreveu sua vida anterior como uma série de erros, condenando a vocação literária, a fama dela decorrente, a riqueza e a posição que ocupava de dono de terras e homem de família. Seu trabalho literário era evento passado. Para um conhecido, admirador de *Anna Kariênina*, Tolstói respondeu, "Eu lhe asseguro que essa coisa não mais existe para mim".[263] Quando se referia à sua condição de escritor, ele o fazia no tempo passado: "Eu *era* um escritor, e todos os escritores são vãos e invejosos – de qualquer modo, eu era esse tipo de escritor".[264] Foi com grande espanto que seus amigos Strakhov e o poeta Afanássi Fet, assim como Turguêniev, reagiram ao saber que ele trocara a ficção pelos escritos de caráter religioso.

Expressando suas opiniões religiosas com o fervor de um convertido, Tolstói insistia que todas as pessoas "podiam e deviam" concordar com ele.[265] Em São Petersburgo, travou acirrada discussão com sua parente, Alexandrine, que se mostrava indignada com os insultos do escritor à religião ortodoxa e os considerava um amontoado de mentiras. Quando Alexandrine protestou, Tolstói deixou São Petersburgo sem dizer adeus. Mais tarde ele viria a abrandar sua intolerância, mas no final da década de 1870 e início dos anos 1880, ainda se recusava a fazer concessões.

Ao descrever o impacto que a mudança de vocação sofrida por Tolstói tivera sobre ela, Sofia observou: "Decerto, era impossível não lamentar o fim das atividades de um artista tão notável como Lev Nikolaiévitch, e só me restava lastimar o fim de minha felicidade".[266] A nova inclinação de Tolstói pela moralização revelava-se para ela "insuportavelmente fastidiosa"[267], além do que, após ele ter deixado a literatura para trás, o sentimento de companheirismo que os unia acabara.

Tolstói agora visitava prisões, tribunais e casas de detenção, compadecendo-se apenas dos oprimidos. "Suas desaprovações e condenações se voltaram, também, contra mim, nossa família e todas as pessoas ricas e felizes".[268] Embora Tolstói demonstrasse amor pela humanidade, era insensível às necessidades da própria família. Sofia, por sua vez, agia de forma oposta. Para ela o sofrimento da humanidade, enquanto uma simples abstração, não tinha significado. O que lhe importava eram as angústias de todas as pessoas com quem convivia, quer fossem ou não seus familiares. Durante muitos anos, ela prestou assistência médica gratuita em Iásnaia. Embora ajudasse os muito pobres, Tolstói nunca reconheceu seus esforços: "Eu estava sozinha em tudo isso, porque Lev Nikolaiévitch não acreditava na medicina; ele não apenas demonstrava pouca consideração por meu trabalho, como, para meu desgosto, o encarava com desdém".[269] O conhecimento de medicina adquirido por Sofia vinha da infância, da observação do trabalho do pai; mais tarde ela passou a consultar a obra *Family Medicine* [Medicina da família], de Florenski, para tratar de familiares, hóspedes, empregados, professores, etc. A fama de Sofia crescia na mesma proporção que seus pacientes se curavam. Os campesinos, que não contavam com ajuda médica em toda a região, vinham de longe para consultá-la sobre as mais diversas doenças. Sofia era frequentemente chamada às vilas da vizinhança para ajudar em partos difíceis, salvando pacientes em situações nas quais uma parteira não teria êxito.

Em 1883, na ausência de Sofia, um camponês chegou a Iásnaia em busca de assistência médica e contou a Tolstói que ela era uma boa curandeira. O elogio, vindo de um campesino, chamou-lhe a atenção, e ele escreveu à esposa confessando-se "lisonjeado".[270] A caridade era a essência da vida de Sofia e ela, sem dúvida, não podia discordar de Tolstói em relação aos ensinamentos de Cristo, sobretudo o mais importantes entre eles: ajudar ao próximo. No entanto, a insistência do escritor em que a vida diária da família fosse balizada pela interpretação que ele fazia dos evangelhos motivou o surgimento de atritos entre os dois.

Tendo rejeitado todo o aspecto metafísico do cristianismo, Tolstói reduziu os evangelhos a cinco obrigações morais, das quais o princípio da não resistência era o mais importante. O escritor argumentava que nenhuma força física deveria ser empregada para coagir qualquer ser humano.[271] Sua doutrina teve consequências de grande alcance, levando-o à renúncia de suas propriedades, já que elas eram amparadas pela lei, e à rejeição de todas as instituições governamentais.

As máximas religiosas de Tolstói tornaram-se motivo de discórdia na própria família, prejudicando a unidade e a paz. Anteriormente, em 1881, ele começou a se desfazer das propriedades e de todo seu dinheiro. Levas de peregrinos e camponeses acorriam a Iásnaia, em busca de, entre outras coisas, gado e sementes para o plantio. Quando Sofia tentou conter essa distribuição, Tolstói citou um trecho do evangelho: "Dê a ele que pede a ti!". Sofia receava pela sanidade mental do marido e comentou, em uma carta para a irmã, que esse estado de ânimo filosófico-religioso era "perigoso demais".[272]

Tolstói, porém, não se preocupava com a finalidade dada ao dinheiro, pois, na verdade, mais do que ajudar aos pobres, seu objetivo era se sentir "menos culpado". Segundo observações da filha Tânia, "Desfazer-se de tudo o que possuía representava para ele livrar-se de um pecado – o pecado da propriedade".[273] Sofia, com sua criação de classe média, não partilhava desse sentido de nobreza que ele atribuía à culpa, e acreditava que a responsabilidade dada a ela por Deus era cuidar do provento da própria família e não de estranhos.

Em sua peça inacabada, *And the Light Shineth in the Dark* [E a luz brilha na escuridão], Tolstói descreve o verdadeiro conflito que se instalou entre o casal, quando ele anunciou sua intenção de doar todas as terras aos camponeses.[274] Assim como o herói da história, o escritor tinha muitos planos para se livrar das propriedades: doar todas elas, deixando uma gleba para ele e a família, ou transferir tudo para sua esposa. Tolstói (como o herói da peça) esperava contar com o respaldo da esposa ao anunciar que sua família deveria se sustentar por meio de trabalho físico. Sofia rejeitou os planos do marido, inviáveis segundo ela, agora que os dois não tinham mais o vigor da juventude. Os filhos, criados como nobres, não teriam condições morais para levar uma vida na qual não acreditavam.

Como poderia Serioja, em quem incutimos desde cedo a ideia de... educação universitária, subitamente passar a acreditar que seus esforços eram fúteis e tomar um machado e um arado? Como poderia Tânia, que ama as artes, a vida em sociedade, o teatro, a alegria e os vestidos elegantes, desistir de tudo para cuidar da terra? E eu, como eu conseguiria... abrir mão de minha vida costumeira por um ideal imposto a mim? Assim, precipitou-se uma dolorosa discórdia."[275]

Diante da recusa de Sofia em aceitar seus planos, Tolstói propôs transferir para ela a fazenda. Tal proposta também foi rejeitada, pois, em face do estigma que ele vinculava à propriedade material, Sofia receava que sua posição se tornasse vulnerável. Se ele acreditava em um caráter demoníaco dos bens materiais, por que deveria transmitir a ela esse mal? Conforme sua peça revela, Tolstói desejava se libertar do dilema moral e das obrigações inerentes ao direito de propriedade. O herói da história afirma claramente, "Assuma a fazenda e, então, não serei responsável".[276]

Em 21 de maio de 1883, Tolstói concedeu a Sofia uma procuração, assinada, na ausência dela, em um escritório de advocacia em Tula. Ele ficou claramente aliviado em se ver livre de sua propriedade, e anexou ao documento esse comentário informal, "Prezada excelência, amável madame e querida esposa Sofia Andreevna, eu confio a você o encargo de administrar meus negócios...".[277] Aquela procuração, que transferia para seus ombros "a responsabilidade pela família, pela administração da fazenda, da casa e dos livros de Tolstói",[278] levou Sofia a questionar a verdadeira dimensão do amor do marido por ela. Ao longo das décadas seguintes, não bastasse o fardo de tais obrigações, ela ainda precisou enfrentar a condenação de Tolstói e de seus simpatizantes.

Em outubro de 1883, Tolstói descobriu, em um jovem aristocrata, seu primeiro discípulo ferrenho, Vladimir Chertkov. Embora 25 anos mais jovem e nascido em uma família dos círculos da corte, Chertkov logo conquistou a confiança do escritor. O rapaz foi criado entre os primeiros evangelistas da Rússia e nutria grande interesse pela interpretação dada por Tolstói aos evangelhos. O encontro inicial entre os dois estendeu-se até depois da meia-noite: Tolstói leu capítulos de seu recente trabalho *Em que consiste minha fé*, no qual formulava sua doutrina da não resistência. Chertkov foi o primeiro a considerar infalíveis essas ideias, conquistando o autor, cujos novos escritos eram, na melhor das hipóteses, recebidos com indiferença por seus amigos e familiares. Aos 55 anos, Tolstói logo começou a se dirigir a esse discípulo de 29, como "meu caro, meu amigo íntimo", dedicando atenção exclusiva ao relacionamento com o jovem, em detrimento do próprio casamento.

A primeira impressão de Sofia sobre o discípulo de seu marido, que se tornaria seu rival, foi favorável: ela o retratou como "alto, formoso, viril e um verdadeiro aristocrata".[279] Durante suas longas estadas com a família de Tolstói, Chertkov sempre gozou da hospitalidade de Sofia. No entanto, à medida que crescia a influência do rapaz sobre Tolstói e se tornava notória sua intenção de aliená-lo da família, ela passou a ver nele um inimigo.

Em 18 de junho de 1884, Sofia deu à luz o décimo segundo filho, Sacha. Nesse mesmo dia, mais cedo, o casal se desentendeu, depois que ela responsabilizou o marido pela morte de alguns dos garanhões que ele possuía em Samara, vítimas da negligência, apesar do elevado valor econômico. Para Tolstói, suas propriedades agora não passavam de uma dolorosa lembrança de um passado ao qual ele renunciara. O escritor se precipitou para fora de casa, dizendo estar partindo para sempre. Mas retornou na mesma noite, enquanto o parto de Sofia estava acontecendo.

Tolstói mantinha Chertkov informado a respeito do curso de todos os acontecimentos em sua família: menos de um ano depois de se conhecerem, não havia segredos entre ele o discípulo, nem mesmo a leitura de seus diários pessoais, um privilégio até então exclusivo de Sofia, foi preservada. Quando o escritor se queixava do casamento, Chertkov sempre oferecia um ouvido amigo. Naquele verão, em uma carta para o discípulo, Tolstói classificou de "o ato mais desumano... e anticristão"[280] a decisão de Sofia de contratar uma ama de leite para o bebê, referindo-se à esposa como "uma pesada cruz a carregar", palavras que depois registrou em seus diários.

Sofia amamentara quase todos os filhos, mas agora carecia de condições para enfrentar noites insones junto ao bebê. Ela precisava cuidar do sustento da família: meses após o parto, estava prestes a lançar um negócio voltado ao mercado editorial. De acordo com as memórias de Sofia, foi o próprio Tolstói quem propôs a publicação de uma nova edição de seus trabalhos: o contrato com a Salaev Brothers, que publicara anteriormente as obras completas do autor, estava para vencer. As despesas da família haviam aumentado, em virtude dos invernos passados em Moscou, enquanto os rendimentos das duas fazendas sofreram acentuada retração: a receita gerada por Iásnaia era insignificante e Samara havia experimentado outro ano muito ruim.

Para começar seu empreendimento editorial, Sofia emprestou dez mil rublos de sua mãe e outros quinze mil de um amigo da família e, sem demora, transformou em escritório e depósito um anexo de sua residência em Moscou. Logo de início, ela se sentiu intimidada pelas complexidades do novo negócio, mas, aos poucos, foi se lançando de corpo e alma nessa atividade, o que lhe permitiu explorar suas aptidões e ganhar independência no trabalho.

Em fevereiro de 1885, acatando orientação de Strakhov, Sofia foi a Petersburgo, para se encontrar com a viúva de Dostoiévski, mulher que durante anos produzira os trabalhos do marido. Prontamente, Anna Dostoiévski compartilhou com ela seus métodos de negociação com livreiros, divulgadores e assinantes, prevenindo-a em relação a possíveis erros. Todavia, além dos aspectos práticos do mercado editorial, havia outras facetas que Sofia precisou aprender sozinha. Ao contrário dos escritos de Dostoiévski, o controverso trabalho não ficcional de Tolstói estava proibido, e ela foi obrigada a tentar acordo com os censores. Ademais, enquanto Dostoiévski aprovara entusiasticamente a atividade editorial de Anna, Sofia encontrou forte resistência por parte de Tolstói.

Seu trabalho de editora conflitava com a intenção do marido de renunciar aos direitos autorais. Logo no início, ele se interessou pela atividade da esposa, ajudando com revisões e até mesmo sugerindo um prefácio para a nova edição. Em pouco tempo, porém, começou a se distanciar das operações geradoras de recursos financeiros. Um exemplo dessa mudança de ponto de vista quanto aos direitos de autor é *A morte de Iván Ilitch*. No dia de Santa Sofia, naquele ano, Tolstói deu a novela à esposa, garantindo-lhe exclusividade para a edição da história em suas obras completas. Após alguns anos, ele liberou o mesmo texto em domínio público.

Em abril de 1885, Sofia lançou uma nova edição, em doze volumes. O fator tempo exerce sobre ela enorme pressão: o dinheiro restante na conta bancária da família seria suficiente apenas para poucos meses. Tolstói deixara de escrever romances e seus trabalhos não ficcionais, com críticas ao governo e à Igreja, estavam proibidos. Para agilizar a publicação, Sofia fechou contrato simultâneo com duas tipografias e se viu atolada em meio às provas. Em carta dirigida à irmã Tânia ela diz, "Para economizar 800 rublos de honorários de um revisor, ousei assumir o trabalho sozinha, e agora estou presa pelos próximos cinco meses...".[281] A despeito da pressão, Sofia sentiu prazer na releitura da prosa de Tolstói: o romance *Infância* levou-a mais uma vez às lágrimas. Ela descobriu novos horizontes em *Guerra e paz*, "admirada, encantada e intrigada" pela novela. "Como eu era tola na época em que você escreveu *Guerra e paz*, como nós éramos ingênuos!..."[282]

Nessa época, a família vivia separada: Tolstói escrevia em Iásnaia, enquanto Sofia cuidava dos assuntos práticos e das crianças, em Moscou. Um ano antes, ela escrevera para o marido, "Estou determinada a *cumprir meu dever* em relação a você, na condição de escritor e homem que necessita de sua liberdade acima de tudo; assim, não lhe peço nada. E sou movida pelo mesmo senso de dever quanto às crianças...".[283] Durante os anos em que Tolstói se dedicou a assuntos de cunho religioso, filosófico e social, Sofia lhe concedeu liberdade para viver e escrever como desejasse, além de mantê-lo afastado das questões do dia-a-dia. Apesar de renunciar a seus bens, ele continuava a viver na fazenda, o único lugar neste mundo onde se sentia feliz. O casal mantinha correspondência quase diária e Tolstói ainda confiava à esposa seus planos de escritor. Em 1882, ouvindo-o comentar a respeito de uma ideia para um trabalho de ficção, Sofia se encheu de entusiasmo:

> Uma alegria imensa me inundou ao saber de seu desejo de escrever outra vez um *trabalho poético*. Foi como se você sentisse aquilo que tanto tenho almejado. Será assim... que nós dois nos uniremos novamente; é o que lhe dará tranquilidade e iluminará nossa vida. Esse trabalho é autêntico, você o criou, e fora dessa esfera não há paz para sua alma. Sei que você não pode se obrigar, mas acredito que Deus o ajudará a alimentar essa centelha e fazê-la crescer. Estou emocionada com a ideia.[284]

A importância da atividade editorial de Sofia não se limitava ao fato de ser a fonte de receita da família. Ela queria, também, dar um impulso aos trabalhos de Tolstói, proibidos pela censura religiosa. Em novembro, na tentativa de incluir *Uma confissão* e *Em que consiste minha fé* na publicação das obras completas do autor, Sofia viajou a São Petersburgo, para se encontrar com Constantin Pobedonostsev, procurador-chefe do Santo Sínodo, única autoridade capaz de suspender a proibição. Argumentando que a manutenção da censura servia apenas para aumentar o interesse pelos trabalhos, então circulando na ilegalidade, Sofia defendeu a publicação em sua edição limitada para assinantes.

No retorno a Moscou, ela recebeu a resposta de Pobedonostsev, dando conta de que a edição contendo o trabalho não ficcional de Tolstói estava irrevogavelmente proibida. Em uma carta desafiadora ao procurador-chefe, ela atribuiu à proibição a reputação de vergonha russa. Sofia foi obrigada a substituir, sem perda de tempo, a porção banida por outros textos de ficção, e reimprimir o volume final. No período dessa crise editorial, ela passava longas horas em seu escritório, mergulhada no trabalho.

Tolstói, que se encontrava em Moscou naquele período, sofria em virtude da incoerência de sua condição: ele renunciara ao dinheiro e à propriedade relativos a um trabalho, por meio do qual Sofia estava prestes a auferir expressivo lucro. Em uma carta não enviada a Chertkov, Tolstói acusou a esposa de comprometer, por meio da venda dos livros, os ensinamentos que ele defendia: "Eu desço a escada e me deparo com o olhar de censura de um cliente, como se eu fosse uma fraude que escreve contra o direito de propriedade e depois, sob o nome da esposa, suga das pessoas todo o dinheiro que consegue".[285]

Mas, enquanto Tolstói se martirizava pela contradição entre seus ideais e a vida prática da família, a posição de Sofia não era mais fácil. Naquele outono, ela descreveu sua situação à irmã: "Toda a nossa vida conflita com as convicções de Liovochka e, concordar com elas... em nosso dia-a-dia, não é possível... É muito doloroso saber que, inadvertidamente, tornei-me a razão de tudo isso. Essas demandas constantes da vida, das quais Liovochka foge, aprisionam-me com uma força muito maior".[286] Dias antes do Natal de 1885, Tolstói entrou no escritório de Sofia; faíscas de raiva emanavam de seu rosto. Ela descreveu o ocorrido em uma dramática carta à irmã Tânia:

> A exemplo de outras tantas vezes, Liovochka se mostrava extremamente sombrio e nervoso. Certo dia, eu estava sentada, escrevendo; ele entrou e eu levantei os olhos – era pavorosa a expressão de seu rosto. Até então, nossa vida tinha sido esplêndida, *nem uma só* palavra desagradável havíamos trocado; nenhuma. "Vim para lhe dizer que quero me divorciar de você; não posso viver dessa forma; estou

partindo para Paris ou para a América". Você sabe, Tânia, se a casa tivesse caído sobre minha cabeça, a surpresa não seria maior. Eu perguntei, "O que aconteceu?" "Nada. Só não é possível passar muito tempo carregando coisas em uma carroça. Quando o cavalo fica impossibilitado de puxá-la, a carroça estanca". Não sei exatamente com o que tenho contribuído para a carga dessa carroça. Depois disso, começaram os gritos, as censuras e os insultos... E, dizendo "Onde quer que você esteja o ar fica envenenado", fui buscar um baú e comecei a fazer minhas malas. Eu queria ir embora e ficar um tempo com você. Mas, as crianças entraram soluçando... Ele implorou: "Fique!". E eu fiquei...[287]

A filha Tânia, então com 21 anos, relembrou aquela "terrível noite de inverno", quando ela e seus irmãos sentaram-se no vestíbulo, escutando a discussão dos pais no andar de cima. "Cada um defendia a coisa mais importante em sua vida: ela, o bem-estar dos filhos... ele, a própria alma".[288] Pela manhã, ficou decidido que Tolstói, na companhia de Tânia, passaria o Natal na casa dos Olsufievs, amigos de longa data que possuíam uma grande fazenda a pouco mais de 50 quilômetros de Moscou. Embora mais luxuosa do que Iásnaia, a propriedade foi poupada das críticas do escritor, contradição apontada tempos depois por Sofia: "Mas por que ele não se levanta contra os Olsufievs?".[289] Ao contrário de Tolstói, que passou o feriado em boa companhia, descansando, jogando cartas e se divertindo nos bailes de máscaras, Sofia permaneceu sozinha, envolvida com sua nova edição. Ela escreveu a Tolstói, "Não temos hóspedes e não há *árvore de natal, tampouco alegria*... Estou sentada à frente da escrivaninha com meus envelopes".[290] Era impossível deixar de receber assinaturas para as obras completas: ela tinha obrigações em relação aos leitores.

Depois de trabalhar noite adentro, Sofia acordava tarde e encontrava as crianças mais novas, Sacha, Aliócha e Micha, aguardando por atenção. Ela cuidava sozinha da criação dos filhos menores, e o lucro da venda dos livros de Tolstói era destinado a sustentar os filhos *dele*. Sofia escreveu ao marido: "Você está sempre evitando cuidadosamente a questão das responsabilidades da família; se eu não fosse obrigada a assumi-las... dedicaria minha vida a servir ao bem comum... Mas, eu não poderia, pelo benefício de estranhos, deixar crescer como vilões incultos os filhos que me foram dados por Deus".[291] Retornando a Moscou, depois dos feriados, Tolstói fez as pazes com ela, "sob a condição de que o passado fosse apagado".[292] Sofia prometeu esquecer, mas não conseguia afastar sua dor: "Nunca fui tão injusta e cruelmente ultrajada, como dessa vez".[293]

A nova edição se esgotou muito depressa e, logo a seguir, Sofia lançou outra, mais barata, impressa em letras menores. Para eliminar por completo a possibilidade de lucro, Tolstói queria reduzir ainda mais o preço. Sentindo-se culpado, ele mencionou a Strakhov que a segunda edição de Sofia "custaria apenas 8 rublos" e, mesmo assim, "haveria um lucro aproximado de 25 a 30 mil. Este ano as fazendas produziram só 1.500 rublos".[294] Sofia escreveu ao marido sugerindo a doação de parte do rendimento das publicações a uma instituição de caridade, e afirmando que poderia gerar dinheiro suficiente para alimentar uma multidão de pessoas famintas.[295] Mas, apoiado na crença de que caridade era uma forma de "autodestruição" ele rejeitou a oferta: o que tinham condições de doar não passava de uma gota no oceano.[296]

Em dois anos, Sofia ganhou 64 mil rublos, quase ofuscando o sucesso editorial de Anna Dostoiévski. Esse ganho, no entanto, serviu apenas para acirrar ainda mais o conflito com Tolstói. Quando a edição mais barata foi lançada, em fevereiro de 1887, ela comentou que havia "perdido completamente o interesse financeiro. O dinheiro não me trouxe felicidade – nunca pensei que traria".[297] As críticas de Tolstói à atividade de editora da esposa eram injustas, porque a edição que ela fizera das obras completas do marido, além de mais barata, foi a mais aclamada pelos leitores, de acordo com seu discípulo e biógrafo Ailmer Maude.[298] Batalhando por padrões mais elevados, Sofia publicou a primeira edição ilustrada dos trabalhos de Tolstói, em 1892, edição na qual documentou a vida do escritor por meio das fotografias tiradas por ela mesma.

No verão de 1886, enquanto transportava feno para uma camponesa viúva, Tolstói feriu a perna, que acabou infeccionada. Diante da recusa do marido em aceitar assistência médica, Sofia tratou dele, em Iásnaia, com medicamentos caseiros. Contudo, como a temperatura não cedia, tendo atingido 40°C, ela tomou o trem noturno para Moscou, retornando no dia seguinte na companhia de um médico renomado. O doutor lhe confidenciou que, não tivesse ela agido com presteza, Tolstói provavelmente teria morrido de septicemia. Durante dois meses, deixando de lado os outros afazeres, Sofia ajudou o escritor a se recuperar.

Foi nessa época, também, que o escritor retomou seu trabalho criativo, escrevendo a peça *O poder das trevas*, um drama de fundo psicológico sobre a vida dos camponeses. Sofia, ao anotar os ditados e copiar o texto, sentiu-se comovida com o poder artístico da obra e humilde diante do talento de Tolstói: "Preciso dedicar cuidado e atenção a ele, e poupá-lo para seu trabalho, tão valioso para meu coração".[299] O casal passou "um inverno feliz e cheio de paz em Iásnaia", unido pela colaboração mútua.[300] Nas viagens a Moscou, Sofia promovia leituras às quais convidava as pessoas de seu círculo de amizades, e depois contava a Tolstói a "poderosa impressão" que a peça estava causando. *O poder das trevas* agradou a Alexandre III, obtendo sua permissão para que fosse montada nos teatros do império. Os ensaios mal haviam começado quando instruções do Santo Sínodo proibiram a exibição. (A estreia só veio a acontecer em 1895 no Teatro Alexandrinski, de São Petersburgo.)

Em 31 de março de 1888, nasceu o décimo terceiro e último filho do casal, Vanechka. Quinze dias depois, deixando Sofia ocupada com os cuidados ao menino doente e delicado, Tolstói rumou a pé até Iásnaia, acompanhado de seu jovem discípulo Nikolai Gay Jr. Em Iásnaia, buscando uma atividade compatível com suas convicções, os dois araram a terra para uma camponesa viúva. Sofia, em Moscou, desdobrava-se para dar conta das responsabilidades de mãe de recém-nascido e editora: "O nascimento e a amamentação de Vanechka foram as últimas gotas, e transbordaram minha vida... Chegou a hora de publicar a nova edição e, assim, passo de uma tarefa à outra, como uma máquina...".[301]

No mesmo ano, Tolstói escreveu *A sonata a Kreutzer*, seu trabalho mais controverso, no qual, para grande surpresa dos leitores, ele repudia o amor sexual, proclamando a absoluta castidade como seu verdadeiro ideal. Sofia sentia que a ideia abstrata de um amor espiritual, cultivada pelo marido, estava destruindo o vínculo legítimo que os unia. Era preferível, ela lhe disse, orientar a vida pelo discernimento entre o certo e o errado, a possuir elevados princípios morais. Tolstói argumentava, defendendo a importância de se batalhar por um ideal.[302] O escritor agora enxergava em Sofia uma fonte de tentação e, quando sucumbia a essa tentação, odiava a esposa pela paixão que ela lhe inspirava. Certa feita, depois de insistir em que fizessem sexo, ele confessou em seu diário: "Foi tão repugnante, que me senti impelido a cometer um crime".[303] Sofia se viu enredada pelas contradições do marido, e incapaz de se render àquelas regras absurdas: "Em agosto de 1889, depois de ter escrito *A sonata a Kreutzer* e rejeitado o amor sexual, anotou em seu diário: 'Penso: e se houver outro filho? Que vergonha sentirei, sobretudo na frente das crianças. Eles vão descobrir quando aconteceu e ler o que estou escrevendo'".[304]

Foi contundente o impacto da mensagem de Tolstói sobre os leitores, incapazes de compreender que "um homem, pai de treze filhos, pudesse se erguer contra o amor conjugal e, até mesmo, contra a continuidade da raça humana". A única explicação plausível indicava um Tolstói velho e movido pelo ódio à esposa.[305] A novela proibida circulava em inúmeras cópias ilegais e era amplamente lida pelos russos instruídos. Strakhov escreveu a Tolstói dizendo que, em vez de "Como vai você?" as pessoas se cumprimentavam perguntando "Você leu *A sonata a Kreutzer*?".[306] O público via na história um retrato do casamento do escritor. Uma vez mais, o material de seu noivado com Sofia tinha sido usado, mas, ao contrário do que em *Anna Kariênina*, dessa vez ele afirmava que casamentos felizes não existiam. Profundamente ofendida por esse trabalho, Sofia confessou em seu diário que o texto a humilhava perante os olhos do mundo. Tomando conhecimento da afirmação de Alexandre III, segundo a qual ele sentia pena da pobre esposa de Tolstói, ela decidiu provar que não era uma vítima. Em 1890, incluiu a novela no volume final das obras completas do marido, determinada a fazer sua publicação.

Chegando a São Petersburgo, Sofia conseguiu uma audiência com Alexandre III, em 13 de abril de 1891. O czar deu permissão para que a novela fosse publicada em sua edição limitada para assinantes, o que ela viria a recordar com um sentimento de vitória: "Não posso deixar de sentir um júbilo secreto por meu sucesso, ao superar todos os obstáculos, conseguir uma audiência com o czar e, apesar de minha condição de mulher, ter alcançado algo que ninguém mais lograria fazer! Foi, sem dúvida, minha influência pessoal a parte preponderante desse negócio".[307] Embora tivesse causado "excelente impressão" na corte, Sofia não recebeu em Iásnaia uma recepção acolhedora.

O sucesso da esposa não importava a Tolstói, pois ele havia decidido renunciar publicamente a seus direitos de autor. Informada dessa decisão, Sofia argumentou com o marido que tal anúncio, naquele momento, prejudicaria suas vendas, além do que, a permissão para publicação dos trabalhos proibidos havia sido concedida apenas a ela e para uma edição limitada de assinantes; a liberação total em domínio público violava o acordo com o czar.

Mas o escritor não se intimidou: em 17 de setembro de 1891, dia da santa de seu nome, Sofia se encontrava em Moscou, quando recebeu o texto da declaração de direitos autorais do marido, com instruções para que fosse publicado nos jornais *Gazeta Russa* e *Novo Tempo*. Tolstói colocava em domínio público seus trabalhos escritos antes de 1881: qualquer pessoa, na Rússia ou no resto do mundo, podia agora publicar essas obras com total isenção do pagamento de direitos de autor. Além disso, ele renunciava aos direitos sobre os dois volumes finais de suas obras completas, que incluíam as novelas *A sonata a Kreutzer* e *Iván Ilitch*. Sofia enviou esse comunicado aos jornais, duvidando, porém, no fundo de seu coração, da sensatez de tal ato. Ela considerava "injusta" a atitude de Tolstói, ao privar de rendimentos sua família. "Eu sabia que editores ricos, como Sytin, lucrariam com o trabalho de meu marido... E me parecia que Deus, em quem eu tinha fé, não se importava que a obra de Tolstói fosse vendida por mim ou por Sytin e Suvorin."[308]

Depois que o escritor renunciou aos direitos sobre suas obras e *A sonata a Kreutzer* foi lançado por editores clandestinos, o czar declarou que Sofia violara sua confiança. Em 1911, ela ainda não havia sido perdoada na corte: o imperador se recusava em lhe conceder audiência. De acordo com Maude, Tolstói viria a se arrepender desse ato e "sempre mencionava os problemas e o aborrecimento na publicação de cada novo livro, depois de ter tomado a decisão legal de autonegação".[309] Ao contrário de tempos passados, quando ele sentia prazer em publicar novas obras, isso agora se transformara em um tormento: editores concorrentes o abordavam pessoalmente, em busca de prioridade para produção de seus trabalhos. Na verdade, foi Chertkov quem pressionou o escritor a abrir mão dos direitos autorais. Mais tarde, o próprio Chertkov viria a se beneficiar dessa decisão, valendo-se da causa e da amizade que os unia, para obter exclusividade na publicação das primeiras edições mais rentáveis. Tolstói não sabia como recusar o privilégio ao discípulo e, além disso, permitiu que ele se desobrigasse de prestar contas dos proventos obtidos. Esse acordo especial gerou um embate com Sofia, que não tardou a salientar a iniquidade que pautava o comportamento de Tolstói.

Também os leitores não se beneficiaram da rejeição de Tolstói a seus direitos, porque ele abandonou até mesmo o controle autoral sobre os textos publicados. Com isso, durante toda a sua vida, houve uma avalanche de "versões inadequadas e distorcidas de seus trabalhos, em todos os idiomas".[310] Como editores concorrentes disputavam o primeiro lançamento dos livros, a qualidade era relegada a segundo plano, para decepção de livreiros e leitores em geral.

O drama dos direitos autorais perdeu rapidamente a primazia, quando Tolstói se envolveu com outra causa – ajuda humanitária contra a fome. Em 1891, os jornais foram inundados por relatórios a respeito de uma iminente escassez de alimentos. Em junho, metade das províncias na Rússia foi devastada por um calor escaldante e se previa a perda generalizada das colheitas. Naquele verão, Sofia prometeu dois mil rublos para as pessoas assoladas pela fome: "Eu queria escolher um distrito e distribuir a todas as famílias famintas muitos *poods*[311] de farinha, pão e batatas, todos os meses".[312] (Isso não impediu que Tolstói continuasse a renunciar a seus direitos autorais.) Agora, quando ele pedia que ela doasse dinheiro das publicações aos esforços contra a fome, Sofia se irritava, pois precisava encontrar fundos em seu orçamento apertado.

Entretanto, quando Tolstói e suas filhas mais velhas partiram para organizar a ajuda humanitária, Sofia enviou-lhes imediatamente novecentos rublos. Os filhos do casal já estavam participando do esforço contra a fome: Serguei e Ilia se uniram à Cruz Vermelha local e Lev partiu para organizar o movimento em Samara. Pelas cartas de seus familiares, Sofia compreendeu a dimensão da demanda, que exigia um volume de recursos muito maior do que a gota no oceano representada pelo dinheiro que ela tinha condições de enviar. Durante uma noite insone, em 1º de novembro de 1891, ela redigiu um apelo por doações, que foi publicado dois dias depois no *Gazeta Russa*:

> Toda minha família partiu para ajudar os necessitados... Sendo obrigada a permanecer em Moscou com nossos quatro filhos menores, posso apenas oferecer suporte material aos meus familiares. Mas as necessidades são tão imensas! Sozinhas, as pessoas são impotentes para atender a essa enorme demanda... Todos nós aqui,

vivendo no luxo, não conseguimos suportar a visão de uma dor, ínfima que seja, infligida a nossos filhos; então, como podemos ser insensíveis diante de mães exauridas, cujos filhos estão morrendo de frio e fome, ou de seres idosos que não têm o que comer? Se cada um de nós alimentar uma, duas, dez ou cem pessoas – tantas quantas pudermos –, nossa consciência será aplacada. Se Deus quiser, nunca mais teremos que sobreviver a outro ano como este! Assim, quero pedir a todos aqueles que podem e desejam colaborar, uma ajuda para a empreitada de minha família. Suas doações irão diretamente para a alimentação de crianças e idosos, nas cantinas que meu marido e meus filhos estão organizando...

A carta de Sofia foi reimpressa por jornais em toda a Rússia, e na região oeste, e logo ela se viu envolvida em um enorme empreendimento: donativos não paravam de chegar da Rússia, da Europa e dos Estados Unidos. De acordo com estimativas da própria Sofia, em dois anos a família captou duzentos mil rublos (cerca de trinta mil foram enviados diretamente a ela). O que importava era distribuir logo a ajuda àquelas pessoas castigadas pela fome.

Para usar eficientemente o dinheiro público, Sofia pediu que Tolstói lhe informasse com exatidão o que faltava e as quantidades necessárias. Ela se encontrou com donos de armazéns e comerciantes, para esclarecer a eles que as mercadorias seriam destinadas às vítimas da fome, e obteve bons preços na compra de centeio, milho, cevada, ervilhas e farinha. Descrevendo o estado de espírito daquele dia, ela observou, "Nós tínhamos apenas uma coisa em mente: ajudar as pessoas que estavam morrendo de fome".[313]

Nos meses de novembro e dezembro, Sofia despachou carroças carregadas de grãos e vegetais para Tolstói e seu filho Lev, que haviam aberto cozinhas de sopa em Samara, e para o artista Nikolai Gay e o filho, que prestavam ajuda em São Petersburgo. Segundo relato de Tolstói, todas as doações enviadas pela esposa eram muito necessárias. A causa os unia e, pela primeira vez em diversos anos, ele escreveu a Sofia, deixando que o coração falasse. Ao saber que ela, acometida pela asma e a nevralgia, ainda estava cuidando da gripe dos filhos pequenos, Tolstói respondeu com emoção, "Sonho com você todas as noites, minha querida amiga. Que Deus a conserve saudável e tranquila".[314] Ele sugeriu que as filhas retornassem para ajudá-la, mas Sofia recusou. O empreendimento era "maravilhoso e útil" e ela ficava feliz em saber que as meninas tinham uma ocupação propícia.[315]

O escritor tinha dúvidas também sobre seu papel na organização de tal movimento humanitário. Alguns de seus discípulos desaprovavam esse envolvimento, salientando que a distribuição de ajuda contrariava a ideia por ele defendida, de que o dinheiro era pernicioso. Em novembro, no auge da campanha, Tolstói escreveu a um de seus seguidores, em tom de desculpas, "Minha esposa enviou uma carta pedindo donativos e, sem perceber, tornei-me um distribuidor do esgoto de outras pessoas...".[316] Enquanto alguns dos discípulos tomavam parte do movimento, outros adotavam uma posição de cautela. Durante o período da fome, Chertkov viveu na fazenda da mãe, na província de Voronej, fazendo a cópia da obra de Tolstói *O reino de Deus está em vós*.

Sofia acreditava que o trabalho no mutirão contra a fome era benéfico para o marido, já que, em vez dos seguidores fanáticos, vivia cercado por "pessoas comuns".[317] Durante a crise da fome, não houve desentendimentos entre ela e Tolstói sobre o assunto dos direitos autorais: ele mesmo a instruiu a aceitar o pagamento dos direitos relativos a seu artigo "Uma questão terrível", publicado pela *Gazeta Russa*. Por iniciativa própria, Sofia recebeu do Teatro Imperial de São Petersburgo os direitos sobre a peça *Os frutos da instrução*, encenada no local, e enviou o dinheiro para o movimento. Naquele inverno, ela se juntou a Tolstói, para supervisionar as cantinas de diversas vilas, entre Tula e Riazan, e averiguar como elas estavam se saindo. Tolstói tomou parte da ajuda humanitária até o meio do verão, em 1892, criando mais abrigos e cantinas.

A capacidade de Sofia para enfrentar o trabalho pesado não tinha paralelo entre as mulheres de sua classe social. Além de administrar os assuntos práticos e os negócios, ela se dedicava às tarefas domésticas, costurando e cozinhando. Quando estava em Moscou, cuidando dos negócios editoriais, ela vivia sozinha, sem o concurso de serviçais. Em carta para Tolstói, escreveu, "Eu limpo vestidos, casacos e sapatos, arrumo os quartos, conserto as coisas, lavo roupas, faço as camas e busco água".[318] A vida em meio ao luxo, de que Tolstói a acusava em seus diários, não passava de mito.

Ela tentara diversas vezes entender a filosofia do marido. Contrariada, a princípio, com o trabalho não ficcional de Tolstói, mais tarde veio a sentir orgulho de seus textos religiosos. Em 1883, Sofia comentou a esse respeito, "Ele precisa fazer isso; é a vontade de Deus; e tal trabalho pode até mesmo servir ao grande propósito Dele".[319] Em 1887, ela traduziu para o francês seu predileto entre as obras filosóficas do escritor, *On Life* [Em vida]. Tempos depois, fez a tradução para o russo de uma biografia de São Francisco de Assis, a quem Tolstói considerava um importante modelo a ser seguido, escrita por Paul Sabatier. A vida do autor de *Anna Kariênina* revelava analogias com a do santo italiano da Idade Média, que fundou a ordem religiosa dos frades menores. O desejo de São Francisco de Assis, de ser adorado pelo mundo todo, encontrava eco nas aspirações nutridas por Tolstói, de se firmar como líder de sua religião. A tradução que Sofia fez da biografia escrita por Sabatier foi editada em 1895 pela Intermediary, empreendimento editorial de Tolstói e Chertkov. O escritor esperava que ela aceitasse sua filosofia e demonstrou esse desejo em uma carta: "Eu desistiria... de minha fama, se você pudesse, pelo menos, reconciliar sua alma com a minha enquanto estou vivo, como o fará depois de minha morte".[320]

Em fevereiro de 1895, o filho mais novo do casal, Vanechka, então com sete anos, morreu vitimado pela escarlatina. Sofia dedicara todo seu amor a esse menino e nunca mais conseguiu se recuperar do golpe. A morte de Vanechka uniu a família. Tolstói escreveu a Alexandrine: "Nenhum de nós jamais se sentiu tão próximo do outro como agora...".[321] Embora ele sofresse a dor da perda, sua filosofia lhe permitiu encontrar no evento a vontade de Deus e, portanto considerá-lo "misericordioso". Mas, as semanas e os meses corriam sem que Sofia encontrasse paz. Ela passava horas ao lado do retrato de Vanechka, que havia ampliado, e participava de demorados serviços religiosos nas igrejas e catedrais. Foi a música, segundo ela, que a salvou do desespero.

Naquele verão, o compositor e pianista Serguei Taneiev, que gozava da intimidade do casal, estava à procura de uma casa de veraneio, e Sofia lhe ofereceu uma ala independente em Iásnaia, vazia na ocasião. Durante o período em que lá esteve, Taneiev fascinou Sofia com interpretações de Chopin, Beethoven e de composições suas. (Taneiev era personagem central da vida musical de Moscou, tendo sucedido Tchaikóvski como regente do conservatório da cidade. Rachmaninov e Scriabin faziam parte de seu grupo de alunos.) Com ele Sofia aprendeu a entender a música como nunca antes entendera. Em Moscou, ela assistia aos concertos de Taneiev e começou a tomar algumas aulas de piano com ele: "Intoxicada pela música, tendo aprendido a compreendê-la, eu não conseguia mais viver sem ela...".[322] Contudo, esse repentino interesse musical que ela experimentou durante o luto, foi interpretado pelos familiares como obsessão pelo músico. Tolstói pressionou-a a abandonar a amizade com Taneiev, fazendo cenas diante dos hóspedes e acabando por afastar o rapaz de Iásnaia. (Uma situação parecida foi retratada em *A sonata a Kreutzer*, escrito quase uma década antes. Na novela de Tolstói, a esposa de Pozdnichev se sente atraída por um amigo que é músico, provocando nele um furioso ciúme.) Em carta a uma amiga, Sofia descreveu o ciúme de Tolstói como exigência egoísta de alguém que quer ser amado com exclusividade.[323]

A novela de Sofia, *Song Without Words* [Canção sem palavras] revela a homossexualidade de Taneiev. É imediata a associação entre o músico e o personagem da história – compositor e professor que mantém relação íntima com um jovem aluno. A falta de interesse de Taneiev pelas mulheres era amplamente conhecida: aos 39 anos, ele ainda vivia com sua velha governanta, Pelageya Vasilievna. Embora Tolstói não ignorasse esse fato, seu desassossego persistia, e ele logo registrou no diário que Sofia se tornara "mais frívola" depois da morte de Vanechka, comentário que ela leu. As palavras do marido não apenas a ofenderam, como despertaram nela a consciência de que todas as coisas registradas nos diários de Tolstói se tornariam públicas quando eles fossem editados. Ao longo dos anos, Sofia pediu que o marido eliminasse os muitos registros depreciativos sobre ela, recebendo sempre uma recusa como resposta. Ela escreveu-lhe, então, uma carta:

> Por que, sempre que você se refere a mim em seu diário, o faz de forma tão maldosa? Por que você deseja que as futuras gerações, e nossos netos, reconheçam em mim uma esposa *frívola e perversa*, que o faz infeliz? Talvez, ser retratado como *mártir* contribua para sua reputação, mas, que prejuízo me causa! ... Você teme verdadeiramente que sua glória póstuma seja diminuída se eu não for apresentada como seu tormento, e você, como o mártir que suporta a cruz personificada em sua esposa?... Eu lhe imploro que elimine de seu diário as palavras ma-

lévolas sobre mim. Apesar de tudo, essa é apenas uma atitude *cristã* a ser tomada... Poupe meu nome, por favor...[324]

Ao ler a carta de Sofia, Tolstói comentou: "Nunca antes me senti atormentado por tamanha culpa, e tão cheio de emoção". Ele eliminou alguns dos registros mais ofensivos sobre a esposa, e deixou uma nota para seus biógrafos: "... *Eu repudio essas palavras rancorosas que escrevi sobre ela, pois foram escritas em momentos de exasperação. Repito isso, mais uma vez, para o bem de todas as pessoas que possam vir a ter contato com estes diários... Ela foi – e vejo agora de que maneira – a esposa que eu precisava*".[325] Todavia, como ele nunca expurgou todas as críticas, essas notas não produziram os resultados práticos desejados. Sempre contraditório, Tosltói continuou a se queixar do casamento a Chertkov, seu futuro biógrafo, e a outros discípulos. Depois da morte do escritor, Chertkov usou as cartas e os diários por ele deixados para intimidar Sofia.

Em maio de 1897, Sofia visitou Tolstói em Iásnaia. Quando ela partiu, Tolstói escreveu que esta sua breve estadia foi "uma das mais intensas e prazerosas experiências das quais ele já havia vivido: e isso aos 69 anos, proporcionado por uma mulher de 53...".[326] Sofia respondeu que os altos e baixos do relacionamento deles eram como a maré: agora estava alta.[327] A ficção de Tolstói continuou unindo-os. Antes, ao compartilhar com a esposa sua ideia para a história de *The Master and Man*, ela respondeu, "Eu não posso me render meu amor ao seu trabalho artístico; percebi hoje que é porque eu convivi com ele durante meus melhores anos, minha juventude...".[328]

O último grande romance de Tolstói, *Ressurreição*, escrito em 1899, duas décadas depois de *Anna Kariênina*, não estava à altura de sua ficção anterior. Para Sofia, não passava de uma obra tendenciosa, permeada por provocações contra a ordem social e a Igreja Ortodoxa. Ela escreveu ao marido acusando-o de ter "inventado" esse romance, em vez de vivê-lo.[329] Ao contrário do passado, dessa vez ela foi excluída do trabalho criativo do escritor. Quando pediu a ele permissão para fazer a cópia das revisões, a resposta, expressa em voz gutural, dizia que o trabalho dela "sempre causou problemas". Ela deixou o trabalho em prantos: "Como ele pôde esquecer o passado?".[330] Tolstói não precisava da ajuda da esposa, porque seu seguidor, Paul Biriukov, e a filha Tânia desempenhavam então essa tarefa.

Os dois não tinham, contudo, condições de apontar erros e oferecer sugestões, como Sofia fizera com os trabalhos de ficção que copiou.

A ridicularização imposta por *Ressurreição*, contra os serviços ortodoxos e o clero, encontrou forte oposição na Igreja. Assim, quando o escritor adoeceu, em 1899, o Santo Sínodo instruiu secretamente os padres a lhe recusar as exéquias fúnebres. A decisão subsequente pela excomunhão de Tolstói foi tomada com o propósito de solapar o apoio público a ele e fortalecer o prestígio da Igreja Ortodoxa. Esse veredicto, no entanto, contribuiu apenas para aumentar a fama do escritor.

O edital de excomunhão foi publicado em 24 de fevereiro de 1901, pelo *Church News*, órgão oficial do Santo Sínodo; no dia seguinte, o documento apareceu na primeira página de todos os jornais. Sofia protestou imediatamente contra a decisão e, em uma carta aberta ao Santo Sínodo e aos três bispos metropolitanos denunciou a total impossibilidade de aceitação das instruções do concílio, já que "só Deus tem o poder de conhecer a vida religiosa de uma alma humana e, com a graça divina, não cabe a ninguém pedir explicações sobre ela". A penalidade imposta pela igreja não atingiu o fim esperado e despertou "grande amor e compaixão por Lev Nikolaiévitch. Estamos ainda recebendo demonstrações dessa devoção – que não têm fim – vindas de todas as partes do mundo".[331] Publicada pelo *Church News*, junto à resposta do bispo metropolitano Antony, a carta de Sofia foi aclamada pelo público como um desafio sem precedentes, de uma mulher aos chefes da Igreja Ortodoxa.

No domingo em que a proclamação da excomunhão foi publicada e lida por todos, as manifestações de apoio a Tolstói irromperam imediatamente. Ele recebeu telegramas, cartas e cestas de flores, tanto do país como do exterior, movimento que criou "um clima de exultação" em sua casa. Na Exposição dos Peregrinos, o retrato de Tolstói pintado por Repin, mostrando o escritor em oração, descalço na floresta, foi adornado com guirlandas de flores, como um ícone; quatrocentas pessoas assinaram um telegrama coletivo que foi enviado da exposição para Tolstói. Foi tamanha a comoção gerada, que o retrato precisou ser removido do local.

A excomunhão de Tolstói não abalou a fé de Sofia, já que fora uma iniciativa do Santo Sínodo, uma instituição governamental. Na qualidade de editora de Tolstói, ela havia se reunido com o líder do concílio, Pobedonostsev, para tratar de censura, e viu nesse funcionário graduado uma criatura desprezível. Era um sentimento diferente daquele de reverência que ela nutria em relação à Igreja: "Eu vivo entre esses ritos desde a época de criança, quando minha alma foi atraída para Deus, e adoro assistir à missa e jejuar...".[332]

Naquele verão, Tolstói contraiu malária e ficou gravemente enfermo. Para ajudar na recuperação, a condessa Sofia Panina ofereceu sua fazenda em Gaspra, junto ao Mar Negro, e logo decidiu-se pela ida para a Crimeia. O palácio gótico de Panina, com duas torres e uma bela vista para o mar, pertencera ao príncipe Golitsin, ministro da educação de Alexandre I. Embora os princípios de Tolstói cobrassem austeridade, ele acabou passando quase um ano nessa fazenda, acompanhado de toda a família e também de alguns amigos.

Em Gaspra, Sofia cuidou de Tolstói durante nove meses, tratando-o como seu filho. Ela dormia no quarto ao lado e ele tocava um sino quando queria que a esposa lhe ajeitasse o travesseiro, cobrisse suas pernas, massageasse suas costas, ou apenas se sentasse junto à cama e lhe segurasse as mãos. Tal situação levou-a a comentar: "Lev Nikolaiévitch é antes de tudo um escritor e expositor de ideias; na vida real, ele é um homem fraco, muito mais fraco que qualquer um de nós, simples mortais".[333] Três médicos assistiam Tolstói quase diariamente, recusando receber pagamento: havia alguma coisa em relação ao gênio que inspirava todas as pessoas a trabalhar por ele e considerar esse trabalho gratificante por si só. "Tratar dele é um trabalho extremamente árduo; somos muitos aqui, e estamos bastante cansados e sobrecarregados...".[334]

Em Gaspra, Sofia retomou a fotografia e se dedicou à pintura de paisagens, ao estudo de italiano e à leitura. Entre os livros que leu estava *On Human Duty* [A serviço da humanidade], de Giuseppe Mazzini. A obra, considerada excelente por Tolstói, também deixou Sofia impressionada: "Que ideias maravilhosas, e que linguagem – simples, concisa, plena de poder e convicção".[335] Ela lia em cinco idiomas europeus, descobrindo outras culturas através de livros tais como *The Soul of a People* [A alma de um povo], que versava sobre as tradições e a religião do povo birmanês. Ela agora partilhava do fascínio de Tolstói pelo budismo, tendo chegado a comentar que ele era "muito superior... à nossa religião ortodoxa".[336]

Durante as horas que passava sentada ao lado de Tolstói, Sofia refletia sobre sua vida: passava-lhe pela memória uma "súbita imagem, muito nítida, do passado distante"; a patinação com seus filhos no lago de Iásnaia e a caminhada desde a casa até a pista, levando um bebê no colo e empurrando outro filho em um trenó. "Atrás de nós e à nossa frente havia felicidade, risos, crianças com as bochechas coradas; a vida era tão plena, e eu os amava com tanta paixão...".[337] Três anos mais tarde, ela começou a escrever suas memórias, trabalho que consumiu anos de pesquisa e redação. Era tempo de sabedoria, percepções e definição de limites:

> Eu servi a um *gênio* durante quase quarenta anos. Centenas de vezes, senti uma energia intelectual se agitar dentro de mim, junto com toda sorte de desejos – ânsia por educação, amor pela música e pelas artes... E mais uma vez eu esmagava e sufocava todos esses anseios... As pessoas me perguntam: 'Mas, por que uma mulher sem importância como você iria precisar de uma vida intelectual ou artística?' A essa questão eu só posso responder: 'Não sei; mas suprimir eternamente esse desejo para servir a um gênio é um grande infortúnio'.[338]

Sofia ainda ansiava por uma vida espiritual só sua: havia muitas coisas que ela desejava experimentar, além dos projetos postergados durante anos. Para sua surpresa, nada conseguia lhe apagar os "anseios e aspirações por algo mais elevado; uma vida plena de espiritualidade e significado".[339] Em 1902, a família retornou para Iásnaia, onde Tolstói passaria a viver indefinidamente, e ela pôde se dedicar a seus interesses intelectuais e artísticos, agora que vivia o ocaso de seu casamento.

Sofia nutria um forte desejo de estudar artes: nos anos de 1864-65, época em que Tolstói escreveu *Guerra e paz*, ela fez dois desenhos esplêndidos, nos quais, cães de pequeno porte e uma cena familiar revelavam um talento artístico inato e uma capacidade especial para apreensão de detalhes. Tolstói encarava com simpatia o desejo da esposa de se dedicar às artes, e chegou a lhe prometer contratar um professor. Nada, porém, foi feito. Em 1886, ele começou a se interessar pela escultura e tomou aulas de artes em Moscou. Nessa ocasião, ela teve oportunidade de vê-lo moldar a estátua de um cavalo a partir do barro cru. Tolstói tentou, sem sucesso, esculpir um busto de Sofia. Aos 58 anos de idade, ela esculpiu em gesso o próprio perfil e o do marido, além de modelar o busto dele em argila.

Estudando os trabalhos dos ilustres retratistas Kramskoi e Repin, Sofia se interessou pela pintura a óleo e tentou exaustivamente entender a técnica utilizada. Ela pintou uma cópia de boa qualidade do retrato de Tolstói feito por Ilia Repin, retrato que exibe o escritor lendo um livreto em sua escrivaninha.[340] Ela fez, também, uma fotografia de si mesma, na qual aparece trabalhando: pincel na mão, postada ao lado dos dois quadros, sorrindo. Depois disso, Sofia se entregou à tarefa de fazer a cópia do afamado retrato de Tolstói que Kramskoi pintou enquanto ele escrevia *Anna Kariênina*.

Em 1904, o periódico *Journal for All* publicou uma coletânea de poemas em prosa que Sofia submeteu sob o pseudônimo de "Uma mulher cansada". Na ocasião, depois de superar tantas crises, ela era, de fato, "uma mulher cansada": dezesseis gestações, abortos, a morte de cinco filhos e o humor difícil de Tolstói. Naquele mesmo ano, ela começou a escrever suas memórias e leu alguns capítulos para a família. Tolstói, presente durante a leitura, elogiou o trabalho da esposa, enchendo-a de orgulho. Sofia conseguiu ver apenas uma parte dos capítulos de suas memórias publicados. O período dedicado à escrita era escasso, comprimido entre as muitas tarefas diárias e, posteriormente, não houve tempo nem oportunidade para a edição ou conclusão do trabalho (Esse imenso e denso trabalho continua inédito na Rússia, reflexo de um preconceito generalizado contra Sofia).[341]

Na época, com exceção das viagens de negócios a Moscou, Sofia passava a maior parte do tempo no campo. Em 1903, lançou uma nova edição de *Guerra e paz* e começou a reimprimir as obras completas de Tolstói, em quinze mil exemplares – a maior circulação até então. A família ainda dependia do rendimento das publicações feitas por Sofia, essenciais agora que Tolstói se encontrava em recuperação e era necessário pagar as despesas com médicos e dietas especiais. Em 1904, Duchan Makovitski, discípulo eslovaco do escritor, tornou-se seu médico pessoal e se estabeleceu com a família em Iásnaia.

Durante algum tempo, Sofia não passou bem: dores no útero às vezes não a deixavam sair da cama. Ela assumiu com tranquilidade a doença e confessou a Tolstói que sua saúde provavelmente não iria melhorar. Em agosto de 1906, então com 62 anos, ela foi "dominada por dores atrozes". O ginecologista Vladimir Snegirev, chamado a Iásnaia, diagnosticou um tumor fibroide no útero e expôs a necessidade de uma cirurgia urgente para salvar a vida dela. A premência de uma intervenção rara fora das instalações da clínica, na esposa de uma celebridade, compreensivelmente, deixaram-no bastante nervoso. Tempos depois, Snegirev publicou um artigo descrevendo a laparotomia, procedimento que envolvia uma incisão na parede abdominal.

Tolstói, que a princípio se mostrara contrário à cirurgia, abriu mão de suas objeções ao saber que sem ela Sofia poderia morrer. Ele saiu chorando do quarto onde a esposa se confessou, tomou a comunhão e lhe disse adeus. Em 2 de setembro, o escritor registrou em seu diário, "Eles a operaram hoje e disseram que tudo correu bem. Mas foi muito difícil para ela".[342] O tumor no útero de Sofia tinha o tamanho da cabeça de uma criança e se rompeu no momento da remoção. Ela sofreu "dores intermináveis" e recebeu injeções de morfina para aliviá-las.

A exemplo do passado, graças à sua saúde e vitalidade, a recuperação foi excelente: quatro semanas depois da cirurgia, Sofia já conseguia caminhar apoiando-se em uma bengala, e, no final de outubro, retomou suas atividades: exercícios de piano, pintura das paisagens e costura, além das brincadeiras com sua amada neta Tanechka. Em novembro, outro duro revés: a filha Macha contraiu uma pneumonia, que acabou se transformando em pleurisia. Tolstói estava à cabeceira da filha quando ela faleceu, em 27 de novembro, aos 36 anos. No dia do funeral, Sofia acompanhou o caixão de Macha até o portão de pedra de Iásnaia Poliana: "Terei eu sobrevivido para sepultar meus filhos?".[343]

Como de costume, ela afogou sua depressão no trabalho, entregando-se às tarefas domésticas e estudando datilografia, por conta própria, em uma máquina Remington. No ano que se iniciou, Sofia trabalhou incansavelmente em suas memórias e viajou a Moscou para realizar pesquisas no Museu Histórico, onde depositara os arquivos de Tolstói. Entre os muitos documentos estavam os manuscritos do período literário do autor e os rascunhos, de valor inestimável, de *Guerra e paz* e *Anna Kariênina*, que Sofia reunira e preservara. Tolstói não se importava com o que pudesse ser feito de seus papéis, tampouco seus filhos se interessavam por eles, naquele tempo. A filha Sacha relembra as histórias contadas pela mãe, sobre como salvara da destruição uma parcela dos manuscritos do marido. Alguém decidira colocar em ordem o quarto de depósito em Iásnaia e um lote de papéis foi jogado fora. Quando Sofia descobriu de que se tratava, surpreendeu-se: "Eu não podia acreditar no que meus olhos viam – eram os rascunhos de *Guerra e paz*. Não fosse por mim, eles teriam perecido".[344]

A tarefa mais desalentadora de Sofia – administrar Iásnaia – tornava-se cada vez mais complexa. Eles viviam um tempo de hostilidade crescente: desde 1905, centenas de policiais, padres e funcionários do governo eram assassinados por terroristas revolucionários. O próprio Tolstói admitia estar sentindo pessoalmente a hostilidade dos camponeses.[345] Embora os camponeses de Iásnaia recebessem tratamento justo, os conflitos surgiam. O pomar da fazenda foi assaltado durante a noite e a plantação levada embora em carroças. Os ladrões invadiram a ala dos hóspedes e roubaram seus pertences. Camponeses atacaram os bosques: 133 carvalhos foram derrubados e vendidos em Tula. Sofia contratou cossacos armados para dar proteção à fazenda, atitude que rendeu a ela muitas críticas. Em setembro de 1907, depois de um tiroteio nos bosques, Sofia solicitou às autoridades o envio de guardas armados, ciente de que isso poderia lhe gerar problemas com Tolstói. No entanto, ela julgava necessário garantir que ele estaria seguro enquanto se encontrasse em Iásnaia. (Após a excomunhão, Tolstói passou a receber ameaças de morte de organizações ultranacionalistas).

Em 1908, quando Chertkov retornou da Inglaterra, dez anos após ser exilado, por sua participação nas causas de Tolstói, começou um novo período de provações para Sofia. Em uma visita prévia à Rússia, ele adquiriu terras em Teliatinki, localidade a curta distância de Iásnaia, e lá construiu uma mansão de dois pavimentos, além de oficinas e estábulos. No inverno a residência abrigava um grupo de tolstoianos, que recebiam salário pago por Chertkov, para escutar suas pregações sobre o malefício do dinheiro e dos bens materiais. Sofia, ouvindo alguns desses sermões, ficou chocada com tanta hipocrisia, ciente das luxuosas propriedades que o rapaz possuía na Rússia e na Inglaterra. No entanto, a crescente influência de Chertkov sobre Tolstói era o que mais a preocupava.

Cedendo à pressão do discípulo, Tolstói o havia nomeado seu representante exclusivo no exterior. Chertkov negociava as obras do escritor com editores estrangeiros e acabava decidindo sozinho quem deveria traduzir e publicar os trabalhos, contrariando até mesmo a vontade do autor. Mikhail Sukhotin, marido da filha Tânia, ficava atônito com o fato de Chertkov tratar como seus os escritos de Tolstói. Mais tarde, ao descrever o relacionamento entre os dois homens, Sukhotin contou que Tolstói amava Chertkov "com carinho especial... cegamente; esse amor levou L.N. a se subordinar por completo aos desejos de Chertkov".[346]

Chertkov empregava artifícios ardilosos, visando apropriar-se do patrimônio literário de Tolstói. Em 1904, quando ainda se encontrava na Inglaterra, ele enviou um questionário ao escritor, cuja intenção era sondar quem seria indicado como herdeiro literário. As questões sugeriam que Tolstói nomeasse ninguém menos que o próprio Chertkov. Inicialmente, o escritor respondeu acusando-o de coerção e armação, mas foi obrigado a se retratar perante o discípulo. Ao longo dos anos, o rapaz continuou a perseguir seu objetivo com a tenacidade costumeira e, retornando à Rússia, intensificou a pressão sobre o escritor. No final, logrou persuadir Tolstói, na época enfermo, a redigir um testamento secreto e designá-lo como testamenteiro. Considerada a fama do autor, uma declaração registrada em seu diário seria suficiente, e ela já havia sido feita em 1908, "... Eu ficaria feliz se meus herdeiros tornassem públicos os direitos sobre todos os meus trabalhos...".[347] Como Tolstói não reconhecia as instituições governamentais, ele não desejava um testamento formal. Para persuadi-lo, Chertkov caluniou Sofia e os filhos do casal, alegando que a família tinha "intenções mercenárias" e não era possível confiar que cumpririam seus desejos. Tempos depois, Chertkov escreveu sua versão desses eventos, fazendo parecer que ele fora um mero agente da vontade de Tolstói.

A partir de 1909, Tolstói assinou diferentes versões do testamento secreto, versões essas redigidas por Chertkov e seus advogados em Moscou. A filha Sacha, então com 25 anos, foi aliciada pela conspiração e, acreditando na verdadeira amizade de Chertkov por seu pai, uniu-se àqueles que brigavam contra sua mãe e seus irmãos. Sacha foi designada como herdeira nominal no testamento, ciente, no entanto, de que essa formalidade seria abolida no futuro.

Em 22 de julho de 1910, em uma floresta próxima à vila de Grumont, Tolstói assinou a redação final do testamento secreto. Dias depois, ele se arrependeu do conluio, denunciando-o em seu diário: "Chertkov me envolveu em uma batalha que é para mim tão deprimente quanto repugnante".[348] O testamento despojou Sofia dos direitos póstumos sobre as obras literárias de Tolstói, obras que, não só ajudara a produzir, como recebera a incumbência de publicar.

O biógrafo e discípulo de Tolstói, Paul Biriukov, declarou-se contrário ao testamento secreto: quando tomou conhecimento do fato, advertiu o escritor de que a melhor coisa a fazer seria divulgar abertamente sua vontade. Logo depois, Tolstói escreveu a Chertkov: "Errei ao agir em segredo, duvidando da honestidade de meus herdeiros...".[349] No entanto, como revelam as correspondências entre ele e Chertkov, este último tinha total controle da situação.

Os encontros privados e a correspondência secreta entre os dois levaram Sofia a suspeitar de que eles fossem amantes. Discutindo o assunto com Tolstói, ele o negou e "explodiu em um terrível acesso de raiva como eu não presenciava havia muito, muito tempo".[350] Mas o relacionamento transparecia um caso amoroso. Tolstói se subordinava à vontade de Chertkov e, de acordo com a percepção de Sofia, chegava até mesmo a temê-lo. Em 1910, como que confirmando as suspeitas de Sofia, Tolstói afirmou a ela, "Chertkov é a pessoa mais próxima de mim...".[351] Essa relação íntima com o homem cujo caráter era profundamente condenável confundiu seus contemporâneos e permanece inexplicável até os dias de hoje.

Durante os últimos meses de vida de Tolstói, Chertkov criou uma situação insustentável em Iásnaia Poliana, entrando em choque com Sofia a respeito dos diários do escritor. Ele a desafiou com a ameaça de publicar os registros negativos feitos por Tolstói e "atirá-la na lama". Quando, em 23 de setembro, quadragésimo oitavo aniversário de seu casamento, Tolstói posou junto de Sofia para uma fotografia, ele recebeu uma carta de advertência de Chertkov. Em seu *Diary for Myself Alone* [Diário exclusivamente meu], Tolstói escreveu: "Uma carta de Chertkov com acusações. Elas estão me arrasando. Algumas vezes, penso que deveria me afastar de todos eles".[352] Na última fotografia, tirada um mês antes de Tolstói abandonar a fazenda, Sofia segura com firmeza os braços do marido, fitando-o com um sorriso suplicante; e ele olha para a frente, exibindo no rosto uma expressão mal-humorada.

A partida de Tolstói não foi tão espontânea como se acreditava: dias antes, ele discutira a ideia com Chertkov e Sacha, sua filha. Parece que a própria data, 28 de outubro, foi então decidida: Tolstói creditava a esse número a capacidade de lhe trazer boa sorte. Mesmo assim, descrevendo em seu diário o evento motivador da fuga, ele atribuiu a responsabilidade a Sofia. O escritor a acusou de espioná-lo e de ter vasculhado seus papéis na noite anterior, motivando sua fuga.

Em sua carta de despedida para esposa, Tolstoi expôs que estava fugindo de sua "condição luxuosa" para passar o tempo que lhe restava na solidão. Sua viagem originou várias especulações e lendas. Em uma nota à biografia de Tolstói, Sofia deu sua interpretação sobre a partida do marido: "A versão mais provável é que ele ficou doente, teve o pressentimento de que estava morrendo e fugiu para morrer... Acusam o casamento, suas palavras contra o consumo e seu desejo de ficar sozinho, mas tudo isso é falso, foi inventado."[353] Com 85 anos, depois de vários golpes e com problemas no coração e no pulmão, Tolstoi estava muito frágil. A vida dele poderia ser prolongada se ele continuasse em seu habitat natural. Parecia óbvio que sua partida iria acelerar a chegada da morte.

Ao tomar conhecimento da partida de Tolstói, Chertkov lhe enviou um telegrama de congratulações: "Não consigo expressar em palavras a alegria que senti ao saber que você foi embora". Mais do que isso, o discípulo percebeu que a fuga provavelmente precipitaria a morte de seu mestre. De fato, poucos dias depois de abandonar Iásnaia, Tolstói estava morrendo de pneumonia, em uma estação ferroviária em Astápovo. Fãs e repórteres de todo o mundo invadiram o local, filmando e fotografando os acontecimentos. Sofia foi fotografada na plataforma, espiando seu marido através da veneziana fechada de uma janela. Tolstói morreu diante de seus discípulos e da filha Sacha, enquanto Sofia foi impedida de lhe dar o último adeus. Concluíram que o escritor ficaria transtornado ao vê-la, porém, ninguém levou ao conhecimento dele que a esposa se encontrava em Astápovo. O acesso de Sofia só foi permitido depois que ele entrou em estado de coma. Pelo resto de sua vida ela viria a sofrer, atormentada pela ideia de Tolstói ter morrido longe dela, sem que houvesse chance de os dois fazerem as pazes.

Os fatos ocorridos em Astápovo provocaram uma reação de grandes proporções. Anna Dostoiévski foi uma das primeiras pessoas a manifestar solidariedade a Sofia, tendo expressado por escrito sua revolta em relação àqueles que não permitiram à esposa de Tolstói estar à cabeceira do marido agonizante. "Quanto sofrimento você suportou durante esses pesarosos dias finais! Chorei ao saber que a impediram de prestar assistência a Lev Nikolaiévitch, depois de tê-lo inspirado ao longo de toda a vida."[354] Em 9 de novembro de 1910, o eminente advogado e amigo da família, Anatoli Koni, apresentou a Sofia suas condolências e sua profunda gratidão por ela ter estimulado o talento artístico de Tolstói. Uma semana mais tarde, ela recebeu uma carta assinada por doze acadêmicos das belas artes, que lhe demonstravam reconhecimento pela contribuição que fizera para a obra de Tolstói e por sua importância para a cultura russa. Sofia leu essas cartas para seus visitantes, mas não teve condições de publicá-las, devido a uma campanha difamatória que Chertkov logo lançou através da imprensa, acusando-a, entre outras coisas, de expulsar o marido de casa. Chertkov e pessoas próximas a ele passaram a controlar tudo o que se escrevia sobre Tolstói dentro na Rússia, motivo pelo qual informações positivas a respeito de Sofia só começaram a aparecer no final do século XX.

Depois de viúva, Sofia permaneceu em Iásnaia, preservando a fazenda e o estúdio de Tolstói, exatamente como ele deixara em 1910. Os castiçais sobre a mesa nunca mais foram acesos depois da última vez que ele os apagou, na fatídica noite de sua partida. O livro que ele estava lendo naquela noite, *Os irmãos Karamazov*, de Dostoiévski, permaneceu aberto em cima da mesa. Em sua autobiografia, ela escreveu: "Eu vivo em Iásnaia Poliana e conservo a mobília da casa exatamente como era no tempo de Lev Nikolaiévitch; e cuido de sua sepultura".[355] Sofia não permitiu a venda de Iásnaia para particulares, como desejavam seus filhos, e impediu que eles contestassem o testamento de Tolstói.

Em 1912, o rico editor Sytin comprou de Sacha, filha de Tolstói, os primeiros direitos sobre três volumes dos trabalhos não publicados do autor. O dinheiro ajudou a família a se desfazer de Iásnaia. Sacha comprou de seus irmãos dois terços das terras e as transferiu aos camponeses, para satisfazer o desejo de Tolstói. Sofia adquiriu a seus filhos o restante, para criação de um museu. Da distribuição da propriedade, ela reservou cerca de setenta hectares, mais a casa, o terreno, o pomar e o bosque, que ela e o marido haviam plantado "com tanto amor, para tornar nossa fazenda mais fecunda".

No verão de 1918, o escritor Tikhon Polner visitou Sofia em Iásnaia. Ele descreve esse encontro em seu livro *Lev Tolstoy and His Wife* [Lev Tolstói e sua esposa]: "Tranquila e fatigada, ela me recebeu com dignidade. Sofia tinha então 74 anos. Alta, ligeiramente encurvada, muito esbelta, movia-se pelos aposentos como uma sombra; tinha-se a impressão que uma lufada de vento seria capaz de carregá-la... Sofia Andreievna falava com prazer, porém não sorria... Com evidente satisfação, ela leu suas memórias dos dias felizes em Iásnaia Poliana... De Chertkov, falou sem sentimento de raiva, mas demonstrando uma fria animosidade. Os comentários sobre os últimos dez anos de vida junto ao seu talentoso marido não foram sempre ternos. Depois de um momento de silêncio, ela disse, 'Sim, eu vivi com Lev Nikolaiévitch durante 48 anos, mas nunca consegui compreender que espécie de homem ele era'".[356]

Ela sobreviveu à Primeira Guerra Mundial e à Guerra Civil, eventos que transformaram por completo seu país. Preservando a ilha de cultura, Sofia se dedicou ao trabalho de catalogar a biblioteca de Tolstói em Iásnaia, copiar as obras de ficção, os cadernos e as cartas do marido, além de ciceronear centenas de pessoas que visitavam a fazenda. Suas últimas cartas foram endereçadas aos biógrafos de Tolstói. Para um deles, ela forneceu informações sobre uma das primeiras histórias do autor, *Polikuchka*, que ela copiara aos dezoito anos. Para outro, explicou a atitude do marido diante da lei. Em 4 de novembro de 1919, três dias antes do aniversário de morte de Tolstói, Sofia faleceu, aos 75 anos, também ela vitimada pela pneumonia, e foi sepultada no cemitério da família em Kochety, junto de seus filhos.

Ciente da contribuição da esposa, Tolstói escrevera para ela, quando já contavam 35 anos de casamento: "Você deu a mim e ao mundo tudo o que teve condições de dar; muito amor maternal e sacrifício pessoal; assim, não posso deixar de lhe agradecer por isso".[357]

CAPÍTULO TRÊS
Nadejda Mandelstam: testemunha da poesia

Sobrevivente do terror infligido por Stálin, que tirou a vida de milhares de pessoas nos campos de concentração, Nadejda escreveu um dos mais célebres relatos sobre sua geração, começando pela reveladora narrativa das próprias memórias, *Hope Against Hope* [Contra toda esperança]. Depois que seu marido Óssip Mandelstam pereceu em um *gulag*, ela tomou para si a missão de preservar a poesia por ele criada e contar ao mundo a história de seu autor.

Nadejda não conseguia compreender a obsessão das pessoas em conhecer detalhes da infância deles dois, e diz que sua vida teve início quando conheceu Mandelstam, em 1º de maio de 1919. Criada por uma governanta inglesa que a cobria de mimos, ela não estava preparada para ser a esposa abnegada de um poeta e viver como nômade em um dos mais violentos períodos da história russa. Nadejda já tinha bem mais de setenta anos quando começou a falar a respeito do passado. "Por que, no raiar de uma nova era, quando o fratricida século XX acabava de nascer, eu fui batizada de Nadejda [Esperança]?"[358]

Nadejda Yakovlevna Khazina nasceu em 31 de outubro de 1899, em Saratov, cidade portuária no rio Volga, ao sul da Rússia. Saratov, com sua população formada por alemães, russos, ucranianos, tártaros e judeus, era um centro multicultural. Apesar da origem judaica da família de Nadejda, as crianças absorveram muito pouco dessa cultura. Seu avô por parte de pai foi obrigado a se converter à religião ortodoxa durante o reinado de Nicolau I. Para o pai de Nadejda, Yakov Arkadievitch, a adoção do cristianismo e a negação de suas raízes judias foram um passo necessário na direção da educação universitária e da entrada para o mundo da advocacia.

Formado em matemática, o pai de Nadejda possuía "uma mente muito metódica" e uma memória brilhante, recursos que lhe valeram a aprovação no exame da ordem dos advogados sem que tivesse cursado uma faculdade de direito. Ele foi mais longe, fazendo grande fortuna com seu primeiro caso.[359] Yakov Arkadievitch leu *Fausto*, de Goethe, em alemão, e era apaixonado pelas línguas clássicas e por literatura: quando queria relaxar, ele saboreava as tragédias gregas nas versões originais. O sistema educacional responsável por forjar homens como o pai de Nadejda foi para ela o padrão de medida na avaliação da "decadência gradual" experimentada pelo processo educativo após a revolução.

A mãe de Nadejda, Vera Yakovlevna, também descendia de família judia e, ao contrário do marido, não abdicou de sua religião. Educada na Europa, formou-se posteriormente em medicina e fez parte do grupo de mulheres russas que, desde a década de 1860, assumiu a vanguarda na luta por educação e carreira profissional. Os pais de Nadejda se casaram na França e em 1891 tiveram o primeiro filho, Alexander. Ela descreve a mãe como "uma ativista radical" dos dias pré-revolucionários e crítica do governo czarista. Vera Yakovlevna apoiou a revolução de 1917, mas depois se decepcionou com os bolcheviques no poder. Durante a guerra civil que se instalou na sequência, o Estado confiscou grãos e suprimentos dos camponeses, sem oferecer nada em troca. Com a economia degradada, Lênin precisava, desesperadamente, alimentar as cidades mais importantes, das quais vinha perdendo o controle. A desastrosa política de Lênin se converteu no elemento gerador da grave crise de fome de 1921-22, responsável pela morte de cerca de dez milhões de pessoas, e que viria a ser a maior calamidade vivida pela Rússia desde a Idade Média. Mobilizada para trabalhar na área do rio Volga, a mais assolada pela fome e pelas epidemias, Vera Yakovlevna testemunhou uma devastação de proporções inéditas na era czarista. (Ela trabalhou na mesma região em que Tolstói organizara sua primeira cruzada humanitária, nos anos 1870).

Nadejda era a mais nova em uma família de dois meninos e duas meninas, todos educados por governantas inglesas. Anna, onze anos mais velha, tornou-se especialista em literatura francesa medieval. Após a revolução, desempregada, ela viveu na casa de um tio, ocupando um depósito escuro, local destinado antigamente aos empregados. Alexander, o irmão mais velho, graduou-se com medalha de ouro na faculdade de direito e tinha à sua frente uma carreira brilhante, interrompida antes mesmo de começar: durante a guerra civil, ele se alistou no Exército Branco, correu à região do Dom para combater os bolcheviques, e nunca mais se soube de seu paradeiro. Na época de Stálin, Nadejda não podia sequer mencionar o nome de Alexander, e só veio a contar sua história muito tempo depois, quando já não havia o que temer. O irmão mais moço, Evgeni, que conseguiu ocultar o fato de ter também se alistado no Exército Branco, fez a vida como escritor; ao longo dos anos, ele e Nadejda mantiveram um relacionamento próximo.

Antes da revolução, os pais de Nadejda costumavam viajar com os filhos para a França, a Alemanha, a Suíça, a Itália e a Suécia. Aos nove anos, ela já falava inglês, alemão e um pouco de italiano. Na Suíça, onde viveram por dois anos, Nadejda aprendeu francês, queixando-se mais tarde a uma amiga sobre a inconveniência de viver em um país trilíngue, "Você sai para brincar de amarelinha e descobre que precisa, mais uma vez, falar outro idioma".[360]

Nadejda pertencia à terceira geração de uma família de cristãos ortodoxos e frequentava a igreja desde criança, apesar de suas raízes judias. Em Kiev, para onde a família se mudou em 1910 vinda da Suíça, sua babá russa sempre a levava a cerimônias religiosas, que muito a agradavam, na antiga Catedral de Santa Sofia. (Mandelstam se converteu na Finlândia, em 1911, conversão que Nadejda creditava não apenas a razões práticas, mas, também, a uma atração pelo cristianismo). Em Kiev, ela estudou em um ginásio, cujo currículo priorizava disciplinas voltadas para os meninos e, em vez do programa mais fácil, destinado às garotas, abraçou o latim, o grego, a matemática e as ciências. Em 1917, estimulada pelo pai a se distinguir na carreira acadêmica, Nadejda entrou para a Universidade de Kiev, com o objetivo de se dedicar ao estudo do direito. Anna Akhmatova, que viria a se tornar amiga íntima de Nadejda, também estudou direito, tendo cursado a faculdade de Kiev para mulheres.[361] Nadejda permaneceu na universidade por cerca de um ano, abandonando-a quando o país mergulhou na guerra civil.

Durante o período soviético, tornou-se impossível seguir uma verdadeira carreira na ciência das leis. Quando os bolcheviques expropriaram os bens da família, Yakov Arkadievtch pretendia ajuizar uma ação na justiça, mas foi demovido de seu propósito ao tomar conhecimento da conduta adotada pela nova corte, que classificou de pilhéria. Ele disse ter entendido as leis romanas em apenas duas semanas, mas julgava inacessível a interpretação dos decretos soviéticos. Yakov Arkadievtch não se queixava do empobrecimento da família, ocorrido em consequência do colapso econômico, e comentava em tom irônico que só sentia pena da cozinheira, cujas economias se perderam. Nadejda, simpatizante das ideias de esquerda, dizia desprezar a propriedade privada, o que mostrou-se não passar de uma posição meramente retórica. Ela não se esqueceu "do duro golpe" que sentiu quando o pai trouxe a inesperada notícia da falência econômica da família.[362] Como Yakov Arkadievtch se recusava a abandonar sua terra natal naquele momento em que ela se via castigada pelo infortúnio, a emigração não fazia parte de seus planos; mais tarde, pessoas próximas a Nadejda, Mandelstam e Akhmatova adotaram atitude semelhante.

Depois de deixar a universidade, Nadejda participou, em Kiev, do estúdio de Alexandra Exter, destacada artista e estilista de vanguarda que trabalhou no teatro de câmara, fundado por Alexander Tairov. A primeira tarefa de Nadejda, como decoradora assistente, foi pintar "uma enorme guirlanda de frutas, vegetais, peixes e pássaros, todos eles com aparência sugestivamente fálica".[363] Ela não se orgulhava dos primeiros anos de juventude, descrevendo o ambiente boêmio em que vivia e suas buscas artísticas com ironia autodepreciativa: "Naqueles dias eu circulava como parte de uma pequena horda de pintores... Nós nos mantínhamos ocupados com a criação de ornamentos para palco ou a pintura de cartazes, e a vida nos parecia uma frenética rotina de prazer".[364]

A exemplo da maioria de seu grupo, ela frequentava um café chamado Khlam[365] (Lixo) no porão do Hotel Continental, local bastante popular entre artistas, escritores e músicos. Lá, Nadejda conheceu futuras celebridades como o jornalista Ilia Erenburg, o artista Alexander Tyshler e o poeta Vladimir Narbut. Quando se encontrava em Kiev, Mandelstam também costumava passar pelo café. Sua primeira antologia, *Stone* [Pedra], com apenas seiscentos exemplares publicados por conta própria em 1913, causou um impacto que repercutiu muito além de seu ambiente social imediato. O livro colocou Mandelstam na posição de principal poeta de um novo movimento denominado acmeísmo, definido por ele como "a ânsia pela cultura do mundo". Nikolai Gumilev, um dos fundadores desse movimento, estava casado naquela época com Akhmatova e foi um dos mais importantes poetas de São Petersburgo, vindo a superar Mandelstam em termos de fama. Em 1921, Gumilev, então com 35 anos de idade, foi preso e fuzilado sem julgamento, falsamente acusado de tomar parte em uma conspiração monarquista.

Algumas vezes era possível encontrar Mandelstam em uma mesa do café, escrevendo e balançando a cadeira enquanto compunha. Ele já se aproximava dos trinta anos, embora seus ralos cabelos avermelhados o fizessem aparentar mais idade. Em 1º de maio de 1919, ele desceu de sua sala, dirigiu-se à mesa de Nadejda e se apresentou: "Óssip Mandelstam cumprimenta as belas mulheres de Kiev", fazendo uma reverência na direção de Nadejda, e "os elegantes homens kievianos", curvando-se a todos os demais. Solicitado a declamar seus poemas, ele prontamente concordou: "Leu de olhos fechados, marcando o compasso com um movimento do corpo..." Ao abrir os olhos, fixou-os em Nadejda.[366]

Nascido em 1891, Mandelstam cresceu em uma próspera família judia, que deu a seus filhos uma excelente educação. A mãe de Óssip era professora de música e seu pai, um culto comerciante de couro, interessava-se pela filosofia alemã. Criado em Petersburgo, Mandelstam viajou para o exterior quando jovem e estudou literatura francesa antiga na Universidade de Heidelberg.

Mandelstam e Nadejda logo se entenderam "como se fosse a coisa mais natural do mundo".[367] A "geração livre e sociável" de Nadejda via a mulher como namorada e companheira, e não esposa. "Eu não entendia a diferença entre um marido e um amante, e devo confessar que ainda não a compreendo".[368] Poucos dias mais tarde, o casal, nitidamente apaixonado, foi visto no café: Nadejda carregava um buquê de lírios brancos colhidos às margens do Dniepre.[369] Mandelstam dissera a ela que o encontro dos dois "não foi mero acaso"[370] e, de fato, um relacionamento que começou como um romance casual acabou se mostrando inabalável.

Mas a personalidade deles era diferente em muitos aspectos, tornando difícil a convivência. Dez anos mais velho que ela, era sempre Mandelstam quem tomava as decisões, e Nadejda não se adaptava a esse tratamento: "Meu caráter carecia de submissão e tolerância e nós nos chocávamos constantemente...".[371] Mais tarde, Mandelstam conseguiu emprego em um órgão governamental bolchevique (havia diversos escritórios do governo estabelecidos no Hotel Continental) e contratou Nadejda como sua secretária. Ele lhe falou a respeito da inquietação que lhe causara a conduta da pessoa que o secretariava quando ele trabalhou no Comissariado do Povo para a Educação. Dali para a frente, Nadejda passou a ser sua secretária exclusiva, pois Mandelstam não admitia que ela prestasse assistência a outros, nem mesmo seu amigo Erenburg, que se tornou companheiro de trabalho dos dois.

Embora Mandelstam fosse despótico na vida privada, ele tinha aversão à tirania política e rejeitava tanto a pena capital como o uso da violência pelos bolcheviques. Ele conheceu diversos revolucionários, entre os quais o notório Yakov Bliumkin, chefe do departamento de contraespionagem da Cheka*, que trabalhou sob o comando de Felix Dzerjínski. Bliumkin se tornou famoso por ter assassinado o embaixador alemão, conde Mirbach, crime pelo qual recebeu uma sentença de prisão simbólica.[372] O revolucionário costumava se vangloriar de "ter em suas mãos o poder sobre a vida e a morte". Conta-se que ele exibiu a Mandelstam uma sentença de morte em branco, já assinada, na qual, bêbado, ia registrando nomes a seu bel prazer. Não se sabe ao certo se Mandelstam agarrou e rasgou o documento, como conta seu biógrafo Clarence Brown, ou apenas expressou a Dzerjínski sua inconformidade, mas o fato é que passou a ter em Bliumkin um inimigo declarado. Em 1919, Nadejda presenciou um breve encontro de Mandelstam com esse homem, encontro este que quase lhe custou a vida. Eles se encontravam no terraço do Hotel Continental e Bliumkin cavalgava pela rua com uma escolta montada. Em seguida, ela viu um revólver apontado para seu marido. Em vez de se agachar, ele acenou para o cavaleiro e o tiro não foi disparado. Mandelstam acreditava que os bolcheviques haviam infringido um importante mandamento, "Não matarás", e previu intensa supressão dos direitos indivi-

---

* Polícia secreta pioneira da União Soviética. (N.E.)

duais, acompanhada de tirania.[373] Naquele tempo, o escritor quase não partilhava suas ideias com Nadejda: "Ele sempre se mostrava muito cauteloso quando conversava comigo, abrindo apenas uma pequena fresta para seu mundo interior, para logo em seguida fechá-la, como se estivesse, simultaneamente, escondendo esse mundo de mim e querendo mostrá-lo em um breve relance".[374]

Eles sobreviveram a diversas trocas de poder em Kiev. Quando o Exército Branco forçou a saída dos bolcheviques, Mandelstam se retirou para um esconderijo. Ele deixou o quarto do hotel em que vivia e se mudou junto à família de Nadejda. Da janela do estúdio do pai da moça, eles puderam ver uma carroça cheia de corpos nus: antes de sair de Kiev, a Cheka havia executado seus prisioneiros. No período da guerra civil, ambos os lados cometeram muitas atrocidades: "Sangue corria em todas as ruas, para fora de todas as casas. Corpos cravados de balas, estirados sobre as vias públicas e as calçadas, faziam parte da paisagem habitual...".[375] No entanto, esse era apenas um prelúdio do terror que Stálin viria a promover.

Quando Mandelstam sugeriu que fugissem da cidade em direção ao sul, Nadejda recusou, temendo o risco a que a viagem os exporia. Eles se separaram e ela pensou que, naquele caos, as pessoas ficariam melhor se esquecessem umas às outras. As comunicações entre as cidades estavam bloqueadas e, além do mais, ela não tinha como esperar que Mandelstam conseguisse encontrá-la, pois sua família fora despejada da casa em que vivia. Mas em dezembro de 1920 Nadejda recebeu inesperadamente uma carta do poeta, trazida para Kiev por um conhecido: Mandelstam a localizara por meio da esposa de Erenburg, Liúba. A carta desafiava o tempo, a distância e a guerra:

> Minha querida criança! Você se tornou tão preciosa para mim, que é uma parceira constante das minhas conversas, objeto de meus chamados e ouvinte de minhas queixas. Você é a única pessoa para quem posso dizer tudo... Junto à você nada me assustará, nada será difícil... Minha filha, minha irmã, sorrio com o seu sorriso e escuto sua voz no silêncio... Nadiucha, ficaremos juntos a qualquer custo. Eu a encontrarei e viverei por você, porque é você quem me dá a vida...[376]

Mandelstam chegou a Kiev em março de 1921 e, ao encontrar Nadejda, correu-lhe os dedos pela face: "Ele sempre fechava os olhos e passava a mão sobre meu rosto, como um homem cego, roçando de leve com a ponta dos dedos. 'Então, você não acredita em seus olhos, não é?' Eu o provocava e ele não dizia nada, mas na próxima vez repetia o mesmo gesto". De fato, Mandelstam possuía o sentido do tato altamente desenvolvido, e essa "janela para o mundo"[377] lhe garantia uma percepção do ambiente a seu redor muito mais precisa do que a maioria das pessoas conseguia ter.

Naquela época, a família de Nadejda fora despejada pela segunda vez, e o apartamento em que viviam, colocado à disposição de um bolchevique do alto escalão. Mas isso não abalou a disposição do casal em utilizá-lo. Logo que se fecharam no antigo quarto de Nadejda, um bando de prisioneiras foi trazido por soldados para esfregar o chão. Impassíveis ao que acontecia, Mandelstam e Nadejda passaram duas horas no quarto, enquanto soldados batiam à porta. "Mas nós permanecemos lá. Mandelstam leu para mim uma porção de poemas..." Em seguida, os dois foram para o prédio de apartamentos onde os pais de Nadejda estavam alojados.

Poucas semanas mais tarde, o casal deixou a cidade em busca de refúgio na relativamente pacífica Geórgia. Conforme observou Nadejda, foi "destino, e não amor"[378] o que os uniu. Eles não voltaram a se separar até a noite de 2 de maio de 1938, dezenove anos depois, quando Mandelstam foi levado sob escolta de guardas.

Pouco tempo após o início da revolução, muitos intelectuais fugiram para a Geórgia, local que, durante vários anos, manteve independência em relação aos bolcheviques. A viagem deles para lá foi inicialmente segura e confortável, em um trem especial de um comissário bolchevique conhecido de Mandelstam. Ao chegar, todavia, encontraram a pequena república independente inundada por refugiados da guerra civil. O casal permaneceu no Cáucaso por seis meses, viajando através da Geórgia "tão livres como pássaros". Garantindo o ganha o pão com o trabalho eventual de tradução, eles eram migrantes famintos e sem teto, em uma terra famosa pela excelência de sua comida e seu vinho. "Conheço por experiência própria quão amargo pode ser o pão de um refugiado político em terras estranhas. Eu o descobri na Geórgia".[379] Em dezembro de 1921, na véspera do ano novo, embarcaram em um vapor para o porto russo de Novorossisk. O navio estava tão lotado que o casal Mandelstam agradeceu a sorte de ter sido acolhido por uma comissária, que lhes cedeu um espaço para dormir, no chão de sua cabine.

No início de março de 1922, em Kiev, o casal registrou seu casamento em uma cerimônia civil que, para Nadejda, não passou de "uma formalidade totalmente sem significado".[380] Eles já se acreditavam casados desde 1919, quando compraram um par de alianças baratas em um mercado. Mandelstam guardou seu anel em um bolso e Nadejda pendurou o seu em um colar de pérolas, presente recebido do pai. Mas agora, precisavam de uma certidão de casamento para poder compartilhar uma cabine, exigência dos comandantes de trens. Chegando a Moscou, perderam a certidão.

Em 1922, os dois perambularam por diversas cidades em busca de um lar e de estabilidade. Aos 32 anos, Mandelstam estava cansado de uma existência nômade, mas só conseguia trabalhos autônomos esporádicos, publicando artigos em periódicos locais. Em abril de 1922, eles moravam em Moscou, naquilo que chamavam de lar: um quarto no albergue dos escritores, localizado na ala do Herzen House que ficava no número 25 da Tverskoi Boulevard. A casa de estilo imperial, com colunas, tempos depois se tornou o prestigioso Instituto Górki de Literatura Mundial mas, na época, abrigava escritores pobres, além de diversas organizações de escritores.

Os Mandelstam viviam em um único quarto próximo da cozinha comunitária, um local barulhento demais devido às constantes discussões entre inquilinos. Para o poeta, que possuía uma excelente audição, o barulho se transformava em absoluta tortura. A mobília do casal consistia em dois colchões de mola e uma mesa de cozinha, doada por alguém. No entanto, como recebiam cotas de comida, acreditavam-se afortunados e até alimentavam um poeta indigente, Velimir Khlebnikov, a quem a organização de escritores arbitrariamente negava rações. Embora o casal enfrentasse grandes dificuldades econômicas, Mandelstam impedia Nadejda de trabalhar. Ele a queria "dependente apenas de sua vontade".[381] Assim, ela passava a maior parte do dia sentada no colchão, tomando nota dos ditados do marido. Naquele tempo, Nadejda detestava essa função de secretária e estenógrafa de Mandelstam. "Naquela época, ele me tratava como se eu fosse peça de um espólio que ele aprisionou e trouxe à força para seu covil. Todos os seus esforços tinham por objetivo me isolar das outras pessoas, fazendo de mim sua propriedade exclusiva, amestrando-me e me adaptando a ele".[382]

A nova coletânea de poemas de Mandelstam, *The Second Book* [O segundo livro], com dedicatória a Nadejda, foi publicada em maio de 1923. De acordo com ela, ele ditou seu texto e deixou, inclusive, de fazer anotações prévias. Nadejda tinha "um bom ouvido para poesia"[383] e, por isso, o ditado fluía de forma descontínua: quando ela sugeria alguma coisa, "ele sibilava: ... Você não entende, então fique quieta".[384] Nadejda contestava, aconselhando-o a contratar uma estenógrafa capaz de "escrever tudo sem pestanejar".[385] Mandelstam a tratava "como uma boneca" e lhe enfiava uma chupeta na boca para que ela não o interrompesse: ele insistia em que Nadejda sempre trouxesse uma chupeta pendurada ao pescoço, presa em seu colar de pérolas.[386] Ela aceitava com paciência esse ultraje, porque, na verdade, sabia do valor que ele atribuía à sua opinião: "Cansada, coberta de lágrimas e no limite de minhas forças, eu cochilava nos ombros dele e, então, à noite, acordava e o via à mesa, apagando e fazendo alterações. Vendo-me acordada, ele me mostrava uma nova parte que acabara de escrever...".[387]

Apesar das discussões e da falta de aptidão de Nadejda para a função de secretária, Mandelstam continuava a ditar suas composições para ela. Até mesmo seus erros gramaticais (ela sofria influência do idioma ucraniano) e sua desorganização não a livraram dessas tarefas. Mandelstam tentava moldar o caráter da esposa: "De mim ele queria apenas uma coisa: que eu abrisse mão de minha vida, renunciasse à minha personalidade e me transformasse num pedaço dele... Ele me falava que eu não apenas lhe pertencia, como também fazia parte de seu ser...".[388]

Com os honorários do livro *The Second Book*, Mandelstam comprou para Nadejda uma pele de raposa azul que, como se constatou mais tarde, "não era uma verdadeira pele de animal", mas sim tufos de pelo engenhosamente costurados sobre um pedaço de tecido.[389] Ambos careciam de espírito prático, porém a falta de vocação de Nadejda para a vida doméstica tornou-se notória. Elena Galperina-Osmerkina, que costumava visitar os Mandelstam no albergue, lembrava-se de Nadejda agachada no corredor, cozinhando o jantar em dois fogareiros a querosene. "Eu me perguntava qual seria o motivo para ela cozinhar naquela posição tão desconfortável".[390] Nadejda devia sua inépcia à criação privilegiada que tivera: na casa de sua família havia cozinheiras. Além disso, como toda autêntica boêmia, ela desprezava as tarefas domésticas. Mandelstam, ao contrário, gostava de ordem e mantinha as coisas arrumadas.

O quarto abominável em que viviam acabou cheio de "cores exuberantes" quando o casal adquiriu uma magnífica tapeçaria com a representação de uma cena de caçada. Acredita-se que ela tenha sido roubada de algum palácio ou museu e eles a compraram quase de graça em um mercado. No entanto, não puderam se apegar ao único tesouro que possuíam porque, em uma atitude intempestiva de Mandelstam, no outono de 1923, depois de um desentendimento com outros inquilinos por causa do excessivo barulho na cozinha comunitária, eles abandonaram o quarto. Tal atitude deixou o casal em uma situação de "incrível falta de moradia"[391] que perdurou por dez anos.

O inverno de 1924 foi passado em um quarto alugado em Iakimanka, um dos distritos mais antigos de Moscou, onde o casal esteve perto de congelar: o fogão de ferro de que dispunham, apesar do consumo excessivo de combustível, pela manhã já estava frio. A maior parte dos rendimentos ganhos com traduções era gasta em lenha. Eles traduziam textos de autores ocidentais sancionados pelas autoridades, tais como o novelista francês Henri Barbusse, membro do Partido Comunista da França. "O que nós *não* traduzimos?"[392] Além de sofrer com a carência alimentar, eles perderam o apetite sexual, ficando privados de se compensar "em coisas mais frívolas que... sempre nos animavam um pouco".[393]

Depois de ser informado por um amigo pertencente ao Partido que apenas as suas traduções seriam aprovadas para publicação, ficando proibidos seus versos, Mandelstam tentou se estabelecer como escritor de prosa. Em 1924, ele começou a ditar uma obra autobiográfica intitulada *O rumor do tempo*, encomendada por um periódico literário de Moscou. Antes de cada seção de ditados, o autor fazia uma longa caminhada, da qual retornava "tenso e mal-humorado". Ele pedia, então, que Nadejda apontasse os lápis e se preparasse para o trabalho. As primeiras frases, provavelmente memorizadas, eram ditadas com excessiva rapidez, de forma que ela mal conseguia acompanhar. Mais à frente, ele reduzia o ritmo e, até mesmo, esquecia-se de completar as sentenças, deixando a cargo da esposa o preenchimento das lacunas. Depois de finalizar um capítulo, pedia que ela o lesse. Se, por acaso, Nadejda registrasse as frases exatamente como foram ditadas, sem refiná-las, ele se aborrecia, como se esperasse que ela "escutasse" seus pensamentos.[394] Com a publicação desse livro em prosa, Mandelstam foi motivo de raro enaltecimento por parte da imprensa soviética, descrito como "um mestre de estilo refinado, sofisticado e acurado".[395] O comentário mais valioso veio de Boris Pasternak, que declarou, em agosto de 1925, ter experimentado um raro prazer na leitura do livro, saboreando-o em sua *datcha*; ele sugeriu que Mandelstam escrevesse um romance.[396]

Embora não fossem amigos íntimos, Mandelstam e Pasternak tinham muitas coisas em comum. Ambos eram poetas e intelectuais autênticos que escreviam prosas ricas em metáforas, porém pobres no tocante ao enredo. Os dois demonstravam grande sensibilidade musical (as mães eram pianistas) e valorizavam as composições de Scriabin em especial. Ademais, a primeira esposa de Pasternak, Evgeniya Lurie, também era artista, a exemplo de Nadejda, embora o trabalho desta última não tenha sido preservado.

Em 21 de janeiro de 1924, Lênin faleceu – evento que viria a alterar o destino do país. Durante os dias e as noites seguintes, enquanto o corpo do líder jazia em ataúde aberto, o povo formava filas em toda Moscou. Os Mandelstam tomaram a mesma fila que Pasternak. Havia fogueiras nas ruas para evitar congelamento; a vida na capital cessara. Mandelstam comentou: "Essa era a Moscou de tempos antigos, enterrando seus czares".[397] O funeral de Lênin, observou Nadejda, representou "a última centelha da revolução, como um autêntico movimento popular" em que a veneração ao líder não foi inspirada pelo terror.[398]

Nadejda relembra que Mandelstam a advertia, quando das visitas de Pasternak, a reservar a inteligência para si própria e, portanto, "nunca se imiscuir em conversas masculinas".[399] Também na presença de outros amigos ela ficava a maior parte do tempo em silêncio: eram inevitáveis as críticas de Mandelstam. Vasilisa Shklovsky, esposa do literato Victor Shklovsky, lembra-se de Nadejda "sentada em um canto, segurando um livro, e olhando-nos de relance com seus sarcásticos e tristes olhos azul escuro".[400] As esposas eram sempre obrigadas a assumir um papel secundário e deixar que os maridos brilhassem. Na época de seu relacionamento com o acadêmico em arte Nikolái Púnin, Akhmatova comentou: "Com nossos homens por perto, nós ficávamos na cozinha, limpando arenque".[401]

A poeta Nadejda Volpin descreve os Mandelstam pouco depois da mudança para Leningrado: ele caminhava rapidamente pelas ruas, cabeça erguida, como era seu hábito; Nadejda o seguia com uma pesada maleta, em um arranjo semelhante àquele que os Nabokov viriam a adotar décadas mais tarde: Vladimir descia de um carro levando apenas seu jogo de xadrez e sua coleção de borboletas, enquanto Vera vinha atrás arrastando duas malas.

Os Mandelstam deixaram Moscou no verão de 1924, pois em Leningrado a carência de moradia era menor: além da transferência da capital para Moscou, os apartamentos e palácios luxuosos pertencentes à aristocracia estavam vazios depois da fuga de seus habitantes para o exterior. Após a revolução, alguns acadêmicos e escritores passaram a viver na ala dos serviçais do Palácio de Mármore, antiga residência do príncipe Constantin Romanov. Akhmatova morou lá com seu segundo marido, o proeminente acadêmico Vladimir Shileiko. No inverno, o frio era insuportável, dado o custo inacessível do aquecimento de um cômodo com pé direito alto.

Os Mandelstam ocuparam dois quartos em um apartamento particular, na rua Grande Morskaia, à pequena distância do Palácio de Inverno. O alojamento era imponente, mesmo carecendo de uma porta de entrada, que fora roubada para servir de lenha. Em Leningrado, Nadejda encontrou Akhmatova pela primeira vez e as duas se tornaram amigas por toda a vida. Akhmatova, que conhecia Mandelstam desde 1911 e já o vira na companhia de outras mulheres, descreve a afeição do poeta por Nadejda como "extraordinária e inacreditável". Ele era, ao mesmo tempo, possessivo e dependente dela: "Mandelstam não permitia que Nadejda ficasse fora do alcance de seus olhos, não a deixava trabalhar, era louco de ciúmes e lhe pedia conselhos em cada uma das palavras de seus poemas. Não me lembro de ter conhecido alguém assim em toda a minha vida".[402]

Entretanto, pouco tempo depois Mandelstam se envolveu com uma mulher mais jovem chamada Olga Vaksel e, em janeiro de 1925, levou-a para seu apartamento. Olga já havia integrado um círculo de poetas novatos cuja referência era Gumilev e também tentara atuar. Akhmatova a definia como uma "beleza deslumbrante".[403] Nadejda se conscientizou da existência de outra mulher na vida de Mandelstam quando ele deixou de ler suas poesias para ela; na verdade, os poemas agora eram dedicados a Olga. O relacionamento dos três foi bastante turbulento mas, segundo Nadejda, "Era Olga, e não eu, quem representava a mulher exigente, recriminadora e chorona – papel que geralmente cabe à esposa e não à amante".[404] No início dos anos 1970, Nadejda contou ao acadêmico americano Carl Proffer que os "três viveram juntos durante seis semanas, e essa era a memória mais vergonhosa de sua vida".[405] É provável que eles tenham vivenciado um ménage à trois, como Emma Gerstein, uma amiga, insinua em suas memórias.[406] O romance levou o casal à beira do divórcio: "A cabeça de M estava verdadeiramente virada... Foi seu único caso durante toda nossa vida conjunta, porém, foi o suficiente para me fazer entender o que significava o fim de um casamento".[407] Nadejda logo decidiu deixar Mandelstam por Vladimir Tatlin, destacado pintor e arquiteto, que desejava levá-la para viver com ele. Ao tomar conhecimento desse fato, Mandelstam rompeu a relação com Olga, apesar da atração que ainda sentia por ela. Tempos mais tarde, tentando entender por que o marido fizera tal escolha, Nadejda considerou o trabalho colaborativo dos dois a circunstância motivadora: "Eu ainda suspeito... que se nenhuma de suas poesias tivesse sido escrita, ele teria permitido que eu o deixasse...".[408]

Naquela primavera, Nadejda, acometida pela tuberculose, foi para um sanatório em Tsarskoe Selo, fora de Leningrado. Akhmatova também se encontrava lá, em tratamento para uma tuberculose crônica, e as duas passavam várias horas nas varandas, enroladas em casacos, medindo a temperatura do corpo e respirando um ar saudável. Como a enfermidade de Nadejda não parava de evoluir, ela foi orientada a mudar de clima e se tratar por meio de repouso em Ialta. Quando partiu para a Crimeia, em setembro, Mandelstam lhe escrevia diariamente: "Minha amada, você está milhares de quilômetros distante de mim, em um enorme quarto vazio, com seu termômetro! Minha vida, você precisa entender que é a minha vida! Como está sua temperatura? Você está feliz? Você dá risadas?".[409]

Nesse momento decisivo do relacionamento, Mandelstam deixou de tratar Nadejda como um "prêmio", assumindo o papel de seu amigo e protetor. Eles se transformaram em um verdadeiro casal e "dali para a frente, nosso diálogo nunca mais cessou, e eu sempre sabia o que ele estava pensando".[410] Para sustentá-la na Crimeia durante um ano, ele buscou uma ocupação regular e trabalhava em ritmo frenético, de forma a poder lhe enviar dinheiro que cobrisse o tratamento e uma alimentação nutritiva. Ao longo de todo aquele ano, Mandelstam escreveu dezoito artigos, publicou traduções de dez antologias e produziu dois livros para crianças. Em fevereiro de 1926, planejando visitar Nadejda em Ialta, ele escreveu magníficas cartas poéticas: "Nadik, nós chamamos um ao outro como fazem os pássaros – não posso viver, não posso viver sem você! Na sua ausência minha vida é sombria – sou um inútil, estranho a mim mesmo. Anteontem guardei seu telegrama sob meu travesseiro...".[411] (Delicado e elegante, Mandelstam parecia um pequeno pássaro, como muitas pessoas observaram, sobretudo quando lia poesia – era como se ele cantasse os versos, com a cabeça jogada para trás.)

No retorno de Nadejda a Leningrado, em 1926, eles se estabeleceram em Tsarskoe Selo, onde viveram em abjeta pobreza. Akhmatova descreve o apartamento do casal: "As salas eram totalmente desprovidas de mobília e havia buracos no assoalho apodrecido".[412] Mandelstam estava sempre às voltas com as traduções e Nadejda fazia trabalhos de revisão para uma editora. Essa ocupação regular rendia pouco e não trazia satisfação: Mandelstam "traduzia puro lixo"[413] com o único objetivo de conseguir cobrir as despesas. Sem dúvida, tal modo de vida não condizia com nenhum dos dois: ele era, por natureza, um epicurista. "Apreciava ambientes amplos com muita luz, uma garrafa de vinho seco para o jantar, um terno de talhe perfeito... e, acima de tudo, amava pãezinhos bem assados, algo que nós sempre desejávamos..."[414] Nadejda, acostumada ao conforto na juventude, surpreendia-se com a própria tranquilidade em aceitar o que o destino lhe reservara:

> Não éramos ascetas por natureza, tampouco nos impúnhamos o autossacrifício sem pestanejar; as próprias circunstâncias nos forçavam a ele, porque o preço exigido em troca de um aumento de nossa ração era elevado demais. Mas não desejávamos ser pobres, tanto quanto M. não queria morrer em um campo de concentração.[415]

A geração de escritores e poetas genuínos a que pertenciam Mandelstam, Akhmatova, Pasternak, Marina Tsvetaeva, Andrei Béli e Mikhail

Bulgákov assumiu a posição ocupada por Tolstói e Dostoiévski no século anterior. No entanto, eles não faziam parte da corrente dominante na literatura soviética e se viam isolados, enquanto seus predecessores foram adorados como divindades. Mandelstam não apenas carecia de vontade como também de índole para adaptar seu talento às novas demandas estabelecidas pelo Partido, que exigiam dos escritores a glorificação da obra socialista. A circulação de seus livros atingia, na melhor das hipóteses, duas mil cópias, e a dificuldade para publicá-los aumentava a cada dia. Descrevendo esse círculo de escritores que se orientava pelo princípio da integridade artística, Nadejda comentou: "Todos aqui são mendigos, com exceção de nossos governantes e seus lacaios, e eu prefiro estar com a maioria a catar migalhas da mesa do mestre".[416] Por outro lado, os autores subservientes às regras do Partido e ao Estado eram brindados com ampla publicação e recebiam generoso pagamento. Seus trabalhos literários, entretanto, não sobreviveram ao fim da era soviética.

Com a escalada do cerco ideológico, Mandelstam se viu mais isolado e "constantemente relegado a uma categoria cada vez mais desprezível".[417] Situado entre os melhores poetas na época anterior à revolução, ele agora era tratado como escritor e cidadão de segunda classe. Os temas intelectuais de seus trabalhos não tinham relevância para o novo Estado e, ao contrário de Maiakóvski, o poeta da revolução, ele não adotava a brava linguagem daquele tempo. Mandelstam foi advertido a despertar e se dar conta do lugar e da época em que estava vivendo. Nadejda relata que, mais ou menos nessa ocasião, ele se submeteu a uma avaliação médica e foi encaminhado a um psiquiatra. "O diagnóstico apontou que M. se alimentava da ilusão de ser um poeta e escrever versos". Quando Nadejda tentou explicar que seu marido *era de fato* um poeta, o psiquiatra a preveniu a não sucumbir à mesma psicose.[418] Em tais circunstâncias, nas quais sua vocação parecia não existir para os outros, só restava a Mandelstam contar com a compreensão de Nadejda quanto ao papel que ele representava e o talento que possuía.

Em 1927, o autor iniciou um novo livro de prosa, *O sinete egípcio*, que acabou se transformando em complexo texto literário. O trabalho foi publicado em um periódico dedicado à literatura e apareceu também como volume independente, graças à intervenção de um amigo muito influente e sagaz, Nikolái Bukharin. Destacado economista e estudioso do bolchevismo, Bukharin era membro do comitê central do Partido e editor-chefe do *Pravda*. Ele costumava empregar sua influência no Partido para ajudar Mandelstam. O primeiro encontro entre os dois aconteceu em 1922, quando Evgeni, irmão de Mandelstam, foi preso, e o poeta recorreu à ajuda de Bukharin. Este atendeu prontamente à solicitação, acertando uma reunião de Mandelstam com o chefe da Cheka, Felix Dzerjínski. Depois da morte de Lênin, Bukharin passou a ser membro efetivo do Politburo, posição que manteve até 1928, o ano de maior sucesso para Mandelstam, que viu publicados um volume de poemas, uma coleção de críticas e um livro de prosa. Ajudando-o a colocar um de seus livros na Gosizdat, editora controlada pelo Estado, Bukharin afirmou à diretoria editorial que Mandelstam era o melhor entre os escritores contemporâneos e "deveria ter seu lugar de destaque em nossa literatura".[419]

Quando começaram os julgamentos em massa de Stálin, a atmosfera do país se tornou mais ameaçadora. Todavia, enquanto outros tentavam ignorar essa realidade, Mandelstam, que lia relatos sobre todos os julgamentos, recusava-se a permanecer calado. Certa feita, ele ouviu por acaso uma conversa a respeito de cinco servidores bancários idosos que tinham sido sentenciados a fuzilamento e, sem conhecer essas pessoas, apressou-se em pedir a intercessão de Bukharin em favor deles. Como argumentação final, enviou ao amigo uma cópia de seus poemas, destacando que todas as linhas do livro rechaçavam aquilo que estavam planejando fazer. Aparentemente, Bukharin estava em condições de interferir e logo comunicou a Mandelstam, por meio de um telegrama, que as sentenças tinham sido amortizadas.

Aquele ano também trouxe problemas para Mandelstam. Em 1928, ele foi acusado de plágio depois de seu nome aparecer sozinho na página de título de um livro traduzido por outra pessoa quando, na verdade, ele fizera apenas a revisão. Embora reconhecesse imediatamente o erro e exigisse do editor a publicação de uma emenda, a imprensa o atacou, acusando-o de ladrão. Ele foi submetido a interrogatórios e seus inimigos o liquidaram em termos financeiros, retendo pagamentos de diversos trabalhos pequenos. Devido à conotação antissemita do ocorrido, o casal Mandelstam se referia a esse assunto como seu "Caso

Dreyfus".* A campanha se arrastou por mais de um ano, só terminando com a determinação de Bukharin para que a imprensa pusesse fim às perseguições.

O casal passou o verão em Kiev, onde Nadejda, ainda não restabelecida da tuberculose, foi submetida a uma cirurgia para extração do apêndice. Mandelstam a visitava diariamente no hospital, cuidando dela como um enfermeiro. Eles viram suas aflições atingirem um ponto extremo quando perderam o apartamento em Tsarskoe Selo. Mudaram-se, então, para Moscou, cidade em que vivia o irmão de Mandelstam, e lá o poeta encontrou emprego como revisor da seção de poesia do jornal Komsomol. O pagamento era tão insignificante, que o salário de um mês acabava em poucos dias. Embora a maioria dos empregados soviéticos recebesse uma remuneração ínfima, o Estado contava com outros meios de compensação, como cotas especiais de alimentos, meios estes aos quais os Mandelstam não faziam jus. No ano seguinte, o poeta se demitiu do emprego, depois de receber da diretoria editorial uma humilhante avaliação de desempenho, que sugeria deslealdade política: "Pode ser empregado como especialista, porém mediante supervisão".[420]

Quando chegou 1930, Bukharin, já destituído de suas posições de liderança por ter proposto políticas econômicas liberais, ainda permanecia como membro simbólico do comitê central, gozando, no entanto, de mera sombra de seu antigo poder de influência. Ele fez uso de seus relacionamentos para despachar Mandelstam em necessárias férias à Armênia. Além disso, conseguiu, por meio de Viacheslav Molotov, protegido e ex-secretário de Stálin, que ascendeu às mais altas posições no governo, um ordenado para o poeta. Esse salário foi conferido a Mandelstam "devido aos serviços prestados à literatura russa e à sua impossibilidade de encontrar emprego como escritor de literatura soviética".[421] A redação, provavelmente de Bukharin, fazia uma descrição precisa da situação de Mandelstam.

A viagem para o Cáucaso proporcionou a eles novo fôlego e permitiu que o poeta recuperasse sua aptidão para escrever poesia. O casal come-

---

* Como ficou conhecido o processo que, no final do séc. XIX, acusou Alfred Dreyfus, um oficial judeu do exército francês, de traição. O caso dividiu intelectuais e a opinião pública da França, numa discussão fortemente influenciada pelo antissemitismo. (N.E.)

morou o décimo primeiro aniversário de sua união em 1º de maio, na encantadora paisagem rural da Geórgia, e depois viajou para a Armênia, onde permaneceu até novembro.

Para Mandelstam, a Armênia e o Cáucaso representavam o mundo histórico, o berço da civilização europeia e do cristianismo. O Monte Ararat, onde se acredita que a Arca de Noé tenha desembarcado, simbolizava para ele a bíblia e a cultura antiga, rejeitadas pelo novo estado soviético. A bíblia estabelecia a conexão de Mandelstam com seus ancestrais judeus e, por isso, ele atribuía à Armênia a denominação de "Reino de Sabá".[422] Logo depois da chegada, o poeta começou a estudar armênio, e dizia para Nadejda que estava revolvendo em sua boca as antigas raízes indo-europeias. Os dois não se sentiam apenas simples turistas. A vivência da velha cultura armênia era libertadora para ambos: eles desfrutavam de conversas com artistas, arquitetos, escritores e acadêmicos do local. Enquanto Moscou asfixiava a liberdade intelectual e artística, na Armênia era possível assistir a novas e estimulantes exposições e entabular discussões autênticas, o que ao longo dos séculos sempre foi parte integrante da esfera de interesses dos artistas. Muitas décadas depois, Nadejda ainda lembrava com carinho de pinturas da fase azul do artista armênio Martiros Saryan como *Fairy Tale: Love* (Conto de fadas: amor), quadro que viram no estúdio dele quando tiveram a oportunidade de visitá-lo.

O casal passou um mês junto ao Lago Sevan, na ilha famosa por seu monastério do século IX. (Sevan, o maior lago da Armênia, está situado a cerca de 1.200 metros acima do nível do mar, o que faz dele um dos maiores lagos de grande altitude do mundo.) Para Mandelstam, a visita aos monumentos tinha significado especial, por conta de sua paixão pelas formas fixas, pela escultura e pela arquitetura, preferência revelada em sua primeira coletânea, *Stone*. Extasiado com a cultura armênia, ele se deleitava com a arquitetura, a literatura e a música de coral desse povo; a vida espiritual do poeta era tão intensa que Nadejda tinha dificuldades em acompanhar. Na Armênia, ela começou a ver o mundo através dos olhos de Mandelstam "e, portanto, a enxergar coisas que os outros não viam".[423] Nadejda possuía uma chave para todas as metáforas poéticas do marido, que discutiam enquanto ele compunha, antes de os poemas estarem prontos para o papel. Segundo Nadejda, as férias na Armênia proporcionaram a Mandelstam um "segundo fôlego", um novo suprimento de energia criativa que perduraria até o final de sua vida.[424]

Foi durante essa temporada que Mandelstam finalmente fez da esposa "uma parceira absoluta de sua vida".[425] Nadejda sentiu que essa união, fortalecida pela poesia dele e pelos diálogos que mantinham, tornou-se indestrutível.[426] A comunicação entre eles era tão completa que parecia "uma oração... rezada em conjunto por duas pessoas". A partir daquela ocasião, o sentido da expressão "nós" empregada por Mandelstam passou a incluir Nadejda.[427] Quando, no retorno da Armênia, Evgeni, irmão do poeta, comentou que Nadejda não mais existia, porque se tornara um eco do marido, Mandelstam respondeu: "É assim que *nós* gostamos".[428]

Eles não podiam sonhar em ter estabilidade e filhos: a condição de sem teto tornava isso impossível. A felicidade para Mandelstam não tinha a conotação tradicional e ele ensinou Nadejda a não esperar encontrá-la nessa configuração. Mas ambos adoravam crianças e, durante sua estada na Armênia, desfrutaram da companhia das crianças de olhos escuros nativas do local.

Três anos mais tarde, quando internados no sanatório dos escritores na Crimeia, eles conheceram crianças ucranianas assoladas pela fome. Mandelstam trouxe para seu quarto um menino que mendigava comida nas redondezas. Alimentado com um pouco de leite, o garoto retornou no dia seguinte, trazendo os irmãos e o pai, um jovem ucraniano que lhes contou terem fugido da fome em sua aldeia natal. Em 1933, essa parte da Crimeia foi tomada por refugiados provenientes da Ucrânia e do norte do Cáucaso, as áreas mais atingidas pela fome durante a coletivização forçada implementada por Stálin. Os grãos confiscados aos camponeses eram vendidos para a Europa ocidental, com o intuito de viabilizar a compra de maquinário.

A imprensa soviética foi proibida de relatar as consequências – milhões de pessoas morrendo de fome.[429] Mas Mandelstam viajou pela Ucrânia e pela região do Kuban, nas proximidades do mar Negro, e viu "espectros de camponeses",[430] dilatados pela fome, morrendo nas estações ferroviárias e nas margens das estradas. Embora desconhecessem a verdadeira proporção da catástrofe, eles assistiam a uma manifestação assombrosamente nítida do alto preço imposto pela política de Stálin. Nadejda escreveu: "Acredito que nem mesmo Tamerlão e a invasão dos tártaros tenham gerado repercussões tão dramáticas como esta da coletivização".[431]

Mandelstam fez a primeira crítica ao socialismo em *Fourth Prose* [Quarta prosa], que ditou para Nadejda no inverno de 1929-30. Ele descreveu um tipo de socialismo que exigia sacrifícios por parte das famílias, nas quais os filhos denunciavam os pais para colaborar com as autoridades. Os ditados aconteciam à noite e avançavam até a madrugada. Por uma questão de precaução, Nadejda levava os manuscritos de *Fourth Prose* sempre em sua bolsa, mesmo sabendo que havia pouca probabilidade de as autoridades realizarem buscas em seu apartamento.

Em 1931, Nadejda conseguiu, no jornal *For a Communist Education*, seu primeiro emprego. A despeito do pequeno salário, o casal contava com uma receita estável e recebia cupons para a compra de livros. Pela manhã, quando Nadejda saía para o trabalho, Mandelstam visitava os conhecidos, pois a esposa o proibia de ir vê-la no jornal. Essa ocupação, apesar de efêmera, proporcionou a ela grande satisfação, uma bem-vinda mudança no estado de isolamento em que viviam.

No mesmo ano, Mandelstam começou a escrever seus "poemas perigosos", cheios de imagens de grilhões batendo contra as portas, em uma alusão às prisões noturnas; retrato das execuções e da morte que os cercava. "Viver em São Petersburgo é o mesmo que dormir em um esquife". Ele expressou a própria solidão em "The Wolf" [O lobo], ciclo de poemas que sugerem seu lugar como pária da literatura soviética, rejeitado pela tribo dos companheiros escritores. Ele escreveu esses poemas movido pela consciência da ruína, percebendo que trilhava o caminho da autodestruição. "Estamos arruinados", confessou a Nadejda em 1930, ao guardar a poesia recém-escrita dentro de uma mala, que lhe servia de arquivo.[432] No inverno de 1932-33, quando Mandelstam leu seus poemas em Moscou, no edifício da *Literary Gazette*, um conhecido lhe disse: "Você está tomando o rumo da execução, conduzido pelas próprias mãos".[433]

Mandelstam recitou algumas dessas poesias incendiárias com sua expressão habitual; olhos fechados, versos cantados. Ele realizou recitais em Leningrado, onde o público permaneceu sentado, boquiaberto e fascinado. Vladimir Admoni, estudioso da literatura germânica e amigo de Akhmatova, relembra:

Nós estávamos abalados pelos poemas que Mandelstam lia – os que já conhecíamos e aqueles que ouvíamos pela primeira vez. Todavia, o que mais nos impressionou foi a imagem de Mandelstam, uma combinação de orgulho e destruição, força e fragilidade... Ele se comportava com tal confiança natural, como se houvesse em seu íntimo espaço para o assombroso poder do espírito humano, uma inesgotável e profunda fonte de poesia. Apesar disso, sua figura pequena parecia – e era – extremamente vulnerável e desprotegida.[434]

Mas os recitais mais inquietantes aconteceram no novo apartamento do casal em Moscou, adquirido no outono de 1933 com a ajuda de Bukharin. O edifício de aparência sombria pertencia ao sindicato dos escritores e era habitado por bajuladores da literatura oficial – e essas pessoas lotavam o apartamento de Mandelstam durante as leituras.

Não tenho lembrança mais terrível do que a do inverno de 1933-34, que nós passamos no novo apartamento – o único que possuí em toda a minha vida... Não tínhamos dinheiro, tampouco o que comer, e todas as noites havia uma multidão de visitantes – metade deles espiões da polícia. A morte podia chegar para M. rapidamente ou na forma de um lento processo de esgotamento. Ele, um homem impaciente, esperava que fosse bem rápido.[435]

Mandelstam "conduziu sua vida com mãos enérgicas na direção da destruição",[436] e ela foi obrigada a partilhar desse destino. Durante noites insones, Nadejda começava a se sentir "a mais velha dos dois". Mandelstam, imerso no trabalho, "rejuvenecia... enquanto eu me convertia em pedra e envelhecia por causa do medo".[437] O trabalho feito pelo autor naquela época, *Viagem à Armênia*, foi criticado em um artigo não assinado do *Pravda* e classificado como "a prosa de um lacaio". As críticas nos principais jornais do Partido eram mais que uma condenação: indicavam o início de uma campanha oficial para eliminá-lo definitivamente.

Foi com a consciência de que sua sorte já estava selada que, em novembro de 1933, Mandelstam escreveu uma poesia na qual acusava o regime, referindo-se a Stálin como "alpinista do Kremlin, assassino e exterminador de camponeses".[438] Ele leu o texto em seu apartamento, expondo a si e a seus ouvintes ao perigo. Movidos pela certeza de que o recital era um ato de suicídio, os amigos de Mandelstam lhe suplicaram que esquecesse esse poema. "Eu perguntei", lembrava Vasilisa Shklovskaia, "'O que você está fazendo?! Por quê? Você está dando seu pescoço à forca'. E ele: 'Não posso fazer de outra forma... Eu a escrevi, e é preciso recitá-la'".[439]

Mandelstam escreveu sua sátira sobre Stálin em um estilo excepcionalmente direto e descomplicado, com o propósito de fazê-la acessível e eliminar a possibilidade de interpretações errôneas. Quando ele a recitou para Pasternak durante uma caminhada pela cidade, este último ficou estarrecido: "Eu não ouvi isso, você não recitou isso para mim".[440] Com o início das prisões em massa em 1934, as pessoas temiam qualquer tipo de conversa de caráter político. Mandelstam tinha consciência do que o aguardava: em Leningrado, onde estava no mês de fevereiro na companhia de Nadejda, ele contou a Akhmatova que já se sentia "preparado para a morte".[441] No entanto, ele ainda nutria muitas ideias criativas, estudava italiano e escrevia sobre Dante, como se percebesse semelhanças entre o *Inferno* e os eventos contemporâneos.

O casal ainda se encontrava em Leningrado quando Mandelstam atacou Alexei Tolstói, um dos mais influentes escritores da época, e favorito de Stálin. (Não havia relação entre ele e Lev Tolstói.) Mandelstam esbofeteou-o na face publicamente e o chamou de "carrasco". Embora estivesse ajustando contas pessoais com esse escritor, ele escolheu palavras precisas para descrevê-lo. Alexei era um homem talentoso mas carente de escrúpulos, e acabou laureado com três prêmios de literatura concedidos por Stálin. No período de 1936 a 1938, o auge do terror, ele foi chefe do sindicato dos escritores e clamava pela execução de inocentes.

O ato de coragem e desatino de Mandelstam ocorreu no início de maio de 1934, na presença de Nadejda. Ela se lembra que Tolstói "gritou a plenos pulmões, na frente de testemunhas, que faria tudo para assegurar o impedimento permanente à publicação dos trabalhos de M. e sua expulsão de Moscou".[442] Após o falecimento de Stálin, Akhmatova contou a Isaiah Berlin que acreditava ter sido Tolstói "a causa da morte do maior poeta de nosso tempo".[443] Contudo, a prisão de Mandelstam não pode ser atribuída apenas a esse incidente; o mais provável é que o episódio tenha sido uma evidência a mais.

Logo em seguida, o casal foi para Moscou e, de lá, Mandelstam passou a ligar para Akhmatova e lhe enviar telegramas desesperados, implorando que viesse para o que julgava ser um último encontro. Ela chegou a tempo de presenciar a prisão do poeta, em 13 de maio. À uma hora da manhã, houve "um golpe impetuoso e insuportavelmente explícito na porta". Nadejda, que havia meses antevira esse momento, disse apenas: "Eles chegaram para levar Óssip".[444] E abriu a porta para os visitantes indesejados: três agentes da polícia secreta.

Sem uma palavra ou um momento sequer de hesitação, mas com perfeita perícia e agilidade, eles passaram por mim (sem empurrar, todavia) e, de repente, o apartamento se encheu de gente que examinava nossos documentos de identidade, apalpava nossos quadris com movimentos hábeis e precisos e verificava nossos bolsos para se certificar da inexistência de armas escondidas.[445]

Devido ao trabalho exaustivo realizado pela polícia secreta, a busca durou seis horas. (Na outra vez em que Mandelstam foi preso, quatro anos depois, o mesmo procedimento aconteceu em apenas meia hora.) A polícia inspecionou os manuscritos do poeta, tendo confiscado seus poemas e pisoteado outros de seus papéis. Às sete da manhã, quando levaram Mandelstam, Nadejda e Akhmatova permaneceram no apartamento saqueado perguntando-se qual iria ser a acusação.

Nadejda nunca registrou em papel o poema mais imprudente de Mandelstam sobre Stálin. Mas um informante conseguiu memorizá-lo e reportá-lo à polícia. Prevendo a prisão iminente do marido, ela fez cópias dos outros trabalhos, passando algumas a amigos e escondendo outras em casa. A polícia não encontrou os papéis, pois estavam costurados dentro de almofadas ou colados em panelas e sapatos. Mandelstam, que acreditava na perenidade de sua poesia e confiava que seu público dela se lembraria, não tomou precauções em relação a seus arquivos. Nadejda, entretanto, percebeu a perda irreparável que a destruição daqueles textos representaria.

Naquela noite de maio, conscientizei-me de outra tarefa, aquela para a qual eu sempre vivera. Não havia nada a meu alcance capaz de livrar M. de seu destino, mas alguns de seus manuscritos haviam sobrevivido e eu ainda trazia outros tantos abrigados em minha memória. Só me cabia salvar tudo isso e, portanto, eu precisava preservar minhas forças.[446]

Naquele dia, temendo que a polícia retornasse para outra busca, Nadejda e Akhmatova tiraram clandestinamente do apartamento, dentro de cestas de compras, os papeis mais valiosos de Mandelstam. O movimento seguinte de Nadejda foi procurar Bukharin, que ainda possuía alguma influência como editor do jornal *Izvestiya*. Ele lhe perguntou se Mandelstam havia escrito "alguma coisa imprudente" e ela negou, envergonhando-se mais tarde dessa mentira que colocou Bukharin em situação de risco, pois o governo já tinha informações a respeito do poema de Mandelstam. Genrikh Iagoda, futuro chefe do NKVD (Comissariado do Povo para Assuntos Internos), que assinara o mandado de prisão do poeta, recitou o poema para Bukharin, quando este tentou interferir. Nadejda não voltaria a vê-lo, pois na visita seguinte ele se recusou a recebê-la e depois, em 1938, mesmo ano em que Mandelstam faleceu em um campo de concentração, Stálin destruiu Bukharin em um espetacular julgamento de fachada.

Akhmatova conseguiu agendar uma reunião no Kremlin com Avel Enukidze, velho amigo de Stálin,[447] que não desconhecia a existência de poemas escritos por Mandelstam contra o regime. Mas o simples fato de Akhmatova e Pasternak intercederem pelo poeta levou Stálin a comutar a sentença. Enviado inicialmente ao campo de prisioneiros que trabalhavam na construção do Canal do Mar Branco, Mandelstam não tinha chance de sobrevivência. Stálin alterou essa pena para três anos no exílio, punição surpreendentemente leve para quem "ofendera a pessoa mais temida na face da terra".

Outro ato de clemência confirmou o envolvimento pessoal de Stálin. Duas semanas após a prisão do marido, Nadejda recebeu uma chamada do inquisidor de Mandelstam, convocando-a a comparecer à Lubianka, quartel general da polícia secreta. Ela considerou um milagre o fato de ter sido autorizada a se encontrar com Mandelstam, mesmo na presença do inquisidor, já que a outras famílias haviam sido negadas quaisquer informações sobre o prisioneiro: "Nós vivíamos de boatos e sempre apavorados".

O enorme edifício que abrigara a companhia central de seguros antes da revolução converteu-se em um temido local de interrogatórios e prisões. Muitos dos mais brilhantes políticos, oficiais militares, cientistas, artistas e diplomatas desapareceram dentro da Lubianka. O protetor de Mandelstam, Bukharin, escreveu diversas obras enquanto esteve preso nesse local, antes de sua execução. Alexander Soljenítsin, um dos famosos prisioneiros da Lubianka, descreveu, em *O arquipélago Gulag*, como o corpo e o espírito dos reclusos eram destruídos nas dependências do presídio.

Embora Mandelstam admitisse ter escrito poemas contra o regime, ele ainda assim foi submetido a intimidações e tortura, sendo privado de sono, impedido de beber água e levado a acreditar que Nadejda também estava presa. À noite, quando aconteciam os interrogatórios, ele ouvia gritos dos prisioneiros. O poeta sofreu um colapso mental e cortou os dois pulsos com uma lâmina que ele havia levado clandestinamente escondida em seu sapato.

Nadejda desconhecia esse fato quando encontrou com Mandelstam na Lubianka, mas observou seu olhar "enlouquecido de medo". O inquisidor interrompia com frequência a conversa do casal, com uma linguagem pontuada pelas palavras "crime" e "castigo". Nadejda foi repreendida por não ter denunciado o marido às autoridades:

> O homem encarregado dos interrogatórios descreveu os poemas de M. como um "documento antirrevolucionário sem precedentes" e me colocou na condição de cúmplice. "Como um verdadeiro cidadão soviético deveria ter agido em seu lugar?" perguntou ele. Parecia que em meu lugar qualquer verdadeiro cidadão soviético teria imediatamente informado a polícia...

Ao receber a oferta de acompanhar Mandelstam no exílio, Nadejda aceitou sem pestanejar. O poeta foi expulso para Cherdin, pequena cidade histórica nos Urais, local que servia de exílio para a aristocracia russa desde o século XVII. Mikhail Romanov, tio do primeiro czar Romanov, foi enviado para aquela localidade por Boris Godunov, que via nele um oponente potencial. Romanov foi mantido em uma cova de terra, onde morreu depois de um ano.

Mas o casal Mandelstam não temia o exílio. "Deixe que nos mandem embora", o poeta costumava dizer para Nadejda. "Outros podem ter medo, mas o que nos importa?" Quando a notícia do banimento se espalhou no edifício onde viviam, amigos, sobretudo mulheres, apareceram para visitar Nadejda, trazendo uma contribuição em dinheiro para a viagem. Elena Bulgákova, que morava no mesmo prédio, irrompeu em lágrimas e esvaziou seus bolsos quando Akhmatova lhe contou a novidade.

ACIMA: Anna em 1871, há quatro anos casada com Dostoiévski. ABAIXO: Anna e seus netos, filhos de Fiódor. Ela não gostava das fotografias nas quais aparecia, exceto esta, feita em 1912, quando tinha 66 anos. "Penso que vivi uma vida de excepcional felicidade, e não desejaria mudar nada nela." *Fotos: cortesia do Russian State Archive of Literature and Art.*

Os Tolstói em 1884, ano em que Sofia deu à luz Alexandra, o décimo segundo rebento do casal. Tolstói já havia renunciado aos bens materiais, deixando Sofia responsável pelo sustento da família. *Foto: cortesia do L. N. Tolstoy State Museum.*

Os Tolstói em 1908, ano em que o 80º aniversário do escritor foi imensamente celebrado. "Não consigo abrir mão de meu amor por seu trabalho artístico", escrevera ela anteriormente. *Foto: cortesia do L. N. Tolstoy State Museum.*

Nadejda nos anos 1920, não muito tempo depois de ter conhecido Mandelstam. Ambos viviam "livres como pássaros" e sem dinheiro algum. *Foto: cortesia do Russian State Archive of Literature and Art.*

Nadejda nos anos 1960, quando a obra poética de Mandelstam foi finalmente publicada. "Agora ela é indestrutível, e por essa razão eu me sinto total e absolutamente livre..." *Foto: cortesia do Russian State Archive of Literature Art.*

Os Nabokov em 1967, na Suíça. Para Vladimir, Vera era a ouvinte ideal: "Eu começo a falar – você responde, como se arrematando um verso". *Foto: Horst Tappe/Getty Images.*

Elena em 1928, um ano antes de conhecer Mikhail Bulgákov.

ACIMA: Os Bulgákov no final dos anos 1930, época da criação de *O mestre e Margarida*. "Para mim, quando ele não está... escrevendo suas próprias histórias, a vida perde todo o sentido." *Fotos: cortesia da Russian State Library*. ABAIXO: Os Soljenítsin em 2000. Alexander Soljenítsin, que encontrou em Natália uma dedicada colaboradora, acreditava ser o mais sortudo entre os escritores russos. *Foto: Pavel Kasin/Kommersant.*

Os exilados embarcaram separadamente. Mandelstam já estava em seu compartimento, guardado por três soldados armados, quando o trem parou na plataforma onde Nadejda aguardava. O irmão dela, Evgeni, e o irmão mais velho de Mandelstam, Alexander, estavam presentes para se despedir. O poeta foi proibido de abrir a janela e dizer adeus a eles, ficando apenas a fitá-los através do vidro: "Uma barreira fora erguida entre nós e o mundo exterior".

Embora Nadejda não estivesse formalmente presa, o simples fato de acompanhar Mandelstam lhe valia um tratamento de prisioneira. Durante uma baldeação em Sverdlovsk, o casal foi forçado a se sentar em um banco de madeira, sob atenta vigilância, desde a manhã até a noite, sem permissão para comer, beber ou, até mesmo, movimentar-se: "A um menor movimento nosso ... os guardas se sobressaltavam e imediatamente levavam a mão às suas pistolas. ... Eles nos colocaram em um banco no lado oposto à entrada da estação, de forma que ficamos de frente para o desfile sem fim de pessoas que chegavam. Logo ao entrar eles se deparavam conosco, mas, no mesmo instante, desviavam o olhar". Mandelstam cochichou para Nadejda que nenhum desses transeuntes faria o menor movimento para intervir, caso eles fossem mortos ali.

> Viajamos em vagões lotados e em barcos a vapor; sentamos em estações movimentadas fervilhando de gente, mas não houve um lugar sequer onde alguém tivesse prestado atenção ao insólito espetáculo de duas pessoas – um homem e uma mulher – guardadas por três soldados armados. Nem mesmo uma olhada de relance para trás. Estariam eles habituados a visões como essa nos Urais, ou temiam ser infectados?

Mandelstam estava agitado e se recusava a dormir durante as viagens. Nadejda, que já tomara conhecimento da tentativa de suicídio, também permanecia acordada, vigiando-o. No início de junho, quando chegaram a Cherdin, ela insistiu para que ficassem alojados em um hospital local e, na primeira noite, foi vencida pela fadiga. Enquanto ela dormia, Mandelstam pulou por uma janela do segundo andar, sofrendo luxação e fratura do ombro direito. Devido a um erro da equipe médica, que não detectou a fratura, ele ficou com os movimentos comprometidos nesse braço pelo resto da vida. Contudo, a queda ajudou a curar sua doença mental, como ele descreve em um poema: "Um salto – e minha mente está íntegra".

Na prisão, a expectativa da execução a qualquer momento rendeu a Mandelstam uma paranoia e, para ajudá-lo a superar as crises de medo, Nadejda avançava os ponteiros do relógio. Tal arranjo surtia efeito, mas o poeta continuava assaltado por estranhas fantasias: induzido pela crença de que Akhmatova havia morrido, ele vagava por Cherdin, vasculhando as ravinas à procura do corpo.

Como não havia psiquiatras naquela pequena cidade, Nadejda pediu insistentemente a transferência de Mandelstam para outro lugar. Bukharin, para quem ela enviou um telegrama, escreveu uma longa carta a Stálin, descrevendo a tentativa de suicídio do poeta. Ele acrescentou, em nota final, que a prisão de Mandelstam deixara Pasternak bastante contrariado. Stálin anotou na carta de Bukharin, "Quem concedeu a eles o direito de prender Mandelstam?".[448] Esse comentário, embora hipócrita, agilizou sobremaneira a revisão da sentença do poeta. Em 10 de junho, ele recebeu autorização para se estabelecer em qualquer local, com exceção das doze cidades mais importantes.

Em 13 de junho, Stálin telefonou a Pasternak, por quem nutria profundo respeito. Ele queria saber qual fora a reação na comunidade literária à prisão de Mandelstam e pediu a opinião de Pasternak sobre a poesia desse autor: "Ele é um gênio... um gênio, não é mesmo?". Pasternak contestou, dizendo que a questão não era essa. "E o que é então?", perguntou Stálin. O outro respondeu, solicitando um encontro para conversarem sobre "vida e morte". O ditador não deu resposta e desligou o telefone. A parte mais incrível da conversa foi, no entanto, a repreensão de Stálin a Pasternak, por ele não ter defendido o poeta. Nadejda, em uma visita a Moscou, ouviu a história da boca do próprio Pasternak e relatou-a a Mandelstam, que se disse satisfeito pela forma como o amigo havia lidado com o assunto, concordando que "o fato de eu ser um gênio ou deixar de ser, não vem ao caso. ... Por que Stálin tem tanto medo de gênios? Parece uma superstição. Talvez ele nos considere bruxos, capazes de enfeitiçá-lo".

O casal Mandelstam optou por se estabelecer em Voronej, antiga cidade na região fronteiriça da Rússia. Pela primeira vez desde a prisão, viajaram desacompanhados: o poeta não poderia fugir, pois o único documento em seu poder era uma autorização de viagem. Dessa forma, não se sentiram exilados; pelo contrário, foram privilegiados: como os papéis de Mandelstam estampavam um carimbo da agência de informações local, eles tinham o direito de comprar as passagens em um guichê militar. As viagens eram limitadas e a multidão na estação, essencialmente camponeses desabrigados pelo processo de coletivização, invejavam o condenado e sua esposa.

Em Voronej, Mandelstam fez uma descrição bastante lúcida de sua enfermidade a um psiquiatra que já havia tratado de inúmeros casos de trauma decorrentes da prisão; ele conduziu Mandelstam em um giro dentro do hospital. Tranquilizada, Nadejda solicitou, por conta própria, sua internação na clínica: ela contraíra tifo durante a viagem, mas mantivera a febre em segredo. À exceção desse incidente, o casal levou uma vida quase sem problemas nos primeiros dois anos de exílio. Nadejda chegou a comentar que o período passado em Voronej "foi o mais feliz até então conhecido". O mais importante para os dois foi o fato de Mandelstam ter voltado a escrever poesias.

A despeito do isolamento social, do espaço acanhado das acomodações e da costumeira falta de recursos financeiros (eles viviam essencialmente à base de sopa de repolho e ovos), Mandelstam trabalhava com incrível produtividade. Sentindo que seu tempo se esgotava, ele escrevia com muita pressa, pedindo que Nadejda anotasse diversos poemas em sequência. Segundo ela, "A poesia emanava de dentro dele".

Em Voronej, onde compartilhavam um quarto e estavam constantemente juntos, Nadejda teve oportunidade de testemunhar o processo de criação de uma poesia. Mandelstam trabalhava a partir da própria voz, como costumava dizer. Sua poesia nascia do murmúrio produzido pelos sons em sua cabeça, murmúrio esse que ele "traduzia" em palavras. Se o marido se mostrava inquieto, Nadejda sabia que estava trabalhando: ele perambulava por todos os cantos quando compunha um poema. Porém, nos invernos gélidos de Voronej, não havia aonde ir e, com seu caminhar incessante dentro do pequeno quarto, Mandelstam "parecia um animal enjaulado". Para não perturbá-lo, Nadejda fingia dormir. Havia outros momentos nos quais eles se sentavam frente a frente em uma mesa, e bastava observá-lo para ela reconhecer que a conclusão de um poema estava próxima e ele logo iniciaria o ditado. Nos primeiros estágios da composição, seus lábios se moviam em silêncio e depois ele começava a sussurrar para "finalmente, a música interior se manifestar em unidades com significado próprio..." Observando Mandelstam compor durante longas horas, ela podia sentir como era árduo o trabalho de escrever poesias. Aos 43 anos, o poeta tinha o coração debilitado, mas se recusava a descansar: "'Você precisa compreender que de outra forma eu não terei tempo. ...' Ele se impunha um esforço tão grande... que acabava ofegante: o pulso ficava irregular e os lábios azulados. Com bastante frequência, sofria ataques de angina na rua e, em nosso último ano em Voronej, já não podia mais sair sozinho". Nada disso, entretanto, transparecia em seus poemas: os versos livres de qualquer amarra pulsavam com música e intensa alegria.

Mandelstam gostava de Voronej, a cidade onde Pedro, o Grande, criou sua flotilha de Azov. O poeta assimilava o espírito livre das regiões fronteiriças: marginais e membros de seitas religiosas haviam se estabelecido ali através dos séculos para fugir da lei. O casal Mandelstam, também proscrito, sentia-se mais à vontade nesse local do que em Moscou.

Depois de ditar um novo poema, Mandelstam contava as linhas, calculando quanto dinheiro lhe valia. No final do dia, antes de Nadejda guardar na maleta as poesias recém-compostas, ele somava todos os "ganhos". Pouco realista em suas expectativas, Mandelstam enviava os poemas para revistas literárias e para o jornal *Literary Gazette*, controlado pelo sindicato dos escritores. Apenas uma vez o casal recebeu uma "resposta formal", mas diante do isolamento em que viviam, até mesmo uma recusa era um evento bem-vindo, um reconhecimento de sua existência.

No passado, Mandelstam adotara uma atitude filosófica no que dizia respeito a ter espaço para publicação de seus trabalhos. Certa vez, ouvindo a queixa de um jovem poeta que não conseguia ser publicado, ele contestou: "Alguém publicou André Chénier? ou Sappho? ou Jesus Cristo?".[449] No exílio, porém, ele ansiava por isso, já que não lhe restava outra forma de comunicação com o mundo.

O ano de 1935 foi "próspero" para o casal: eles colaboraram na produção de diversos programas da estação de rádio local, escrevendo roteiros sobre tópicos tão inofensivos como "A juventude de Goethe" e "Gulliver para crianças". Um jornal da cidade encomendou resenhas de livros e solicitou a Mandelstam um artigo especial a respeito de uma fazenda coletiva da região. Eles começaram o trabalho juntos, já que agora o poeta não ia à parte alguma sem Nadejda; todavia, nada foi escrito. Ele não era um articulista e, além do mais, não se sentia em condições de criar uma história mentirosa tratando do sucesso em uma fazenda do Estado depois de ter testemunhado os horrores da coletivização. Os "esforços conjuntos" garantiram outro trabalho: com Nadejda atuando como agente de Mandelstam, ele obteve o cargo de consultor literário em um teatro local. O salário cobria o aluguel e as despesas com gêneros alimentícios e cigarros, propiciando ao casal certa sensação de estabilidade. Ademais, em uma visita a Moscou, Nadejda conseguiu um trabalho de tradução: um romance de Guy de Maupassant, para uma editora do governo.

Com o propósito de se conscientizarem a fumar menos, eles inventaram um jogo. Quando Nadejda pegava um cigarro, Mandelstam logo a advertia a largá-lo. Ela obedecia, mas, passado poucos minutos, acendia-o novamente. Na sua vez, Nadejda tirava o cigarro dos lábios do marido, dizendo: "Osia, não fume!" Questionados por algum conhecido sobre o objetivo de tal exercício, Mandelstam respondeu, com um sorriso, que o fumo prejudicava a saúde: "Nádia vai argumentar e colocar o cigarro de lado, o que leva algum tempo. Assim, ela fumará seis ou sete a menos".[450]

O dia em que Mandelstam recebeu de volta seus documentos foi "um grande evento" para o casal. O passaporte lhe havia sido tomado por ocasião da prisão, o que o obrigava a renovar seu visto de residência todos os meses e, a cada renovação, enfrentava longas filas em diversas instituições para obtenção de atestados. A burocracia soviética era não apenas desconcertante, mas ineficiente e absurda, como expresso por Kafka em *O processo*. Além de tudo, Mandelstam precisava de uma referência do escritório local do sindicato dos escritores, confirmando que ele estava "de fato realizando trabalho literário".

Os informantes da polícia faziam visitas regulares. Passando-se por admiradores do poeta, eles o interrogavam a respeito de seu trabalho. Com o tempo, Mandelstam começou a ir, escoltado por Nadejda, ao quartel-general da polícia secreta local, para sugerir que seus poemas fossem enviados diretamente às autoridades, como forma de poupar trabalho a todos.

Em 1936, quando os alto-falantes começaram a divulgar notícias sobre os julgamentos de fachada, os exilados foram proibidos de realizar até mesmo trabalhos literários de rotina, porque a vigilância se tornou a ordem do dia. Mandelstam foi imediatamente demitido do teatro, a emissora de rádio local viu suas atividades encerradas, em virtude da centralização de todas as transmissões, e o trabalho nos jornais escasseou. Também para Nadejda, todas as portas se fecharam: ela não recebeu nenhum outro trabalho de tradução. Eles passaram a viver da generosidade dos irmãos e dos amigos: Akhmatova, que como outros enfrentava dificuldades para cobrir as próprias despesas, e Pasternak enviavam dinheiro. No inverno de 1936 Akhmatova viajou para Voronej e, tempos depois, descreveu em uma poesia a cidade "encrustrada no gelo" e "o desolador quarto do poeta". Na época, Mandelstam leu para ela os versos de sua nova coletânea. Em um ensaio dedicado a ele, Akhmatova traduziu sua impressão sobre esse trabalho, dizendo-se impressionada pelo fato de "os versos de Mandelstam revelarem uma sensação de espaço, amplitude e profunda força vital, exatamente em Voronej, onde ele estava privado de toda liberdade".[451] O livro *Voronezh Notebooks* [Cadernos de Voronej], que Mandelstam considerava sua maior realização, só veio a ser publicado décadas depois de sua morte. Durante a estada de Akhmatova, Nadejda teve a oportunidade de conviver com dois poetas notáveis, ambos "banidos, doentes, pobres e perseguidos", mas dotados de extraordinário poder espiritual, a única coisa inatingível pelo regime. O próprio Mandelstam afirmava: "Poesia é poder".

Com a escalada da repressão em todo o país, a saúde física e mental de Mandelstam experimentou acentuado agravamento. A ansiedade e o medo de sofrer um ataque cardíaco tornaram-no dependente de Nadejda. No final do verão, para ajudá-lo a se recuperar, o casal viajou para Zadonsk, às margens do rio Don. A antiga cidade, construída no século XVII, era afamada por seu monastério e por outros locais sagrados. O bispo Tikhon de Zadonsk, canonizado pela Igreja Ortodoxa, era reverenciado tanto por Dostoiévski como por Tolstói, que fizeram menções a ele em seus trabalhos. (Dostoiévski cita o ancião em *Os irmãos Karamazov* e Tolstói o compara a São Francisco de Assis). Embora as igrejas e catedrais não estivessem funcionando durante o governo de Stálin, o casal foi atraído à pitoresca cidade devido a sua história. O local inspirou Nadejda a retomar a pintura: em suas aquarelas, retratou a cúpula dourada das catedrais, os monastérios e o Don. Ela esparramava as pinturas pelo chão do quarto e convidava alguns escritores e amigos para conhecer sua "galeria improvisada".[452]

O escritor Yuri Slezkin, que os ajudou a alugar uma acomodação em Zadonsk, ficou impressionado com a incontrolável dependência de Mandelstam em relação a Nadejda: ela não podia se afastar do lado dele um instante sequer. O casal deu a essa doença o nome "ficar sem Você".[453] Na ausência de Nadejda, Mandelstam apresentava sintomas psicossomáticos – ataques de pânico e falta de ar. "Quando estou com Nádia, minha respiração é normal", explicava, "mas, se ela precisa sair de perto começo, literalmente, a sufocar".[454] Ele se tornava até mesmo incapaz de compor se Nadejda estivesse distante. Quando certa vez ela foi para Moscou, ele lhe confessou: "É triste e vazio escrever sem você".[455]

Em setembro, os escritores de Voronej decidiram excluir Mandelstam do círculo literário soviético. Nessa vergonhosa reunião, o poeta foi proclamado trotskista e inimigo da classe. A escritora Olga Kretova, que detinha uma posição oficial no sindicato dos escritores de Voronej, fez uma análise detalhada da resolução em um artigo para o jornal local. (Ela vivia a sentir vergonha desse artigo.) Só puderam lê-lo Mandelstam e Nadejda, na primavera de 1937, pouco antes do final de seu exílio, quando foram despejados e vagaram atrás de ajuda financeira, tendo recorrido, inclusive, ao sindicato dos escritores. A resposta previsível era sempre a mesma: "Rejeitado".

Nesse período, o casal viveu de pequenas doações de tipógrafos e atores, que dividiam com eles uns poucos rublos em segredo. Naquele ambiente de paranoia política, ser visto na companhia dos exilados representava perigo: "Nós costumávamos marcar para encontrá-los em alguma rua deserta, onde, como conspiradores, eles nos entregavam, ao passar por nós, um envelope com o dinheiro doado".

No início de 1937, Mandelstam enviou cartas desesperadas ao próspero escritor de histórias infantis, Kornei Chukovski, pedindo dinheiro e explicando que havia sido privado do direito de escrever: "Só me resta o direito de morrer".[456] Em janeiro, Nadejda foi a Moscou, em busca de trabalho e dinheiro e, como ela planejava passar lá um mês, Mandelstam solicitou a vinda de sua sogra, que vivia no apartamento do casal naquela cidade, para lhe fazer companhia na ausência de Nadejda. Com o propósito de convencer Vera Yakovlevna, que era médica, da absoluta necessidade de sua presença, ele incluiu na carta uma abundância de detalhes médicos. Vera partiu no mesmo instante para cuidar de seu genro e dar um descanso a Nadejda.

Mandelstam escrevia a Nadejda cartas puramente infantis, recusando-se a entender os problemas práticos que a prendiam em Moscou e insistindo em seu imediato retorno a Voronej: "Conto os dias e minutos para sua volta".[457] Embora não estivesse sozinho, ele não suportava a separação e escrevia a ela: "Nossa união é eterna, e esse fato está assumindo tal proporção e crescendo de forma tão impressionante, que não há *nada* a temer".[458]

O medo era, entretanto, uma característica notória dos dias que eles viviam, e ambos temiam pelo futuro. Esmagado por circunstâncias nefastas e se sentindo reduzido a uma mera "sombra", Mandelstam estava preparado a correr riscos. No inverno de 1937-38, Nadejda observou-o compor uma "Ode a Stálin". O poeta alentava a ilusão de que "a única pessoa em todo o mundo" a quem poderia recorrer era o próprio Stálin.[459] Nessa ocasião, excepcionalmente, ele não ditou o poema a Nadejda, talvez julgando que o texto devesse nascer de suas mãos. "Todas as manhãs, ele se sentava à mesa e tomava a pena, como todo escritor costuma fazer..." Depois de algum tempo, levantava-se, praguejando contra si mesmo e questionando por que, ao contrário de outros, ele não conseguia criar tais poemas. "Estava aí um sinal de sua incapacidade para sufocar a verdadeira poesia dentro de seu peito. ..." Mandelstam contou a Nadejda que, quando pensava em Stálin, enxergava "um amontoado de cabeças". No final, ele acabou compondo uma elegia ao tirano, algo que Akhmatova também faria para salvar seu filho Lev Gumilev. Mais tarde, alguns conhecidos aconselharam Nadejda a destruir a "Ode" de Mandelstam, mas ela a preservou, julgando que de outro modo "a verdade estaria... incompleta".

O período de exílio terminou em meados de maio, mas entendia-se que a duração de uma sentença dependia não da lei, mas apenas da sorte: com a supressão dos direitos civis, as autoridades sempre exerciam a prerrogativa de estender a pena a seu bel-prazer. Quando, em 16 de maio, Nadejda e Mandelstam tomaram lugar em uma fila no escritório local da polícia secreta, não sabiam o que a sorte lhes reservava. Um funcionário, atrás de uma pequena janela, entregou ao poeta um documento. Ele sentiu faltar-lhe o ar ao ler o papel, e indagou se estava livre para deixar Voronej. O atendente limitou-se a mandar que ele se afastasse da fila, da forma costumeira empregada pelo Estado para se comunicar com os exilados e as famílias dos prisioneiros.

Dois dias depois, presumindo que estavam livres para partir, eles retornaram a Moscou. Foi grande a emoção no momento em que abriram a porta de seu apartamento: parecia "um lar de verdade para o qual havíamos voltado". Todavia, não contavam mais com a privacidade desse lar: durante o exílio, o sindicato dos escritores cedeu um dos dois cômodos a um informante da polícia com sua máquina de datilografia. Nadejda já havia encontrado esse homem, um escritor do Partido, em sua visita anterior a Moscou. Logo em seguida, sem ainda ter desfeito as malas, o casal se dirigiu a uma galeria no centro, para que Mandelstam pudesse satisfazer o grande anseio de apreciar a arte francesa, da qual fora privado durante o período de exílio.

A estada em Moscou foi breve: as autoridades recusaram um salvo-conduto a Mandelstam e cancelaram o registro de Nadejda. Não era possível entender a lógica da "lei" soviética: após cumprir a sentença, o poeta descobriu uma redução ainda maior de seus direitos. Enquanto em 1934 a pena lhe proibira a entrada, durante três anos, nas doze cidades mais importantes, ele agora estava banido de setenta cidades por toda a vida, sendo ilícita, inclusive, sua volta a Voronej. Consciente de tal condição, Mandelstam sugeriu a Nadejda, pela primeira e única vez em toda a sua vida de casados, que agissem "como duas pessoas independentes". Ela tentou a sorte sozinha e foi procurar um oficial do alto escalão da polícia. No entanto, aos olhos do Estado, o destino subsequente de Nadejda estava para sempre vinculado ao de Mandelstam.

"Não há contra mim nenhuma condenação", falei indignada. "O que você quer dizer com isso?", perguntou o homem, enquanto examinava meus documentos. "Eis aqui: 'Óssip Mandelstam, pessoa condenada...'" "Este é um homem", interrompi, "eu sou uma mulher – Nadejda". Ele concordou nesse ponto, para em seguida reagir com fúria: "Ele é seu marido, não é?". O policial se levantou e deu um murro na mesa: "Você nunca ouviu falar do artigo 58?". Ele gritou alguma coisa mais, porém eu fugi, apavorada... eu sabia que o Estado falava pela boca desse agente.

No início de junho, menos de um mês após retornar, o casal recebeu ordens de sair de Moscou em até 24 horas. O apartamento acabou nas mãos do "vizinho", que fizera denúncias contra Mandelstam. Na última noite em casa, Nadejda acordou e deu com o marido à frente de uma janela aberta, prestes a se jogar, como em Cherdin. Ao vê-la, ele sugeriu que cometessem suicídio juntos, proposta recusada por Nadejda sob a alegação de que ainda não chegara o momento. Pela manhã, partiram para a vila de Savelovo, localidade além do raio de cem quilômetros de Moscou, onde eram obrigadas a viver as pessoas na mesma condição que eles.

Encarando a realidade de sua vida, Mandelstam disse a Nadejda: "Precisamos mudar nossa profissão – doravante somos indigentes". Indiferente a seu nível de pobreza, até então ele sempre usara terno e gravata, mas era agora um velho mendigo "abatido, com rosto encovado e lábios exangues". Naquele verão, a vida ainda lhes foi generosa e o casal viveu na vila "como turistas", fazendo viagens esporádicas a Moscou em busca de dinheiro. Nadejda observou que, ao contrário dos "mendigos comuns", eles recolhiam as esmolas no atacado. No outono, fizeram uma excursão a Leningrado, onde Mikhail Lozinski, afamado tradutor das obras de Dante e Shakespeare, deu-lhes dinheiro suficiente para se manterem por três meses. Akhmatova descreveu seu encontro com Mandelstam naquele outono como "um terrível pesadelo": era o ano de 1937, uma "época apocalíptica" na qual houve uma escalada das repressões. Seu filho Lev, preso pela primeira vez em 1935 (culpado exclusivamente de ser filho de Nikolái Gumilev e Akhmatova), ainda permanecia no *gulag*. Toda família tinha algum parente preso ou exilado: "O infortúnio acossava nossos calcanhares". Muito doente, Mandelstam "respirava com dificuldade, puxando o ar pela boca", estado agravado pela condição de desabrigados em que ele e Nadejda viviam.[460]

Os Mandelstam passaram o outono e o inverno em Kalinin, originalmente chamada Tver, cidade situada a cerca de 150 quilômetros ao norte de Moscou. Fundada no século XII, ela foi renomeada em homenagem a um líder soviético. Essa cidade testemunhou a invasão da Horda Dourada e também as execuções em massa executadas por Ivan, o Terrível. Sob Stálin, ela perdeu seu mais importante monumento arquitetônico: a Catedral do Salvador, dinamitada em 1936.

Enquanto viveram em Kalinin, eles continuaram a fazer viagens ocasionais a Moscou, sempre na tentativa de obter dinheiro e alimento. Os expurgos haviam atingido o ápice e os amigos temiam ser vistos na companhia do casal: o próprio Pasternak, em nome da esposa, pediu-lhes que deixassem de vir à sua residência de campo em Peredelkino. Em Moscou, restara apenas uma casa que os proscritos ainda podiam visitar: o apartamento onde o literato Viktor Chklovski vivia com sua esposa Vasilisa. Os Mandesltam passaram uma noite com eles e depois partiram, levando algumas roupas velhas e um pouco de dinheiro e comida.

Tempos depois, outros membros da comunidade de escritores compararam Mandelstam e Nadejda aos dois amantes tristes e inseparáveis das pinturas de Mark Chagall. Eles pareciam amaldiçoados; o destino estampado em suas faces; aqueles que os viam se perguntavam qual deles seria o primeiro a partir.

Depois de mendigar junto a amigos também vítimas da pobreza, os Mandelstam tornaram-se deprimidos e incapazes de manter entre si uma conversa coerente. Sua dieta consistia em chá e ervilhas secas, que Nadejda tentava fazer render o máximo possível. Quando, na estação de Kalinin, Mandelstam pedia a ela que alugasse uma charrete, a resposta sempre apontava a falta de condição econômica para pagar por uma corrida até o subúrbio, onde viviam. Caminhando de volta para casa, ele parava sobre a ponte do Volga para respirar. "O trecho da ponte era-lhe especialmente difícil, devido ao forte vento que soprava. Ele não dizia nada, mas eu percebia quão doente estava..."[461] Alguns anos mais tarde, quando se estabeleceu sozinha em Kalinin, toda vez que cruzava essa ponte Nadejda era assaltada pela visão de Mandelstam cambaleando a seu lado.

O instinto de sobrevivência de Nadejda lhe dizia que deviam levar uma vida discreta e mudar-se constantemente. Mandelstam, no entanto, desejava chamar para si outra vez os holofotes: ele acreditava que um recital de poesias, organizado pelo sindicato dos escritores, poderia transformar seu destino. Na verdade, a ideia só lhe rendeu problemas.

O poeta se encontrou com o escritor Alexander Fadeev, personagem influente no Partido e no sindicato dos escritores. Sensibilizado pela poesia de Mandelstam, ele prometeu interceder a seu favor "junto ao alto escalão".[462] Houve também outro "inesperado golpe de sorte"[463] ou, pelo menos, assim eles imaginaram. Vladimir Stavski, chefe interino do sindicato dos escritores, conseguiu uma estada de três meses para o casal em uma casa de repouso, por conta do Fundo Literário. Contudo, o próprio Stavski já havia enviado uma carta ao comissário de assuntos internos, Nikolái Ejov, denunciando Mandelstam. O Partido oferecia ocupação aos empregados literários, como Stavski, e, portanto, eles colaboravam voluntariamente com a polícia de segurança. Em sua denúncia, ele escreveu que Mandelstam, além de ter violado a zona de cem quilômetros, onde deveria residir, havia ainda visitado amigos em Moscou e mantido sua atividade de poeta.

Mais ou menos nessa época, Fadeev ofereceu ao casal uma carona em seu carro oficial. Ele ficou surpreso ao saber que os Mandelstam estavam indo para Samatikha, casa de repouso que não pertencia ao sindicato dos escritores. De fato, era uma propriedade do Partido. Quando o automóvel parou, Fadeev desceu e, inesperadamente, deu em Mandelstam um afetuoso abraço de despedida.

Em Samatikha, onde chegaram em março, foram acolhidos com um tratamento reservado a pessoas importantes. O médico do local anunciou que fora instruído a criar as melhores condições para o trabalho de Mandelstam. Mas, quando o poeta decidiu ir à cidade e solicitou transporte, recebeu uma recusa. Ele perguntou a Nadejda, "Você acha que caímos em uma cilada...?".[464] No entanto, o ambiente relaxante do sanatório, com suas refeições regulares, e a temporário alívio das pressões financeiras, logo os levou a baixar a guarda. Mais tarde, ocorreu a Nadejda que eles provavelmente tinham sido enviados para lá porque, a polícia secreta estava sobrecarregada e Mandelstam precisava aguardar sua vez. A polícia chegou para levá-lo ao amanhecer de 2 de maio de 1938. "Naquela noite eu sonhei com ícones – isso é sempre considerado mau agouro. Despertei assustada e chorando, e acordei M. 'O que devemos temer agora?', ele perguntou. 'O pior já passou'. E voltamos a dormir... Pela manhã, fomos despertados por uma leve batida na porta".[465] Não houve tempo para uma busca: a polícia simplesmente esvaziou a mala do casal em que estavam guardados os papeis de Mandelstam, colocando tudo em um saco.

Nadejda, sentada na cama, ainda não se refizera do torpor, quando os militares levaram Mandelstam e o colocaram em um caminhão. Os dois se conheceram no dia 1º de maio de 1919 e foram separados em 2 de maio de 1938, "no momento em que ele foi levado, empurrado por dois soldados. Não tivemos tempo de nos falar – fomos interrompidos ao tentar dizer adeus".[466]

Enquanto a polícia ainda se encontrava no quarto, Nadejda lhes informou que o arquivo de Mandelstam ficara no apartamento de Moscou. Na verdade, um hábil estratagema, pois os manuscritos estavam em Kalinin. A mentira lhe permitiu adiar o desfecho da situação. No mesmo dia, tão logo pôde deixar o sanatório, ela correu para Kalinin, conseguindo recuperar o arquivo a tempo de colocá-lo a salvo da polícia, que, instantes depois, bateu à porta da proprietária do imóvel, portando um mandado de prisão contra Nadejda, e virou a casa pelo avesso.

Depois da prisão de Mandelstam, Nadejda se mudou para a vila de Strunino, fora de Moscou, e encontrou emprego em uma fábrica de tecidos. As esposas de condenados, agora em grande número, tinham permissão para trabalhar: "Eu era como uma agulha em um palheiro... uma entre dezenas de milhões de esposas cujos maridos foram enviados para os campos de concentração ou morreram nas prisões".[467] Durante seu período noturno de oito horas de trabalho na oficina de fiação, ela andava de uma máquina a outra, repetindo os versos de Mandelstam. Se os manuscritos se perdessem, sobreviveriam em sua memória. De dia, Nadejda viajava a Moscou para tomar seu lugar na fila da prisão de Lubianka. Uma pequena janela com veneziana de madeira era agora o único lugar onde ela podia indagar sobre Mandelstam e deixar um pacote para ele. Akhmatova passou dezessete meses nessas filas, levando pacotes para o filho e o marido, Nikolái Púnin, experiência que descreveu no poema "Réquiem".

Certa feita, em um turno da noite na fábrica, dois jovens se dirigiram à oficina de fiação, desligaram as máquinas de Nadejda e a conduziram até a seção reservada para funcionários. Outras mulheres, cientes do fato de que nesses casos as pessoas eram levadas diretamente para a polícia secreta, desligaram suas máquinas e seguiram atrás em silêncio. Uma multidão postada do lado de fora das portas da seção de pessoal tornou embaraçosa a posição da polícia, que dispensou Nadejda, não sem antes forçá-la a assinar um compromisso escrito de retornar no dia seguinte para interrogatório. À noite, alguns companheiros de trabalho deixaram no parapeito da janela de Nadejda uma quantia em dinheiro para que ela pudesse fugir. Os proprietários da casa levaram-na de automóvel até a estação, onde ela tomou o primeiro trem da manhã.

No final do outono de 1938, Nadejda foi visitar em Leningrado a irmã Anna, que sofria de câncer em sua fase terminal. Ela se encontrou também com Akhmatova, a quem confidenciou seu temor de que os prisioneiros fossem torturados durante os interrogatórios. Akhmatova lembra:

"Era possível sentir o medo em seus olhos. Ela disse, 'Só descansarei quando souber que ele está morto'".[468]

Em novembro, Mandelstam enviou uma carta para o irmão, Alexander. Nessa carta, proveniente de um campo transitório em Vladivostok, ele levava ao conhecimento do irmão a penosa situação em que se encontrava: submetido a um frio terrível, sem roupas adequadas e "completamente extenuado, esquálido e quase irreconhecível". Acreditando que Nadejda também estivesse em um campo de trabalhos forçados, pediu que o irmão mandasse notícias dela e lhe enviasse esta nota: "Querida Nadejda, você ainda está viva, minha joia?"[469] Foi a única carta de Mandelstam. (De acordo com um sobrevivente do *gulag*, a permissão para enviar cartas era um ato de misericórdia, concedido quando do aniversário da revolução de outubro.)[470]

Em 19 de janeiro de 1939, lançando mão de um recurso desesperado para salvar Mandelstam, Nadejda enviou uma carta a Lavrenty Beria, o recém-nomeado comissário para assuntos internos, e chefe da agência de segurança estatal. Beria era responsável pelo imenso *gulag*. Nadejda lhe escreveu, com surpreendente ousadia, relatando que Mandelstam fora levado em um momento no qual deveria ver seu trabalho publicado, e não ser preso. Devido à debilidade da saúde do marido, ela, sua cuidadora, nunca o deixara só. Como ele fora acusado de atividade contrarrevolucionária, ela esperava ter sido chamada como testemunha ou cúmplice, porém a investigação não levou esse fato em consideração. Nadejda solicitava que Beria revisse o caso e avaliasse se Mandelstam se encontrava em condição física e mental para cumprir sua sentença.[471]

Entretanto, quando Nadejda escreveu essa carta, Mandelstam já falecera: em fevereiro, um pacote enviado por ela foi devolvido com a observação de que o destinatário estava morto. Ela se recusou a aceitar a notícia e pediu que a administração dos campos de prisioneiros fornecesse o atestado de óbito do marido. Nesse meio tempo, acreditando que o poeta seria solto enquanto eles a levassem embora, Nadejda escreveu uma carta de despedida, que acabou encontrando entre outros papéis, anos mais tarde:

> Osia, meu amado, meu namorado distante! Não tenho palavras, meu querido, para colocar nesta carta que talvez você nunca leia. Estou escrevendo num espa-

ço vazio. ... Osia, que alegria foi vivermos juntos como crianças – todas as nossas brigas e discussões, os jogos a que nos entregamos, e nosso amor. Agora, nem mesmo olho para o céu. Se vejo uma nuvem, para quem posso mostrá-la? Você se lembra de como trouxemos provisões para preparar nossas pobres celebrações em todos os lugares onde, como nômades, erigimos nossa tenda? Recorda-se do delicioso sabor do pão quando o conseguimos, por um milagre, e comemos juntos? E nosso último inverno em Voronej. Nossa pobreza feliz, e a poesia que você escreveu... Eu agradeço todos os dias e todas as horas de nossa amarga vida conjunta, meu companheiro e guia cego de minha vida.[472]

Em junho de 1940, Alexander recebeu o atestado de óbito do irmão, com instruções para encaminhá-lo a Nadejda. O documento dizia que Mandelstam morrera no dia 27 de dezembro de 1938, vítima de um ataque cardíaco, fazendo parecer que a causa da morte fora natural. Nadejda passou anos tentando confirmar se a data estava correta.

Após a morte de Mandelstam, Nadejda foi viver na companhia de sua amiga Galina von Meck, em Maloiaroslavets, cidade a sudeste de Moscou. Galina, que acabara de retornar da prisão e descobrira que o marido fora preso novamente, não permitiu que Nadejda entrasse em depressão. Em alusão às raízes judias da amiga, ela disse: "Eu julgava que as pessoas de sua raça fossem mais fortes...".[473] Galina manteve-a em constante atividade, forçando-a a sair para realizar pequenas tarefas ou comprar mantimentos. Quando em seu "estado de extrema confusão" Nadejda esquecia o que fora comprar, a amiga a fazia retornar para a fila. Essa impiedosa terapia salvou Nadejda "da inércia causada pelo silêncio". Naquele momento, ela só conseguia pensar nas últimas horas de vida de Mandelstam, visualizando o corpo do marido jogado em uma vala comum: "Algumas vezes eu via através dos olhos de minha mente, com toda a nitidez da alucinação, uma pilha de corpos vestidos com os trapos cinzentos dos campos de prisioneiros e me esforçava para distinguir o moribundo M. entre eles".[474] (No final da guerra, Galina emigrou para o Ocidente: a exemplo de muitos russos de etnia alemã, ela escapou junto às tropas da Alemanha que se retiravam. Na década de 1970, quando as memórias de Nadejda foram publicadas no Ocidente, Galina vivia em Londres; as duas se correspondiam por meio de cartas levadas por viajantes).

Na ocasião da morte de Mandelstam, Akhmatova comentou com Nadejda: "Agora você é tudo o que resta de Óssip". O propósito da vida da esposa do poeta passou a ser preservar a poesia escrita por ele: "Quando ele se foi de minha vida, eu também devia ter morrido, não fosse pela alegria inspirada por seus versos".[475] Na primavera de 1939, Nadejda se juntou à sua amiga íntima Elena Arens, em Kalinin. Elena era esposa de um representante do governo soviético nas embaixadas de Paris e Nova York. No ano de 1937, repentinamente chamado de volta a Moscou, ele foi preso mediante falsas acusações e fuzilado. Elena, que acabara de dar à luz o filho mais novo, sofreu torturas na Lubianka, tendo sido forçada a permanecer 24 horas mergulhada até os tornozelos em água fria, enquanto leite brotava de seus seios. Apesar de toda a tortura, ela se recusou a renunciar ao marido como exigiam seus algozes. Milagrosamente, Elena foi apenas condenada ao exílio e se mudou, com os dois filhos, para Kalinin, onde conseguiu emprego como professora de francês em uma escola local. Convidada a se juntar à amiga, Nadejda ficou algum tempo na companhia da família de Elena, tendo se afeiçoado demais a Alíócha, o filho mais novo.

Logo depois, Nadejda se empregou na mesma escola como professora de inglês. Ela ganhava um dinheiro extra pintando brinquedos para uma cooperativa de artesãos, o que lhe permitiu se estabelecer sozinha e levar a mãe para Kalinin. Além disso, matriculou-se no Instituto de Línguas Estrangeiras de Moscou, e estudava por correspondência. Seus estudos, no entanto, foram interrompidos pela guerra.

No verão de 1941, durante os hediondos primeiros meses da guerra, o exército alemão realizou um rápido avanço e os civis fugiram, tomados pelo pânico. Era possível descer o Volga até Górki (Nijni Novgorod) por meio das duas barcas existentes em Kalinin; porém, o espaço limitado tornava difícil a empreitada, sobretudo no caso de Nadejda, que precisava levar a mãe e os arquivos de Mandelstam. Ela não teria conseguido, não fosse a ajuda de seus alunos secundaristas, que apareceram para lhe dizer adeus. Quando a multidão se atirou com ímpeto para a plataforma de embarque, os garotos passaram a mãe de Nadejda e os manuscritos de Mandelstam para dentro da barca.

O grupo de refugiados rumou para a Ásia Central. Nadejda e a mãe viajaram em vagões de carga improvisados para transportar passageiros, e depois em um vapor, através do rio Amu Dária. Chegando ao Uzbequistão, ficaram detidas em um campo de refugiados localizado na península de Muinak, no Mar de Aral. Com a permanência naquele local fustigado por um calor devastador e sem condições de saneamento, a mãe de Nadejda adoeceu e foi levada a um hospital da região, no qual havia até mesmo casos de lepra entre os doentes.

Para escapar de Muinak, Nadejda travou amizade com o responsável pelo porto e, durante um mês, bebeu vodca na companhia dele. Certa noite, quando um vapor lá atracou, o homem pediu ao capitão que levasse Nadejda e a mãe. Depois de desembarcar do navio, elas viajaram em vagões de carga, tendo sido impedidas de deixar o trem nas estações maiores, já abarrotadas de refugiados. Nadejda jamais de separou da mala que continha os manuscritos de Mandelstam: à noite, ela a usava como travesseiro. Em uma pequena estação no Cazaquistão, nas proximidades de Djambul, o carro de carga em que estavam foi desengatado e os ocupantes enviados a fazendas coletivas, para plantar a terra e limpar os canais. Naquele terrível inverno em Djambul, Nadejda ganhou seu sustento "transportando cargas pesadas, tal como um camelo, e derrubando árvores".[476] A vida nesse local assemelhava-se àquela em um campo de trabalhos forçados e ela não tinha meios de fugir. O deslocamento para qualquer lugar só era possível mediante a apresentação de um salvo-conduto. Ela foi resgatada desse inferno na primavera de 1942: seu irmão, transferido com a colônia de escritores para Tashkent, conseguiu localizá-la. Com a ajuda de Akhmatova, ele obteve uma autorização para a mãe e a irmã viverem em Tashkent. Vera Yakovlevna morreu em Tashkent, em setembro de 1943, evento que Nadejda nunca comentou em suas memórias, nas quais revela muito pouco a respeito da própria família.

Nadejda reuniu relatos sobre os últimos dias de Mandelstam. Em 1944, Kazarnovski, sobrevivente de um *gulag*, contou a ela que esteve junto com o poeta em um campo transitório. Mandelstam, já esquálido, recusava-se a comer sua ração, temendo que estivesse envenenada. Ele vivia de torrões de açúcar obtidos em troca de roupas. Ao longo dos anos, Nadejda ouviu diversas narrativas, algumas das quais bastante improváveis. Conforme observou, as lendas a respeito do *gulag* retratavam Mandelstam como um velho insano de setenta anos que, antes da prisão, escrevera versos e era chamado "Poeta". Um relato factual dos últimos dias de vida de Mandelstam só veio a ser publicado durante a *glasnost** de Gorbachev, uma era que Nadejda não viveu para testemunhar. Essa versão acrescentou apenas alguns detalhes. Antes do Ano Novo, os prisioneiros foram levados a uma casa de banho. Não havia água, e eles ali ficaram, nus e petrificados pelo frio, até que Mandelstam e outro homem caíram inconscientes. O corpo do poeta, com uma plaqueta identificando seu nome e período de prisão, foi atirado sobre uma pilha. De lá, saiu para ser enterrado em uma vala comum cavada no solo congelado, como Nadejda antevira em suas visões: "Óssip foi jogado em uma cova coletiva...".[477] Ele tinha 47 anos.

Nos primeiros anos da guerra, a polícia secreta não demonstrou interesse pelos arquivos de Mandelstam e, assim, Nadejda pôde fazer cópias das obras do poeta e as distribuiu aos conhecidos, para que fossem mantidas em segurança. (Ela fez tantas cópias que acabou memorizando toda a obra em verso e prosa do marido.) Contudo, a maioria das pessoas tinha receio de manter esses papéis e os destruía. Em 1944, época em que Nadejda dividiu por um curto período uma acomodação com Akhmatova, elas começaram a notar vestígios de buscas feitas pela polícia em seus pertences. No mês de maio, Akhmatova partiu para Leningrado, e Nadejda, temendo manter todo o arquivo de Mandelstam em um único local, entregou-lhe uma pasta com os papéis mais valiosos para que ela os levasse consigo.

Eduard Babaev, jovem admirador de Akhmatova, foi encarregado de guardar a preciosa mala com os papéis remanescentes de Mandelstam. Tempos depois, ele lembraria do desespero de Nadejda à simples ideia de perder aquela mala. Babaev conservou-a intacta. Em 1959, Nadejda fez um testamento, deixando para esse jovem e para a família dele todos os seus bens e os direitos sobre os trabalhos de Mandelstam.[478]

Na condição de viúva, Nadejda revelou um marcante temperamento "masculino" e uma grande capacidade de adaptação, características de que Mandelstam carecia. Em 1944, enquanto ainda estudava para obter seu diploma, ela foi aceita como palestrante graduada no departamento de filologia de Tashkent enquanto ainda estudava para sua graduação. Nadejda cumpriu os créditos da graduação e da pós-graduação fazendo exames externos. A despeito da sobrecarga, ela se recusava a tomar ata-

---

* Processo de abertura política na antiga União Soviética. (N.E.)

lhos e causou espanto em seu professor quando, ao contrário de outros estudantes, leu a versão completa de *O capital*.

Em agosto de 1946, Nadejda aproveitou o período de férias e foi a Moscou e Leningrado, tendo se encontrado com Akhmatova na pior ocasião possível, pois a perseguição aos intelectuais havia se intensificado. No dia 14 de agosto, uma resolução do Partido condenou os jornais *Leningrad* e *Zvezda* pela publicação de trabalhos apolíticos de Akhmatova e Mikhail Zochtchenko, conhecido escritor satírico. Pouco depois, ambos foram expulsos do sindicato dos escritores. A imprensa denunciou a poesia de Akhmatova como "perniciosa e alienante para o povo". Nadejda testemunhou Pasternak chorando na entrada do edifício de Akhmatova em Leningrado. Ele lhe confessou seu temor de que, a exemplo de Óssip, Akhmatova também fosse aniquilada. A resolução do Partido tornara impublicáveis as obras da autora, eliminando, dessa forma, sua fonte de receita. Pasternak se encontrava em Leningrado para doar a ela mil rublos.

A preocupação mais imediata de Nadejda era encontrar um local para esconder a pasta com os papeis de Mandelstam. Akhmatova, em posição precária, entregara os manuscritos para uma amiga comum em Moscou, Emma Gershtein. Aquela pasta continha os poemas mais "perigosos" de Mandelstam, que compunham o ciclo "O lobo", além das poesias de Voronej. Nadejda estava com o irmão em Moscou quando Gershtein devolveu a pasta, por medo de mantê-la. Poucas horas antes da partida de seu trem para Tashkent, Nadejda precisava encontrar outro guardião confiável. Ela bateu à porta de Serguei Bernstein, professor universitário de filologia, que vivia a alguns passos do apartamento de seu irmão, e lhe pediu que guardasse os papéis. Ele aceitou a pasta.

O que mais chamava atenção no apartamento do professor era sua enorme biblioteca: prateleiras cobriam as paredes em todas as salas. Bernstein mantinha literatura ilícita nessas prateleiras, fazendo passar por obras marxistas volumes que ele próprio editava clandestinamente. Bernstein e seu irmão Alexander Ivich-Bernstein, escritor de histórias infantis, guardaram os textos proibidos de Mandelstam durante onze anos, até a liberalização do regime promovida por Kruchev. Apesar das ameaças e do fato de Alexander ter sido classificado de "inimigo número um da literatura infantil",[479] eles mantiveram guardada a pasta de Mandelstam, colocando em risco a própria segurança e a de seus familiares.

No mesmo verão, Nadejda quase foi presa. O reitor de sua escola, em Tashkent, pediu-lhe que trouxesse de volta cópias de documentos arquivados no instituto literário de Moscou, e ela foi obrigada a revelar seu nome para ter acesso a eles. Reconhecendo a viúva de Mandelstam, um assistente da biblioteca lhe entregou um pacote lacrado. Era uma armação: em Tashkent, o reitor se assustou ao abri-lo e descobrir nele cópias de documentos com nomes dos inimigos pessoais de Stálin. O incidente foi encoberto graças a conexões do reitor com a polícia secreta. Se Nadejda tivesse viajado de avião, o pacote poderia ter sido aberto no aeroporto. Ela tinha apenas o suficiente para uma passagem de trem, e graças a essa viagem ferroviária para Tashkent, que levava cerca de cinco dias, sua vida foi salva.

Desde 1947, Nadejda passava os verões na companhia de Serguei Bernstein e da família de Ivich-Bernstein na casa de campo que eles possuíam. Durante essas visitas os manuscritos ilícitos eram abertos e teve início o trabalho de elaboração da futura coletânea de Mandelstam. (Os Bernstein fizeram uma cópia datilografada dos poemas com o intuito de preservar os frágeis originais, deixados então em seu esconderijo). Os irmãos Bernstein e Nadejda estavam se dedicando a preparar as obras de Mandelstam em uma época na qual o sonho de ver suas poesias publicadas não passava de mero delírio. Eles colocaram em papel os poemas e as variações memorizadas por Nadejda. Para comprovar a exatidão de sua memória, os irmãos liam uma linha ou apenas uma palavra de um poema escolhido ao acaso, e ela o recitava por completo, sem erros. "Até 1956 eu conseguia lembrar tudo de cor – tanto as obras em prosa como as em versos. Para não esquecer, eu repetia comigo, um pouco a cada dia".[480] Eles registraram também informações sobre o contexto de cada poema e complementaram os textos com comentários. A partir da memória de Nadejda, diferentes redações dos trabalhos de Mandelstam foram identificadas. Ela comparava as variações e selecionava a versão final.

Sem deixar que os sentimentos prevalecessem sobre a razão, ela confessou aos irmãos Bernstein acreditar que nenhum dos três viveria para ver as publicações de Mandelstam, motivo pelo qual se sentia obrigada a fazer um testamento. O anúncio de Nadejda foi feito durante uma sessão de trabalho em 9 de agosto de 1954, na presença de toda a família Bernstein. Ela apontou Sofia, filha adolescente de Ivich-Bernstein, como guardiã e herdeira da única cópia ratificada da obra de Mandelstam. Sofia lembra sua perplexidade quando Nadejda puxou o papel com o "testamento" e lhe entregou: "Ela disse... que eu deveria aceitá-lo, da mesma forma que sua filha aceitaria; mas, como não teve filhos, o legado de Mandelstam devia ficar em minhas mãos...".[481] (Por questões óbvias, o "testamento" não pôde ser registrado em cartório.) Pareceu a Sofia que Nadejda julgava-se responsável por colocar o legado de Mandelstam em boas mãos, embora no fundo de seu coração nunca tivesse desistido de viver para ver a poesia do marido publicada.

Em 1957, durante o processo de liberalização promovido por Kruchev, foi constituído um comitê responsável por publicar a obra de Mandelstam, duas décadas depois de sua morte. Deixando de lado a fidelidade ao antigo compromisso assumido com os Bernstein, Nadejda telefonou ao pai de Sofia e lhe pediu que passasse o arquivo do poeta ao futuro editor de seus trabalhos, Nikolái Khardjiev. Talvez ela acreditasse que a preservação das poesias de Mandelstam coubesse a qualquer pessoa digna, ou, quem sabe, tenha aprendido nos tempos difíceis a abandonar as boas maneiras. De qualquer forma, ela só devia lealdade a Mandelstam.

Em 1949, Nadejda foi nomeada professora em Ulianovsk, cidade às margens do Volga, distante cerca de trezentos quilômetros de sua Saratov nativa. (Fundada no século XVII, com o nome de Simbirsk, a cidade foi renomeada em homenagem a Vladimir Ulianov (Lênin), nascido ali). Todas as vezes que Nadejda pleiteava um emprego, ela era obrigada a preencher temíveis questionários desenvolvidos pelo setor burocrático da segurança. Tais questionários visavam identificar pessoas com antecedentes políticos suspeitos, o que, para as famílias dos presos, significava ficarem "marcadas por toda a vida". Despejados de suas casas e banidos das cidades principais, eles eram, além de tudo, impedidos de trabalhar. Para sobreviver, precisavam ter criatividade: "Sempre me faziam preencher formulários cujo objetivo era saber se eu, ou qualquer parente próximo, já sofrera condenação por algum delito. Para encobrir esses fatos desagradáveis, as pessoas acabavam inventando novas histórias de vida. Um tema sempre presente nas conversas familiares era o receio de as crianças contarem que seus pais haviam morrido na prisão ou em um campo de concentração".[482] Todos tinham algo a esconder. Soljenítsin manteve em segredo que seu pai fora oficial do Exército Imperial, identificando-o, quando solicitado, como auxiliar de escritório.

Enquanto ensinava, Nadejda se sentia sob constante vigilância, tendo que ocultar seus verdadeiros pensamentos "todos os dias e toda as horas: na sala de aula, no auditório de palestras..." Com a infiltração ainda generalizada de espiões e delatores, qualquer palavra descuidada poderia representar dez anos em um campo de prisioneiros. Para se dirigir aos alunos, Nadejda empregava apenas "os jargões oficiais recomendados", em vez de sua linguagem costumeira, ciente de que eles não hesitariam em denunciá-la à polícia secreta, para garantir que ela passasse "o resto da vida derrubando árvores".[483]

Em 1953, estava sendo preparado "o expurgo total" em grande escala: organizações em toda a Rússia receberam ordens de expulsar os judeus e as pessoas com antecedentes políticos suspeitos. "Até abril, todas as instituições deveriam ser de tal forma 'limpas', que nunca mais houvesse necessidade de se repetir a depuração".[484] A campanha final de terror promovida por Stálin, conhecida como "complô dos doutores", revelava matizes antissemitas. A maioria dos doutores do Kremlin, acusados de deliberado abuso no tratamento aos funcionários do alto escalão, eram judeus. Desde 1949, judeus e outros "cosmopolitas sem raízes" vinham perdendo o emprego em todo o país. Rumores dando conta de um número crescente de pessoas atiradas às prisões deixavam todos apavorados.

Certa noite, bateram à porta de Nadejda: tratava-se da convocação para uma reunião de última hora. Quando chegou, anunciaram que o verdadeiro objetivo dizia respeito à discussão de seu "caso". Nadejda sentiu as pernas bambearem: convidavam-na a assistir à apresentação de denúncias contra ela. Tudo não passava de acusações ridículas; um ativista semianalfabeto do Komsomol fazia a análise de suas palestras sobre linguística: "Em minhas conferências acerca da teoria da gramática, eu dissera que um jovem gerúndio inglês vinha suplantando o velho infinitivo. Essa afirmação foi entendida como um indício de algum tipo de luta entre pais e filhos...".[485] Ela foi destituída do cargo de palestrante graduada, sob acusação de "hostilidade à juventude", e medidas mais severas vieram em seguida. Enquanto arrumava a mala, uma colega entrou afobada em seu quarto:

"Stálin está morto!" ela gritou da entrada. Eu fiquei petrificada e empurrei-a para dentro do quarto. Desde que haja um ditador, ele é imortal. Eu concluí que minha colega devia estar fora de seu juízo: essas palavras podiam ser facilmente interpretadas como conspiração para matar o líder, levando quem as proferiu para um campo de prisioneiros, onde apodreceria pelo resto de seus dias. Liguei o rádio e fui dominada por uma alegria como jamais senti em minha vida. Era verdade: o Imortal estava morto. Agora, enquanto empacotava meus farrapos, senti-me dominada por grande exultação e, pela primeira vez em muitos anos, olhei para o mundo com outros olhos.[486]

Logo depois da morte de Stálin, foi anunciada uma anistia e mais de um milhão de prisioneiros foram libertados, a maioria deles criminosos comuns. Os presos políticos, vítimas de falsas acusações, precisavam aguardar nos campos pela sua vez. Apenas uma pequena parcela deles foi solta, incluindo os doutores do Kremlin acusados de "complô" na campanha final de Stálin. Os jornais revelaram que o "complô dos doutores" fora fabricado. Cada dia trazia novos desdobramentos. Lavrentiy Beria, chefe da segurança soviética e da polícia secreta, responsável pelo controle do império dos *gulags*, foi preso em junho e executado em dezembro. As cortes foram inundadas por apelações de prisioneiros e familiares que reivindicavam a revisão de casos políticos, em busca de uma reabilitação póstuma de seus parentes. Embora a "liderança coletiva" do país abrigasse as mesmas pessoas responsáveis pelos expurgos, o estado de espírito geral estava mudando: "Nós não nos sentíamos mais paralisados pelo medo, embora ainda pairasse a incerteza em relação aos acontecimentos nessa nova era".[487]

No verão de 1953, Nadejda chegou ao Ministério da Educação, em Moscou, onde os professores de todo o país tomavam posse de seus cargos. Eles se juntavam nos corredores, permanecendo encostados às paredes durante dias. Nadejda fora nomeada para Chita, cidade no oriente distante, próxima às fronteiras da Mongólia e da China. Aos 54 anos, ela agora era obrigada a viajar para localidades longínquas da União Soviética, a cerca de seis mil quilômetros de Moscou. Conhecida como terra natal de Gêngis Khan, Chita fora também o destino dos dezembristas exilados após a malograda insurreição de 1825 contra a autocracia; lá, eles trabalharam nas minas de prata.

Impressionada pela vista do Lago Baikal e das montanhas que se descortinava a partir da janela do avião, Nadejda escreveu para sua amiga Vasilisa Shklovsky, em Moscou, relatando sua opinião positiva sobre Chita. Ela apreciara o local devido à arquitetura diferenciada, formada por uma mistura de estilos e culturas: a cidade dos exilados, onde vivia gente de diferentes nacionalidades, possuía uma mesquita de madeira e a igreja de São Miguel Arcanjo, datada do século XVIII, na qual alguns dezembristas se casaram.

Visando ajudá-la a se preparar para o inverno da Sibéria, com temperaturas abaixo dos -40°C, seus amigos lhe enviaram de Moscou roupas quentes e um fogareiro, artigos difíceis de se encontrar em outros lugares.

Depois de alguns meses no novo emprego, a erudição de Nadejda lhe angariou respeito, mas criou-lhe problemas também. Em janeiro de 1954, ela escreveu para uma amiga relatando que era "a mais competente" em seu departamento e, decerto, não seria deixada em paz. Os administradores logo começaram a fazer perguntas sobre seus antecedentes: "É o que acontece sempre. ... Temo que eu possa ser obrigada a partir de Chita... embora haja poucos lugares no mundo de que eu goste tanto".[488] A pressão contínua, uma dieta pobre de nutrientes e o fumo constante valeram-lhe uma úlcera, que a acompanhou pelo resto da vida. Ironicamente, ao passar por um exame médico, ela recebeu o diagnóstico de arteriosclerose, da qual a perda de memória é um dos sintomas.

Em 1953, sua dissertação sobre as línguas germânicas antigas foi "barrada" pelo instituto de linguística de Moscou. Antes da apresentação da defesa, um dos oponentes informou ao comitê que Nadejda "fora casada com um canalha".[489] Ela escreveu uma segunda dissertação, a respeito da função dos casos acusativos no canône poético anglo-saxão. A defesa ocorreu em 1956, durante a era Kruchev, sob orientação do renomado acadêmico Viktor Jirmunski, ex-colega de classe de Mandelstam. O certificado de Nadejda, equivalente a um doutorado, deu a ela o direito de receber um salário mais alto, deixando-a em situação financeira mais confortável. Ela pôde, finalmente, pagar à família de seu irmão e de amigos pelo suporte financeiro que haviam garantido a ela e a Mandelstam nos anos 1930.

A despeito das constantes mudanças que enfrentou nas duas décadas seguintes à morte de Mandelstam, Nadejda conservou suas amizades. A amiga mais chegada, Elena Arens, com quem estivera em Kalinin antes da guerra, ainda se encontrava em condição de exilada, junto com os dois filhos. Quando a guerra eclodiu, eles foram mandados para uma vila em Udmurtia, na cabeceira do Volga – e era aí que Nadejda os visitava. Aliócha, filho mais novo de Elena, associava as visitas de Nadejda com comida. Eles estavam passando fome no exílio e o salário da mãe, professora de francês em uma escola, era suficiente apenas para o aluguel de um pequeno cômodo em um apartamento coletivo. A família sobrevivia à base de sopa de repolho, consumida no café da manhã, no almoço e no jantar. Aliócha se lembra de jogar xadrez e cartas com Nadejda (esses jogos eram sempre a dinheiro). Depois que perdia uma partida, ela lhe dava moedas para comprar doces ou sorvetes. "Eu ainda me lembro do sabor... Nadejda Yakovlevna certa vez trouxe um enorme pedaço de *halvah*... Ela nunca nos visitava sem trazer presentes".[490] Nadejda nutria grande afeição pelos filhos de suas amigas: Aliócha recorda seus olhos – "atentos, gentis e extraordinariamente inteligentes".[491]

No período de férias de 1955, Nadejda se encontrou com Akhmatova, que então morava em Moscou, e as duas saíram para uma caminhada, discutindo os recentes acontecimentos. Akhmatova fizera diversas tentativas fracassadas de libertar o filho. (Lev foi finalmente solto no ano seguinte e, logo depois, absolvido pelo Soviete Supremo.) Nadejda lutava pela reabilitação póstuma de Mandelstam e a amiga lhe sugeriu um encontro com Alexei Surkov, novo líder do sindicato dos escritores que, ao contrário de outros funcionários, reconhecia o talento do poeta.

Os dois escritores pertenciam a mundos diferentes: o verso patriótico de Surkov lhe valeu dois prêmios Stálin de poesia; suas canções podiam ser ouvidas em toda a União Soviética. Mas os tempos eram outros: o Partido estava reabilitando vítimas do regime de Stálin. Assim, Nadejda foi bem recebida no sindicato dos escritores, a mesma organização que colaborara para a destruição de seu marido. A primeira pergunta de Surkov foi a respeito do legado de Mandelstam: "Ele custou a acreditar em seus ouvidos quando eu lhe disse que havia preservado tudo – uma pequena parte ele até entenderia, mas *tudo!*".[492] Eles discutiram planos para a reabilitação de Mandelstam e a publicação de sua obra. Sem pensar duas vezes, Surkov prometeu ajudar Nadejda a obter permissão para viver em Moscou. Além disso, telefonou ao Ministro da Educação para informar que o sindicato dos escritores estava tratando da reabilitação de Mandelstam. Essa ligação telefônica teve um efeito mágico: Nadejda, cujas solicitações de emprego haviam sido negadas naquele ano, foi prontamente recebida pelo próprio ministro. Ele lhe ofereceu um cargo como chefe interina do departamento de inglês na universidade de Cheboksary, cidade portuária às margens do Volga. "Parti... sentindo que uma nova era começara e confiando na promessa feita por Surkov de, no prazo de um ano, conseguir um quarto em Moscou para mim e tomar as providências para a publicação dos trabalhos de meu marido".[493] No entanto, sete anos mais tarde apenas uns poucos poemas de Mandelstam tinham sido publicados em sua terra natal. E ela precisou esperar durante uma década até que a polícia lhe concedesse uma autorização para residir em Moscou.

A reabilitação de Mandelstam ocorreu em agosto de 1956, seis meses após o discurso secreto de Kruchev no vigésimo congresso do Partido denunciando os crimes de Stálin. Nadejda recebeu um documento que livrava Mandelstam das acusações de envolvimento em "atividades contrarrevolucionárias" lançadas contra ele em 1938. Todavia, a corte não o absolveu do delito a ele atribuído em 1934, devido ao poema com críticas a Stálin. A apelação de Nadejda para revisão desse caso foi rejeitada. Ela atribuiu a rejeição ao momento escolhido, que coincidiu com o levante húngaro de 1956. Mas, na verdade, tais reabilitações parciais eram uma constante naqueles dias. A reabilitação total só foi concedida a Mandelstam em outubro de 1987, mas Nadejda já não pôde testemunhá-la.

Quando, em 1957, o sindicato dos escritores aprovou uma proposta de publicação dos trabalhos de Mandelstam, foi criado um comitê do qual participaram Akhmatova, Nadejda e seu irmão, e o influente escritor Ilia Erenburg, que desfrutou da amizade de Nadejda e Mandelstam durante quase quarenta anos. O nome do poeta fora tratado como tabu ao longo de diversas décadas, mas sua ressurreição estava lentamente caminhando. Naquele ano, Nadejda viu o nome do marido numa matéria sobre a decisão de autorizar a publicação dos trabalhos do poeta, veiculada num periódico literário pouco importante. O primeiro relato sobre a vida de Mandelstam apareceu somente em 1961, com o lançamento, pela prestigiada revista literária *Novy Mir*, de um capítulo com as memórias de Erenburg. Três anos mais tarde, uma pequena coletânea dos poemas de Mandelstam foi apresentada na revista literária *Moskva*, o que motivou o comentário de Nadejda segundo o qual Mandelstam "finalmente retornou a Moscou".

Vinte anos se passaram entre a morte de M. e o momento no qual eu pude tirar do esconderijo todos os poemas que consegui salvar e colocá-los abertos sobre a mesa (ou melhor, a mala que me servia de mesa). Ao longo de todo aquele período eu fui obrigada a fingir ser outra pessoa, usando, por assim dizer, uma máscara de ferro. Não me era possível contar a ninguém que eu aguardava em segredo a hora de poder ser eu mesma outra vez e revelar abertamente aquilo que eu estava esperando e trazia guardado comigo durante todos esses anos.[494]

A coletânea de Mandelstam levou um longo tempo para ser produzida. Um volume com suas poesias, inicialmente programado para sair em 1956, na Biblioteca dos Poetas, teve sua edição postergada vezes sem fim. Dez anos depois, a coleção ainda aguardava lançamento: a publicação não podia ocorrer antes do aniversário da Revolução de 1917, tampouco durante suas comemorações. Acreditando que não viveria para ver a poesia de Mandelstam publicada na terra onde eles nasceram, Nadejda comentou: "O que me consola são as palavras de Akhmatova, segundo as quais M. não necessita da invenção de Gutenberg".[495] No final da década de 1950, os poemas começaram a circular em *samizdat*,* fato que se tornou conhecido durante a liberalização.

Enquanto acontecia o retorno de Mandelstam a Moscou, Nadejda continuava sua peregrinação, ainda impedida de viver na capital, pois as autoridades se recusavam a reconhecer o confisco de seu apartamento, alegando que ela havia deixado Moscou por opção própria. As normas da burocracia tornavam sua situação insolúvel. Em 1958, ela deixou o cargo em Cheboksary e partiu para Tarusa, cidade a 140 quilômetros ao sul de Moscou, onde, fazendo uma pausa na atividade de professora, manteve-se com traduções do inglês e do francês. Viver nas proximidades de Moscou lhe permitia encontrar pessoas capazes de exercer pressão pela publicação das obras de Mandelstam.

Nadejda, uma perene desabrigada agora com 63 anos de idade, aceitou a última nomeação para um cargo de professora, em Pskov, cidade

---

* Produção e distribuição clandestina de obras censuradas pelo governo soviético. (N.E.)

antiga perto da fronteira com a Estônia. Em 1962, não precisava mais esconder sua condição de viúva de Mandelstam. Embora admirada por colegas e alunos, estava exausta demais para continuar trabalhando e lecionou apenas durante os dois anos seguintes. Na primavera de 1964, Nadejda escreveu para Elena Arens, contando que não pretendia desperdiçar seus últimos anos de vida ensinando linguística.[496] Ela queria escrever suas memórias e se dedicar inteiramente a esse projeto.

A maioria dos sobreviventes dos *gulags* que Nadejda encontrou estava arrasada física e emocionalmente e temia registrar seus relatos; outros confundiam nomes e eventos. A memória privilegiada fazia dela uma testemunha valiosa, capaz de contar com detalhes precisos o que havia sido a vida sob a ditatura de Stálin. "Naqueles últimos anos eu pude reunir forças e cólera; outros – a maioria – simplesmente definharam sem dizer palavra alguma".[497] Contudo, ainda lhe faltava vencer o medo de falar, o que conseguiu em um sonho:

> Vivi cerca de vinte ou trinta anos prestando atenção ao ruído dos carros que passavam, apurando meus ouvidos quando percebia que um deles havia parado. No início dos anos 1960, em Pskov, sonhei ter escutado o som metálico de um caminhão chegando ao pátio e a voz de M. dizendo: "Levante, desta vez eles vieram buscar você... Eu já não estou aqui". Então, ainda sonhando, respondi: "Você não está mais aqui, então não me importo". Depois disso, virei-me para o lado e caí em um sono profundo, sem sonhar... Na época em que tive aquele sonho, a poesia de M. já estava impressa. Agora ela é indestrutível e, portanto, sinto-me total e absolutamente livre... Quantas pessoas compreenderão a alegria de viver em liberdade, uma única vez, antes de morrer?[498]

Com a disseminação das cópias clandestinas dos poemas de Mandelstam, Nadejda estava se tornando uma lenda, por ter preservado esses versos. Brodski e Soljenítsin faziam parte do rol de intelectuais que foi visitá-la em Pskov. Ela leu para os visitantes alguns capítulos de suas memórias, confessando a eles que seu único desejo era concluir esse testemunho.

Enquanto isso, Frida Vigdorova, jornalista respeitada e bem relacionada, reuniu um grupo de escritores influentes, com o objetivo de exercer pressão junto ao governo para que fosse concedida a Nadejda a permissão de moradia em Moscou. Em 1964, o novo líder soviético, Leonid Brejnev, deu-lhe uma autorização pessoal. No ano seguinte, o escritor Constantin Simonov contribuiu no esforço de compra de um pequeno apartamento cooperativo para Nadejda, pagando mil rublos do próprio bolso. Logo que pôde, ela lhe devolveu essa quantia.

Localizado às margens da cidade, no andar térreo de um edifício sem identidade, o apartamento possuía apenas um quarto e uma cozinha. Os visitantes consideravam imprópria a localização, pois as janelas davam para uma barulhenta linha de bonde, mas Nadejda estava encantada: ela tinha agora um lugar seu – pela primeira vez desde que deixou a casa dos pais, aos dezenove anos. Conforme escreveu em *Hope Abandoned* (Esperança abandonada), "Espero apenas poder morrer em meu pequenino e precioso apartamento cooperativo".[499] A observação refletia também o medo de ser presa; mesmo com a chegada da velhice, ela ainda não conseguira se livrar do temor que atormentou toda a sua geração.

Em 1º de maio de 1965, foi realizado, na Universidade de Moscou, o primeiro sarau literário em memória a Mandelstam. A escolha da data contemplou dois eventos relacionados à vida do poeta, ambos ocorridos no mês de maio: ele e Nadejda se conheceram no dia 1º e sua prisão aconteceu no dia 2. Erenburg, que esteve presente na reunião de 1919, fez um tributo a Nadejda no discurso de apresentação: "Ela enfrentou todos os anos difíceis com Mandelstam, acompanhou-o no exílio, salvou-lhe os poemas. Não consigo imaginar a vida do poeta sem ela". Informado da presença de Nadejda, o público a saldou com uma ovação. Ela respondeu citando Mandelstam, "'Ainda não estou acostumada a elogios...' Esqueçam que estou aqui. Obrigada".[500]

Desde 1955, depois de publicada em Nova York uma coletânea dos trabalhos de Mandelstam, em russo, crescia no Ocidente o interesse pelo escritor. Nessa coleção estavam incluídas poesias do período anterior à revolução e alguns dos versos posteriores, levados clandestinamente para fora da União Soviética, por viajantes. Dois acadêmicos emigrantes, Gleb Struve e Boris Filippov, foram os primeiros a pesquisar e compilar os textos de Mandelstam no exterior. Nessa época, ninguém possuía versões acuradas, que só Nadejda tinha condições de fornecer. Tão logo estabeleceram contato com ela por meios velados (as autoridades soviéticas proibiam a comunicação com estrangeiros), Nadejda remeteu a eles os textos corretos. Finalmente, uma edição abrangente das obras de Mandelstam, em três volumes, foi publicada no ano de 1967. Nadejda se dedicava então de corpo e alma a ajudar estudiosos da Europa e dos Estados Unidos a acessar os textos de seu marido, assim como as informações relativas ao contexto em que foram criados.

Clarence Brown, biógrafo e tradutor de Mandelstam, descreve Nadejda como "uma mulher com a resistência do aço, dona de grande inteligência e coragem sem limites; aquela que não se deixa levar pelas ilusões e possui convicções inabaláveis, além de uma consciência natural das contradições da vida".[501] Eles se encontraram pela primeira vez em 1966, no apartamento de amigos de Akhmatova, em Moscou. Brown pretendia gravar a conversa com Nadejda, mas a ideia assustou-a de tal maneira que ela se trancou em um quarto, recusando-se a sair. O interesse de Brown por Mandelstam acabou conquistando a confiança de Nadejda e eles se tornaram amigos. Ela via com certa preocupação a curiosidade de estranhos acerca do trabalho de seu marido, suspeitando que se tratasse de delatores. Anteriormente, nos anos 1930, informantes da polícia, fazendo-se passar por admiradores de Mandelstam, questionaram Nadejda sobre o trabalho do poeta e pressionaram para ter acesso aos manuscritos; ela os desmascarou quando lhes pediu que recitassem as poesias dele.

Carl e Ellendea Proffer, que possuíam em Ann Arbor, Michigan, uma editora dedicada à literatura russa (a Ardis), conheceram Nadejda em 1969. A exemplo de outros visitantes estrangeiros, eles foram instruídos por ela a não a procurarem durante o dia, nem telefonarem de um hotel. Se utilizassem táxi, deveriam descer vários quarteirões antes de sua casa. Quando os Proffer indagaram o motivo desse temor, considerada sua idade, Nadejda afirmou haver coisas que eles "não conseguiriam compreender". Na verdade, não era só paranoia, pois ainda havia escuta nos telefones, e a proibição de receber estrangeiros em casa continuava em vigor. Ela vivera grande parte de sua vida submetida a constante vigilância e medo de ser presa, situação que pessoas oriundas do mundo livre tinham dificuldade em entender.

O apartamento de Nadejda carecia de conforto – lâmpadas aparentes, assoalho de madeira nua e móveis frágeis, de segunda mão. Só tinham valor para ela os livros, os ícones na cabeceira da cama e as pinturas de artistas moscovitas. Com um sorriso, "apontou um pote enegrecido em sua estante – esse pote era o 'arquivo histórico' no qual a maioria dos poemas de Mandelstam fora salva do confisco".[502] Acadêmicos e editores da Europa e dos Estados Unidos a procuravam, porque sua memória, em termos de pessoas e eventos, era inigualável. De acordo com Carl Proffer, na memória de Nadejda residia "uma das principais fontes para todos que procuram desenvolver uma pesquisa rigorosa, não apenas a respeito de Mandelstam, como de todo aquele período". Sua proficiência sobre os poetas Maiakóvski e Pasternak ultrapassava o mero conhecimento pessoal, sendo ela um repertório de detalhes importantes referentes à personalidade e à criatividade dos dois. Além disso, ao contrário da maioria dos indivíduos de sua geração, Nadejda não se deixava levar por ideias preconcebidas e expunha sem reservas sua opinião a respeito do passado. Possuía um intelecto e uma coragem extraordinários, que contrastavam com o eterno medo de ser presa: "Ela parecia tão extraordinária, tão independente, que ficava difícil acreditar em seus temores".

Em casa, Nadejda vestia um roupão cheio de marcas deixadas pela brasa do cigarro – e assim recebia seus visitantes. (Em público, entretanto, ela comparecia elegantemente trajada: saia longa de lã, agasalho refinado e xale colorido.) Fumante inveterada, ela fumava apenas cigarros Belomor, marca nacional, cujo nome era uma referência ao Canal do Mar Branco, obra construída por trabalho escravo, para onde Mandelstam quase foi enviado. Na década de 1930, inúmeros escritores oficiais se prestaram a elogiar o projeto, a despeito das dezenas de milhares de vidas que ali pereceram.

Nadejda contradizia com obstinação a imagem de devotada viúva de um poeta. Era possível reconhecer nela uma jovem artista boêmia, que discutia sexo sem reservas, um tabu na cultura soviética. Sua linguagem liberada tinha o propósito de chocar: ela costumava dizer que estudava poesia russa na cama e chegou a pedir aos Proffer uma revista erótica. Aos setenta anos, Nadejda podia ser considerada "uma mulher muito perspicaz e uma garota muito tola", conforme alguém a descrevera havia bastante tempo.[503] Na opinião dos Proffer, ela parecia "ao mesmo tempo, brilhante e terna, bem-humorada e irascível".

Privada do convívio em sociedade durante duas décadas, depois da prisão de Mandelstam, ela agora desfrutava da liberdade de ter amigos por perto: em um dia normal, recebia a visita de cinco a seis deles. Nas "recepções", grupos de dez a quinze pessoas congestionavam seu apartamento – cientistas, artistas, escritores e dissidentes famosos, como Varlam Chalámov, sobrevivente do célebre campo de Kolimá, que além de poeta, era escritor e tradutor de Robert Frost. Pasternak teceu elogios à poesia de Varlam escrita em Kolimá, local vulgarmente conhecido como "terra da morte branca". De aparência hostil e reticente, Chalámov passara cerca de quinze anos em campos de prisioneiros por delitos como participar de "atividades trotskistas" e classificar o escritor e refugiado político Ivan Búnin como "clássico escritor russo". O livro *Contos de Kolimá*, que Chalámov estava escrevendo naquela ocasião, transformou-se em seu trabalho mais conhecido. Sempre solícita em relação a ele, Nadejda procurava garantir que alguém lhe desse uma carona na saída; a menos que estivessem em meio a uma contundente discussão sobre Soljenítsin, a quem Nadejda defendia. Ela, a exemplo de Soljenítsin, era profundamente religiosa; enquanto Chalámov, que crescera em uma família de sacerdotes, tornara-se ateu quando prisioneiro no *gulag*. Nos anos 1960, em uma visita a Nadejda, Soljenítsin estava trabalhando em seu ciclo do *gulag*: ele disse que tinha três perguntas e apenas meia hora. Nadejda contou rindo aos amigos que ela respondeu só duas, porque o tempo se esgotou.[504]

Em 1970, foi publicado em Nova York o primeiro livro de memórias de Nadejda, *Hope Against Hope* [Contra toda esperança], que provocou uma súbita manifestação de interesse a respeito de Mandelstam. Ela relatava a história da prisão do marido e discutia com grande sensibilidade a essência da poesia e da prosa por ele compostas. O biógrafo Brown escreveu na introdução que as memórias de Nadejda representavam "em grande parte, o livro de seu marido, a quem – tanto o homem, como o poeta – ela dedicava total devoção".[505]

Em seu país, o livro circulava clandestinamente, causando sensação no meio dos intelectuais. Desde o final da década de 1960, as repressões de Stálin voltaram a ser tratadas como assunto proibido, enquanto uma nova geração de dissidentes exigia garantias de que o terror não retornaria. Nadejda se tornou a paladina desse grupo: eles colocavam flores na porta de entrada de sua casa e se mostravam ávidos por ajudar nas tarefas rotineiras. Ela vivia então em um novo distrito, distante de estabelecimentos comerciais, e praticamente não saía de casa.

Dessa forma, seus admiradores lhe levavam suprimentos de gêneros alimentícios. Natália Svetlova, futura esposa de Soljenítsin e integrante desse grupo de admiradores, ajudava Nadejda, desempenhando a função de sua secretária.

Quando recebia, trazido por viajantes estrangeiros, o pagamento relativo a seus direitos autorais, Nadejda distribuía o dinheiro entre os amigos necessitados. Ela adquiriu um pequeno apartamento em Leningrado, em regime de cooperativa, para ajudar uma jovem que não tinha onde morar e a quem mal conhecia. Além disso, criou um fundo informal que recolhia recursos para prisioneiros políticos e suas respectivas famílias. O notável escritor dissidente Andrei Siniávski e sua esposa Maria Rozanova também receberam seu auxílio. (Em 1966, durante um julgamento de fachada que marcou o fim da liberalização promovida por Kruchev, Siniávski foi condenado a sete anos de prisão por ter satirizado o regime soviético. Em 1973, autorizado a emigrar, ele se tornou professor na Sorbonne.) Havia também os direitos sobre os trabalhos de Mandelstam, que Nadejda empregava para alimentar e vestir inúmeras pessoas. Nas lojas "Beriozka", que abasteciam principalmente os estrangeiros e a elite soviética, era possível adquirir, com moeda forte, qualquer coisa, desde guloseimas a roupas elegantes, artigos que não se encontrava com facilidade em qualquer lugar. Os amigos de Nadejda compravam ali alimentos especiais e gim para as "festas" por ela promovidas.

Interessada em acompanhar o sucesso de Mandelstam no mundo todo, era intensa sua alegria quando visitantes estrangeiros traziam as novas edições. Em 1971, ela recebeu uma coletânea em três volumes da obra dele, publicada nos Estados Unidos. Os livros foram entregues por uma mulher italiana que os contrabandeou através da fronteira, escondidos no forro de seu magnífico casaco de lontra. No apartamento de Nadejda, ela cortou o forro com tesoura e, num passe de mágica, entregou-lhe os volumes.

Nadejda demonstrava pouco, ou nenhum, interesse pela literatura russa contemporânea. Ela lia a bíblia, que também fora contrabandeada pela fronteira, e pedia aos visitantes estrangeiros outras cópias para seus amigos. Os trabalhos de Nabokov, proibidos no país, eram distribuídos a partir do exterior; além disso, ela solicitava livros e revistas ingleses. Na ausência de literatura despretensiosa na União Soviética, ela se deleitava com os livros de Agatha Christie. E, para ocupar sua mente, estava aprendendo espanhol, um dos idiomas que Mandelstam estudara.

Outros presentes oferecidos pelos visitantes acabaram doados aos amigos, com exceção de uma manta colorida que os Nabokov lhe enviaram depois de ler suas memórias. Os Proffer foram portadores desse presente, que chegou acompanhado de um ensaio de Nabokov sobre Mandelstam, publicado em 1969 no *The New York Review of Books*. Neste ensaio, Nabokov destacava a importância do poeta.

O segundo livro de memórias de Nadejda, *Hope Abandoned* [Esperança abandonada], que saiu em Nova York em 1974, despertou uma onda de cólera na Rússia. Esse livro contava a história da sobrevivência cultural sob Stálin e também revelava a existência de uma casta privilegiada de escritores que apoiavam o regime e recebiam o mesmo tratamento concedido à elite do Partido. Tal exposição ofendeu um sem-número de escritores. Veniamin Kaverin, laureado com o Prêmio Stálin por seus romances para jovens adultos, criticou severamente Nadejda em uma carta liberada por meios clandestinos: "Quem lhe deu o direito de julgar artistas que presentearam seu país e o mundo com trabalhos brilhantes?". Nadejda era a sombra de Mandelstam, gritou ele, e uma sombra devia saber qual é seu lugar.[506] Joseph Brodski, entusiasmado com as memórias da esposa de Mandelstam declarou "mais do que um testemunho de sua época, elas são uma visão da história à luz da consciência e da cultura".[507]

Naquele tempo, muitas pessoas julgavam um privilégio visitar Nadejda, devido à fama de que ela gozava. Em 1977, depois de sofrer um ataque cardíaco, ela não precisou ir a um hospital, pois dois dos melhores médicos da época, Vita e Gdal Gelshtein, prestaram-lhe assistência em casa. Eles apareciam nos finais de semana, quando o padre Alexander Men também ia vê-la. Antes de adoecer, Nadejda havia visitado a paróquia do padre Men em Novaia Derevnia, fora de Moscou.

Eminente intelectual e escritor religioso, esse padre gozava de grande popularidade no ambiente social de Nadejda. Nascido em uma família de judeus russos e batizado como cristão, ele desempenhava importante papel na restauração da igreja ortodoxa e de outras religiões na União Soviética. O padre Men escreveu livros sobre a história do cristianismo, livros estes que influenciaram muitas pessoas, inclusive aquelas do círculo de Nadejda. A KGB o perseguiu, em virtude de sua recusa em colaborar com as autoridades, exigência a que todos os sacerdotes deviam atender. Padre Men recebeu ameaças de morte anônimas e, em 1990, foi assassinado do lado de fora de sua casa, em Sergiev Posad: seu assassino nunca foi descoberto.

Com o passar do tempo, Nadejda ia mostrando sinais de debilidade; os visitantes observavam que até mesmo sua notável memória começava a falhar. Ela cumprira seus objetivos – as obras de Mandelstam haviam sido publicadas, os manuscritos dele estavam salvos no exterior e ela concluíra suas memórias. O último desejo de Nadejda era encontrar o marido em outra vida depois da morte. Em um texto de 1937, ele demonstrou sua crença nesse encontro final, dizendo "Nós estamos eternamente juntos, e esse fato está assumindo tais proporções e progredindo com tal força, que *não temos* o que temer".[508] Nadejda havia composto uma "Prece de nós dois", e repetia todos os dias, "Elevamos preces a Ti, Senhor, rogando que concedas a nós, Óssip e Nadejda, vivermos juntos na Eternidade".[509] Ela costumava comentar que iria repreender Mandelstam por fazê-la sofrer sozinha todos esses anos.

A estilista Tatiana Osmerkina percebia um quê maternal na atitude de Nadejda em relação a Mandelstam: "Quer o relembrasse com alegria ou com tristeza, sempre se referia ao marido como a pessoa mais próxima, seu segundo eu. Ela viveu sem ele durante muito tempo, mas sentia sua presença como se nunca tivessem se separado".[510] A ativista de direitos humanos Vera Lashkova, que partilhou dos últimos quinze anos de vida de Nadejda, comungava da mesma opinião: "Parecia que eles continuavam juntos... A presença dele era uma constante em sua vida...".[511] Lashkova fora presa por atividades dissidentes, e Nadejda demonstrava curiosidade em saber todos os detalhes dessa prisão, pois isso a ajudava a imaginar como foram os dias de Mandelstam.

Aos oitenta anos, e sofrendo de bronquite, Nadejda respirava com dificuldade, como acontecera a Mandelstam em seus últimos anos de vida. Ela morreu em 29 de dezembro de 1980, quase no mesmo dia do falecimento de seu marido. Lashkova, que estava com ela no momento da morte, relembra, "E eu pensei: Senhor, agora o espírito dela está ascendendo e vai encontrar Óssip Emilievich".[512]

Quando policiais à paisana tentaram remover o corpo de Nadejda para abreviar as demonstrações finais de reverência, os dissidentes formaram uma corrente humana no corredor, enquanto outros liam preces ortodoxas à sua cabeceira. Antes de deixar a casa de Nadejda, amigos levaram consigo alguns objetos como recordação; Lashkova tomou para si a bíblia, arrancando-a das mãos de um agente da KGB. Todos acompanharam de perto o veículo policial que conduziu o corpo de Nadejda para o necrotério. Os amigos demandavam que ela fosse sepultada no centro de Moscou, ao lado de seu irmão, mas não foram atendidos. Para evitar comoções na região central da cidade, as autoridades reservaram um lugar no cemitério de Kuntsevo, localizado na periferia.

No dia do Ano Novo de 1981, uma multidão de quinhentas pessoas acompanhou o funeral de Nadejda na Catedral da Assunção da Virgem Maria. Como não havia espaço suficiente, muitos aguardaram do lado de fora durante a celebração do réquiem. Nadejda foi coberta com um pedaço da colcha que Mandelstam usava, o único pertence do marido que lhe restara. Assim aconteceu, como o próprio poeta expressou em seu poema, *Midnight in Moscow* [Meia-noite em Moscou]: "Nós temos uma manta velha e honrada – coloque-a dobrada sobre mim, como uma bandeira, quando eu morrer".[513] Acreditando que ele e sua esposa eram inseparáveis em espírito, os pranteadores pagaram tributos aos dois. Na sepultura de Nadejda, erigiram uma cruz que ostentava o nome dela e, ao lado dessa cruz, uma lápide simbolizando um local de descanso eterno para Mandelstam.

Em uma carta datada de 1979 à Universidade de Princeton, para onde os arquivos de Mandestam existentes em Paris haviam sido transferidos, Nadejda explicitou seu desejo de criar um centro de estudos sobre seu marido: "Talvez, muitos anos após sua morte, o poeta sem teto, exilado e pouco publicado, finalmente tenha uma casa, com seus livros, papéis, arquivos e sua editora".[514] Princeton tornou-se um lugar aberto a acadêmicos de todo o mundo, interessados em estudar e popularizar o legado de Mandelstam. Durante o centenário do poeta, em 1991, além da criação de uma sociedade dedicada à vida de Mandelstam, em toda a Rússia aconteceram recitais e placas foram descerradas em diversas cidades. Em 1998, a área de ciências humanas da Universidade Estatal da Rússia destacou uma de suas salas para ser o estúdio Mandelstam, e vários anos mais tarde, foi erigido em Vladivostok, no local onde o escritor pereceu, um monumento em seu nome. A Rússia finalmente pagou o devido tributo ao notável poeta, cujo legado Nadejda logrou preservar.

CAPÍTULO QUATRO

Vera Nabokov: apenas uma sombra

Depois de meio século juntos, os Nabokov ainda se perguntavam por que capricho do destino não se conheceram antes. Nascidos com apenas três anos de diferença, era possível que, quando crianças, em São Petersburgo, tivessem caminhado pelos mesmos parques na companhia de suas governantas. Na juventude, Vera pertenceu ao grupo de dança do qual colegas de Nabokov participavam e conhecia garotos do colégio particular Tenishev, onde ele se formou.

Apesar de partilhar das mesmas ideias, o casal tinha raízes notadamente diferentes: Nabokov nasceu em uma família que, a despeito de sua tradição liberal, pertencia à aristocracia russa, enquanto Vera cresceu em um núcleo familiar de imigrantes judeus oriundos do gueto de Mogilev, na Bielorrússia, região da Rússia imperial ao longo das fronteiras da Lituânia e da Polônia, onde os judeus eram obrigados a residir.

O pai de Vera, Evsei Lazarevich Slonim, era formado em direito (ele foi aprovado com distinção no exame da ordem dos advogados de seu país). No entanto, restrições impostas pelo governo ao exercício da advocacia pelos judeus frustraram sua carreira. Embora não fosse judeu praticante, ele considerava desonrosa a conversão para outra religião e, portanto, preferiu mudar de atividade profissional, tendo se transformado em um bem-sucedido homem de negócios. Aos 34 anos, Slonim possuía uma empresa de ladrilhos e se casou com Slava Borisovna Feigin, que na época – 1899 –, tinha 28 anos. Entre as poucas menções feitas a respeito de sua mãe, Vera comenta que era descendente de uma família de comerciantes judeus proveniente de Minsk. Ao pai, por quem sentia grande admiração, ela chamava de pioneiro: ele estudou silvicultura por conta própria, tornou-se exportador de madeira e construiu uma estrada de ferro para transportar as toras até as margens do rio Duína ocidental. A fortuna acumulada por Evsei Slonim antes da revolução, garantiu-lhe condições de adquirir parte de uma cidade na região meridional da Rússia. Vera se entusiasmava com os planos do pai para modernização da infraestrutura do local e esperava poder participar do grandioso projeto. Quando adolescente, ela queria ser engenheira e demonstrava interesse pela física.[515]

Nascida em 5 de janeiro de 1902, Vera foi a segunda das três filhas de Slonim, e cresceu em uma comunidade predominantemente judia em São Petersburgo. Embora a língua-mãe dos pais fosse o iídiche, as filhas aprenderam francês como primeiro idioma. A exemplo das crianças nobres, Vera foi criada em casa, por governantas; ela aprendeu inglês como segunda língua e o russo, como terceira. O alemão fazia parte do currículo da escola Princesa Obolenski, instituição privada de elevado custo, onde ela prestava os exames anuais. Quando criança, de saúde frágil, ela era sempre acometida pela bronquite, enfermidade para qual o clima úmido de São Petersburgo contribuía. Vera era considerada frágil demais para frequentar uma escola regularmente. Os pais subestimaram sua vitalidade: ela viveu até os 89 anos.

Os pais de Nabokov não economizaram na educação do filho. Ele era conduzido ao colégio Tenishev pelos motoristas da família, e não se importava com a demonstração de desdém que isso lhe valia por parte dos colegas de classe. Além dos estudos regulares na escola, Nabokov foi acompanhado por tutores notáveis: aos treze anos, tomou aulas de desenho com o afamado pintor e desenhista Mstislav Dobujinski,[516] um excelente professor – Marc Chagall foi um de seus alunos.

Vera costumava viajar para a Europa no verão, com sua família, visitando a Finlândia e a Suíça. Certa vez, ficaram a alguns quilômetros do Montreux Palace Hotel, onde ela viria a viver seus últimos anos com Nabokov. O futuro marido de Vera fazia viagens frequentes para a Europa, na companhia dos pais e, aos onze anos, em uma visita à Alemanha, experimentou o sabor do exílio.

Embora vivendo uma década de grande turbulência, suas famílias abastadas ainda conseguiam levar uma vida normal, mesmo após a eclosão da Primeira Guerra Mundial. A Revolução de 1917 alterou o rumo dos acontecimentos: os bolcheviques derrubaram o governo provisório, do qual o pai de Nabokov era membro. (Professor de criminologia e notório liberal, ele era secretário executivo do governo provisório.) Lênin estabeleceu imediatamente uma ditadura bolchevique e colocou na ilegalidade os partidos políticos rivais. Entre outras providências, foi dissolvida a Assembleia Constitucional, primeiro parlamento da Rússia, e determinada a prisão dos líderes dos Cadetes, também conhecido como Partido Democrático Constitucional. Na condição de um desses líderes, o pai de Nabokov se escondeu e fugiu com a família para a Crimeia, em dezembro de 1917.

A família de Vera também se viu frente a um futuro sombrio. A recém-criada polícia secreta bolchevique, a Cheka, contava com extraordinário poder para prender, investigar e executar sentenças; durante os primeiros anos da revolução, dezenas de milhares de cidadãos foram executados sem julgamento prévio.[517] Os Slonim, no entanto, conseguiram sobreviver e conservar sua fortuna. Vera nunca se esqueceu de "uma longa busca noturna realizada por um bando de soldados" com a missão de prender seu pai, que sabiamente não dormiu em casa naquela noite.[518] Após esse incidente, a família decidiu fugir. Slonim foi sozinho para Kiev, decerto sem saber que a cidade estava se transformando no campo de batalha entre os exércitos vermelho e branco, que combatiam na guerra civil. Além disso, durante os anos de 1918-19, a Ucrânia foi devastada pelo massacre de judeus, que atingiu uma escala nunca vista. O restante da família tomou um trem para a Bielorússia em busca de refúgio junto a parentes. Como as estradas de ferro estavam praticamente paralisadas, a viagem demorou vários dias e acabou levando-os para Odessa, no sul.

No trem para Odessa, Vera encontrou a milícia de Petliura, nacionalistas ucranianos responsáveis por parte dos massacres. Quando os homens de Petliura entraram no vagão e começaram a aterrorizar um judeu, Vera, que tinha apenas dezessete anos, saiu em defesa da vítima: "Ele tem o direito de estar aqui. Não há por que empurrá-lo para fora, tampouco ameaçá-lo".[519] Ela atribuía à sua conduta o fato de ter conquistado o respeito dos milicianos, que acabaram por escoltar a família até Odessa. Não se sabe se esses homens tinham conhecimento da origem judia de Vera; de qualquer modo, eles levaram a Slonim a informação sobre a mudança no itinerário de seus familiares.

A família Slonim conseguiu se reunir, apesar do caos provocado pela guerra civil. De Odessa, onde o pai os encontrou, rumaram para a Crimeia, último reduto do Exército Branco. No final de 1919, chegaram a Ialta, onde viveram durante seis meses em uma casa de campo. Também na Crimeia poderia ter acontecido o encontro de Vera e Nabokov: na época ele estava em Livadia, um subúrbio de Ialta.

Em março de 1920, os Slonim embarcaram em um navio canadense, para cruzar o Mar Negro. O destino da emigração era Berlim, devido a seu baixo custo de vida: no início dos anos 1920, cerca de meio milhão de cidadãos russos foram atraídos para o local. Em 1921, quando a família de Vera chegou a Berlim, os Nabokov já haviam chegado, provenientes de Londres. Eles enfrentaram uma situação mais dramática ao fugir dos bolcheviques: o navio grego que tomaram durante a retomada da Crimeia, o *Nadejda*, foi bombardeado por soldados colocados na praia. Sentado no convés, na companhia tranquila de seu pai, Nabokov jogava xadrez, um jogo que mais tarde viria a compartilhar com sua esposa.

Ao contrário da maioria dos emigrantes, que havia perdido toda a fortuna na Rússia, o pai de Vera possuía contatos influentes e recuperou a riqueza pessoal vendendo suas propriedades russas para homens de negócio alemães, interessados em lutar contra a permanência dos bolcheviques. Slonim atuou, também, como corretor, ajudando seus conhecidos com "vendas fantasmas" afins.[520] Graças à iniciativa do pai, as três irmãs Slonim concluíram sua formação educacional nas melhores escolas da Europa. Lena, a mais velha, graduou-se em línguas modernas na Sorbonne; Sonia foi para um internato na França e, mais tarde, estudou na Alemanha. Vera pretendia entrar para o Technische Hochschule de Berlim, mas a exigência de cursar programas adicionais acabou por impedi-la. O pai considerou que esses programas acarretariam um esforço grande demais, dada a frágil saúde da filha – embora ela tivesse vigor suficiente para fazer aulas de equitação.

Slonim investiu seu capital em uma empresa especializada em importação e exportação de maquinário para a agricultura; posteriormente, em 1923, ele fechou uma parceria com a editora Orbis, cujo foco era a publicação de traduções dos clássicos literários. O pai de Nabokov também era editor em Berlim, onde 150 jornais e periódicos (e 86 negócios ligados ao mercado editorial) foram criados para atender à demanda dos letrados imigrantes russos. Vera começou a trabalhar nos projetos do pai, aprendeu a datilografar e assumiu o encargo de cuidar da correspondência estrangeira. Por pouco ela não encontrou Nabokov na ocasião em que ele veio à Orbis com o intuito de negociar com Slonim os honorários para tradução dos trabalhos de Dostoiévski. No entanto, a editora logo foi fechada sem ter produzido um livro sequer. Em 1924, com a degradação econômica enfrentada pela Alemanha, em decorrência das pesadas indenizações impostas pelo Tratado de Versalhes, Slonim viu seus empreendimentos arruinados pela inflação galopante que assolou o país.

Em 1923, Nabokov já havia conquistado certo reconhecimento por sua poesia, publicada sob o pseudônimo de Sirin. A comunidade russa de Berlim era bastante reduzida e o círculo de intelectuais que comparecia aos saraus poéticos de Nabokov, ainda menor. Ele contou mais tarde a seu biógrafo, que, quando jovem possuía um "charme *extraordinário*". Vera corrigiu essa descrição: "E humor. Charme e humor".[521] Antes mesmo de se conhecerem, ela já o admirava como poeta. Vera participava dos recitais e recortava as publicações feitas por Nabokov no *Rul*, jornal liberal dos emigrantes, de cuja fundação o pai dele tomara parte, em 1920.

Em 8 de maio de 1923, durante um baile beneficente para emigrantes russos, finalmente Vera e Nabokov se conheceram. Ela usava uma máscara negra com "características de lobo", conforme descrição feita por ele no poema "The Encounter" [O encontro]. Décadas mais tarde, questionada por seus biógrafos, Vera negou ter conhecido o marido em um baile.[522] Com o objetivo de proteger sua privacidade, ela parece ter procurado resguardar o passado, para impedir que se tornasse, segundo palavras de Akhmatova, "uma lenda deliciosa". É interessante observar que Vera não revela onde conheceu Nabokov. Nora Joyce, por outro lado, gostava de modificar o relato histórico que conta como ela encontrou pela primeira vez seu marido.[523]

A companhia de Vera ajudou Nabokov a preencher o vazio deixado pela perda do pai. (Em março de 1922, Vladimir Nabokov, pai, foi alvejado ao escudar com o próprio corpo o líder do partido Cadete, Paul Miliukov, vítima de uma tentativa de assassinato.)

As cartas de Nabokov revelam o vínculo espiritual que em poucos meses nasceu entre ele e Vera: "Você entrou em minha vida não como um visitante casual... mas como alguém que penetra em um reino, no qual todos os rios esperam por seu reflexo, todas as estradas, por seus passos".[524] Ela era a ouvinte ideal, conforme ele insinuou em um poema da época: "Começo a falar – você responde, como que completando uma linha do verso".[525] A tradução feita por Vera da parábola "Silêncio" de Edgar Allan Poe, saiu na mesma edição do *Rul* na qual apareceu o poema de Nabokov, que sempre demonstrou grande fascínio por Poe.

Embora vivessem em Berlim, o casal não abriu mão de seus padrões russos de ordem moral e intelectual. A exemplo de Tolstói, que, antes do casamento entregou a Sofia seu diário pessoal para que ela conhecesse o passado sexual do futuro marido (história relatada em *Anna Kariênina*), Nabokov confiou a Vera seus registros de foro íntimo, esperando que ela se mostrasse compreensiva em relação a eles. Vera, para quem o episódio ficcional, acompanhado de todas as suas conotações, era conhecido desde a infância, "foi aprovada" nesse teste. Junto com o diário, Nabokov deu a ela sua lista de conquistas, elaborada à imagem da de Púchkin e contendo 28 "vitórias" reais. Era seu rito de entrada para o mundo da literatura clássica, tal como outros poetas refugiados, contemporâneos seus, que também compilaram tais relações de nomes. Vladislav Khodasevich fez uma lista de conquistas para sua esposa Nina Berberova, ao passo que Búnin optou por enumerar "oportunidades perdidas".[526]

O futuro papel de Vera se tornou evidente para Nabokov em 1924: ele sonhou que tocava piano enquanto ela lhe virava as páginas. Foi um sonho fora do comum, pois Vladimir era musicalmente surdo e se entediava com as óperas de Tchaikóvski, entretanto prenunciava um matrimônio perfeito. Ele escreveu para Vera, "Você e eu somos muito especiais; tais maravilhas, da maneira que conhecemos, ninguém mais conhece, e não há no mundo alguém que ame *como* nós amamos".[527] Naquela época, Vera estava datilografando contos de Nabokov e, depois de publicar mais algumas traduções, encerrou sua atividade literária independente.

Em 15 de abril de 1925, após dois anos de galanteios, o casal registrou sua união em uma cerimônia civil na prefeitura de Berlim. Foi um casamento simples: Vera escolheu para testemunhas dois amigos distantes. No mesmo dia, enquanto jantavam na casa de seus pais, ela contou à mãe em tom casual, "A propósito, nós nos casamos esta manhã".[528] Eles não tinham condições financeiras para arcar com os custos de uma celebração: o pai de Vera havia falido e a mãe de Nabokov, agora viúva, vivia em Praga e sua única renda era uma pensão. Nabokov possuía apenas o dinheiro suficiente para a cerimônia e não pôde sequer dar uma gorjeta para o porteiro que cumprimentou os recém-casados quando deixaram o saguão da prefeitura.

Na década seguinte, eles lutaram contra a pobreza, vivendo em apartamentos de baixo custo. Vítima da insônia, Nabokov escrevia à noite; durante o dia, ensinava idiomas, boxe, tênis e esgrima. Vera dava aulas de inglês, colaborava com o marido nas traduções e lhe prestava assistência em outros projetos, assumidos em função da necessidade financeira. Ela o ajudou, por exemplo, na elaboração de um livro-texto de russo para alemães e de um dicionário russo-francês e um russo-alemão. Eles formavam um casal engenhoso, como a própria Vera observou: "Nós sempre tínhamos condições de ganhar dinheiro, bastando que, para isso, empenhássemos mais o nosso tempo".[529] Na verdade, eles sonhavam com o dia em que pudessem se sustentar com o trabalho literário de Nabokov.

Apesar da privação, tanto Vera como seus pais aprovavam a atividade de Nabokov. O escritor, por sua vez, sentia imenso prazer em receber o apoio do sogro, quando com ele comentava, durante um jogo de xadrez, a importância do exercício da literatura em sua vida. Compreender que a composição literária compensava o sacrifício compartilhado era uma atitude tipicamente russa. Em uma carta para a irmã Elena, no ano em que se casou, Nabokov manifestou a expectativa de que sua amada se fundisse a ele, para que constituíssem um único ser, "... No amor é necessário viver como gêmeos siameses, entre os quais, um espirra quando o outro cheira tabaco".[530]

Vera acompanhou todo o desenvolvimento de Nabokov em sua carreira de escritor de prosas: no inverno de 1925, ela datilografou o primeiro romance do marido, *Machenka*, junto com todas as revisões. À semelhança de Tolstói, Nabokov era um revisor apaixonado, sempre pronto "a se submeter a uma tortura chinesa se descobrisse um simples epíteto".[531] Ele assumia como favas contadas a colaboração técnica de Vera: sua mãe foi a copista de tudo o que ele escreveu na juventude.

Iuli Aikhenvald, amigo de Nabokov e renomado acadêmico da área de literatura, logo reconheceu em Vera a guia perfeita, capaz de conduzir o marido ao longo de sua "trajetória poética".[532] Aikhenvald também conhecia profundamente as esposas dos literatos russos: em 1925, ele editou e lançou uma famosa compilação, *The Two Wives* [As duas esposas], com passagens da autobiografia de Sofia Tolstói e da de Anna Dostoiévski. Quer Vera tenha lido esse trabalho naquela época, ou não, não restava a menor dúvida de que ela tinha ciência da contribuição literária prestada por essas duas mulheres e estava começando a desempenhar um papel importante na carreira de Nabokov. Décadas depois, ele próprio admitiu que Vera "exerceu função como consultora e crítica" em seus primeiros trabalhos de ficção. "Eu li para ela, pelo menos uma vez, minhas histórias e meus romances; e ela releu todos eles quando os datilografou."[533] Antes disso, apenas duas pessoas haviam ocupado esse lugar de destaque na vida literária de Nabokov – seus pais. Depois de cinco anos de casamento, quando estava escrevendo *Glória*, ele lia os capítulos para Vera todas as noites. Durante o dia, ela trabalhava em um escritório jurídico, onde respondia pelo controle da correspondência e pela tarefa de estenógrafa nos idiomas inglês, francês e alemão.

Em 1928, os pais de Vera faleceram, acometidos por males diferentes: ele, vítima da pneumonia e ela, de um ataque cardíaco. Vera, que cuidou incansavelmente do pai enquanto ele esteve hospitalizado, fez, na mesma época, um curso de estenografia em alemão. Essa nova aptidão mostrou-se inestimável: em 1930, no desolador cenário econômico da Alemanha, com cinco milhões de desempregados, ela gerava uma consistente receita adicional; mesmo tratando-se de trabalhos eventuais. A inflação galopante acarretava o empobrecimento da maioria dos imigrantes em Berlim, tendo sido motivo para gracejos sarcásticos de um comediante local que dizia, "Sou emigrante russo, portanto, vivo de ar".[534]

Apesar da dependência do casal em relação ao salário de Vera, Nabokov não se conformava com a ideia de ela ter outra atividade profissional que não a de sua companheira literária: "A máquina de escrever não funciona sem Vera".[535] Em 1928, ela assumiu a função de adida comercial da embaixada francesa, em período integral, cargo muito invejado naqueles dias de desemprego e instabilidade econômica crescentes. Entretanto, essa prestigiosa posição valeu apenas como fonte de renda e meio de financiamento da expedição seguinte de Nabokov para caça de borboletas. Sua primeira viagem com esse objetivo, em 1919, na Grécia, resultou em débitos que levaram uma década para serem quitados. Em 1929 foi publicado o segundo romance de Nabokov, *Rei, valete, dama*, cujos direitos relativos à versão alemã, vendidos com lucro, serviram para quitar suas dívidas. Sem pensar no amanhã, Vera se demitiu do emprego na embaixada, abrindo mão do bom salário que este lhe rendia, para se juntar ao marido em uma caçada a borboletas nos Pireneus orientais.

A exemplo de Tolstói, Nabokov também queria que a esposa participasse não só de seu trabalho literário como de seus passatempos. Porém, ao contrário daquele autor, ele era comprometido com suas atividades. Nabokov começou a estudar as borboletas quando ainda criança (uma paixão que partilhava com o pai, além do xadrez e do boxe) e aos nove anos já conhecia com profundidade todas as espécies europeias. Vera atuava como lepidopterologista assistente de um homem cujas cartas eram decoradas com desenhos de borboletas e que, depois de descobrir novas espécies na França e na América e, quase à beira de seu leito de morte, ainda sonhava com mais uma caçada. Na primeira expedição importante de que participou, ela estava tomando lições sobre a maneira mais eficiente e humana de capturar uma borboleta.

Em fevereiro de 1929, durante uma viagem aos Pirineus na companhia de Vera, Nabokov começou a escrever sua obra-prima, *A defesa Lujin*. Ele mergulhou de cabeça nesse trabalho quando eles retornaram a Berlim naquele verão, carregando uma magnífica coleção de borboletas. Para permitir que o marido escrevesse sem ter sua atenção desviada, Vera o levou para Kolberg, onde alugaram uma cabana humilde junto ao lago. Nabokov trabalhava de dez a doze horas por dia e ela manifestou sua ideia de comprar terras e se estabelecer naquele lugar isolado. Eles pagaram um sinal por um terreno, na expectativa de construir uma casa de veraneio em um futuro próximo; todavia, dois anos mais tarde, devolveram o lote ao vendedor, após descobrirem que careciam de condições para arcar com os pagamentos subsequentes. Vera assimilou com facilidade o episódio: ela partilhava da falta de apreço de Nabokov pelas coisas materiais. Todas as suas ambições eram investidas na carreira de escritor do marido, pois o acreditava mais talentoso do que qualquer outro autor daquela geração. Em agosto, quando Nabokov concluiu *A defesa Lujin*, Vera demonstrou seu orgulho em uma carta enviada à sogra, na qual dizia: "A literatura russa nunca viu nada semelhante".[536]

A publicação de *A defesa Lujin*, na edição de outubro da revista *Contemporary Annals*, destacado periódico parisiense, permitiu que a comunidade de refugiados políticos russos celebrasse o nascimento de um notável escritor que emergia "do fogo e das cinzas da revolução e do exílio".[537] A maioria de seus leitores já havia fugido da Alemanha para a França; os cafés literários e as editoras de Berlim estavam fechados. No outono de 1932, durante recitais públicos de grande sucesso, em Paris, Nabokov confessou a Vera sua ideia de que eles também deveriam pensar em se mudar. Mas ela foi contrária a deixar a Alemanha, principalmente porque confiava em suas condições de encontrar emprego em Berlim e não acreditava que eles pudessem sobreviver apenas com os rendimentos do trabalho literário de seu marido. No entanto, logo depois ele recebeu de uma admiradora a oferta de um quarto em sua mansão no sul da França, e escreveu para Vera comunicando que a mudança fora "automaticamente" decidida. O interesse pelo monitoramento da estação de borboletas, na primavera de 1933, superava a preocupação com o avanço do fascismo na Europa, conforme ele registrou em carta à esposa, "Apenas entre nós, só para seus ouvidos... É importante... para mim, a comparação, dia à dia, do aparecimento dessa ou daquela borboleta a leste e a oeste dos Pirineus".[538] Ele sabia que Vera compreenderia.

Quando Hitler tomou o poder, em 1933, e passou a perseguir judeus, comunistas e intelectuais esparramados pelas ruas de Berlim, era impossível continuar a manter os olhos fechados: a ameaça de limpeza étnica assumia contornos de realidade. Vera carregava um revolver em sua bolsa, o que por pouco não lhe causou problemas por ocasião da adoção de restrições ao porte pessoal de armas: a caminho da Embaixada da França, onde ela pretendia despachar a pistola para Paris, o táxi que a conduzia foi parado por um desfile nazista.[539]

Em março, Vera perdeu seu cargo de secretária na Weil, Ganz e Dieckmann, empresa judia de advocacia e foi assaltada pelo temor de não conseguir outro trabalho. Contudo, tendo cabelos loiros e o alemão fluente e impecável, os empregos continuaram a aparecer. Inesperadamente, ela recebeu uma oferta para trabalhar como estenógrafa durante o congresso internacional de produtores de lã. Ao revelar ao empregador alemão sua origem judaica, ela se surpreendeu com a reação: "Oh, isso não faz diferença para nós. Não damos importância a tais detalhes". Vera ria quando comentava o episódio.[540] Antes da entrevista, em maio, ela presenciou uma incineração de livros acompanhada por bordões como "Estudantes alemães marcham contra o espírito antialemão".

Em 10 de maio de 1934, Vera deu à luz o único filho do casal, Dmitri, em uma clínica particular de Berlim. Ela continuou produzindo e ganhando dinheiro quase até o dia do parto; a maioria dos amigos e, até mesmo sua sogra, não sabiam da gravidez, que foi mantida em segredo. Nabokov fazia visitas regulares à mulher e ao filho na maternidade, que ficava próxima à Bayerischer Platz, onde eles permaneceram por duas semanas. Nessas visitas, ele era obrigado a passar pelos retratos de Hindenburg e de Hitler adornados com flores da primavera.[541]

Quando Vera retornou do hospital, Nabokov deu início a um novo romance, *Convite para uma decapitação*. Ele concluiu o romance em "quinze dias de extraordinário entusiasmo e contínua inspiração".[542] O trabalho foi influenciado pelas ações que marcaram o início da ditadura de Hitler na Alemanha e de Stálin na Rússia. De seu apartamento no terceiro andar, o casal podia escutar os discursos de Hitler ressoando através dos autofalantes: "Nós ouvíamos sua voz".[543] Fiel à convicção de que ao talento artístico cabia a prioridade, o conteúdo político esteve praticamente ausente do trabalho de Nabokov no passado. Mas esse romance, que viria a se tornar um de seus melhores no idioma russo, era uma alegoria à destruição do estado intelectual pelo ditatorial. A releitura da história, ao contrário da redação do primeiro esboço, levou meses. Nabokov ditava as revisões para Vera, que, um mês depois de sair do hospital, havia reassumido sua função de datilógrafa e secretária; em dezembro, o casal ainda trabalhava no manuscrito. Aquele ano foi palco de importantes desenvolvimentos na carreira de Nabokov: seu agente em Londres vendeu os direitos de *Riso no escuro* e *Desespero* para a editora britânica Hutchinson.

O estilo virtuoso de Nabokov criava sérias dificuldades para seus tradutores. O casal não ficou satisfeito com as versões alemã e francesa do livro *A defesa Lujin*, e a tradução inglesa de *Riso no escuro* os decepcionou. O próprio Nabokov traduziu para o inglês seu último romance, *Desespero*, embora inseguro de sua aptidão para tal. Em 1935, buscando um tradutor capaz de ajudá-la com o manuscrito final, Vera telefonou para a embaixada britânica solicitando a indicação de um "experiente homem das letras, dotado de estilo refinado". O funcionário da embaixada respondeu com uma indagação sarcástica: "Você estaria interessada em H.G. Wells?". Vera rebateu a ironia dizendo, "Pode ser".[544] Na verdade, essa solução atenderia perfeitamente à pretensão de Nabokov, que, aos quatorze anos já admirava o trabalho de Wells e o conhecera quando ele visitou a Rússia.

Nabokov alcançou uma produtividade notável em sua criação, tendo concluído sete romances, diversos contos e uma peça teatral em menos de uma década. Durante esses anos, além do suporte financeiro, Vera lhe prestou toda a assistência possível. Enquanto ficou em casa com o bebê, as dívidas da família se acumularam. Mas, em 1936, ela conseguiu um cargo na firma de engenharia Ruths-Speicher, onde controlava a correspondência estrangeira. No entanto, não tardou para que perdesse esse emprego, junto a outros funcionários judeus. Os riscos a que Vera estava exposta, dada sua condição de judia, estimularam Nabokov a buscar com mais determinação um cargo de professor e contatos fora da Alemanha. Em cartas para amigos europeus, ele relatou sua situação desesperadora e se disse pronto a agarrar qualquer perspectiva de trabalho, por modesta que fosse.

Naquele ano, Serguei Taboritski, assassino do pai de Nabokov, foi nomeado o segundo na linha de comando no departamento do governo Hitler encarregado de assuntos relativos a refugiados. Vera insistiu que Nabokov deixasse Berlim imediatamente e, no início de 1937, ele partiu em uma turnê de palestras pela Europa. Nas visitas a Bélgica, França e Inglaterra, ele procurou um trabalho acadêmico que pudesse propiciar a mudança de sua família.

Em Paris, Nabokov teve um romance com Irina Guadanini, uma bela e divorciada admiradora. Um profundo sentimento de culpa e a preocupação com a família em Berlim acarretaram-lhe um complicado caso de psoríase. Em uma carta ansiosa para Vera ele pediu que ela agilizasse a saída de Berlim. No dia 15 de abril, Nabokov lembrou à esposa que naquele dia eles completavam doze anos de casamento. "*Meu amor, meu amor,* quanto tempo faz desde que você se pôs diante de mim e de Deus... E, de alguma forma, vislumbra-se a separação dos gêmeos siameses".⁵⁴⁵ Vera protelou a partida, como se alheia ao perigo que a Alemanha nazista representava para ela e Dmitri.

Durante a longa separação do casal, que se estendeu por quatro meses, eles discutiram detalhadamente o momento e o local do reencontro. Vera queria que acontecesse em Praga, no dia 8 de maio, dia do primeiro encontro entre os dois e, para tanto, solicitou um visto tcheco. Ela prometera fazer uma visita à sogra, levando consigo o neto. Nabokov, relutante em deixar Irina, preferia que se reencontrassem na França. No final, o desejo de Vera acabou prevalecendo: Nabokov foi para Praga, sem saber que veria sua mãe pela última vez.

Vera e Dmitri cruzaram a fronteira alemã em 6 de maio de 1937, ano que marcou o início da segregação para os judeus alemães. Os Nabokov, no entanto, estavam mais ocupados com questões da vida pessoal do que com os eventos mundiais: a crescente indiferença em seu relacionamento suscitava profundo sofrimento. Em julho, o casal se mudou para Cannes, onde Nabokov confessou a Vera sua aventura amorosa, fato sobre o qual ela já havia sido informada por uma carta anônima. Corajosamente, incentivou o marido "a se unir à dama, se estivesse apaixonado".⁵⁴⁶ Nabokov respondeu, "Não agora". Tempos mais tarde, ele reconheceu nessa conversa constrangedora com a esposa a razão de ter sentido uma depressão tão profunda quanto a que o torturara por ocasião do falecimento do pai. No verão, eles se reaproximaram, e Vera deu início à tradução para o inglês de *Convite para uma decapitação*. Em setembro, Irina apareceu em Cannes e Nabokov pediu-lhe que partisse. Escrevendo para Vera, naquele ano, ele confessou, "Meu querido amor, todas as Irinas deste mundo são impotentes". Anos depois, quando preparava as cartas do marido para publicação, Vera acrescentou um comentário editorial: "Diversas damas conhecidas por aquele nome, que flertaram com VN ou intentaram fazê-lo".⁵⁴⁷

Durante os três anos em que viveram na França, eles se sustentaram por meio de rendimentos ocasionais relativos aos direitos pagos pela imprensa dos exilados.⁵⁴⁸ Não lhes era permitido conseguir um trabalho, sem a posse obrigatória do visto de permanência. Porém, apesar da difícil condição financeira, tiveram a sorte de conseguir escapar ao destino da maioria dos refugiados russos na França, que estavam morrendo à míngua. Em Paris, para onde o casal se mudou no outono de 1938, a carência de recursos ainda se fazia presente. De acordo com a escritora refugiada Nina Berberova, o apartamento dos Nabokov era totalmente nu, com exceção do quarto de Dmitri, onde havia uma profusão de brinquedos e uma Mercedes prateada de pedalar, presente de segundo aniversário dado por algum conhecido.

Sobre o chão se espalhavam os brinquedos, e uma criança de formosura e delicadeza excepcionais engatinhava entre eles. Nabokov tomou uma enorme luva de boxe e entregou-a ao garoto, pedindo-lhe que me exibisse sua arte, e Mitia,[549] calçando as luvas, começou a bater no rosto do pai com toda a sua energia de criança. Eu percebi que doía, mas ele aguentou firme. Com um sentimento de alívio, deixei o quarto quando o exercício terminou.[550]

Naquele apartamento acanhado, Dmitri ocupava o cômodo mais amplo: lá, ele dirigia sua Mercedes e dormia, enquanto Nabokov escrevia no banheiro, sobre uma mala colocada em cima do bidê. Não havia dinheiro para uma moradia digna. O escritor buscou ajuda financeira nos Estados Unidos, junto ao fundo literário russo daquele país, descrevendo sua situação como desesperadora. O fundo só teve condições de remeter 20 dólares, mas outros apelos de Nabokov chegaram até Serguei Rachmaninov. Embora os dois nunca tivessem se encontrado, o compositor admirava a prosa de Nabokov e lhe mandou, via cabo, 2.500 francos. Além disso, Rachmaninov deu a Nabokov uma mala com suas roupas usadas e um terno, que o escritor vestiu em Stanford, no ano de 1941. O dinheiro permitiu que o casal alugasse um lugar maior, onde Nabokov, em dezembro de 1938, começou a escrever seu primeiro romance em inglês, *A verdadeira vida de Sebastian Knight*.

Por questões práticas, Nabokov decidiu passar a escrever em inglês: ele pretendia atingir um público mais amplo. De acordo com uma observação feita por Vera, embora inicialmente a relação do marido com o inglês não passasse de um casamento de conveniência, acabou se transformando em "um caso de amor". Em uma nota dirigida aos futuros biógrafos, ela acrescentou que tal comentário *não* se aplicava ao casamento dos dois.[551]

A primeira tentativa de Nabokov para escrever em inglês foi um esboço biográfico, datado de 1935. O *The New York Times Book Review* divulgou o trabalho e não economizou elogios a ele: "O surgimento de um notável escritor vem enriquecer nossos dias".[552] Esse rascunho foi mais tarde retrabalhado em *A pessoa em questão*,* onde ele emprega a descrição da primeira infância do filho, escrita por Vera para atender a um pedido seu. Nabokov entrelaçou os relatos da esposa em sua história e redigiu-a a partir de uma perspectiva do casal:

> Você e eu nunca esqueceremos, e sempre preservaremos, neste ou em outro campo de batalha, as pontes nas quais ficamos horas esperando junto ao nosso pequenino – na idade de dois a seis anos – pela passagem de um trem sob elas... Nos dias frios ele usava um casaco de pele de carneiro marrom, sarapintado de cinza, com capuz igual e luvas; e irradiava energia, movido pelo fervor da confiança; assim, mantinha *você* aquecida, pois, para impedir que seus delicados dedos congelassem, só lhe restava segurar as mãos dele, alternadamente na sua mão direita e depois na esquerda, trocando a cada minuto, e se admirando com a incrível abundância de calor gerada pelo corpo de uma criança robusta.[553]

Com a eclosão da Segunda Guerra Mundial, no outono de 1939, os Nabokov começaram a planejar outra fuga. A sorte lhes sorriu quando o escritor refugiado Mark Aldanov abriu mão de um convite para ensinar literatura russa em um curso de verão da Universidade de Stanford. Ele transmitiu o convite a Nabokov, que não deixou passar a oportunidade, comunicando imediatamente à instituição seu interesse pela vaga. Alexandra Tolstói, filha mais jovem desse autor e diretora da fundação criada em homenagem a seu pai (organismo que apoiava refugiados russos na América), ajudou Nabokov a conseguir os vistos de entrada para ele e sua família. Ivan Búnin, o primeiro escritor russo a ser laureado com o Prêmio Nobel, recomendou Nabokov em uma carta a diversas universidades, enaltecendo-o como um autor de "talento excepcional" e "profundamente dedicado ao estudo do idioma e da literatura da Rússia".[554]

---

* Título da edição brasileira (Companhia das Letras, 1994) de *Speak, memory*, publicado em Portugal como *Fala, memória* (Relógio d'Água, 2013).

Nesse ínterim, Vera acompanhou, junto a autoridades do governo francês, a situação das permissões de saída da família e, para agilizar o processo, recorreu ao suborno. Depois de colocar 200 francos diante de um funcionário graduado, ela passou dois meses temendo que pudesse ser presa por corrupção antes de Nabokov receber os passaportes. Em *A pessoa em questão*, o escritor comentou que o suborno foi pago "ao vigarista certo, na agência certa". Ele se manteve desligado da política mundial e das manchetes dos jornais, dedicando-se à redação de suas palestras sobre literatura russa e resolvendo problemas de xadrez à noite, enquanto cortinas nebulosas o separavam da Paris mergulhada na escuridão: "Tudo em volta era só quietude; um sorriso ligeiro... Dormindo no quarto ao lado estavam você e nosso filho...".[555]

Além do mais, os Nabokov contaram com a colaboração da organização de resgate de judeus baseada em Nova York, organização esta que lhes vendeu passagens para a travessia do Atlântico pela metade do preço e os ajudou a levantar o restante da quantia. O administrador dessa instituição fora ligado por laços de amizade com o pai de Nabokov, e se lembrava da luta empreendida pelo amigo contra o antissemitismo oficial na Rússia. Em maio de 1940, quando baterias antiaéreas já se faziam ouvir em Paris, a família embarcou no *Champlain*, último navio a deixar a França antes da ocupação; eles fugiram confortavelmente instalados em uma cabine de primeira classe. Nabokov levou uma valiosa parcela de sua coleção de borboletas e confiou o saldo, junto a seus arquivos, ao amigo e escritor Ilia Fondaminski, que optou por permanecer em Paris. Preso como judeu, embora tenha adotado o cristianismo como religião, Fondaminski faleceu no campo de Auschwitz, em 1942. O irmão de Nabokov, Serguei, que era homossexual, também morreu em um campo de concentração.

No dia 28 de maio, o navio chegou a Nova York e Nabokov comentou entusiasticamente com um conhecido, "Aconteceu um milagre: minha esposa, meu filho e eu conseguimos repetir o feito de Colombo".[556] A primeira corrida de táxi em Manhattan acabou se convertendo em uma das histórias divertidas que Vera gostava de contar. Ela errou ao ler o taxímetro e deu ao motorista cem dólares, em vez de noventa centavos. O honesto nova-iorquino observou que não estaria dirigindo um táxi se possuísse aquela soma de dinheiro. Oito anos mais tarde, completamente integrada à vida na América, Vera dirigiu o velho Oldsmobile do casal em uma viagem que fizeram através do continente, tendo, inclusive, trocado pneu na estrada.

A família Nabokov tinha uma extraordinária capacidade de adaptação: em poucos meses, já considerava os Estados Unidos sua casa e elogiava seu novo país. Eles foram convidados a passar o verão em Vermont, na casa de campo de Mikhail Karpovich, amigo e professor de história russa em Harvard. O local, cercado por vidoeiros, lembrava a Rússia (mais tarde, os Soljenítsin adquiriram uma fazenda em Vermont pela mesma razão). A serenidade da área rural da Nova Inglaterra, não tardou a apagar as dolorosas memórias da Europa. Caçando borboletas com o marido, Vera demonstrava entusiasmo: "Tive uma sorte incrível. Consegui muitas coisas que ele não conseguiu... Certa vez, vi uma borboleta que ele desejava demais e não acreditaria que eu tivesse visto".[557] Nos Estados Unidos, Nabokov realizou seus sonhos de escritor e de cientista que se deleitava com o estudo das borboletas em um novo continente: naquele outono, ele começou uma pesquisa sobre os lepidópteros no Museu Americano de História Natural.

Em 1941, Nabokov foi indicado professor convidado de literatura comparada na faculdade de Wellesley para mulheres, onde seria o primeiro a ensinar a língua e a literatura da Rússia. Na primavera, o casal viajou pelo país na companhia da ex-aluna Dorothy Leuthold, fazendo paradas ao longo da estrada para caçar borboletas. No parque nacional do Grand Canyon, Nabokov descobriu um exemplar não identificado, de coloração marrom, ao qual deu o nome de *Neonympha dorothea*, em homenagem à ex-aluna; Vera pegou mais duas borboletas ao lado da estrada, usando apenas as próprias mãos.

Enquanto Nabokov dividia seu tempo entre a entomologia, a composição literária e o ensino, Vera o assistia em todas as atividades. Para um colega de universidade que se interessou em saber como ele conseguia tempo para escrever, Nabokov respondeu, "Pela manhã, eu examino a genitália das borboletas; à tarde, ensino gramática russa a meus alunos em Wellesley; à noite caio na cama com uma caneca de leite quente e escrevo".[558] A manutenção dessa agenda intensa só era possível graças à esposa, que às vezes o substituía na tribuna e no microscópio. Nabokov passava tanto tempo à frente do microscópio que Vera precisava despertá-lo, "não do sono, mas das borboletas".[559] Em 1942, quando Nabokov realizou uma turnê de palestras, passando por Carolina do Sul, Geórgia e Tennessee, ela assumiu o lugar do marido no Museu de Zoologia Comparada de Cambridge, onde ele fora nomeado pesquisador. Vera recebia cartas frequentes do autor, com indagações sobre quantas bandejas de borboletas ela havia completado, e as respondia, relatando seu progresso.

A influência de Vera se fazia sentir cada vez mais, à medida que se envolvia no trabalho do marido. Ela escolhia o tema da próxima obra a ser publicada e, aparentemente, isso o agradava. Em janeiro de 1944, Nabokov escreveu para Edmund Wilson, contando como ela o havia persuadido a concluir o romance *Bend Sinister* [Curva sinistra], levando-o a "apesar do mau-humor, retirar os escritos" de baixo da pilha de papéis sobre lepidópteros, para descobrir que valia a pena continuá-lo.[560] "Com certeza, minha esposa é uma extraordinária conselheira. Ela é minha primeira leitora e a mais eficaz", declarou ele a um jornalista muitos anos mais tarde, quando da publicação desse romance.[561]

Edmund Wilson ficou bastante impressionado e surpreso com o volume de trabalho que Vera realizava para o marido. Em 1946, ele escreveu para Elena Thornton, sua futura esposa e aquela que viria a se tornar um personagem central de sua vida, dizendo "Vera é maravilhosa com Volodia: ela redige para ele todas as palestras, datilografa os manuscritos e administra os acordos de publicação. Ela se encarrega, também, de fazer eco a todas as suas opiniões – algo que, de certa forma, incomoda-me, mas parece perfeitamente adequado para Nabokov".[562] Mais ou menos nessa época, o autor participou de um recital ao qual compareceram seus alunos. Vera se encontrava na primeira fila e Nabokov trocou ideias com ela durante a apresentação. Um dos alunos considerou fascinante o fato de o escritor consultar sua musa, quanto ao poema de amor que deveria ler em seguida.

Quando em 1948, no final do semestre em Wellesly, Nabokov adoeceu, acometido pela bronquite, Vera assumiu as aulas de idiomas da turma elementar e da intermediária. Na opinião dos alunos, ela era uma professora mais disciplinada e eficiente. Alguns colegas compartilhavam desse julgamento: na ocasião em que um pedido de Nabokov estava em análise por outra universidade, um desses colegas comentou com o potencial empregador, "Não perca tempo em contratá-lo; *ela* faz todo o trabalho".[563]

Em Wellesley, Nabokov foi preterido nas promoções por conta de suas convicções anticomunistas e sua oposição ao ensino da literatura soviética. O interesse por esse assunto ganhara maiores proporções desde que os Estados Unidos se tornaram aliados da União Soviética na Segunda Guerra Mundial. Os Nabokov desprezavam os liberais que simpatizavam com a Rússia soviética e apoiavam McCarthy, mesmo depois de sua decadência.

No mesmo ano, Nabokov recebeu uma indicação, sonhada já havia tempos, como professor de russo na Universidade de Cornell, onde suas aulas de literatura se tornariam legendárias. Vera colaborou no desenvolvimento de um novo curso de literatura russa destinado a atender a um número maior de alunos, tendo, inclusive, redigido algumas palestras, em perfeita consonância com o estilo de seu marido. Entretanto, sua participação acabou minimizada, pois, segundo contou a um biógrafo, Nabokov revisava o texto escrito por ela até que não restasse uma palavra sequer do original. Durante as conferências, ele gostava de fazer uma apreciação dos trabalhos de escritores famosos e atribuiu a Dostoiévski um C menos. Nas reuniões de professores, Vera costumava lançar críticas a escritores: ela condenou Jane Austen e declarou a um especialista em Goethe que *Fausto* era "uma das peças mais superficiais já escritas".[564] Como Nabokov também sentia prazer em provocar as pessoas, ele não via nada de errado com o que ela dizia.

Narcisista convicto, Nabokov dividia a literatura entre livros que gostaria de ter escrito e livros que escreveu. Seus alunos tiveram oportunidade de ouvi-lo se declarar superior a Joseph Conrad, escritor que tinha o inglês como segunda língua. O endosso de Vera alimentava seu ego, e assim, quando um aluno elogiava suas palestras sobre literatura europeia, Nabokov lhe pedia, inspirado por uma vaidade infantil, que repetisse a observação para sua esposa.

Para Nabokov e Vera, o mundo girava em torno de sua relação, e eles se importavam muito pouco com as pessoas que os rodeavam. Tal comportamento motivou o comentário de um aluno, "Inseparáveis, autossuficientes, eles formam uma multidão de dois".[565] Assumindo o papel de motorista do marido, Vera o levava ao campus e lá, quando encontravam professores e funcionários, estimulava-lhe a vaidade. A exemplo de Dostoiévski, de quem ele não gostava, Nabokov tinha dificuldade em se lembrar do rosto e do nome das pessoas e precisava contar com a ajuda da esposa para saber quem era quem. O casal costumava entrar junto no auditório: Vera carregava a maleta de Nabokov, abria a porta para ele, colocava os papeis de anotações sobre a tribuna e, algumas vezes, voltava correndo para pegar os óculos que ele deixara no automóvel. O escritor a apresentava a seus alunos como assistente. Vera tomava assento na fileira da frente ou nas proximidades da tribuna e ele parecia se dirigir apenas a ela. Casualmente, Vera o ajudava a conduzir o raciocínio ou recomendava que parasse de rir com alguma passagem de Gógol, porque ninguém entenderia o que ele estava dizendo. Ela encontrava citações para o marido e escrevia no quadro as palavras difíceis, pois Nabokov era alérgico a giz. Os exames classificatórios também ficavam sob a responsabilidade de Vera, que tecia comentários pelos dois. Quando um ex-aluno enviava uma carta com referências ao trabalho de assistente feito por Vera, ela assinava sua resposta como, "Sra. Nabokov, ainda 'assistente' de V.N.".[566]

Em Ithaca, eles levaram uma vida nômade, ocupando residências que ficavam vazias durante o período de licença sabática dos proprietários. O custo da escola particular de Dmitri não lhes permitia assumir outras despesas. O salário de Nabokov, como professor assistente, variava entre 5 e 6 mil dólares. Como eram obrigados a se mudar uma ou duas vezes a cada ano, e cabia a Vera assumir, além do empacotamento, também a função de motorista, eles mantinham o menor volume possível de pertences. Nabokov não possuía sequer uma escrivaninha, e costumava escrever no carro, no banheiro, na cama ou em uma mesa porventura deixada na casa que estivessem habitando.

Em 1950, quando o escritor esteve hospitalizado por conta de uma nevralgia, Vera substituiu-o na tribuna, lendo as notas redigidas por ele. Sempre ansioso por elogiar a esposa, Nabokov comentou que ela estava "fazendo um trabalho surpreendente" na universidade.[567] Vera, por sua vez, não escondia a admiração pelo desempenho do marido, tendo dito a um amigo que ele proferia *grandiosas* palestras em um auditório enorme".[568] Nabokov encenava cuidadosamente suas apresentações. Em 1952, durante uma aula concorrida sobre literatura europeia, ministrada em um planetário para cerca de quatrocentos estudantes, ele usou um interruptor para jogar fachos de luz nas constelações enquanto anunciava,

"No firmamento da literatura russa... este é Púchkin... Este é Gógol! Este é Tchékhov!". Então, erguendo uma cortina, permitiu que o sol inundasse a sala: "E aquele é Tolstói!".[569] Ao descrever as palestras do marido para uma pessoa próxima, Vera exagerou em suas proporções, escrevendo que 540 alunos registrados "escutavam atentamente e aplaudiam" no final de cada uma delas.[570] Se, por um lado, as aulas de Nabokov eram estimulantes, seus métodos de ensino não contavam com aprovação unânime. Ele era capaz de dar uma nota baixa a um aluno que, porventura, contestasse sua opinião sobre Dostoiévski. Um estudante deixou a sala de aula ao ouvir Nabokov chamar Freud de "charlatão vienense".[571]

Muito tempo antes da publicação de *Lolita*, Vera já descrevia Nabokov como o maior escritor vivo. Ela redigia todas as cartas do marido, tanto as comerciais como as de cunho pessoal, engrandecendo-lhe os méritos, na terceira pessoa, embora as palavras fossem dele. Se, por acaso, os destinatários protestavam, alegando que ela extrapolara a própria autoridade, Nabokov a defendia: "Minha esposa não se coloca como "eco" de coisa alguma; apenas tem a extrema bondade de anotar minhas dúvidas e apreensões".[572] Alguns desses contatos se mostravam profundamente contrariados quando Vera respondia, em nome do marido. O professor William Lamont solicitou a Nabokov que indicasse nomes para sua lista de obras-primas subestimadas da literatura europeia, mas foi Vera quem respondeu. Ela sugeriu a inclusão do romance *A defesa Lujin*, descrevendo-o como "um dos melhores romances já escritos na Rússia". Na resposta irônica de Lamont, que a enfureceu, ele prometia adicionar "a obra de seu talentoso namorado". Vera replicou, declarando que recomendara o trabalho de Nabokov na qualidade de especialista na literatura russa e não de leal e devota *esposa* do escritor.[573]

Nabokov começou a escrever *Lolita* em 1950, embora a ideia tivesse sido concebida ainda na época em que ele trabalhava na faculdade de Wellesley. Tratava-se de uma história ousada, sobre um homem de meia idade obcecado por uma garota de doze anos, de quem se aproveita sexualmente. O assunto era tabu e, por esse motivo, o escritor tentou até mesmo destruir os manuscritos, ato impedido por Vera quando ele já estava prestes a atirar os papeis no incinerador. Ela salvou *Lolita*, e tempos depois insistiu em sua publicação. Ambos tinham ciência de que Nabokov poderia perder o cargo de professor, caso o romance fosse classificado como pornografia: a promoção de obras pornográficas era proibida nos Estados Unidos. Mas o casal tinha nítido na memória o sucesso, além das expectativas, alcançado pela novela impublicável de Tolstói, *A sonata a Kreutzer*.

Essa obra polêmica de Tolstói, história de um homem que mata a própria esposa, despertou uma explosão de interesses, convertendo-se no trabalho ficcional mais lido e discutido na Rússia, no final do século XIX. Primeiro dos escritores russos a explorar a paixão sexual, Tolstói fez dela um sentimento emocionalmente intenso e psicologicamente correto. *A sonata a Kreutzer* foi um trabalho provocativo que apresentava a narrativa, em primeira pessoa, feita por um criminoso. A proibição do governo só fez alimentar o interesse da sociedade: a novela circulou em inúmeras cópias clandestinas, gerando um estado de grande efervescência.

Lolita, que também traz o relato de um criminoso, explora a obsessão sexual do indivíduo por uma garota pré-púbere. Nabokov estudou reportagens de jornais sobre crimes sexuais, leu monografias a respeito do amadurecimento sexual das meninas e passeou de ônibus para escutar as conversas de garotas em idade escolar. O conhecimento que ele demonstrou acerca do assunto, viria a confundir até mesmo seus leitores mais esclarecidos, para quem Nabokov e seu infame herói, Humbert, eram a mesma pessoa. Nadejda Mandelstam comentou com Carl Proffer que um escritor não teria condições de escrever Lolita, a menos que nutrisse os "mesmos sentimentos deploráveis por jovens meninas".[574] Christopher Hitchens sentiu que Nabokov se aproveitou de um interesse pessoal sobre o assunto e que ele devia "ter pensado muito sobre isso".[575]

Nabokov era verdadeiramente apaixonado por seu trabalho, mas essa paixão podia se alimentar de diferentes fontes de inspiração. Em 1951, com o romance caminhando a passos largos, ele se dedicava, também, à caça e ao estudo de novas espécies de borboletas e mariposas. Naquele verão, tendo Vera como motorista, eles viajaram através de regiões de caça a borboletas no Colorado, e em Wyoming e Montana. Descrevendo essa expedição para sua irmã Elena, Nabokov contou como Vera dirigiu o Oldsmobile por precárias estradas nas montanhas do Colorado, à procura de uma espécie rara de lepidópteros. Ele havia encontrado um espécime, sem identificação, entre amostras existentes em museus, e "desejava ardentemente vê-lo em seu *habitat* natural". O casal alugou uma cabana e Nabokov subia todas as manhãs, rede em punho, a montanha de Telluride, onde, a quatro mil metros, "em uma encosta quase vertical... no silêncio cheirando a neve", encontrou um ambiente vegetal propício para esse tipo de borboleta. Após dias de busca incessante entre rochas e galhos de alfazema, ele capturou a primeira fêmea de *Lycaeides sublivens*, "essa minha afilhada extremamente rara".[576] No poema "A Discovery" [Uma descoberta], o escritor faz um relato de seu triunfo: "Eu a encontrei e, sendo versado no latim taxonômico, dei-lhe um nome; assim, tornei-me padrinho de um inseto e o primeiro a descrevê-lo – e a reputação conquistada por meio desse feito já me basta".[577] É provável que Vera soubesse como Nabokov transformou sua paixão pelas borboletas no desejo manifestado por Humbert, de possuir Lolita, garota com sensual nome espanhol.

A viagem através das montanhas rochosas atuou como cenário e inspiração, contribuindo para a composição do enredo: o casal morou nos motéis onde Humbert mantém Lolita prisioneira. No banco do passageiro, Nabokov anotava, em fichas, as frases criativas de Vera: "Meu Oldsmobile devora as milhas como um mágico engole a chama".[578]

Certa vez, Nabokov declarou que seria lembrado no futuro por *Lolita* e pela tradução de *Eugênio Oneguin*, de Púchkin, projetos para os quais contou com a colaboração de Vera. A ideia de traduzir o poema foi dela: como as versões existentes em inglês não o agradavam, Vera o estimulou a criar a sua. Esse projeto acabou se transformando na empreitada conjunta que mais os absorveu. No final, a poesia de Púchkin se revelou intraduzível e o resultado não satisfez a Nabokov, como ele admite em suas conhecidas e divertidas linhas "Sobre a tradução de *Eugênio Oneguin*", "O que é tradução? Em uma bandeja a cabeça pálida e reluzente de um poeta, o grito penetrante de um papagaio, a tagarelice de um macaco e a profanação da morte".[579]

Em 1951, Dmitri iniciou sua graduação em Harvard. Coincidentemente, naquele mesmo ano Nabokov recebeu um convite para lecionar nessa instituição, na primavera seguinte. Ele e Vera não deixariam passar uma oportunidade de viver perto do filho. De agora em diante, mudariam duas vezes por ano: no outono, Nabokov ensinava em Cornell e, na primavera, eles trocavam Ithaca por Cambridge.

O autor estava, na época, envolvido com dois projetos literários simultâneos, e Vera era obrigada a se revezar entre tomar nota dos ditados do romance e pesquisar a história das armas de fogo do século XIX para *Eugênio Oneguin*. Nabokov trabalhava, literalmente, dia e noite: sua mente insone recusava descanso. Enquanto ele assim se "torturava", ela aguardava com ansiedade a conclusão do livro. "Embora eu saiba que ao terminar uma coisa ele imediatamente inicia a próxima."[580]

No mês de fevereiro de 1953, em Cambridge, o casal redigiu os comentários anexados a *Eugênio Oneguin*, comentários estes que excederam de longe a extensão do poema. Trabalhando com o entusiasmo de uma estudante, Vera preencheu centenas de fichas com as anotações de suas pesquisas. No final daquela primavera, quando a obsessão de Nabokov pelas borboletas "converteu-se em verdadeira mania",[581] segundo expressão dele próprio, ela o levou ao Arizona. O verão foi passado no Oregon, onde o escritor se dedicou à caça de borboletas e ao livro *Lolita*, além de ter iniciado um novo romance, *Pnin*.

No outono, com Nabokov entregue a um trabalho frenético para conclusão de *Lolita*, Vera assumiu a tarefa de avaliação das dissertações dos alunos, afora a anotação dos ditados. Reconhecendo a contribuição adicional de Vera, a Universidade de Cornell pagou-lhe o equivalente a 130 horas de trabalho como assistente. Em 6 de dezembro, após quatro anos de pesquisa e redação, Nabokov terminou de escrever *Lolita*, e o casal passou a investir todos os esforços na busca de publicação.

Ambos consideravam esse livro a maior realização artística de Nabokov, mas o assunto exigia segredo. Temendo colocar os manuscritos no correio, Vera os levou pessoalmente a Katherine White, editora do marido na *The New Yorker*, para que ela lesse e emitisse uma opinião. Porém, meses mais tarde a profissional ainda não se manifestara. No verão de 1954, Nabokov pediu para seu amigo Edmund Wilson ler *Lolita*, descrevendo o livro como "meu melhor trabalho em inglês, no qual, a despeito da sensualidade do tema e da situação, a arte é pura e o humor, rebelde".[582] Nabokov reiterou junto a Wilson o pedido de sigilo a respeito de todas as informações relativas ao livro. O casal esperava que ele pudesse interceder a favor do romance, mas sua avaliação crítica foi desfavorável; em carta a Nabokov ele dizia "os personagens e as situações são repulsivos".[583] O autor ainda tentou convencer Wilson de que *Lolita* representava "um evento de elevado nível moral",[584] ideia adotada mais tarde por Vera, para promoção do trabalho.

Na ocasião, os Nabokov receberam recusas de todos os editores mais importantes dos Estados Unidos: a Simon & Schuster rejeitou o romance como "pura pornografia". Na Doubleday, um parecerista interno classificou o autor como "um homem inacreditavelmente perverso".[585] Dois anos depois, os mesmos editores viriam a competir pela publicação da edição americana do livro. Decorridas três décadas, *Lolita* passou a integrar a lista de leituras indicadas para as garotas americanas em idade escolar e, nos anos 1990 começou a ser lido pelas jovens de Teerã.

Mas, no verão de 1954, acossado pela iminência de um processo, o casal precisava encontrar rapidamente um editor. Tendo esgotado as possibilidades nos Estados Unidos, eles decidiram ir atrás de uma editora na Europa. Em agosto, a partir do Novo México, onde Nabokov estava desbravando novos territórios de borboletas, Vera entrou em contato com Doussia Ergaz, agente literária do autor, em Paris. "Meu marido escreveu um romance de extrema originalidade, porém, os rígidos preceitos morais aqui vigentes tornaram impossível sua publicação".[586] Nabokov temia que seu romance fosse vendido para "alguma empresa pautada por princípios duvidosos", e não para um editor conceituado, temor que, de fato, se concretizou".[587]

Em junho de 1955, Maurice Girodias, da *Olympia Press*, foi o primeiro a enviar um contrato a Nabokov; a lista de publicações dessa editora incluía pornografia. A agente de Nabokov alegou não ter ciência de tal fato, embora não apenas Girodias, como o pai do editor, Jack Kahane, já tivessem publicado pornografia. Nabokov cometeu um erro estúpido, que lhe custou caro, ao aceitar prontamente o contrato, sem se certificar de que os direitos autorais estavam em seu nome. O casal enfrentou problemas legais quando Girodias demandou cinquenta por cento dos direitos do autor pela publicação americana. Vera o apelidou, acertadamente, de Gângster.

Sem perda de tempo, em setembro, Girodias lançou *Lolita*. Nabokov pretendera publicar o livro em caráter anônimo, mas foi informado da necessidade de exposição do nome do autor. Ele advertiu Girodias de que *Lolita* era "um livro sério, pautado por propósitos sérios" e que a popularidade provocada por um escândalo destruiria seu nome.[588] No entanto, para o homem que publicava pornografia, o falatório decorrente de acontecimentos que contrariam as convenções morais era sempre bem-vindo; o que ele não previu foi o surpreendente sucesso de *Lolita*.

No Natal, Graham Greene, do *Sunday Times* de Londres, distinguiu *Lolita* como um dos três melhores livros do ano. Simultaneamente, John Gordon, editor-chefe do *The Sunday Express*, fez duras críticas ao romance, classificando-o de "pura pornografia irrestrita".[589] Opiniões contrárias transformaram o romance no centro das atenções, e um editor sério, Gallimard, propôs-se a publicar uma edição francesa. A polêmica em torno do livro assumiu grandes proporções quando cópias contrabandeadas através do Canal foram apreendidas em Londres. Esse movimento, no entanto, alimentou o interesse de editores alemães e escandinavos pela aquisição dos direitos de publicação. Em dezembro, a França proibiu a circulação de *Lolita*, mas, em consequência de uma demanda judicial de Girodias contra o governo francês, a proibição foi revogada; o caso tornou-se conhecido como *"l'affaire Lolita".*[590]

A grande projeção advinda do escândalo não destruiu Nabokov: ao contrário, ele se tornou uma celebridade. Vera agora administrava uma enxurrada de cartas de editores americanos que desejavam publicar o romance. As demandas infundadas de Girodia desencorajaram muitos deles, mas só até a Putnam conseguir superar obstáculos legais e lançar o livro. Em agosto de 1958, *Lolita* foi publicado nos Estados Unidos e imediatamente galgou aos primeiros lugares na lista de campeões de venda. Em apenas três semanas, cem mil cópias foram vendidas, transformando o romance no maior sucesso desde *E o vento levou*. No mês de setembro, a Harris-Kubrick Pictures comprou os direitos de filmagem de *Lolita* por 150 mil dólares, negócio que Vera fechou por telefone, com Nabokov a seu lado, depois que ele se recusou a atender a ligação. Ela registrou em seu diário que, enquanto *Lolita* ocupava o primeiro lugar na lista dos livros mais vendidos, Nabokov se mantinha "em serena indiferença", ocupado com seu trabalho cotidiano: ele acabara de concluir uma nova história e estava envolvido com o arranjo metódico de duas mil borboletas. Quando o suplemento literário *Times* elogiou Nabokov, qualificando-o como inigualável entre os escritores americanos contemporâneos, Vera observou que "sem *Lolita*, isso teria levado outros cinquenta anos para acontecer".[591]

Entrementes, um romance de outro escritor russo chegou ao mercado para competir com *Lolita*, abalando o sucesso do casal Nabokov. *Doutor Jivago*, de Pasternak, lançado nos Estados Unidos em setembro de 1958, quatro semanas depois do livro de Nabokov, logo assumiu a posição de mais vendido. Movidos por uma inveja indisfarçável, Vera e o marido se referiam ao romance de Pasternak como "lixo" e acusavam o autor de ser "um bolchevique".[592] De acordo com eles, a violência contra Pasternak na Rússia era fabricada e *Jivago* não passava de um conluio soviético. Vera se queixou a um amigo que *Lolita* fora "banido por aquele 'livro' patético e miserável do desprezível Pasternak, a quem V. sente-se relutante em difamar...".[593] Nesse meio tempo, Nabokov escreveu a Dwight Macdonald da revista *The New Yorker*, dizendo: "Não estivéssemos *Jivago* e eu na mesma escada... eu ficaria feliz em destruir aquele livro melodramático, falso, inadequado e de má qualidade". Ele tentou, também, influenciar Jason Epstein do *The New York Review of Books*, para quem escreveu classificando *Jivago* como "matéria convencional e monótona".[594] Julgando inadequada a atitude de Nabokov em relação a Pasternak, Wilson se manifestou através de uma magnífica resenha de *Jivago*, distinguindo o romance como "um dos mais notáveis eventos da história moral e literária da humanidade". A Pasternak foi necessária "a coragem de um gênio" para criar esse romance em um Estado totalitário.[595] Naquele outono, ele foi indicado para o Prêmio Nobel, mas, pressões por parte das autoridades soviéticas obrigaram-no a abrir mão da honraria. Dois anos depois, ele faleceu vitimado por um ataque cardíaco.

Como a maioria dos refugiados políticos, os Nabokov eram implacáveis em relação ao Estado comunista, e não demonstravam apreço pelas pessoas que viviam na União Soviética. Com exceção da poesia de Mandelstam, eles repudiavam toda a literatura do período soviético. Nem mesmo os romances de Soljenítsin escaparam da crítica do casal, que os consideravam jornalismo de terceira classe.[596]

Agora que a questão financeira deixara de representar um problema, o casal começou a planejar sua aposentadoria. A última palestra de Nabokov na Universidade de Cornell estava prevista para janeiro de 1959. Antes da chegada do Natal, alguns alunos se enfileiraram à frente da sala de seu professor, levando exemplares de *Lolita* nas mãos, mas acabaram descobrindo que ele não autografava seus livros. Procurada por um aluno que recorreu a ela em desespero para conseguir a assinatura em seu exemplar, Vera lhe exibiu uma anotação como prova de que Nabokov não concedia autógrafos.

Quando escrevia para editores, antes de *Lolita*, Vera comparava Nabokov a Tolstói e Proust. Depois da publicação do romance, ela passou a refutar qualquer comparação e descrevia o marido como "um escritor ímpar... Se você deseja traçar algum paralelo, por favor confronte o trabalho atual em relação aos anteriores... recomende os livros dele apenas como: os livros de Nabokov".[597] As responsabilidades de Vera se avolumavam na mesma proporção que crescia a fama do marido: ela se via obrigada a administrar uma infinidade de cartas, consultas telefônicas e contratos. Sobre isso, escreveu a Fillipa Rolf, poeta sueca e admiradora de Nabokov:

> Preciso cuidar de todo o lado empresarial – não apenas o grande volume de correspondência com editores e agente (nós temos apenas uma agente, em Paris, e eu assumo o controle da maioria dos demais direitos de publicação), mas também investimentos, bancos, planejamento de mudanças futuras, etc, etc. E, como praticamente não tive vivência anterior com negócios, tudo se torna muito complicado. No entanto, meu marido carece de experiência e tempo para tudo isso, assim não me resta outra opção senão procurar fazer o melhor que posso, na base da "tentativa e erro".[598]

No mês de setembro de 1959, o casal viajou para lançar *Lolita* na Europa. Depois de ter chegado aos Estados Unidos na condição de refugiados, eles agora retornavam como convidados de honra: em duas décadas, Nabokov se transformou em escritor e celebridade naquele país. Seus livros ficaram expostos no navio em que viajaram, e Vera foi questionada a respeito de onde seu marido havia conhecido a *verdadeira* Lolita. Em 1981, quando Martin Amis a visitou na Suíça, ela sabia que ainda teria que responder a esse tipo de questão: "Essas *perguntas* que você fará. Onde *elas* estão?".[599]

Durante a turnê pela Europa, foram lançadas as edições britânica, francesa e italiana de *Lolita*. Por conta da proibição na França e da ameaça de ação judicial feita pela Inglaterra, o interesse pelo romance atingiu extraordinária dimensão. Em carta a Nabokov, George Wiedenfeld declarou que *Lolita* foi o livro mais discutido na Grã-Bretanha, antes de publicado. No dia 5 de novembro, vésperas do lançamento, Wiedenfeld e seu sócio, Nigel Nicholson, ofereceram uma recepção para trezentos convidados no Ritz Hotel de Londres. Enquanto todos esperavam alguma manifestação do governo, Nabokov se mantinha impassível: de acordo com um correspondente do jornal *Time & Tide*, ele parecia desconhecer "o propósito da festa". As emoções entraram em ebulição quando Nicholson anunciou que o governo britânico desistira do processo. Vera, costumeiramente contida, explodiu em lágrimas.

Na França, uma manchete de jornal chamava a atenção, "Madame Nabokov tem 38 anos mais que a ninfeta Lolita".[600] Aos 57 anos, Vera podia ver nisso um elogio. Durante a recepção oferecida pelo editor francês, os jornalistas a afastaram de Nabokov, e descobriram que, sem a companhia da esposa, ele se desorientava. Mais cedo, ele havia cometido uma gafe, ao não reconhecer James Harris, produtor da adaptação para o cinema de *Lolita*, que se apresentou como "o homem que comprou Lolita". Nabokov o tomou por admirador e murmurou, "Espero que você aproveite a leitura".[601] Em Roma, Vera virou notícia, quando contou para os repórteres as circunstâncias nas quais salvara *Lolita* do fogo. Nabokov, por sua vez, perguntou ao jornalista: "Você não achou agradável a conversa? Não é verdade que minha esposa é uma pessoa maravilhosa?".[602]

Em 1960, restabelecendo-se após outra viagem promocional pela Europa, Vera admitiu para um amigo, "A vida nômade é esplêndida – por um tempo. Depois, ela se torna estressante. Minha existência errante de quase 45 anos me permite afirmar. Contudo, continuamos sendo 'sem-teto'".[603] Quando Nabokov começou a manifestar o desejo de escrever em paz, Vera abandonou o convívio social, sem remorsos. No ano de 1961, o casal optou por "um isolamento frutífero na Suíça",[604] onde vivia a irmã de Nabokov, Elena. Dmitri, que pretendia ser um cantor de ópera, estudou canto em Milão, do outro lado dos Alpes.

A cidade de Montreaux, com sua deslumbrante vista das montanhas e do lago Geneva, além de propiciar inúmeras expedições de caça às borboletas, era um local perfeito para as criações literárias de Nabokov. Desinteressado das atividades domésticas e despojado em relação à posse de bens, o casal se estabeleceu no Hotel Montreux Palace. Nesse paraíso terrestre, a rotina dos Nabokov incluía trabalho, refeições, banhos, jogos e caminhadas pelo lago. Eles se entregaram completamente ao projeto pessoal de criação, impressão, correção, tradução e, por fim, contemplação dos trabalhos produzidos pela "V&V, Inc.", como Vera se referia de forma jocosa aos negócios do casal.

Ela observou que o marido "possuía o bom gosto" de mantê-la fora de seus livros. Os dois procuravam proteger seu casamento da curiosidade daqueles que os cercavam. Nabokov se aborrecia quando críticos especulavam sobre certo caráter autobiográfico de seus trabalhos. Em 1969, com o alvoroço gerado pelo novo romance, *Ada ou ardor*, o escritor exigiu uma retratação por parte de um crítico que sugeriu ser Vera a heroína libidinosa da história: "Que diabos o senhor conhece a respeito de meu casamento?".[605] Vera era considerada uma pessoa mais reservada do que Nabokov. Perguntas a respeito de sua vida particular, mesmo as mais inofensivas, deixavam-na profundamente contrariada. Certa feita, Carl e Ellendea Proffer lhe perguntaram onde ela conhecera Nabokov, e receberam como resposta: "Vocês são da KGB?".[606]

Na década de 1960, o grande afluxo de entrevistadores, fotógrafos e repórteres a Montreaux transformou o retiro do casal em "uma réplica da infeliz Iásnaia Poliana" dos últimos anos de vida de Tolstói, quando a fazenda deste escritor foi invadida por seus seguidores. Contudo, os Nabokov viviam e trabalhavam em perfeita harmonia, "na mais afetuosa e sincera camaradagem",[607] conforme descrição do próprio autor. Impressionado com o relacionamento dos dois, o editor de Nabokov, Bart Winer, comentou, "Na presença deles, o amor que fluía de um para o outro era a coisa mais extraordinária. Jamais testemunhei um amor como aquele".[608]

A contribuição de Vera para a carreira de Nabokov foi inestimável, e ele a descreveu em uma metáfora: "A maioria de meus trabalhos foi dedicada a minha esposa, e a imagem dela se reproduz sempre, por algum mecanismo misterioso de cores refletidas, no espelho interior de meus livros".[609] Nabokov enaltecia o senso de humor da esposa e a perfeita afinação existente entre ela e suas ideias: "Nós dois somos os melhores espectadores... Ouso dizer, meu público mais importante".[610]

Filippa Rolf, que se tornara amiga de Nabokov e iniciara estudos em Cambridge, fez uma visita ao casal, oportunidade em que criou outra metáfora para definir o casamento dos dois: "Durante a conversa, eles se acasalam como borboletas atrás de qualquer arbusto, e se separam tão rapidamente que só muito depois alguém toma consciência do ocorrido".[611] Quando Rolf falou sobre as cenas de *Lolita* que mais a tocaram, Vera recitou-as de memória, revelando que conhecia de cor o trabalho do marido.

Em 1964, com o lançamento dos quatro volumes da tradução comentada de *Eugênio Oneguin*, na qual trabalharam de modo colaborativo por mais de uma década, eles viajaram para os Estados Unidos. Vera sofreu com fortes dores abdominais durante toda a viagem, mas, numa incrível demonstração de autodomínio, ocultou-a durante a recepção oferecida pelo editor; depois das festividades, ela passou por uma cirurgia para extração do apêndice. Três anos mais tarde, viajou sozinha para Nova York, com o objetivo de negociar um contrato de 250 mil dólares proposto pela McGraw-Hill, para a publicação de todos os livros de Nabokov. A viagem foi de avião, mais um motivo de preocupação para o autor, que lhe escreveu dizendo: "Eu sofri um golpe infernal com sua partida".[612] Na ausência da esposa, ele contou com a companhia de sua irmã Elena, bibliotecária em Genebra.

O casal raramente se separava, mesmo por um dia apenas, e seus sonhos giravam em torno de um mesmo tema. Em novembro de 1964, Nabokov registrou em seu diário que ambos haviam sonhado, na mesma noite, com um tumulto de caráter revolucionário na Rússia. No entanto, quando o biógrafo Andrew Field começou seu levantamento de informações, na década de 1960, Vera declarou a ele, "Nós somos muito diferentes, você sabe. Muito diferentes". Ao ser lembrada por Field de ter-lhe dito em um encontro anterior que ela e o marido eram "exatamente iguais", Vera voltou-se para Nabokov e perguntou: "Por acaso ele é um behaviorista, querido?". Completou, então, "exatamente iguais em algum aspecto", mas não especificou quais.[613] Segundo o comentário de um entrevistador de uma revista israelense, os dois falavam como "dois atores maduros e famosos, conscientes de sua importância". A beleza de Vera também o impressionou:

> Vera é uma das mulheres mais admiráveis que já conheci. Seu traje preto revela uma figura agradável e simétrica. Não restam dúvidas quanto à sua "aparência judia". Tem uma fala suave e tranquila e a risada contida, enquanto a dele reverbera pelo ambiente. As lágrimas rolam pela face de Nabokov e ele tira constantemente os óculos, sem deixar de rir.[614]

Vera surpreendeu Field ao lhe dizer que não havia "razões para ela estar presente na biografia do marido". Nabokov julgou divertida a afirmação: "Você não pode se furtar a ser representada! Nós já fomos longe demais! Agora é tarde!".[615] No final, ela acabou revelando "uma pequena parcela de sua história", acompanhada de uma advertência: "Preocupo-me muito com a fidelidade dos relatos...".[616] Entretanto, movida pelo ciúme, foi a descrição feita por Nabokov que Vera esmiuçou, verificando com ele certas passagens, na presença do biógrafo: "Querido, ele registrou ali alguma coisa, com muita ponderação e habilidade, deixando transparecer que quando você fala, há algo em sua maneira de se expressar que denota certo refinamento incomum".[617] No estágio final, Field recebeu correções feitas pelo casal: só os ajustes escritos por Vera ocuparam seis páginas.

Depois de meio século à frente de uma escrivaninha, Vera já estava com a visão debilitada, os pulsos lesionados e foi hospitalizada com duas hérnias de disco. Essa separação, ocorrida em 1973, deixou Nabokov mortificado e ele escreveu em seu diário, "O sentimento de angústia, confusão e pânico total, somado a um terrível pressentimento, é o grande suplício de minha vida, todas as vezes que Vera está em um hospital".[618] Ela era o item número um na lista de bens preciosos que ele, em sonho, salvara do incêndio em um hotel: "Salvei Vera, meus óculos, o texto datilografado de *Ada*, minha dentadura, meu passaporte – nessa ordem!".[619]

Após a publicação de *Lolita*, Nabokov manteve um ritmo constante de trabalho: sua obra literária compreendia, no total, 29 volumes. Entretanto, o interesse por seus romances ia pouco a pouco se dissipando. Em 1976, seu último ano de vida, o escritor ainda levantava por volta de seis horas e trabalhava durante um longo período. Ele estava preso à McGraw Hill por um contrato que lhe exigia a produção de seis novos livros em quatro anos. Vera, que ainda fazia a revisão final das traduções (ela ajudou a traduzir *Lolita* para o russo), encarregava-se de toda a correspondência e o acompanhava nas expedições de caça a borboletas. Como já não tinha condições de assumir a datilografia, contava com a ajuda de uma secretária, Jaqueline Callier, três tardes por semana.

"Finalmente, cá estamos nós minha querida", escreveu Nabokov, em um cartão adornado com borboletas, por ocasião de seu quinquagésimo aniversário de casamento.[620] Ele expressava seu amor por meio dessas dedicatórias cheias de borboletas com asas esvoaçantes, pintadas nas cores do arco-íris. Vera detinha os meios de interpretação do significado de todas essas notas de amor, já que só ela era capaz de decifrar a teia dos trabalhos poéticos e ficcionais do marido.

Após sofrer uma grave queda na encosta de uma montanha em Davos, aos 66 anos, Nabokov vivia indisposto. Ele se recusava a reduzir o ritmo de trabalho, e estava escrevendo um novo romance, apesar de todos os problemas de saúde. Em 2 de julho de 1977, depois de contrair um resfriado, o escritor faleceu em um hospital, vítima de congestão dos brônquios. Vera sugeriu a Dmitri: "Vamos alugar um avião e explodir". Durante o funeral particular no cemitério Clarens, ela estava controlada e pediu que não houvesse "lágrimas, lamentos, nada disso".[621] Vera deu sequência à sua vida e ao seu trabalho, como se nunca tivesse havido uma separação.

Já perto dos oitenta anos, ela continuava vivendo no mesmo hotel e ainda trabalhava seis horas por dia, mantendo a mesma carga horária dedicada ao ditado das correspondências de negócios. Em 1990, devido à reforma do Montreux Palace, Vera se mudou para novos aposentos alugados, nas proximidades do cemitério Clarens.

Além de colaborar na preparação de coletâneas dos trabalhos e das cartas de Nabokov, Vera realizou a tradução de *Fogo pálido* e arquivou todos os artigos publicados sobre seu marido. Críticos e biógrafos lhe encaminhavam os manuscritos para aprovação. Certa feita, John Updike enviou a ela a introdução a uma compilação das palestras de Nabokov, e recebeu-a de volta com diversas páginas de comentários: "Fiquei impressionado com a lucidez de sua mente e com seu estilo", observou Updike. Ela fez um pedido pessoal: "Você pode, por favor, não me incluir no artigo?".[622] Vera solicitou a mesma coisa a outros biógrafos: ela confiava a Nabokov a prerrogativa de representá-la.

Em 1981, Martin Amis entrevistou Vera para uma reportagem no *The Observer*. Ao ser indagada por que Nabokov dedicara a ela a maioria de seus romances, respondeu que eles tinham "um relacionamento bastante incomum". Mesmo depois de quase esquecido no ocidente, ela continuou acreditando que o marido era o escritor mais notável. A suspeita de que Amis não gostara das palestras de Nabokov recém-publicadas, provocou em Vera um acesso de raiva: "... Senhora Nabokov, creio que a senhora interpretou mal uma observação minha a respeito do *primeiro* volume das *Palestras*, confundindo apreço com desprezo. 'O quê?' perguntou ela. E, até que eu esclarecesse tudo, todas as células em seu corpo pareciam tremer de indignação".

Ela possui vastos cabelos brancos e um olhar irônico e expressivo. Tem estado bastante adoentada recentemente – escuta com dificuldade e se apoia em uma bengala; mas mesmo agora, já beirando os oitenta anos, seu rosto profundamente receptivo ainda transmite uma luz feminina. É, acima de tudo, uma face graciosa".[623]

Vera estava quase cega, mas continuava escrevendo suas cartas, além do que traduziu uma história não publicada de Nabokov e tinha planos de traduzir *Ada ou ardor* para o italiano. Ela faleceu em 7 de abril de 1991. O título de seu obituário no *The New York Times* dizia: "Vera Nabokov, 89, esposa, musa e agente". As cinzas de Vera foram colocadas na mesma urna que as de Nabokov, e seu nome ganhou uma linha sob o nome dele na lápide.

CAPÍTULO CINCO
Elena Bulgákov: a Margarida misteriosa

Quando Elena conheceu Mikhail Bulgákov, os dois já eram adultos, na casa dos trinta anos, e viviam seu segundo casamento. Nasceu imediatamente uma forte atração mútua: foi o amor que "perdurou pelo resto de minha vida".[624] Elena abandonou o marido, um oficial do alto escalão das forças armadas, para se unir a um escritor pobre e perseguido, cujo talento ela admirava, abraçando "a pobreza, o perigo e a incerteza". A devoção de Elena a Bulgákov, autor que permaneceu praticamente inédito durante toda a vida, inspirou a história de amor entre os personagens de *O mestre e Margarida*, seu melhor romance. Essa narrativa deve sua sobrevivência à tenacidade de Elena, que, além de preservá-la, foi incansável na luta por sua publicação.

Nascida a 21 de outubro de 1893, Elena cresceu em uma família culta, de origem heterogênea. Durante muito tempo, acreditou-se que seu pai, Serguei Markovich Nurenberg, fosse alemão da região do Báltico. Entretanto, a biógrafa Lídia Yanovskaia forneceu evidências irrefutáveis de que ele procedia de uma ascendência diferente.[625] O pai de Elena nasceu na cidade de Berdichev, ao norte da Ucrânia, a segunda maior comunidade de judeus do Império Russo e recebeu o nome de Shmul-Yankel Nirenberg. Órfão ainda na infância, ele se empenhou para obter uma educação de nível superior, tendo cursado a universidade em Tartu, cidade da Estônia controlada pela Rússia. Depois de batizado na Igreja Luterana, adotou um nome cristão, como forma de driblar as restrições educacionais e profissionais impostas aos judeus.

A mãe de Elena, nascida Alexandra Alexandrovna Gorskaia, descendia de uma família russa, cujo patriarca foi um sacerdote excomungado da Igreja Ortodoxa (não se tem conhecimento da questão disciplinar que motivou a excomunhão). Como desejava se casar com essa garota russa, por quem se apaixonou, Nurenberg abandonou o luteranismo, convertendo-se para a religião ortodoxa. Após o casamento, em 1889, o casal viveu em diversas cidades bálticas, antes de se mudar para Riga, onde nasceu Elena, a terceira filha de uma prole de duas meninas e dois meninos. Ela passou os primeiros anos de vida naquela cidade culturalmente dinâmica junto ao Mar Báltico, em cujas ruas falava-se alemão, iídiche, letão e russo, e onde era possível frequentar o teatro russo e o alemão. Isaiah Berlin, Serguei Eisenstein e Mikhail Baryshnikov são naturais dessa cidade.

O alemão era o idioma empregado no setor do comércio e da cultura, e o russo, no administrativo, do qual o pai de Elena fazia parte: ele foi professor e, posteriormente, trabalhou como fiscal tributário. Nurenberg, homem letrado, publicava artigos sobre educação, finanças e teatro. Sua paixão pelo teatro levou as filhas Elena e Olga, a mais velha, a sonharem com uma carreira nos palcos. Décadas mais tarde, lembrando-se de sua expectativa em relação à exibição de uma nova peça, Elena escreveu ao irmão mais velho Alexander, "Que magnífica foi nossa infância, quantas coisas pudemos vivenciar, ouvindo música ou sentados no teatro russo... que fecunda foi nossa vida". O ambiente artístico sempre exerceu grande fascínio sobre Elena e Olga, embora elas nunca tivessem tentado a atuação. Olga trabalhou durante décadas no Museu de Artes de Moscou como secretária de Vladimir Nemirovich-Danchenko, companheiro do legendário diretor Constantin Stanislavski. Foi nesse teatro que Elena assistiu à afamada peça de Bulgákov, *Os dias dos Turbins*.

Bulgákov gostava de ouvir as histórias sobre a infância de Elena, pois elas traduziam suas próprias lembranças do tempo passado. Ele cresceu em uma cidade também multicultural, Kiev, no seio de uma família cordial e unida por estreitos laços de afeto. O pai de Bulgákov era professor de religião comparada na Academia de Teologia de Kiev. Sua mãe, a exemplo de

Elena, era filha de um sacerdote, mais precisamente, de um arcebispo da Igreja Ortodoxa. As crianças, que receberam uma excelente educação, dominavam as letras e a música; o amor de Bulgákov pelo teatro e pela ópera foi alimentado desde a infância. Assim como Elena, ele mantinha estreita ligação com a família, Sempre grato à formação que recebeu; ele retratou a mãe e os irmãos em seu primeiro romance, *A guarda branca*.

O ginásio para mulheres em Riga garantiu a Elena um sólido conhecimento de francês e alemão. Posteriormente, ela viria a fazer traduções de literatura francesa, além de ajudar nas pesquisas de Bulgákov. Quando a família de Elena se mudou para Moscou, durante a Primeira Guerra Mundial, ela aprendeu datilografia e se tornou secretária, da mesma forma que a irmã, tendo trabalhado no jornal *Izvestiya*. Aos 25 anos, casou-se com Yuri Neyelov, filho do famoso ator trágico e anarquista político Mamont Dalski (ele iniciou Fiódor Chaliapin na carreira de intérprete de óperas). O primeiro casamento de Elena sofreu um interlúdio em decorrência da guerra civil. Em 1920, seu marido foi enviado para a frente ocidental como ajudante de ordens de Evgeni Shilovski, comandante do 16º regimento do Exército Vermelho. Quando Elena foi encontrar o marido, Shilovski se apaixonou por ela e logo despachou seu ajudante para a frente meridional. Não tardou para que o casamento de Elena com Yuri terminasse, deixando-a livre para casar novamente.

Shilovski, veterano da Primeira Guerra Mundial, fazia parte de um restrito círculo de oficiais do Exército Vermelho que possuíam antecedentes nobres. Ele tinha na época 31 anos e era um indivíduo carismático, bem-educado e talentoso; "um homem maravilhoso", de acordo com Elena. Bulgákov o descreve em *O mestre e Margarida*: "O marido dela era jovem, formoso, amável e honesto...".[626] Altamente conceituado dentro do exército, Shilovski foi convidado a lecionar na Academia Militar, em 1921. Naquele ano, com Elena já esperando um filho, o casal decidiu se casar; ela insistiu na realização de uma cerimônia na igreja. Essa condição representava um importante obstáculo, dado o antagonismo dos bolcheviques em relação à Igreja Ortodoxa. Elena, que se divorciara do primeiro marido em um cartório soviético, dependia da permissão do Patriarca Tikón para um casamento religioso.

No verão de 1921, o casal chegou incógnito à residência do patriarca e encontrou, na sala de visitas, ninguém menos que o proeminente escritor do proletariado, Maksim Górki. Ele acabara de lançar uma campanha contra a fome e lá estava para discutir a divulgação de um apelo internacional conjunto.[627] Depois da guerra civil, com o colapso da economia, os bolcheviques confiscaram grãos em diversas regiões, provocando uma escassez de alimentos sem precedentes e arrastando mais de quarenta milhões de pessoas para uma condição de fome absoluta. Naquele ano, iniciou-se uma operação de socorro em larga escala, na qual os Estados Unidos desempenharam um papel fundamental.[628] Apesar da disposição do patriarca em participar desse movimento, os bolcheviques o acusaram de sabotagem e o prenderam, em 1922, como pretexto para uma já arquitetada represália contra a Igreja e o clero. Em comparação com os problemas que a Igreja vinha enfrentando, os de Elena e Shilovski tinham fácil solução: o patriarca escutou-os com um sorriso e concedeu a Elena a permissão para um novo casamento. No final do mesmo ano, nasceu Evgeni, primeiro filho do casal.

Shilovski era um bom marido, mas, talvez, aquele casamento fosse venturoso demais para Elena. Dois anos mais tarde, ela escreveu para a irmã, que se encontrava em uma turnê internacional com o Teatro de Artes de Moscou, queixando-se da falta de interesse que sentia pela vida familiar e confessando sua intenção de ir embora. Shilovski trabalhava durante longas horas e a babá cuidava do bebê, restando a ela apenas um excesso de energia acumulada. Elena precisava ter as próprias atividades para satisfazer seu amor pela vida e seu fascínio pelo mundo artístico.

Em 1926, Elena e Shilovski tiveram um segundo filho, chamado Serguei, em homenagem ao pai dela. A fortuna da família aumentou: dois anos mais tarde, Shilovski foi promovido a chefe do Estado-Maior do distrito militar de Moscou, sob as ordens do jovem comandante em chefe Ieronim Uborevich. Eles receberam um novo apartamento em uma antiga mansão da nobreza, com colunas brancas, situada em uma rua tranquila do centro, nas proximidades da Catedral da Virgem Maria de Rzhevskaya, uma edificação do século XVII.[629] Quando foi visitar os alojamentos recém-reformados, Elena insistiu em ficar com o melhor apartamento, normalmente reservado para o comandante em chefe; Uborevich e sua esposa Nina, uma atriz, foram vencidos pelo poder de persuasão e pelo carisma de Elena. No inverno de 1929, ela se mudou com a família, a irmã, uma babá e uma governanta alemã para o espaçoso apartamento, adornado com lareiras e janelas arredondadas. Poucos anos depois, Elena abandonou todo esse luxo, sem qualquer lamento.

Em fevereiro de 1929, com Shilovski ausente em razão de uma viagem de negócios, Elena conheceu Bulgákov em uma festa de amigos comuns. Ciente de que o afamado Bulgákov estaria lá, ela imediatamente decidiu ir, pois admirava-o como escritor, tendo já lido seu criativo romance *A guarda branca* e seus contos satíricos, assim como assistido a *Os dias dos Turbins*. Era o dia 28 de fevereiro e Elena estava sentada ao lado de Bulgákov, que divertia os convidados com histórias fantásticas, criadas de improviso; ela absorvia avidamente cada palavra dita pelo escritor: "Percebendo a presença de uma ouvinte tão interessada, ele se deixou arrebatar pelo entusiasmo, fazendo uma animada representação que provocou nas pessoas risos incontroláveis. Livrou-se da mesa, tocou piano, cantou e dançou; em resumo, fez um show memorável. Ele tinha olhos azuis escuros que cintilavam como diamantes quando era tomado pela animação". Bulgákov dominava a arte de contar histórias e era um ator talentoso, capaz de criar personagens e representar seus papéis onde quer que estivesse; ele acabou transformando a noite em uma grande festa. Poucos amigos se surpreenderam quando o escritor, que alguns consideravam namorador inveterado, foi cativado pela atraente Elena. No decurso dos dias seguintes os dois saíram juntos diversas vezes: esquiaram, assistiram a um ensaio geral, viram a ópera *Aida* no Teatro Bolshoi e foram a um clube de atores, onde ele jogou sinuca com Maiakóvski. "Em poucas palavras, nós nos encontramos todos os dias, ao cabo dos quais eu lhe implorei que não me ligasse, porque eu precisava dormir e, portanto, não iria a lugar algum..."

Mas Shilovski ainda não havia retornado da viagem e Bulgákov telefonou a ela às três da madrugada, convidando-a para sair. Ele levou Elena à Lagoa do Patriarca, local onde os personagens de *O mestre e Margarida* encontram o demônio, e, apontando para um banco, disse: "Aqui eles o viram pela primeira vez". Mantendo um ar de mistério, o escritor conduziu-a ao apartamento de um estranho ancião, e lá fizeram uma refinada refeição diante da lareira.

> Entramos em uma sala de jantar. A lareira está acesa e, sobre a mesa, sopa de peixe, caviar, aperitivos, vinho. Estamos fazendo uma ceia de amor; todas as coisas são fascinantes, prestimosas... Ficamos até amanhecer. Quando me sento so-

bre o carpete, ao lado da lareira, o homem idoso perde a cabeça: "Posso beijar você? - "Sim", disse eu, "beije-me na face". E ele acrescenta: "Uma bruxa! Uma bruxa! Ela me enfeitiçou!".

Naquela noite, Elena também "enfeitiçou" Bulgákov, que viria a fazer dela modelo para sua mística heroína de *O mestre e Margarida*. A imaginação prodigiosa do autor ajudou-o a se esquivar da dura realidade de sua vida e sua carreira. Poucas semanas antes, a nova peça de Bulgákov, *Fuga*, havia sido classificada por Stálin como "um fenômeno antissoviético", o que causou verdadeiro transtorno na vida profissional do escritor.[630] Embora Stálin tenha feito essa observação em uma carta particular a um dramaturgo soviético,[631] sua opinião foi amplamente divulgada, provocando consequências desastrosas. *Fuga* foi proibida antes da estreia e as outras obras teatrais de Bulgákov foram retiradas do repertório. Até mesmo *Os dias dos Turbins*, inexplicavelmente a favorita de Stálin (ele assistiu a essa peça quinze vezes) deixou de ser representada.

Fuga foi a peça de Bulgákov que teve o maior número de montagens. Estruturada como uma sequência de sonhos, ela retrata o êxodo da elite intelectual russa e dos oficiais do Exército Branco, após a Revolução, e, também, a vida desses personagens no exílio. De acordo com observação de Stálin, que acompanhava a carreira de Bulgákov com grande interesse, *Fuga* poderia ser representada se o autor "acrescentasse mais dois sonhos aos oito já existentes", com o propósito de refletir o triunfo dos bolcheviques.[632] Aconselhado a compor uma peça de cunho comunista, Bulgákov contestou, dizendo-se incapaz de escrever sobre algo que desconhecia.

A avaliação negativa que Stálin fez da peça transformou Bulgákov em um escritor impublicável e deixou-o sem condições de conseguir emprego. Autor de um romance consagrado e de quatro peças teatrais, ele se viu sem meios de subsistência quando os teatros passaram a recusar suas solicitações de trabalho, fosse como ator ou assistente de palco. Apesar da pressão, ele recusava comprometer seu talento artístico e se tornar subserviente ao Estado.

Bulgákov ainda estava casado com Liubov Belozerskaia, uma ex-refugiada que retornara para a Rússia soviética em 1923. Ele encontrou, nos relatos feitos por ela, uma das fontes de inspiração para a peça *Fuga*, na qual reproduziu as histórias sobre os russos refugiados em Constantinopla e em Paris. Tanto essa peça como o romance *A guarda branca*, Bulgákov dedicou a Liubov, que desempenhava, naquela época, o papel de sua musa e assistente.

Elena e Bulgákov mantiveram em segredo seu caso de amor e nenhum dos dois considerava seriamente a hipótese de um divórcio. Quando no verão, ela foi em férias com a família para o norte do Cáucaso, o autor lhe escrevia com frequência, mas ela destruía essas cartas, às quais ele anexava pétalas de rosas vermelhas como demonstração de seu sentimento. Ele lhe suplicava que retornasse a Moscou, pois havia lhe preparado um presente. Quando Elena regressou, Bulgákov lhe deu uma cópia de sua nova peça satírica intitulada *A uma amiga secreta*. Tratava-se da história de sua escolha pela profissão de escritor, no lugar da medicina, e de todas as vicissitudes de sua carreira literária; ele a endereçava à mais fiel amiga, confidente e nova musa – Elena.

No outono, ainda movido pela esperança de persuadir os censores, Bulgákov escreveu uma peça de caráter biográfico, sobre Molière, *A servidão dos santarrões*. Ele tinha Molière no conceito de maior dramaturgo cômico, e via uma conexão entre sua própria carreira e as trágicas circunstâncias da trajetória profissional daquele autor teatral. Molière fora alvo de ataques por ter satirizado a hipocrisia religiosa e sofreu perseguições por parte de fanáticos da Igreja Católica, que condenaram *Tartufo* e proibiram *Don Juan*. Tais fatos guardavam semelhança com o rigor tirânico imposto pelos críticos e sensores soviéticos contra Bulgákov. Embora a peça tratasse de um dramaturgo do século XVII, ela parecia atual, e o título fazia uma referência velada ao regime de Stálin.

Durante o período em que escreveu essa peça, Bulgákov contou com a ajuda de duas assistentes entusiastas: sua esposa e Elena se revezavam na anotação dos ditados. Elena levou para o apartamento de Bulgákov sua máquina de escrever Underwood e datilografou a peça. Como mantivesse uma relação bastante amigável com Liubov, ela passou a visitar os Bulgákov na companhia de Shilovski.

Em dezembro, ao concluir *A servidão dos santarrões*, Bulgákov a ofereceu ao Teatro de Artes. Em março de 1930, os censores do Comitê de Repertório proibiram a apresentação da peça, outro duro golpe para o autor, que agora considerava sua situação desesperadora. No futuro, ele viria a enfrentar frequentes crises de ansiedade e medo. Bulgákov não conseguia emprego: "Ninguém o contratava como jornalista, nem mesmo como impressor", relembra Elena. "Restava-lhe, em resumo, uma única saída – acabar com a própria vida." Ela o testemunhou queimando os rascunhos de diversos trabalhos e do romance sobre o demônio, que acabou se transformando em *O mestre e Margarida*. Nesse estado de total desalento, Bulgákov não via futuro para sua obra.

Porém, perto do final daquele mês, recuperado do trauma causado pela rejeição de *Fuga*, Bulgákov escreveu uma carta dirigida a Stálin e a outros membros do governo, expressando de forma enérgica sua defesa dos direitos à liberdade de expressão. Ele descreveu a campanha de intolerância a que a imprensa soviética o vinha submetendo e a proibição contra suas peças, as mesmas que o público aclamara entusiasticamente. Até mesmo *Os dias dos Turbins*, a despeito do sucesso popular, recebia ataques implacáveis dos críticos oficiais, por conta do tema subjacente a ela, a elite intelectual russa. Por essa razão, das 301 resenhas de sua peça, 208 lhe foram hostis.[633] Sendo "condenado a um silêncio eterno na USSR", ele pedia que o governo lhe concedesse permissão para partir "em busca de liberdade". E, caso impedido de emigrar, ele esperava que o governo lhe garantisse direito a encontrar trabalho. Naquele momento, financeiramente oprimido, Bulgákov se via reduzido "à miséria, às ruas e à morte".[634] Elena datilografou essa carta em 28 de março e, apesar das veementes objeções de Shilovski, ajudou Bulgákov a remeter cópias para Stálin, Molotov e outros destinatários importantes.

A pronta resposta superou as expectativas. No prazo de uma semana, delegados do Teatro dos Trabalhadores Jovens bateram à porta do apartamento de Bulgákov convidando-o para assumir o cargo de diretor. Enquanto discutiam o contrato, Elena permaneceu em um quarto separado. Como o escritor precisava correr do escritório para esse quarto sempre que necessitava de conselhos, ela foi obrigada a abandonar seu esconderijo, para ajudar a finalizar os detalhes e datilografar o contrato.

Apenas algumas semanas antes, em 14 de abril, a notícia do suicídio de Maiakóvski abalara profundamente o país. Ao tirar a própria vida, o poeta revolucionário enviara uma contundente mensagem ao regime, e a carta de Bulgákov, nesse contexto, causava um impacto ainda mais forte em seu mais eminente destinatário. No dia 18 de abril, o escritor recebeu um telefonema do próprio Stálin. Elena estava na casa dela naquela noite, quando Bulgákov correu a seu encontro para relatar sua conversa com o ditador (essa conduta não tinha precedentes na época: quatro anos mais tarde, Stálin telefonaria a Pasternak, depois de se ver envolvido no destino de Mandelstam). O ditador falou, como habitualmente, de forma entrecortada, referindo-se a si mesmo na primeira pessoa do plural, e Bulgákov reproduziu para Elena o sotaque georgiano e as entonações de seu interlocutor: "Nós recebemos sua carta. Nós a lemos junto aos camaradas. Você receberá uma resposta favorável... Talvez, você precise de permissão para viver no exterior. Você está mesmo tão cansado de nós?". Bulgákov, pego desprevenido, recuou da decisão de emigrar, dizendo que o dever de um escritor russo era viver e trabalhar em sua terra natal (nos anos seguintes, ele viria a se arrepender muitas vezes dessas palavras). "Você está certo. Também penso assim", respondeu Stálin. Quanto a conseguir um emprego, ele orientou Bulgákov a enviar nova solicitação ao Teatro de Artes: "Penso que eles aceitarão". Ao finalizar, Stálin propôs encontrar-se com Bulgákov para conversarem, o que o escritor prontamente aceitou. Todavia, esse encontro nunca foi marcado e tampouco o ditador voltou a demonstrar interesse pelo destino de Bulgákov.

Ao longo dos anos, o escritor repetiria para Elena a mesma dúvida: por que Stálin mudara de ideia a respeito do encontro? "E eu sempre questionava: 'O que ele poderia discutir com você? A carta deixava claro que a sua reivindicação não era dinheiro nem moradia; você falava a respeito de liberdade de expressão, de censura e da necessidade que um artista tem de escrever sobre as questões que realmente importam. Que resposta ele poderia dar?'." Pouco tempo depois, quando Bulgákov procurou o Teatro de Artes, foi imediatamente contratado como diretor assistente. Depois de passar tanto tempo desempregado, ele agora se dividia entre dois trabalhos, além de sua criação literária.

No verão de 1930, durante uma turnê pela Crimeia com o grupo do Teatro dos Trabalhadores Jovens, Bulgákov enviou telegramas para Elena, pedindo que ela fosse encontrá-lo. Não recebendo resposta, ele escreveu à esposa, solicitando informações sobre a saúde de Elena. Para Liubov, o envolvimento de Bulgákov com Elena parecia não ser mais um segredo. O marido de Elena, no entanto, só ficou sabendo do romance em fevereiro de 1931. Ele exigiu o fim das intimidades e cortou as comunicações dela com Bulgákov. Depois que Elena prometeu se afastar, Shilovski teve um encontro particular com Bulgákov, durante o qual, perdendo a cabeça, ameaçou o rival com um revólver: "Você não atiraria em um homem desarmado, não é?", o escritor falou em tom sarcástico, dizendo-se pronto para um duelo.[635] Elena manteve a promessa feita a Shilovski e, quando ela e Bulgákov deixaram de se encontrar, ele registrou numa página de um livro de sua autoria, que lhe servia de diário, "O infortúnio me atingiu em 25.02.1931". Eles não voltaram a se encontrar por um período de dezoito meses.

Nessa época, a peça de Bulgákov *Os dias dos Turbins* voltou a ser encenada, depois que Stálin foi assistir a outro espetáculo no Teatro de Artes e se surpreendeu ao saber que sua atração favorita se encontrava fora de cartaz. Ele precisou, então, ser lembrado dos comentários negativos que fizera, três anos antes, a respeito da peça *Fuga*, do próprio Bulgákov. Stálin queria *Os dias dos Turbins* de volta à cena e, após essa visita, o teatro recebeu, em janeiro de 1932, um telefonema do comitê central do Partido, exigindo o retorno da produção. Embora os cenários tivessem sido desmanchados havia muito tempo e os atores se encontrassem envolvidos com outras montagens, a obra de Bulgákov voltou rapidamente a ser exibida. O autor, ao saber da novidade foi tomado por emoções conflitantes: uma "torrente de alegria" era, a seguir, substituída por intensa angústia. A proibição ou liberação de suas peças dependia apenas do capricho de Stálin, assim, não havia certeza quanto a coisa alguma. Quando os atores chegaram para congratular Bulgákov, encontraram-no na cama, aplicando compressas geladas sobre o coração e a cabeça. Com o passar dos anos, *Os dias dos Tubins* veio a ser a única peça com a qual o escritor conseguia obter uma receita regular.

A peça de Molière foi liberada depois de recomendação feita por Górki para o próprio Stálin. Porém, a despeito do apoio de Górki, os teatros de Moscou e Leningrado temiam cometer um "erro político" e, embora tenham realizado os ensaios, o espetáculo não foi incluído na programação. Em Leningrado, a produção sobre Molière foi cancelada depois que um dramaturgo comunista protestou contra o assunto tratado por Bulgákov, considerando-o impróprio para as massas. Elena tomou ciência desses desdobramentos por meio de sua irmã, que era sempre a primeira a saber das produções teatrais e gostava de bisbilhotar sobre o mundo artístico.

Vivendo separada de Bulgákov, Elena percebia nitidamente a insignificância da própria vida. A posição social que ela ocupava na elite soviética, à qual fora alçada em consequência de seu casamento, e a despreocupação quanto às questões materiais não faziam muita diferença. O que mais a inquietava era o medo de perder sua família: "Nós tínhamos dois filhos maravilhosos; uma vida jubilosa. Mas, quando conheci Bulgákov... entendi que o destino estava traçado".[636] Elena ligou para o escritor, colocando assim um ponto final na longa separação. Eles se encontraram em 1º de setembro de 1932 e "a primeira coisa que ele disse foi, 'Não posso viver sem você', e eu respondi: 'Eu também não'". Bulgákov retratou o encontro de dois amantes na história de *O mestre e Margarida*, cuja heroína foi inspirada em Elena: "Sem dúvida, ela estava certa quando confessou que precisava dele, o mestre, e não da casa gótica, dos jardins privativos e do dinheiro. Ela estava certa, pois o amava".[637] Nesse encontro, os dois chegaram à conclusão de que precisavam se casar.

Elena levou seus filhos para uma curta temporada de férias no campo e, de lá, escreveu a Shilovski pedindo o divórcio. Admitindo a tardia percepção de seu erro, por tê-la tratado como criança, ele concedeu a separação. No dia 11 de setembro, Elena enviou uma carta a seus pais, em Riga, contando que estava se divorciando do marido para se casar com Bulgákov. Shilovski, por sua vez, escreveu a eles, isentando Elena de qualquer culpa por aquela decisão, que, em sua opinião, fora honesta: "Ela está profunda e seriamente apaixonada por outro homem...".[638] Elena, por sua vez, demorou uma hora para conseguir explicar a um amigo que tipo de vínculo a ligava a Bulgákov, e por que ela deixara Shilovski. No final esse amigo admitiu: "Agora eu entendo a sua separação. Shilovski é a terra e Bulgákov, o espírito...". Houve, todavia, outros amigos que duvidaram da perenidade do casamento de Elena com o escritor.

Em 4 de outubro, um dia após se divorciar de Liubov, Bulgákov casou-se com Elena, em um cartório. Logo depois, ele confessou a ela, "O mundo todo estava contra mim, e eu, sozinho. Agora, estamos juntos e nada mais me assusta".[639] O casal foi em lua de mel para Leningrado, onde um teatro lhe havia oferecido trabalho e reservado uma estadia no Hotel Astoria. Foi nesse lugar que ele retomou o romance sobre o demônio (*O mestre e Margarida*), que queimara três anos atrás; ele ditou os novos capítulos para Elena anotar.

Ao retornar para Moscou, no final de outubro, Elena se mudou para o apartamento de Bulgákov. Ela chegou com seu filho de seis anos, Serguei, e sem bagagem alguma. Bulgákov gostava de dizer, "Ela desceu do automóvel. Trazia um fogareiro em uma mão e Serguei na outra".[640] O filho mais velho, Evgeni, permaneceu na companhia de Shilovski durante mais alguns anos, até posteriormente juntar-se à sua mãe e Bulgákov. (Shilovski foi um dos poucos oficiais a ser poupado no Grande Expurgo. Em 1936, ele se casou com uma filha de Alexei Tolstói, eminente escritor soviético que gozava da predileção de Stálin, e, provavelmente, deve a esse casamento a sorte de ter-se salvado.)

No final daquele outono, Bulgákov começou a escrever a biografia de Molière, encomendada por um editor. Elena o acompanhava à Biblioteca Lênin, onde os dois pesquisaram textos escritos em russo e em francês. Além disso, ela se tornou agente comercial do marido, papel que muito a agradava, por lhe dar condições de realizar complicadas negociações financeiras com teatros e editores. Logo nos primeiros anos de casamento, Bulgákov autorizou Elena a assinar contratos com teatros e editoras, assim como a receber o pagamento de direitos autorais provenientes de todas as localidades – no país e no exterior – onde suas peças estavam sendo encenadas e seu romance, *A guarda branca*, fora publicado. Entretanto, a única montagem teatral de obra sua, no país, era *Os dias dos Turbins*; os direitos estrangeiros não podiam ser recebidos porque o autor não tinha permissão para viajar. Mesmo assim, os deveres de Elena eram importantes, já que liberavam Bulgákov daquelas tarefas que ele considerava frustrantes, assegurando-lhe paz de espírito para trabalhar.

Estando completamente envolvida na vida literária e artística do marido, Elena o acompanhava ao teatro e permanecia para assistir aos ensaios da adaptação que ele fizera do romance de Gógol, *Almas mortas*. Em algumas oportunidades, ela levava Serguei, a quem contaminara com sua paixão pelos palcos. As noites eram passadas em casa, na companhia de amigos, que Bulgákov entretinha com suas leituras e histórias. Mais tarde, ele se retirava para dar seguimento à biografia de Molière, cujo ditado ela anotava. Bulgákov estabeleceu um relacionamento cordial com os filhos de Elena. Ele comentou com Evgeni Zamyatin, um colega escritor que havia conseguido permissão para emigrar para Paris, como eles costumavam passar os invernos "contando histórias fascinantes sobre o Polo

Norte e as caçadas aos elefantes; nós atirávamos uns nos outros, com revólveres de brinquedo e vivíamos resfriados. Naquela época, escrevi uma biografia de seu companheiro parisiense Jean-Baptiste Molière, para a série 'A vida dos grandes prodígios'".[641]

Enquanto trabalharam nessa biografia, Bulgákov e Elena estavam "vivendo na irreal Paris de contos de fadas, do século XVII".[642] Ele, que nunca antes viajara para o exterior, tentava imaginar, a partir de descrições publicadas, o monumento a Molière existente em Paris. Atendendo a uma solicitação do autor, seu irmão Nikolái, que conseguira emigrar e vivia na França, descreveu o material e as cores da estátua. Escrito em estilo de prosa leve e inteligente, o livro de Bulgákov se destacou entre as sombrias e politicamente corretas biografias soviéticas – o que por si só era suficiente para fazê-lo inaceitável. O estilo incomum de Bulgákov e a ausência de um referencial soviético assustaram o editor. Mais do que isso, ele identificou no livro "alusões não dissimuladas à realidade soviética".[643] (Ou seja, o relacionamento entre um escritor e um governante autocrático continuava como sempre fora desde o século XVII.) Bulgákov se recusou a fazer as principais alterações exigidas, tais como introduzir "a figura de um notório historiador soviético" no papel de narrador. Assim sendo, o projeto, cujo desenvolvimento deu grande satisfação ao casal, não foi publicado, e Elena o colocou de lado, junto com sua coleção de manuscritos do escritor.

Em 1º de setembro de 1933, primeiro aniversário de seu casamento, Elena começou a escrever um diário, no qual registrou eventos relacionados a Bulgákov. Anteriormente, em 1926, o diário do escritor e os manuscritos da novela *Um coração de cachorro*, que ele escrevera, foram confiscados pela polícia secreta durante uma busca em seu apartamento. Desde então, Bulgákov jurou nunca mais manter um diário: ele não tolerava a ideia de seus pensamentos serem lidos pela polícia.

Na era Stálin, poucas pessoas ousavam manter um diário ou qualquer registro pessoal, para evitar a possibilidade de incriminações. Elena, no entanto, fazia o apontamento cronológico da carreira do marido, assim como das perseguições que ele sofreu e das prisões impostas a seus amigos. "Não sei quem poderá vir a ler minhas anotações. Mas, essas pessoas não devem se surpreender por eu escrever sempre sobre questões práticas. Elas não saberão das terríveis condições nas quais meu marido

Mikhail Bulgákov foi obrigado a trabalhar".[644] Além disso, Elena reuniu os arquivos de Bulgákov, determinada a preservar todo e qualquer pedaço de papel. Ele contribuiu com manuscritos acompanhados de notas, tais como, "Para minha única inspiradora, minha esposa Elena Sergeevna".[645] A paixão da esposa por seu trabalho, estimulou Bulgákov a dar sequência a seu romance, *O mestre e Margarida*, que viria a se transformar no mais importante trabalho que realizaram juntos.

Em outubro, o casal convidou amigos para um recital de Bulgákov em sua casa. Akhmatova, presente entre os convidados, permaneceu em silêncio durante toda a noite, desapontando os anfitriões, que passaram a fazer conjecturas a respeito de sua opinião. Todavia, a recusa em partilhar os próprios pensamentos representava apenas prudência. Poucos dias mais tarde, Olga informou à sua irmã que os dramaturgos Nikolái Erdman e Vladimir Mass[646] haviam sido presos devido às fábulas satíricas que escreveram. À noite, alarmado com a notícia, Bulgákov queimou parte do romance, temendo o perigo que ele representava.

Naquela atmosfera de paranoia política e prisões, o estado psicológico do escritor ficou bastante abalado. Ele passou a sofrer crises de ansiedade, além do medo mórbido de se ver sozinho em lugares públicos abertos. Agora, Elena precisava acompanhá-lo não apenas nas idas ao teatro, mas a toda parte: qualquer saída era um tormento para Bulgákov e ele só conseguia suportá-las às custas de histórias engraçadas que contava para a esposa ao longo do caminho.

No retorno para casa, após o teatro, Bulgákov ditava para Elena os novos capítulos de *O mestre e Margarida*, trabalho que costumava avançar noite a dentro. No dia 23 de janeiro de 1934, Elena anotou em seu diário que o marido estava indisposto e acamado e lhe ditara o capítulo sobre um incêndio no apartamento de Berlioz. Por coincidência, a realidade acabou imitando a ficção e a casa deles foi, de fato, atingida por um incêndio:

O fogo começou. Eu gritei: "Micha!!".[647] Ele veio correndo, como estava, de camisa, descalço, e encontrou a cozinha já tomada pelas chamas... Acordei e vesti Seriojka,[648] e o levei para fora, ou melhor – abri uma janela e pulei, carregando-o em meus braços. Depois, entrei novamente na casa. Com água até os tornozelos, as mãos queimadas, M.A. estava atirando tudo nas chamas, tudo o que conseguia alcançar: cobertores, travesseiros e roupa lavada. Finalmente, conseguiu deter o fogo... Voltamos para a cama às sete da manhã e às dez já era hora de M.A. ir para o teatro.[649]

Em outras ocasiões, quando Bulgákov voltava a ser assaltado por pensamentos sombrios, ele chamava a si de escravo e prisioneiro. Ele não podia visitar a família do irmão na França e, em vão, sonhara com os museus de Paris e Roma; o escritor expressava a Elena sua ânsia em ver o mundo. "Tenho eu esse direito?", perguntava a ela, referindo-se a seu antigo desejo de viajar; e Elena respondia, "Decerto, você tem".[650] Em maio de 1934, vencendo o medo de uma recusa, o casal solicitou permissão para viajar ao exterior com a trupe do Teatro de Artes. Depois de enviar a solicitação, Bulgákov se animou e disse entusiasticamente a Elena, enquanto retornavam para casa, "Então, quer dizer que não somos prisioneiros! Isso significa que eu verei a luz!". Ele pensava em um novo livro que traria na volta da viagem, ditando-o para Elena em Roma; sonhava com o sol, que iria curá-lo, e com as caminhadas ao anoitecer. "Não sou, mesmo, um prisioneiro?", não parava de repetir. Naturalmente, também Elena sonhava com essa viagem, que a ajudaria a se recuperar de uma pneumonia recente, contraída no apartamento úmido e frio de Bulgákov.

Àquela altura, os dois esperavam ansiosamente a hora de se mudarem para um edifício novo, pertencente ao sindicato dos escritores; o mesmo edifício onde Mandelstam se estabelecera cerca de seis meses antes. Em meados de fevereiro eles fizeram a mudança para o novo apartamento, que Bulgákov descreveu para o escritor Vikenty Veresaev como "Um prédio incrível, eu juro! Há escritores por toda parte; em cima, em baixo, atrás, na frente e ao lado".[651]

Em junho, o casal foi buscar os passaportes no teatro. Por se tratar de uma viagem subsidiada pelo governo, a equipe recebia generosa ajuda de custo, além dos passaportes. O valor recebido por Olga era de quatrocentos rublos, enquanto a cada um dos diretores cabia uma quantia de quinhentos rublos. Chamados em último lugar, os Bulgákov receberam papéis em branco – resposta negativa. Ao deixar o teatro, ele passou mal e Elena o levou à farmácia mais próxima, de onde chamou um táxi para casa.

A onisciente Olga previu que a solicitação de Bulgákov seria negada. Ela havia comentado com Elena que o governo só concedia permissões de viagem aos escritores cujos trabalhos fossem considerados favoráveis à União Soviética. "E, de que forma Maka [Bulgákov] provou que mudou suas opiniões depois do telefonema de Stálin?". Na visão de Nadejda, irmã de Bulgákov, era necessário que ele se corrigisse. Ela transmitiu comentários de um parente comunista de seu marido, segundo o qual o escritor deveria ser encaminhado, por três meses, para uma das obras em construção por prisioneiros. Em sua resposta, Bulgákov apontava a existência de uma forma ainda mais eficaz de corretivo humano: alimentar as pessoas com arenque salgado e lhes negar água – referência a um método de tortura largamente empregado. Um editor da Enciclopédia Literária ligou para Olga, no teatro, comunicando que estava publicando um artigo sobre Bulgákov, "definitivamente desfavorável" a ele. O editor expressava sua dúvida quanto ao autor ter modificado seus pontos de vista depois de *Os dias dos Turbins*. Bulgákov lamentou o fato de o porteiro não ter atendido a ligação, pois poderia responder "Sim, ele se emendou, ontem às onze horas".

Devido aos ataques da imprensa a Bulgákov, os teatros temiam até mesmo mencionar seu nome. Depois que o diretor Nemirovich apresentou o autor aos espectadores, viu-se assaltado pelo medo de ter cometido um erro político. Em 1934, durante a 500ª apresentação de *Os dias dos Turbins*, o nome de Bulgákov não foi citado em um telegrama de congratulações recebido pelo teatro.

Embora o nome do escritor fosse quase um tabu, sua peça, *Os dias dos Turbins*, era ainda universalmente adorada. Stálin e seu governo continuavam a assistir a todas as montagens, não deixando de aplaudi-las no final. *Os dias dos Turbins* foi encenada também nos Estados Unidos e, em setembro de 1934, os Bulgákov receberam o elenco americano em sua casa. Desconhecendo o fato de que o governo negara ao autor uma autorização para viajar, o diretor demonstrou ao casal sua satisfação em poder recepcioná-los em Nova York.

Procurando formas de ganhar dinheiro, Bulgákov adotou a profissão de ator: o teatro lhe deu o papel de juiz em *Os cadernos de Pickwick*. Elena anotou em seu diário: "Estou desesperada. Bulgákov – ator...". Ela se sentou na plateia, muito nervosa, enquanto ele, caracterizado como um juiz, em seu manto vermelho e sua peruca loira, desempenhava com incontida satisfação o insignificante papel que lhe reservaram. De fato, representar lhe dava mais prazer do que escrever as adaptações das peças teatrais de Gógol e outros autores, projetos que ele assumia apenas como alternativa para ganhar a vida.

A estreia de *Os cadernos de Pickwick*, em 1º de dezembro, contou com a presença de membros do governo, os quais, no entanto, não ficaram até o final. Correu a notícia de que Serguei Kirov, conhecido bolchevique e chefe do Partido, em Leningrado, fora assassinado, razão pela qual todos os funcionários do alto escalão do Partido, deixaram às pressas o teatro. Com o luto em que o país mergulhou, poucas pessoas tomaram consciência das graves consequências do evento. Stálin, que tramara o assassinato, fez dele uma desculpa para o expurgo em massa, movimento que ceifou a vida de milhares de cidadãos.

Totalmente envolvida com a carreira de Bulgákov, Elena apenas se perguntava se Kirov assistira a alguma peça de teatro nos últimos tempos, pois, nesse caso, era possível que o derradeiro espetáculo visto por ele fosse *Os dias dos Turbins*. Ela estava ocupada com os preparativos para o Natal e fizera importantes aquisições para o novo apartamento – um piano a ser colocado na sala de estar e uma escrivaninha antiga, que pertencera a Alexandre I, para o escritório de Bulgákov. Ela se sentia imensamente orgulhosa desses objetos comprados em uma liquidação de móveis imperiais. O escritor, que se considerava um homem do século XIX, adorava trabalhar nessa mesa.

O Natal, junto a outras festividades religiosas, fora proscrito pelos bolcheviques, mas continuava sendo ruidosamente comemorado no apartamento dos Bulgákov: o casal montava uma árvore, acendia velas e colocava presentes para os meninos. O autor tocava uma marcha ao piano e os garotos marchavam pela sala. "Todos gritavam e batiam palmas freneticamente! Então, de acordo com o programa, havia encenações".[652] Eles celebravam com música e Elena desejava que o Ano Novo não trouxesse notícias ruins.

Em janeiro de 1935, Elena ainda acompanhava Bulgákov em sua caminhada até o teatro. Para ajudá-lo a superar as crises de fobia e ansiedade, ela conseguiu para ele um tratamento de hipnose com um célebre profissional de Moscou, dr. Berg. Os procedimentos, realizados no apartamento do casal, tiveram início no começo de fevereiro, e, após poucas sessões, o doutor confessou a Elena sua satisfação por ter curado seu escritor predileto. Bulgákov proclamou que o tratamento fora um grande sucesso e, pela primeira vez em seis meses, ele foi sozinho para o teatro: a hipnose amenizara sua agorafobia.

Nesse meio tempo, ele estava escrevendo uma peça biográfica sobre Púchkin, para comemoração do centenário de sua morte, a se realizar em 1937. Para garantir a aprovação da peça, solicitou a colaboração de seu amigo Veresaev. O velho escritor era um renomado estudioso da obra de Púchkin e contava com irretocável reputação política. Elena, entusiasmada com o projeto, registrou os ditados, ajudou nas pesquisas e chegou até a fazer sábias contribuições independentes, decifrando uma nota do poeta Vassili Jukóvski, amigo de Púchkin. Ela apresentou seu relatório em uma reunião na casa de Veresaev e foi parabenizada. A peça se concentrava nos últimos anos de Púchkin, em seu casamento e na trágica morte em um duelo. Com isso, a obra de Bulgákov concedia um tratamento de rara solidariedade à esposa de Púchkin, Natália. Durante quase um século, Natália foi condenada por sua falta de interesse em relação ao trabalho do marido e pela morte prematura que o levou, enquanto Bulgákov, por outro lado, retratou-a como musa inspiradora e mãe dos filhos do poeta. Elena aprovou a peça e, embora a conhecesse de cor, não deixava de se emocionar a cada nova leitura. Ela foi, também, o esteio em que Bulgákov se apoiou para enfrentar as dificuldades de um trabalho em coautoria. Depois de concluir a peça, Bulgákov escreveu a um amigo, "Liusia [Elena] está neste momento datilografando com muita disposição... Eu coloco minha mão nos ombros de Liusia para refreá-la. Ela se exauriu e partilhou comigo toda sua excitação, afundando-se nas estantes em minha companhia e empalidecendo quando eu lia o texto para os atores".[653]

Simultaneamente, Elena tentava acelerar a produção da peça sobre Molière, que, depois de vários anos, ainda se encontrava na fase de ensaios no Teatro de Artes. Ela teve uma conversa informal com um alto funcionário, chamado Egorov, cuja função no teatro era recepcionar as delegações do governo e cuidar dos contratos: ela mencionou que os ensaios da peça de Bulgákov estavam se arrastando, sem previsão de tempo para terminar. Preocupado, Egorov começou a procurar os responsáveis pelo atraso e exortou os receosos diretores a agilizar os trabalhos. Em maio, Elena recebeu o tão aguardado telefonema de sua irmã, informando que o teatro planejava encenar a peça no ano seguinte. "Vitória!", ela escreveu em seu diário.

No Ocidente, crescia o interesse por Bulgákov, desde que um periódico americano definiu *Os dias dos Turbins* como a primeira peça desprovida do habitual caráter de propaganda soviética, e teceu elogios ao autor, a quem colocava na categoria de dramaturgo cômico. Charles E. Bohlen, secretário da embaixada americana em Moscou, demonstrou intenção de traduzir a comédia *O apartamento de Zoika*. (Bohen, que viria a ser intérprete de Roosevelt nas reuniões com Stálin durante o período da guerra, era especialista em assuntos relativos à Rússia.) Os Bulgákov ofereceram ao secretário um jantar em seu apartamento, seguido de recital, e ele compareceu acompanhado de um tradutor, Emmanuil Jukhovitski, que era, na verdade, um informante responsável por reunir informações sobre estrangeiros e russos famosos. Convidado indesejado na casa dos Bulgákov, ele esteve lá diversas vezes, para bisbilhotar nas conversas. Elena brilhava no papel de anfitriã, recebendo seus convidados com caviar, salmão, patê caseiro, vodca e tortas. Antes de iniciar a leitura da peça, Bulgákov mostrou a Bohlen sua nova solicitação de visto para viajar ao exterior, levando Jukhovitski a engasgar com um pedaço de torta. "Os americanos consideraram a peça maravilhosa e disseram que precisamos ir." O casal começava a sonhar com os Estados Unidos.

Os Bulgákov receberam, também, um convite para um baile na embaixada americana; acompanhado de uma nota informando que os cavalheiros deveriam trajar casaca ou *smoking*. Como Bulgákov não possuía nenhum dos dois, eles precisaram encomendar, com urgência, um terno preto, cujo preço foi bastante elevado. Elena aguardou o baile do dia 23 de abril com grande dose de curiosidade. Ela estava encantadora em seu vestido azul escuro ornamentado com flores em pálido tom de rosa.

> Nunca, em toda a minha vida, presenciei um baile como aquele. O embaixador, postado no alto da escada, recepcionou seus convidados. À exceção de alguns, que estavam usando paletó ou *smoking*, todos trajavam casacas... Havia pessoas dançando em um saguão guarnecido com colunas; refletores iluminavam os corredores e, por trás de uma tela que separava a orquestra, havia faisões e pássaros vivos. Ceamos em uma mesa à parte em uma enorme sala de jantar, em cujos cantos se

viam gaiolas com filhotes vivos de urso, de cabra e de galo. A ceia foi embalada pela música de acordeons.[654]

Entre diversas pessoas eminentes, eles conheceram: o famoso diretor Vsevolod Meierhold e sua esposa, a atriz Zinaida Reich, o político e editor do jornal *Izvestiya*, Nikolái Bukharin e o marechal e comandante em chefe das forças soviéticas, Mikhail Tukhachevski. Com os expurgos que ocorreriam logo a seguir, todos eles foram destituídos com o restante do meio artístico e militar e da elite do governo. Em *O mestre e Margarida*, Bulgákov retratou esse baile como o grande baile de Satã, no qual os convidados eram cadáveres; o advento do demônio na Moscou contemporânea reflete o inferno da prisão em que o país estava mergulhando.

Logo cedo, ao amanhecer, o casal retornou para casa em um automóvel da embaixada; Elena trazia nas mãos um buquê de tulipas oferecido por Bohlen. Eles estavam acompanhados pelo barão Boris Shteiger, conhecido nas redondezas de Moscou como "a GPU (polícia política soviética) em nossa casa", conforme descrição que Elena fez em seu diário. Ele era responsável pelas relações internacionais no Comissariado da Educação e atuava, também, como agente da polícia secreta, cujas tarefas incluíam espionar os diplomatas estrangeiros e a elite artística. Shteiger ouviu atentamente a conversa do casal, sobre as pessoas que haviam conhecido na embaixada. No romance de Bulgákov, ele surge na figura do barão Maigel, "encarregado de apresentar aos visitantes estrangeiros os lugares de interesse existentes na capital". O espião foi liquidado em 1937, com o Comissário da Educação, Andrei Bubnov.

Em uma noite do mês de novembro, buscando alento para o espírito, os Bulgákov foram jantar e dançar no Hotel Nacional, o melhor da cidade. Na chegada, surpreenderam-se ao encontrar o restaurante quase vazio: não havia músicos, apenas um grupo de estrangeiros que ocupava uma mesa em um dos cantos. Logo depois, notaram que estavam sendo observados: um jovem tomou uma mesa próxima à deles, sussurrou alguma coisa para o garçom, mas não pediu sua refeição. Percebendo que o rapaz os olhava atentamente, Bulgákov comentou, "Isso é pela minha alma". O casal nunca mais retornou a esse hotel, frequentado por estrangeiros e pela polícia secreta, e jamais esqueceu como o jovem, sem qualquer constrangimento, seguiu-os até a saída.

Bulgákov e Elena desejavam ardentemente umas férias longe das fronteiras soviéticas. Eles solicitaram autorização para fazer uma viagem de três meses ao exterior, durante a qual aproveitariam para assistir às peças do autor em Paris e Nova York. Como garantia de que retornariam, estavam deixando os filhos no país. Contudo, as autoridades lhes negaram outra vez a permissão. Bulgákov agora compreendia que não era seu destino "conhecer o mundo". O pai dele falecera aos 48 anos, vítima de nefroesclerose, uma doença dos rins causada pela hipertensão, doença esta que Bulgákov julgava ter herdado. Ele contou a Elena, logo depois do casamento, que iria morrer do mesmo mal e não esperava viver mais do que seu pai. Ela ficou preocupada, mas, o fato de os médicos não terem descoberto em Bulgákov sinais da enfermidade, tranquilizou-a. Ele, no entanto, não permitia que Elena esquecesse: quando em uma roda, na companhia de convidados, costumava interromper aquele momento de recreação, dizendo, "'Você tem a sorte de aproveitar a vida, enquanto eu, morrerei logo.' E prosseguia, descrevendo sua morte iminente. Fazia, no entanto, uma descrição de tal forma cômica, que nos era impossível deixar de rir. E eu, sempre desatava a rir em primeiro lugar".[655] Em maio de 1935, Bulgákov completou 44 anos, e essas histórias, tratando de sua morte, tornaram-se mais recorrentes.

No dia 30 de outubro, Akhmatova fez uma visita ao casal: parecendo abalada e confusa, ela contou que seu filho Lev e seu marido, o historiador de arte Nikolái Púnin,[656] tinham sido presos na mesma noite. Lev fora levado para a prisão pela segunda vez, e seu único crime era ser filho de Akhmatova. Elena jamais vira a amiga em estado assim tão deplorável. Ela estava lá para pedir a orientação de Bulgákov, que muitos consideravam um especialista em redigir cartas para Stálin, sobre como endereçar a ele uma petição. Bulgákov fez sugestões, como ser breve e escrever à mão. Dois dias mais tarde, de volta à porta do casal, Akhmatova mostrou um telegrama que informava a libertação de sua família. Pasternak também colaborou, tendo enviado um apelo a Stálin, em nome de Akhmatova. Lev, entretanto, voltaria a ser preso três anos depois.

Naquele ano, os Bulgákov encontraram Pasternak em uma festa de aniversário, na qual ele declamou sua tradução de poemas georgianos. Com a pressão existente sobre os escritores para que se submetessem às normas vigentes, Pasternak deixou de criar, passando a ganhar a vida com traduções. Elena viu nele uma pessoa diferente daquelas que conhecia e se entusiasmou com o jeito sonhador que ele revelava através da poesia. Todavia, mais do que tudo, ela foi cativada pelo fato de Pasternak reconhecer o valor de Bulgákov, a quem, ignorando os demais escritores, levantou o primeiro brinde, explicando que, enquanto outros eram oficialmente reconhecidos, Bulgákov se destacava como "um fenômeno fora da lei".

Naquele outono, Elena imprimiu a nova comédia de Bulgákov, *Ivan Vasilievich*, cujo enredo tratava de um engenheiro que construiu uma máquina do tempo e transportou seus contemporâneos para a época de Ivan, o Terrível. Ironicamente, o tema era popular na época de Stálin, a despeito da analogia óbvia entre os dois reinos do terror. A receptividade inicial à peça foi comedida, porém, depois da leitura no Teatro de Sátira ela explodiu com "enorme sucesso". No Comitê de Repertório, o texto foi examinado por vários censores. Incapazes de encontrar qualquer conotação suspeita, eles fizeram uma sugestão inacreditável, "Poderia Ivan, o Terrível, declarar que as coisas hoje estão melhores do que naquela época?".[657] (Bulgákov não deu atenção a esse comentário.) Quando a peça foi liberada, Elena sentiu que a carreira de seu marido finalmente deslancharia, já que um mês antes, a outra peça sobre Púchkin também recebera aprovação para ser encenada. Além disso, Serguei Prokofiev demonstrou desejo de escrever uma ópera sobre Púchkin, baseada na obra de Bulgákov. Alguns meses mais tarde, Dmitri Shostakovich também considerou tomá-la como base para uma ópera, e foi recebido para um almoço na casa do casal. Depois que Bulgákov leu a peça, Shostakovich tocou a valsa e a polca de seu balé *O límpido regato*.

Encerrando mais de quatro anos de ensaios, a estreia de *Molière* aconteceu em 16 de fevereiro de 1936 e foi um estrondoso sucesso, com 22 reaberturas das cortinas. Elena, vitoriosa, relatou o evento em seu diário: "Enfim, a estreia oficial de *Molière*. Quantos anos esperamos por isso! A plateia estava, conforme definição do próprio Molière, repleta de pessoas ilustres... havia uma multidão de acadêmicos, médicos, atores e escritores".[658]

Os americanos presentes "ficaram extasiados" com o espetáculo, e o embaixador do país, William Bullitt, chamou Bulgákov de "mestre". Quando soube que Elena era a esposa do autor, um jovem admirador se aproximou dela, beijou-lhe as mãos e falou "nós estudantes estamos tremendamente felizes por ver o trabalho de Bulgákov nos palcos outra vez...". Ao longo de todo aquele mês, as apresentações de *Molière* conheceram um "retumbante sucesso", com a casa sempre lotada. Ao mesmo tempo, uma campanha persecutória foi lançada pela imprensa, comandada pelos mesmos críticos e dramaturgos que já haviam atacado Bulgákov anteriormente. Motivados por oportunismo político e inveja pessoal, eles exigiam a suspensão das apresentações da peça, alegando estar "fora do contexto dos palcos soviéticos". Em 9 de março, o *Pravda* publicou um artigo anônimo com o título "Brilho artificial e conteúdo falso", o qual preconizava o fim de *Molière* e da carreira de Bulgákov como dramaturgo. Naquele mesmo dia os diretores do teatro retiraram o espetáculo de cartaz, sem levantar uma pena sequer em defesa de Bulgákov. "Aqui, colocarei uma grande cruz negra", escreveu Elena em seu diário, em referência às linhas finais da peça de seu marido, quando Molière, caído em desgraça junto ao rei e enredado em uma intriga, morre depois de encenar seu próprio texto no teatro. "O destino de Micha está claro para mim", continuou ela, "ele ficará sozinho e será perseguido até o fim de seus dias".[659]

A comédia sobre Ivan, o Terrível, *Ivan Vasilievich*, foi proibida logo em seguida. No meio do ensaio geral no Teatro de Sátira, um alto funcionário do comitê do Partido em Moscou chegou e, sem tirar o casaco, dirigiu-se ao diretor com uma frase conhecida, "Eu não o aconselhei a produzir isso". Em meados de março, começaram os ataques a *Púchkin*, o que indicava a iminente proibição dessa peça também. Nesse ínterim, *Os dias dos Turbins* estava em processo de produção em Londres e em vias de estrear na Noruega, porém, as notícias do exterior não conseguiram amenizar o fardo que o casal carregava. "Um tempo difícil para nós", escreveu Elena nas anotações de março em seu diário. "Aqui é tudo silêncio, tristeza e desesperança, depois da morte de *Molière*", contou Bulgákov a um amigo.[660]

A equipe do Teatro de Artes pressionou Bulgákov a enviar ao governo uma carta de retratação, admitindo seus erros. Em casa, o telefone não parava de tocar. Eram atores e a própria irmã de Elena querendo aconselhá-lo a seguir a orientação do teatro, mas ela dispensava as ligações, dizendo que ele não tinha do que se arrepender. A administração do teatro exigiu a devolução de um adiantamento pago pela peça proibida *Fuga*. Sem se deixar intimidar, Elena respondeu, "Mostre-me a proibição". Embora não houvesse um documento comprobatório, os administradores se mantiveram firmes em sua exigência. Naquele tempo, o casal devia 17 mil rublos e estava vivendo, havia meses, com o dinheiro desses adiantamentos e de empréstimos feitos por amigos.

Para fugir a esses pensamentos sombrios, todas as noites Bulgákov relatava para Elena histórias de conotação satírica: Stálin e seu Politburo foram assistir à nova ópera de Shostakovich no Teatro Bolshoi. Como Stálin não aplaudiu depois da abertura, o maestro entrou em desespero. Após o primeiro ato, o regente e os músicos esticaram o pescoço para observar a reação no camarote do governo: mais uma vez, nenhum aplauso de Stálin. No final do espetáculo, Shostakovich, tremendo de medo, e também os músicos e o elenco, só esperavam continuar vivos. Stálin realizou, então, uma reunião com seu séquito. "Não gosto de impor minha opinião aos outros, assim, não direi que a ópera é uma cacofonia e uma confusão musical; agora, peço que vocês, camaradas, expressem seu julgamento independente". Questionado em primeiro lugar, Voroshilov classifica a ópera de "confusão musical". Molotov, com tremores de medo, define-a como "cacofonia" e Kaganovich, a quem Stálin chamava "Sionista", considerou-a uma "confusão musical, associada a uma cacofonia". Elena não conseguia acreditar em seus olhos quando, no dia seguinte, o *Pravda* exibiu um editorial anônimo intitulado, "Confusão, em lugar de música". O artigo tinha como alvo a ópera de Shostakovich, *Lady Macbeth do distrito de Mtsensk* e a palavra "cacofonia" era repetida diversas vezes ao longo do texto. O balé *O límpido regato*, também de autoria de Shostakovich, foi criticado no artigo seguinte, cujo título dizia, "Falsas notas no balé". A exemplo de Bulgákov, Shostakovich estava fora de sintonia com a política do Partido. Mergulhada nos jornais, Elena acompanhava as reportagens diárias a respeito do fechamento de teatros, dos exílios e das execuções. As pessoas ligadas ao meio literário e artístico também não estavam livres dos ataques; o mais obstinado algoz de Bulgákov, Litovski, chefe do Comitê de Repertório, não foi poupado, tendo perdido seu cargo, o que, pelo menos em parte, serviu de alento para a sede de vingança de Elena. "Litovski é um dos monstros mais vis que já tive oportunidade de conhecer, em toda a carreira literária de Micha."[661]

No verão de 1936, Bulgákov concluiu a primeira redação de *O mestre e Margarida*. O herói da história, o mestre, que vive na Moscou contemporânea, escreve um romance sobre Cristo e Pôncio Pilatos, e passa a ser alvo de perseguições quando tenta publicar seu trabalho. Margarida, a melhor entre todas as esposas de literatos, une-se a forças sobrenaturais, com o propósito de resgatar o mestre e assegurar a eternidade do romance por ele escrito. Bulgákov, que criou essa história sob um regime de ditadura do ateísmo, reafirmava por meio dela sua crença na liberdade de expressão. Porém, ao contrário de seu herói, Bulgákov e Elena mantiveram o romance em segredo, fazendo apenas leituras ocasionais para amigos de sua confiança.

No outono, o autor se demitiu do emprego no Teatro de Artes, que agora representava apenas uma dolorosa lembrança de *Molière*. Segundo suas palavras para Elena, o teatro se tornara "o cemitério de suas obras". Em outubro, ele assinou um contrato com o Bolshoi para escrever um libreto de óperas. O pensamento obsessivo sobre a ruína de sua carreira literária ressuscitou a antiga agorafobia e ele se viu novamente incapaz de andar sem a companhia de Elena, ou do pequeno Serguei, a lhe segurar a mão.

No início de 1937, Bulgákov retomou o desenvolvimento do romance autobiográfico, no qual tratava de suas experiências no teatro. Anteriormente, em 1929, ele presenteou Elena, com um primeiro rascunho desse trabalho, escrito na forma de uma sequência de cartas para um "amigo secreto". Tendo desencavado seu caderno, ele se entregava agora, avidamente, à redação de *Romance teatral*, depois renomeado para *The Notes of a Dead Man* [Anotações de um homem morto]. O novo título refletia o estado de espírito do autor: ele revelou a Elena que se via como um afogado, estendido sobre a praia, com as ondas banhando seu corpo. Todavia, apesar desse humor mórbido e do esgotamento nervoso, Bulgákov conseguiu escrever um de seus trabalhos mais divertidos. De acordo com lembranças de Elena, ele o compôs com uma facilidade surpreendente e o concluiu sem reescrever uma linha sequer: "Ele retornava do trabalho no Bolshoi, dirigia-se ao escritório e, enquanto eu preparava a mesa, sentava-se à escrivaninha e escrevia várias páginas. Então, surgia de repente, esfregava as mãos e dizia, 'Depois do jantar vou ler para você o que fiz até agora'".[662]

No período de inverno e primavera, Bulgákov leu os capítulos de seu romance para alguns amigos e ex-colegas do teatro. Eles reconheceram na história, que consideraram hilariante, a própria imagem e a dos dois famosos diretores Stanislavski e Nemirovich. A irmã de Elena, que estava presente, acompanhada do marido, Evgeni Kalujski, um ator teatral, teceu elogios ao romance, apesar de sua lealdade a Nemirovich. Esse clima de alegria ajudou a dissipar o sentimento de desesperança dos Bulgákov em relação ao futuro. Elena se sentia "loucamente entusiasmada" com o novo romance e o descreveu como o evento "mais importante" da vida do casal.

O tempo e a energia criativa de Bulgákov eram agora consumidos nas atividades diárias de libretista. Comentando a falta de adequação de seu talento para o trabalho que estava realizando, ele se comparou a uma fábrica de grande porte, limitada a produzir isqueiros. Impossibilitado de se livrar da pressão política, nem mesmo como escritor de libretos de cunho histórico, o emprego no teatro Bolshoi transformou-se em mais uma fonte de frustrações para o autor. Em abril, Bulgákov foi convocado a se apresentar no comitê central, onde recebeu repreensões por sua interpretação da invasão da Rússia pela Polônia, no século XVII. Ele deixara de dar suficiente destaque ao aspecto vitorioso do povo russo e, portanto, o chefe do Partido lhe mostrou as diretrizes corretas. No final do ano, Bulgákov recebeu um documento com instruções sobre como reescrever seu libreto a respeito de Pedro, o Grande: "Você deve se basear nas formulações do camarada Stálin". O final do libreto foi considerado idílico demais, quando, na verdade, "deveria expressar uma espécie de canção do povo oprimido".[663]

Na descrição dos desdobramentos desse evento, Elena citou em seu diário uma afirmação de Bulgákov, segundo a qual eles o haviam massacrado e agora "queriam que escrevesse de uma forma que ele se recusava a fazer". Seu libreto foi rejeitado, assim como ocorrera com suas peças. Na verdade, a terra natal do autor não precisava das obras literárias escritas por ele: nos últimos sete anos, Bulgákov criara dezesseis trabalhos de gêneros diferentes, e todos, com exceção de sua adaptação da peça de Gógol, *O inspetor*, foram proibidos por razões políticas. O autor discutiu com Elena a sua situação, e ambos ficaram sem resposta para uma mesma questão: o que ele deveria fazer? Demitir-se do Bolshoi? Tentar a publicação de seu romance sobre o demônio? Ela escreveu no diário, "O que eu posso dizer? Para mim, quando ele não está... escrevendo suas próprias histórias, a vida perde todo o sentido". Diversos amigos, com o intuito de consolar Bulgákov, afirmavam a ele que seus trabalhos seriam publicados postumamente, uma "forma bastante estranha" de se animar alguém.

Esperando viver só mais alguns anos, ele sentia seu tempo desperdiçado em projetos inúteis. O centenário da morte de Púchkin, naquele ano, reacendeu a esperança frustrada do casal em relação à peça a ele dedicada. Bulgákov se admitia incapaz de ouvir o nome "Púchkin" sem sentir um calafrio lhe percorrer o corpo, e se amaldiçoava por ter um dia escrito uma peça sobre ele. Elena lembrava o quanto esperara ver essa obra encenada, mas agora "*Púchkin* foi apunhalado e nós retornamos ao ponto de partida". Em março, o teatro dramático de Cracóvia instaurou um processo que exigia a devolução do adiantamento pago pela montagem de *Púchkin*, alegando como justificativa a proibição do trabalho. O teatro tentava se beneficiar da situação e Bulgákov precisou preparar uma defesa. Elena conseguiu obter uma prova fundamental: a confirmação escrita de que o Comitê de Repertório havia liberado a peça, antes de emitir a ordem de proibição. No dia 2 de abril, Bulgákov apresentou essa prova no tribunal e uma juíza deu o caso por encerrado. O casal saiu de lá com o sentimento de ter recebido uma "satisfação moral", porém o problema lhes havia roubado tempo e energia.

No final daquele mês, Elena não se encontrava em casa quando Nadejda Mandelstam fez uma visita a Bulgákov. O exílio dos Mandelstam em Voronej estava chegando ao fim, e tanto Nadejda como Óssip, castigados pela pobreza, não conseguiam encontrar trabalho. A situação dos Bulgákov não parecia tão desesperadora quando comparada com a deles. Mas havia algo a afligir Elena. Ela ficara muito abalada com a depressão que tomou conta de Bulgákov quando eles souberam da ida do Teatro de Artes para Paris, onde apresentaria a peça *Os dias dos Turbins*. "Sou um prisioneiro... eles nunca me permitirão sair... Nunca mais verei a luz".

Junho de 1937 chegou com relatos de outros julgamentos de fachada: oito destacados comandantes militares, muitos dos quais Elena conhecera pessoalmente quando casada com Shilovski, haviam sido presos e condenados por traição. Todos foram fuzilados no dia 11 de junho, data em que ela leu no *Pravda* a tenebrosa notícia. No mesmo dia, Bulgákov teve que comparecer a uma reunião no Bolshoi, uma das muitas reuniões no gênero realizadas em todo o país, nas quais era exigida a morte dos traidores. Elena desfrutara de um relacionamento relativamente próximo com a família do general Uborevich, que foi "julgado" e fuzilado no mesmo dia que o marechal Tukhachevski. Em 12 de junho, dois anos antes do início da Segunda Guerra Mundial, Stálin liquidou toda a elite militar do país. (O primeiro marido de Elena, o oficial Neelov, fora assassinado anteriormente, em 1936.)[664]

Em julho, Elena persuadiu Bulgákov a abandonar a terrível atmosfera de julgamentos e o calor insuportável de Moscou, para passar um mês na paisagem rural da Ucrânia, longe de jornais e telefones. Como não tivessem um centavo sequer em casa, ela emprestou dinheiro de amigos e o casal se retirou para Jitomir, um pequena cidade pitoresca na região ocidental da Ucrânia. Durante esse mês de descanso, em uma vila afastada de Jitomir, Bulgákov escreveu *Romance teatral* e o libreto de *Pedro, o Grande*, para o Bolshoi.

No retorno a Moscou, Elena passou a limpo o libreto de Bulgákov, mas logo se viu frente a uma nova crise. Esse trabalho também foi rejeitado, alimentando no autor o desejo de se demitir do Bolshoi, desejo frustrado pela difícil situação financeira em que se encontravam. Além das atribuições regulares, ele acompanhava as produções encenadas e revisava libretos de outros autores, retornando para casa exausto e atacado pela enxaqueca. Tarde da noite, Bulgákov acendia as velas em seu escritório e se punha a fazer correções em *O mestre e Margarida*.

Certa noite de novembro, o autor estava trabalhando em seu romance, quando recebeu a visita do ator Grisha Konski do Teatro de Artes. Ele travara amizade com esse jovem e talentoso ator que fizera o papel de juiz na montagem de *Os cadernos de Pickwick*: naquela época eles compartilharam um camarim. Konski já estivera no apartamento dos Bulgákov quando das leituras de *Romance teatral*, porém, mais recentemente começara a apresentar um comportamento estranho. Ele questionou Elena a respeito do trabalho de Bulgákov – não havia a menor dúvida de que estava ali na condição de espião. Elena o flagrou examinando papéis na mesa de Bulgákov e inspecionando a biblioteca. O talentoso amigo da família convertera-se em informante.

Naquele outono, a comunidade literária foi abalada pela prisão do escritor Boris Pilniak. Embora nunca tivessem tido um relacionamento de amizade, Bulgákov o conhecia havia muitos anos. Na década de 1920,

Pilniak escrevera a novela *The Tale of the Unextinguished Moon* [Conto de uma lua que nunca se apaga], na qual insinuava a responsabilidade de Stálin pela morte do comandante militar Mikhail Frunze. A despeito disso, Stálin concedeu a Pilniak e à sua esposa permissão para viajarem ao exterior. O ajuste de contas aconteceu dez anos mais tarde. No final de outubro de 1937, Pilniak foi acusado de práticas de espionagem e terrorismo e de ter conspirado com Andre Gide, a quem supostamente havia revelado fatos negativos sobre a União Soviética. Foi com justificada apreensão que Elena tomou conhecimento da prisão de Pilniak. Na primavera seguinte, ele foi condenado à morte em um procedimento judicial que durou meros quinze minutos.

No início de 1938, a comunidade artística a que pertenciam colocou em discussão dois importantes eventos. Um, foi o fechamento do teatro de Meierhold e o destino de seu eminente diretor; o outro, o retorno de Shostakovich, com o triunfo de sua *Sinfonia nº 5 em D menor*. A estreia em Leningrado, no outono anterior, alcançara sucesso absoluto, com ovações que se estenderam por cerca de meia hora. Os Bulgákov assistiram ao espetáculo no Conservatório de Moscou, em 29 de janeiro. Elena relembra o arrebatamento das pessoas aglomeradas na frente do conservatório e a multidão que subia a escadaria de mármore, ignorando Shostakovich, enquanto tentava entrar. "Depois da sinfonia, o público ovacionou em pé, pedindo a presença do compositor. Ele surgiu – excitado e pálido como um cadáver." O retorno de Shostakovich à vida pública, depois de sistemáticas perseguições em 1936, foi uma sensação por si só. Os Bulgákov, sentindo-se esperançosos e animados, permaneceram acordados a noite toda, comemorando com amigos no bar do Hotel Metropol. O acontecimento despertou no casal a esperança de que um retorno seria possível.

Naquele ano, eles estabeleceram um relacionamento particularmente íntimo com os irmãos Erdman. Nikolái Erdman, um dramaturgo que trabalhara com o diretor Meierhold, fora deportado para a Sibéria em 1933, devido às suas fábulas satíricas. Depois de cumprir uma sentença de três anos, ele fixou residência na cidade de Kalinin, situada além da zona de cem quilômetros de Moscou, cidade onde os Mandelstam também residiram. Em fevereiro de 1938, Bulgákov escreveu para Stálin em nome de Erdman, solicitando o relaxamento de sua pena e a permissão para retornar a Moscou; Elena entregou a carta no Comitê Central. (Embora o pedido de Bulgákov tenha sido negado, Erdman voltou em 1941, depois de escrever um roteiro para a mais importante comédia de propaganda soviética, *Volga-Volga*.) Em 1938, no entanto, Erdman viajava incógnito a Moscou e fazia visitas aos Bulgákov, na companhia de seu irmão Boris, cenógrafo; Elena se deliciava com as conversas noturnas entabuladas pelo grupo.

Bulgákov dedicou aquela temporada de inverno e primavera à revisão de *O mestre e Margarida* e à leitura do texto para amigos. De acordo com Elena, no dia 7 de abril, Nikolái Erdman estava presente em uma sessão de leitura, que causou "extraordinária impressão" nos ouvintes. Ela escreveu, "Todos ficaram especialmente impressionados com as passagens antigas, as quais eu também adoro". Erdman passou a noite no apartamento do casal, discutindo literatura com Bulgákov. "Eu tinha vontade de me matar por não saber estenografia, pois queria poder registrar tudo o que eles conversaram."[665]

Os capítulos antigos, que retratavam a Jerusalém de dois mil anos antes, eram ímpares na literatura contemporânea do país. Elena escreveu depois de uma sessão de leitura, "Os ouvintes estavam maravilhados; M.A. leu muito bem. O interesse pelo romance é enorme. Micha disse na hora da ceia: logo o encaminharei e ele será publicado. Todos contiveram timidamente um sorriso". Essas passagens mais antigas representavam de forma majestosa os eventos que levaram à crucificação de Jesus sob as ordens de Pôncio Pilatos, o quinto governador da província de Roma, na Judeia, dos anos 26 a 36 da era cristã. Um filósofo pregando o Reino da Verdade, livre da violência do Estado sobre os indivíduos e "sem o domínio de César" era revelador na Rússia soviética. A história de Cristo e Pilatos e seu diálogo a respeito do bem e do mal adquiriu maior significado durante o período de terror, no qual toda a moral fora abandonada.

O desejo de ver seu romance publicado prevaleceu sobre a amarga experiência do casal e, em maio de 1938, Bulgákov procurou seu antigo editor Nikolái Angarski, com quem trabalhara nos anos 1920. Elena relembra a ida do editor à sua casa, para uma sessão de leitura e a proposta de um projeto diferente feita por ele, antes mesmo de ouvir os capítulos de *O mestre e Margarida*:

"Você pode escrever um romance sobre um detetive soviético? Você teria grande circulação, seria traduzido para todos os idiomas do mundo; muito dinheiro; moeda forte. Posso lhe dar um adiantamento agora?" – Bulgákov recursou a oferta, dizendo, "Não, não posso escrever isso". Depois que o autor leu os três primeiros capítulos, Angarski falou, "Bem, não podemos publicar isso". "Por que não?" "Porque não podemos."

Bulgákov deu a O mestre e Margarida o nome "romance do crepúsculo", que marcou o fim de sua carreira literária.[666] Durante toda aquela primavera, Elena fez menções ao romance em seu diário. Não havia esperança de vê-lo publicado, mas o escritor trabalhava arduamente em sua revisão. No final de maio, pedindo a Olga que datilografasse a versão final do romance, Elena partiu para a cidade de Lebedian, às margens do rio Dom, com Serguei a reboque. Eles se instalaram em uma pequena casa de campo alugada, compartilhada com parentes. De seu causticante apartamento, Bulgákov enviava cartas todos os dias; era a segunda vez que eles se separavam em seis anos. O autor dividia seu tempo entre os ensaios da ópera *Ivan Susanin*, de Glinka, uma versão soviética da conhecida *A Life for the Czar* [Uma vida para o Czar], e a revisão do capítulo sobre Pôncio Pilatos, à qual se dedicava à noite. "Oh! que material difícil, confuso!"[667] Tendo iniciado os ditados para Olga, uma datilógrafa experiente e capaz de cumprir longas horas de trabalho sem cometer erros, Bulgákov não queria interrompê-lo por um dia sequer. "O romance precisa ser concluído! Já! Já!"[668] Trabalhando em ritmo frenético, eles conseguiram finalizar a datilografia da nova versão, com exceção dos capítulos finais, em meados de junho.

"E o que vai ser feito disso?", você pergunta. Eu não sei. Talvez você o guarde na escrivaninha ou no bufê, onde ficam os cadáveres de minhas peças, e, de vez em quando, você dele se lembrará. Contudo, não conhecemos nosso futuro... Já formei minha opinião sobre esse trabalho e, se eu for capaz de melhorar a conclusão, penso que ele possa merecer uma revisão final e o arquivamento na escuridão da gaveta da escrivaninha. Por enquanto, interessa-me a sua opinião e ninguém tem condições de dizer se algum dia vou conhecer o veredito de meus leitores.[669]

Em carta para Elena, Bulgákov descrevia Olga, sua "estimada datilógrafa", como um juiz implacável que sorriu apenas uma vez durante todo o trabalho, ao escutar as palavras "a encantadora orla do mar". Até mesmo as cenas satíricas de sua Moscou contemporânea não chegavam a emocionar a datilógrafa. Percebendo que o romance era impublicável, ela pronunciou uma frase "enigmática", "Esse romance... é seu negócio pessoal". O "único sonho jubiloso" de Bulgákov era ir se encontrar com Elena, mas nos últimos tempos, ele começara a se sentir indisposto, sofrendo com as torturantes dores de cabeça e a exaustão. "Estou sepultado sob esse romance... Tornei-me um incontestável recluso e, a única pessoa com quem sou capaz de me abrir não se encontra a meu lado! Ela está cultivando girassóis!".[670] Uma fotografia enviada por Elena a Bulgákov, mostra-a em pé, na porta da cabana, trazendo um lenço na cabeça e observando Serguei, postado atrás de um muro de pedra, no pequeno jardim.

Depois de concluir o romance, em junho, e passar um mês na companhia de Elena, Bulgákov estava de volta a Moscou, escrevendo uma adaptação de *Dom Quixote*, para o Teatro Vakhtangov. Ele praticava o espanhol e lia Cervantes no original. Para divertir Elena, enviava a ela cartas escritas em espanhol, com a tradução em russo. Em julho, o autor escreveu que a vira em sua imaginação "especialmente vívida. Se eu pudesse, pelo menos, sentar e conversar com você agora!".[671] Ele não havia lido a peça sobre Quixote para ninguém e não a leria antes de tê-la passado a limpo, junto com sua esposa. Em meados de agosto, eles voltaram a se encontrar, em Moscou, onde a chegada de Elena foi aguardada com uma cesta de flores.

No outono, o Comitê de Repertório aprovou a peça *Dom Quixote*. Mas, logo depois, ela e Bulgákov foram alvos de injuriosos ataques publicados em um artigo. O nome do crítico, assim como o dos outros antagonistas, ficariam permanentemente vinculados, na história da literatura, à vida de Bulgákov, que colou esse artigo desdenhoso nos muros dos apartamentos em que viviam tais indivíduos. Motivadas pela recusa do escritor em se curvar às regras e pela inveja que seu talento despertava, as perseguições não tinham fim. O estado de espírito do casal refletia "aniquilação": apesar das doze peças escritas por Bulgákov e de seu trabalho ininterrupto, eles ainda enfrentavam difícil situação financeira.

Em outubro, durante as comemorações do quadragésimo aniversário do Teatro de Artes, não houve nos jornais uma menção sequer a *Os dias dos Turbins* ou a Bulgákov; a essa altura, a peça já havia sido encenada oitocentas vezes. "Isso é perseguição por meio do silêncio", observou Elena.[672] Nemirovich, um dos diretores do teatro, e os atores reconheciam o valor de Bulgákov e desejavam sua volta, porém, o medo os impedia de fazer qualquer referência a ele nas entrevistas. Naquele outono, os diretores e as demais equipes foram brindados com prêmios e dinheiro.

Os sessenta anos de Stálin seriam festejados em dezembro de 1939, e todos os teatros do país competiam pela exibição das melhores peças sobre o líder. Enviados do Teatro de Artes procuraram Bulgákov com o intuito de persuadi-lo a escrever um trabalho a respeito de Stálin. "Como as obras de outros autores são extremamente desprovidas de qualidade", observou Elena com exultação, "eles esperam que Micha os livre do impasse".[673] Tempos antes, em 1936, após a proibição de *Molière*, Bulgákov comentou com os colegas do teatro que Stálin era o único assunto pelo qual se interessava, naquele momento. No entanto, percebeu a impossibilidade de obter o material de arquivo necessário para produção dessa peça. Pouco tempo depois de tal comentário, Elena estava no Bolshoi e viu o ditador em seu camarote oficial: "Eu fiquei imaginando Stálin e sonhando que ele voltaria o pensamento para Micha e nosso destino se transformaria".[674]

Essa era, também, a mensagem dos enviados do Teatro de Artes, os quais tentavam, reiteradamente, convencer Bulgákov de que a peça sobre Stálin poderia dar outro rumo para sua vida e sua carreira. Em visitas ao casal, em dezembro de 1938 e, logo depois, no Ano Novo, eles passaram toda a noite exortando o autor a escrever a peça. Além desses, Nikolái Erdman foi outro árduo defensor da ideia, e seu discurso persuasivo levou Bulgákov a compará-lo com um "arcebispo local pregador de sermões".

Era dezembro, Bulgákov recolhera-se em casa, acometido por uma gripe, e, com ajuda de Elena, submeteu seus arquivos a uma triagem. A proibição de suas produções teatrais deprimiu de tal forma o autor, que ele confessou à esposa ter desistido de viver. Ela partilhava com ele a convicção de que era impossível viver e trabalhar sem a perspectiva de resultados. Naquela ocasião, Bulgákov estava delineando a peça a respeito de Stálin e descreveu para Elena as primeiras cenas. O folhetim versaria sobre a juventude revolucionária do ditador, na Geórgia. No entanto, o "grande perigo" representado pela criação de tal obra teatral e a repercussão decorrente de sua apresentação pública alimentaram no autor o pressentimento de um final infeliz.[675] Mesmo assim, ele logo começou a esboçar o texto.

Elena assumiu seu papel habitual de incentivadora do marido: para ela as cenas de abertura estavam perfeitas, a peça era artisticamente superior às outras existentes sobre o assunto e a autenticidade dos personagens parecia inquestionável. Ela acreditava em uma reviravolta da sorte, mas, pela primeira vez, o escritor não partilhava dessa confiança. Bulgákov continuava desanimado, repetindo com frequência que essa era sua última peça, assim como anteriormente dissera que *O mestre e Margarida* era seu último romance. Em meados de julho, Elena registrou notícias assustadoras: a atriz Zinaida Reich fora brutalmente assassinada na própria casa, semanas depois da prisão de seu marido, o diretor Meierhold. Após o fechamento do teatro de Meierhold, Zinaida enviara uma carta a Stálin, com críticas a respeito da interferência que ele exercia sobre as artes; acredita-se que o destino do casal tenha sido selado por essa carta.

No verão de 1939, enquanto Bulgákov finalizava a peça, à qual deu o nome *Batum*, Elena a datilografava freneticamente. Antes mesmo da liberação, começaram a chover pedidos de diversos teatros. Os diretores se entregavam à tarefa de tentar quebrar a exclusividade do Teatro de Artes para produção de *Batum*: "O país inteiro precisa encená-la!". Olga telefonou para noticiar a opinião de Nemirovich, segundo a qual Bulgákov era "um dramaturgo excepcional" e os personagens principais pareciam perfeitos. Em 8 de agosto, Elena levantou dúvidas a respeito de tal elogio, quando observou, "Não sei dizer quanto essa informação tem de verdadeiro ou de falso". Os mesmos jornais que haviam perseguido Bulgákov agora queriam informações prévias sobre *Batum*, mas Elena os fez esperar.

A peça de Bulgákov fora submetida à aprovação de Stálin, e o pessoal do teatro aguardava com ansiedade o veredicto. O Teatro de Artes decidiu realizar os ensaios em Batumi, uma estação de veraneio na Geórgia, local onde o jovem Stálin organizara greves no período que antecedeu a Revolução. Os Bulgákov deveriam viajar com a equipe do teatro e Elena não via a hora de aproveitar umas férias junto ao Mar Negro. O autor sugeriu a postergação da viagem, o que ela refutou, conforme anotado em seu diário no dia 14 de agosto. Segundo tal registro, Elena mal podia esperar para partir, "Será mesmo possível que amanhã partiremos! Não consigo acreditar em minha felicidade".

No trem, a companhia do teatro fez um banquete para comemorar antecipadamente o sucesso de Bulgákov: Elena serviu tortas, abacaxi no conhaque e outras guloseimas. Na primeira estação, uma mensageira do serviço postal entregou ao escritor um telegrama que o fez empalidecer. A correspondência determinava a interrupção da viagem do grupo teatral. Quando mais tarde retornaram para casa, Bulgákov se encontrava em um "estado deplorável". Caminhando de um lado a outro pelas salas mergulhadas na penumbra (ele não aguentava a luz), esfregava nervosamente as mãos e dizia sentir um cheiro de cadáver no ar, "quem sabe, da finada peça?". Elena tomou ciência, pelo telefone, de que a reprovação do folhetim viera do alto escalão: era inaceitável transformar Stálin em um personagem ficcional. Não bastasse isso, Bulgákov foi acusado de desonestidade, sob a alegação de que escrevera aquele trabalho para tentar infundir novo alento à sua carreira. Tempos depois, o pessoal do teatro contou a Elena que Stálin aprovara a história, mas ainda não a queria ver encenada. A profecia de Bulgákov se concretizou e *Batum* foi sua última peça teatral. Em 27 de agosto, saturada por telefonemas de teatros e estúdios cinematográficos, que solicitavam informações sobre a peça, Elena foi obrigada a revelar a todos a proibição. O que mais a afligia, porém, era a condição emocional de Bulgákov: "Micha se sente aniquilado... Nunca mais as coisas serão como antes". Foi um golpe duplo para o autor, cuja tentativa de acordo político terminou com uma derrota humilhante.

No início de setembro, os jornais foram inundados por notícias sobre a invasão da Polônia por Hitler, entretanto Elena, muito abalada com a grave enfermidade de Bulgákov, enxergava os eventos mundiais através de uma névoa. Ela o levou a Leningrado em busca de uma mudança de ares, mas tiveram que retornar imediatamente porque ele estava perdendo a visão. Em Moscou, especialistas diagnosticaram uma nefroesclerose, a mesma doença dos rins, decorrente da hipertensão, que vitimara o pai do escritor. De acordo com o prognóstico dos médicos ele tinha apenas uns poucos dias de vida. Bulgákov, que estudara medicina e conhecia as características da doença, discordou da previsão, assegurando a Elena que ainda lhe restavam mais seis meses.

Durante esses meses finais, sofrendo com fortes dores de cabeça e quase cego, Bulgákov raramente saía de casa. Nos poucos passeios que fizeram juntos ao ar livre, ele usava óculos escuros e um boné preto, confeccionado por Elena, o mesmo de seu herói literário, o Mestre. Ela passou dias à cabeceira do marido, lendo para ele o manuscrito de *O mestre e Margarida*, e anotando as correções finais. Amigos que os visitaram relataram a completa transformação de Elena, cujos olhos estampavam profunda tristeza. Olga escreveu para a mãe delas, em Riga, contando que Elena continuava a acreditar em uma recuperação de Bulgákov e estava determinada a lutar pela vida dele. "'Não desistirei', diz ela, 'Não o deixarei morrer'. O amor de Elena pelo marido é tão grande que não parece aquele sentimento normal de um casal que já viveu muitos anos juntos".[676]

Na conclusão de *O mestre e Margarida*, que Bulgákov ditou para Elena, o escritor e sua esposa se retiram para um refúgio simbólico onde os esperava a eternidade e a paz. Quando Bulgákov deu adeus a Elena, ele falou: "Você foi tudo para mim, você substituiu toda a Terra. Em meu sonho nós estávamos juntos na Terra... Minha... estrela; farol que me guiou em minha vida terrena! Você amou todos os meus trabalhos; eu os escrevi para você...". Vinte anos mais tarde, em uma carta para seu irmão Nikolái, ela relembrou:

> Meu lugar era em uma almofada ao lado da cama dele. Micha segurava minha mão o tempo todo... No dia 9 de março, cerca de três horas da tarde, o doutor disse que ele não viveria mais que duas horas... A noite passou. Na manhã do dia 10, ele dormia, ou dava sinais de uma alternância entre o estado de torpor e a consciência, e sua respiração se tornou mais rápida, mais quente e mais regular. E, de repente, eu pensei, como uma louca, que o milagre que eu prometera a mim se realizara...

Bulgákov estava deitado em um colchão e tinha apenas uma toalha envolvendo seus quadris: o simples toque da roupa sobre sua pele causava-lhe dores excruciantes. Em seus últimos dias de vida ele mal conseguia falar e Elena era a única pessoa capaz de adivinhar o fim das palavras que ele pronunciava.

"*O mestre e Margarida?*", perguntei, pensando que ele estava se referindo ao romance. "Prometi a você que o submeteria a aprovação, e vou publicá-lo!" Ele ouviu atentamente e falou, "Assim eles vão saber...".[677]

O autor tinha 48 anos quando morreu, no dia 10 de março. Na manhã seguinte, Serguei Ermolinski, roteirista e amigo de Bulgákov atendeu uma ligação telefônica do secretariado de Stálin, indagando: "É verdade que o camarada Bulgákov faleceu?". Ao ouvir a confirmação, o autor da chamada desligou.[678] Antes do funeral, o afamado escultor Serguei Merkurov apresentou-se para fazer a máscara mortuária do autor. (Merkurov já havia feito a máscara mortuária de proeminentes escritores e políticos, entre os quais Lev Tolstói e Lênin.)

Em junho, Elena escreveu para a mãe, em Riga, "Eu me entreguei à vida e ao trabalho criativo de Micha. De repente, perdi tudo".[679] Nos últimos meses que viveu, Bulgákov falou a Elena, "Quando eu morrer, meus livros logo começarão a ser impressos, minhas peças, disputadas pelos teatros e você será convidada a discursar por toda parte sobre as lembranças que guarda a meu respeito".[680] Ele começava, então, a descrever a figura da esposa, em pé sobre o palco, trajando um vestido preto com decote pronunciado e contando suas reminiscências. Embora Bulgákov falasse em tom de brincadeira, suas palavras desencorajaram Elena a dar palestras sobre o escritor.

Cinco dias depois da morte do marido, ela recebeu uma carta do influente escritor Alexander Fadeev, futuro dirigente do sindicato dos escritores. Quando Bulgákov estava doente, Fadeev lhe fez uma visita e, impressionado com o talento e o caráter do autor, escreveu um tributo a ele: "Todo o meio político, assim como o literário, sabe que ele não se deixou oprimir – em sua arte nem em sua vida –, por mentiras políticas, porque seu caminho era pautado pela sinceridade...".[681] A carta foi o primeiro endosso oficial à carreira de Bulgákov. Passado pouco tempo, quando o sindicato dos escritores estabeleceu um comitê para analisar a herança literária do escritor, Elena pediu que Fadeev a presidisse. Ela preparou, para publicação, uma coletânea das peças escritas pelo marido, mas nem mesmo Fadeev, não obstante seus contatos no Partido, conseguiu aprovação da censura. As enciclopédias literárias da época descreviam Bulgákov como inimigo da classe; aquele cuja obra visava ridicularizar e desacreditar a realidade soviética. Elas citavam as críticas feitas por Stálin à peça *Fuga*.

Fadeev tornou-se amigo íntimo de Elena. Em outubro de 1941, com o pânico que tomou conta da população quando os alemães começaram a se aproximar de Moscou, ele a embarcou, na companhia do jovem Serguei, em um trem para Tashkent, no qual também viajou um grupo de escritores em retirada. Ela descreveu a despedida de Fadeev: "Em casa... Sacha. Ceia com ele às onze e meia. Vinho branco".[682] Antes de partir para Tashkent, Elena depositou os arquivos de Bulgákov na Biblioteca Lênin, mantendo escondidos consigo apenas os manuscritos, inclusive o de *O mestre e Margarida*.

Aos 48 anos, uma mulher ainda atraente e carismática, Elena nunca estava sozinha na comunidade de escritores de Tashkent. Aqueles que leram *O mestre e Margarida* apontavam semelhanças entre ela e a heroína da história. Akhmatova, que naquela época também se encontrava em Tashkent, atribuiu a Elena a designação "feiticeira", em um poema dedicado a ela. Para Vladimira Uborevich, filha de um comandante militar executado, a casa de Elena fazia as vezes daquela que ela perdera quando seus pais foram mortos. A mãe de Vladimira, amiga muito chegada de Elena, foi executada em 1941, como esposa do "inimigo do povo". A garota teve uma vida desditosa; foi criada em um orfanato e perseguida, a exemplo de todos os filhos de pais expurgados. Enquanto esteve em Tashkent, Elena abrigou Vladimira em sua casa, mas as autoridades não deram tréguas para a menina. Em 1944, ao completar 18 anos, ela foi condenada a passar cinco anos em um *gulag*, pelo simples fato de ser filha de Uborevich. Em 1960, ela viria a encontrar Elena em Moscou e, seguindo os conselhos desta, começou a escrever cartas como meio de se livrar das experiências terríveis das quais fora vítima.

Em Tahkent, Elena foi atormentada por sonhos estranhos e alucinações sobre Bulgákov, e os registrou. Foi a forma que ela encontrou de se comunicar com o marido, além das fronteiras da sepultura: "O rosto dele parece cálido, como em vida... Subitamente, ele pisca e sorri para mim. Apenas nós dois sabemos o que isso significa – ele voltará".

Hoje eu vi você em meu sonho. Seus olhos, como sempre acontecia quando você ditava para mim, estavam arregalados, azuis e radiantes, vendo através de meu rosto algo que só você conseguia perceber. Eles estavam até mais abertos e luminosos do que em vida... Eu quero lhe perguntar, Micha, todas aquelas coisas que deixei de perguntar quando você estava vivo. Ele está tentando me fazer rir, recitando poemas divertidos. Quero me lembrar deles, para escrevê-los... Cheguei até ele e disse, "Se você pudesse saber o quanto eu sinto sua falta...". Ele me olha... com lágrimas de alegria e me pergunta, "Quer dizer que o outro homem... não a satisfaz?...". Ele está contente.

Em junho de 1943, Elena retornou a Moscou e estava outra vez na companhia de sua irmã e dos arquivos de Bulgákov. Ela escreveu para o poeta Vladimir Lugovskói, com quem criara intimidade em Tashkent, "Agora estou completamente mergulhada no passado; vivo horas folheando os cadernos, as cartas, os álbuns de fotografia...".[683] No período da guerra, durante o qual a publicação e encenação de clássicos russos foi estimulada, como forma de revigorar o moral abatido da população, o Teatro de Artes apresentou a peça de Bulgákov sobre Púchkin. No retorno a Moscou, Elena assistiu a todos os espetáculos. Pela primeira vez, em virtude de sua preocupante condição financeira, ela foi trabalhar em uma cooperativa de artesãos, onde fazia chapéus e, mais tarde, no museu do Teatro de Artes. Foi também por dinheiro que Elena escreveu, em coautoria, uma peça submetida ao Teatro de Artes de Moscou. Não obstante a presumida aprovação pelo teatro, que chegou a realizar leituras do texto, a obra nunca recebeu autorização para ser encenada. Em 1946, Elena redigiu um roteiro e assinou contrato com um estúdio cinematográfico, porém, seguindo o mesmo destino das peças, esse trabalho não chegou a ver as luzes.[684] O nome de Bulgákov continuava a inspirar desconfiança e fechava todas as portas para Elena.

Imediatamente depois de terminada a guerra, Elena tentou em seis oportunidades a publicação de *O mestre e Margarida*. Em 1946, ela encaminhou uma carta ao secretário particular de Stálin, Alexander Poskrebishev, por intermédio de uma costureira que trabalhava em um gabinete do governo. Pouco tempo depois, Poskrebishev telefonou para informar que a resposta seria positiva e sugeriu o nome de uma pessoa que ela poderia procurar na editora oficial do estado. Elena se animou, mas suas esperanças foram frustradas naquele verão, com o início da campanha ideológica contra Akhmatova e o escritor satírico Zochtchenko.

No início da década de 1950, ela imprimiu as obras completas de Bulgákov em sua máquina de escrever e encadernou os volumes. Elena distribuiu essa coleção clandestina para pessoas que poderiam ajudar a publicar os trabalhos de seu marido. Em 1954, o escritor liberal Veniamin Kaverin, primeiro a ressuscitar o nome de Bulgákov, fez uma referência favorável a ele no congresso dos escritores. No dia seguinte, Elena lhe enviou uma cesta de flores, acompanhada de uma cópia da coleção de seu marido produzida em *samizdat*.[685] No ano de 1955, Kaverin se tornou instrumento fundamental, por meio de quem Elena fez chegar até o público um volume contendo duas das peças de Bulgákov. A despeito do texto mutilado pelos censores, ela sentia que esse trabalho poderia pavimentar o caminho para lançamento dos outros livros. Pressentindo o advento da notoriedade póstuma de Bulgákov, Elena adquiriu um periódico ilustre, com o objetivo de registrar a evolução das publicações de seu marido. Em 1956, ela documentou aí a chegada da biografia de Molière ao mercado editorial, lançada mais de duas décadas depois de ter sido escrita, porém em versão abreviada, como as peças: para ver o livro publicado, Elena concordou com os cortes. Naquela época, ela contava com o respaldo do eminente escritor Constantin Simonov, editor chefe da *Literary Gazette* e dirigente do sindicato dos escritores. No entanto, nem mesmo o apoio de pessoas famosas conseguiu agilizar a lenta engrenagem da máquina burocrática nos anos 1950 e ela só pôde fazer uma publicação por vez.

A peça mais importante de Bulgákov, *Fuga*, chegou aos palcos em 1957. Um teatro em Stalingrado foi o primeiro a encená-la e Elena, emocionadíssima, planejava comparecer à estreia. Sua viagem foi postergada em virtude de uma fratura no braço, decorrente de uma queda que ela sofreu ao escorregar no gelo. Naquele ano, a peça foi exibida também em Moscou, com teatros lotados. Entrevistada para uma estação de rádio de Moscou, em transmissão internacional, Elena declarou que a produção desse trabalho tinha para ela um expressivo peso emocional, porque *Fuga* era a peça favorita de Bulgákov: "Ele a amava como uma mãe ama seu filho".[686] Naquele ano, a vida de Elena foi abalada por trágico acontecimento, quando seu filho mais velho, Evgeni, que coincidentemente também sofria de hipertensão, morreu aos 35 anos.

No início da década de 1960, Elena tentou mais uma vez publicar *O mestre e Margarida*. Ela levou o manuscrito para o poeta Alexander Tvardovski, editor chefe da *Novy Mir*, editora que publicara, em 1962, a novela de Soljenítsin, *Um dia na vida de Ivan Denisovich*. Em uma visita de Tvardovski à casa de Elena, ela registrou as palavras dele em seu diário: "Ele se disse impressionado com a dimensão do talento de Bulgákov. 'Os escritores de sua época não conseguem fazer frente a ele'. Tvardovski falou um longo tempo sobre suas impressões a respeito do romance, mas terminou dizendo: 'Preciso ser honesto com você. Neste momento é impossível pensar na publicação deste livro. Espero retornarmos a isso quando houver uma verdadeira oportunidade'".[687] A conversa aconteceu na época em que já se iniciara a liberalização do regime, mas Tvardovski acreditava que os tempos ainda não eram propícios para a publicação do romance, pois o primeiro-ministro Khrushchev decerto não o entenderia e, tampouco, apoiaria.

Depois de lutar pela publicação durante duas décadas, Elena escreveu para o irmão de Bulgákov, Nikolái, confessando que trabalhava em vão. Muitas vezes ela esteve perto de conseguir êxito com *O mestre e Margarida*, mas imprevistos surgiam no último instante, colocando por terra seus esforços. Entretanto, nada abalava sua fé no gênio de Bulgákov: "Eu acredito, acredito firmemente, que o mundo inteiro logo conhecerá o nome dele...". Alcançar o reconhecimento da obra de Bulgákov passou a ser a cruzada de Elena, "a finalidade e o significado de minha vida".[688]

Nos anos 1960, jornalistas e biógrafos de Bulgákov, em entrevista com Elena, descobriram que ela conhecia os textos de cor e se mostrava disposta a falar sobre o marido durante horas. Elena era uma exímia contadora de histórias, mas, em vez de escrever suas memórias, como desejava, entregou o material para que outros o fizessem. Em 1962, ela enviou uma carta à família de Bulgákov, que morava em Paris: "Estou fazendo tudo o que posso para publicar cada uma das linhas por ele escritas e desvelar sua extraordinária personalidade... Eu prometi a ele muitas coisas antes de sua morte e acredito que cumprirei todas as minhas promessas".[689]

Vladimir Lakshin, vice-editor da *Novy Mir*, e bom amigo de Elena, descreve a visita que ela fez à revista. Atendendo a uma solicitação da amiga, quando apareceu o momento oportuno para um encontro com Tvardovski,

Lakshin telefonou para avisá-la. Esperando que Elena fosse levar pelo menos uma hora para chegar à revista, Lakshin se surpreendeu ao vê-la entrar depois de alguns minutos. "Elena Sergeevna estava ali, em pé na porta, trajando um casaco preto leve e um chapéu coberto por fino véu; graciosa, bonita, sorridente... 'Como?!', exclamei. 'Como você chegou aqui...?'. 'Em uma vassoura', respondeu ela, rindo..."[690] Vestida como Margarida, Elena estava vivendo o papel de uma feiticeira, ao mesmo tempo em que promovia o trabalho de Bulgákov. "Ela era jovem e formosa; sua risada sonora e animada. Mas, ninguém poderia deixar de reconhecer as discretas notas rudes de Margarida".[691] Naquele momento, entretanto, era ainda impossível para a revista levar adiante o projeto: a morte de Khrushchev, no outono de 1964, pôs um fim à liberalização do regime. Agora, *O mestre e Margarida* não teria condições de aparecer na *Novy Mir*: a revista caíra nas garras dos censores depois da publicação da novela de Soljenítsin. Quando em 1965, a *Novy Mir* editou o trabalho de menor cunho político escrito por Bulgákov, *Romance teatral*, Elena já tinha 72 anos e ainda esperava ver publicadas as principais obras de seu marido. Simonov, homem experiente e bem relacionado no Partido, sugeriu que ela levasse o romance para um obscuro periódico, o *Moscow*, onde os censores não eram tão vigilantes.

No inverno de 1966-67, com a ajuda de Simonov, *O mestre e Margarida* foi enfim editado naquele periódico, em versão resumida e destituída dos capítulos antigos sobre Cristo e Pilatos. A notícia de sua publicação se espalhou rapidamente e o volume de assinaturas da revista atingiu números elevados. Nas bibliotecas, havia lista de espera para empréstimo do exemplar. Ávidos por guardar uma cópia do romance, os leitores arrancavam da revista as páginas correspondentes a ele e as substituíam por trabalhos sem valor a respeito do realismo soviético. Em 1967, tendo em suas mãos o periódico com o romance, Elena confessou a Lakshin que seu maior medo era morrer sem ter cumprido a promessa que fizera a Bulgákov. Seu sonho se realizou quando, naquele mesmo ano, o texto completo de *O mestre e Margarida* foi publicado pela Harper & Row, em Nova York e, no ano seguinte, foi liberada em Paris a edição traduzida para o francês. O nome de Bulgákov ia, assim, tornando-se conhecido ao redor do mundo.

Em 1967, Elena publicou uma tradução, feita por ela, da biografia *Lelia, ou la vie de George Sand* [Lelia, a vida de George Sand], escrita por Andre Maurois. Embora já tivesse lançado anteriormente a tradução da versão francesa, este viria a ser seu livro mais célebre, com diversas reimpressões. O único interesse de Elena, no entanto, era o sucesso de Bulgákov. Naquela época, ela já conseguira publicar as peças teatrais do marido e o primeiro romance por ele criado, *A guarda branca*. Os livros e as produções do escritor começaram a experimentar crescente popularidade, e suas citações eram repetidas em todos os lares. Autor de grande versatilidade, e talentoso contador de histórias, que se adaptava a quase todos os gêneros e estilos, ele se converteu em herói para várias gerações de leitores russos. A narrativa de Elena, dando conta de seu esforço para preservação dos arquivos do marido e de sua luta pela publicação das obras dele, virou lenda, somando muitos pontos à reputação do literato.

A fama de Bulgákov modificou a vida de Elena: de repente, passaram a surgir convites dos editores para viagens à França e ao leste europeu. Em abril de 1967, ela escreveu para a família do marido, em Paris, "Micha agora é reconhecido como um notável escritor; ele é traduzido em dezenas de países, França, Inglaterra, Itália, Espanha, Hungria, Tchecoslováquia, Polônia, Finlândia, etc., etc.".[692] Porém, viajar para o exterior ainda envolvia procedimentos complicados: ao solicitar vistos de saída, era necessário redigir explicações detalhadas a respeito do propósito da viagem. Em setembro de 1967, tendo recebido convite de Ksenia, viúva de Nikolái Bulgákov, para ir a Paris, Elena explicou às autoridades que aquela viagem tinha por objetivo a repatriação dos arquivos de seu marido. Nikolái Bulgákov, renomado bacteriologista, mantivera correspondência com o irmão durante várias décadas e, assim sendo, ela precisava submeter a uma triagem essas cartas e outros materiais. Não bastasse isso, Elena era obrigada a explicar por que muitos de seus parentes viviam no exterior. Além dos familiares de Bulgákov, em Paris, havia também os dela. Seu irmão Alexander Nurenberg falecera, mas a família dele estava na cidade alemã de Hamburgo; a sobrinha de Elena, Henrietta Book, vivia em Londres, afora outros que se encontravam na Tchecoslováquia. A autorização pleiteada por ela e Bulgákov, em tempos passados, para visitar essas pessoas, foi sempre negada.[693]

Chegando a Paris, depois da publicação do romance de Bulgákov na França, Elena recebeu maços de flores dos admiradores de seu marido. Ela caminhou pelas ruas que Bulgákov um dia ansiara conhecer, e se postou ao lado do monumento a Molière, descrito por ele na biografia. A estátua a decepcionou: o original parecia menor do que o imaginado pelo escritor. Ela visitou Alemanha, Polônia, Tchecoslováquia e Hungria, localidades onde o romance de Bulgákov adquiriu extraordinária popularidade.

Em julho de 1970, numa noite quente de Moscou, Lakshin levou Elena para ver o material ainda não editado das filmagens de *Fuga*, o primeiro trabalho de Bulgákov a chegar às telas. Ela estivera envolvida na produção, como consultora, e agora finalmente tinha a oportunidade de assistir a esse filme marcante que trazia atores importantes nos papéis principais. A sala de exibições do estúdio estava repleta e o calor era sufocante. No dia seguinte, depois de ver o trabalho mais importante de seu marido, Elena faleceu, vítima de um ataque cardíaco, aos 76 anos. Ela não viveu para testemunhar a popularidade inigualável de Bulgákov no país em que eles nasceram: uma avalanche de publicações e produções lançadas nos anos que se seguiram e a genuína manifestação pública de amor por ele.

As cinzas de Elena foram enterradas no cemitério de Novodevichi, na mesma sepultura de Bulgákov, sob uma lápide de granito. Durante algum tempo, após a morte do escritor, ela procurou um monumento adequado para adornar o túmulo e identificou uma pedra preta porosa em meio a detritos jogados em um canto do cemitério. Os talhadores de pedras lhe contaram que a rocha, pesando diversas toneladas, viera da sepultura de Gógol e era denominada "Gólgota". A pedra simbólica que evocava o local onde Cristo fora crucificado havia, de fato, sido erigida no jazigo de Gógol no Monastério de Danilovski. Por ocasião das campanhas antirreligiosas do ano 1931, com o translado dos restos mortais de Gógol para o cemitério de Novodevichi, a "Gólgota", assim como a cruz fincada sobre ela, foram jogadas fora. *O mestre e Margarida* descreve a crucificação no Monte Gólgota e faz referências a Gógol, escritor muito estimado por Bulgákov. Elena encontrou um monumento perfeito para o literato e sua criação, e para ela própria – e fez dele uma lenda memorável.

CAPÍTULO SEIS

Natália Soljenítsin: "companheira inseparável de meu trabalho"

Embora separados por uma diferença de vinte anos, Natália e Soljenítsin tinham muita coisa em comum: o *gulag* e a Segunda Guerra Mundial, que causaram grande sofrimento a ele, e também marcaram a infância dela com profundas cicatrizes. Natália nasceu no dia 22 de julho de 1939, meses depois do expurgo de seu avô, Ferdinand Svetlov, eminente agente de relações públicas dos bolcheviques. Condenado a uma pena de oito anos nos campos de concentração da República de Komi, o clima adverso levou-o à morte antes de cumprida a sentença.

Natália não se recorda do pai, Dmitri Velikorodnij. Ela era ainda muito criança quando, em 1941, durante o avanço dos nazistas sobre Moscou, ele se alistou para a mal equipada milícia popular e acabou perecendo. O que Natália lembra dos primeiros anos de sua infância é a triste situação de fome e privações que vivia sua família (eles moravam com a avó viúva). A mãe de Natália, Ekaterina Ferdinandovna, estudante do Instituto de Aviação de Moscou, onde também trabalhou, arcava sozinha com o sustento da família. Foram eles que enviaram alimentos para o avô de Natália no *gulag* durante todo o tempo em que ele lá esteve, até sua morte em 1943. A origem humilde de Natália era uma realidade bastante familiar para Soljenítsin, criado por uma mãe solteira, considerada pelas autoridades uma "forasteira social". A mãe de Natália, no entanto, foi capaz de driblar os temíveis questionários soviéticos, destinados a detectar antecedentes políticos suspeitos. Ela se formou em engenharia aeronáutica e trabalhou no setor de defesa, o mais cercado por dispositivos de proteção.

Natália tem lembranças do tempo da guerra em Moscou, quando se levantava no escuro, em razão do regime de blecaute imposto à cidade, e percorria longas distâncias em um bonde de dois andares, até o jardim da infância no Instituto de Aviação. A mãe lhe contava histórias para que se esquecesse por um momento do frio e da fome. À noite, ela era sempre a última a sair da escola, porque sua mãe sempre trabalhava além do horário. Os pilotos de teste empregados pelo Instituto de Aviação costumavam buscar os filhos na escolinha. "Eu os observava quando chegavam para pegar seus pequenos; olhava com inveja e esperança: e se meu pai estivesse vivo? E se algum homem... aparecesse para perguntar por mim, 'Onde está Natália Svetlova?'".[694]

Contudo, sua infância não fora infeliz: de fato, a lembrança que primeiro lhe vem à mente é o estado de viva satisfação com que despertava todos os dias. As dificuldades da vida tornaram-na mais forte e lhe ensinaram a valorizar a sorte de estar viva em um país assolado pela guerra e pelos genocídios. Ela possuía a mesma vitalidade que permitiu a Soljenítsin sobreviver à guerra, aos campos de prisioneiros e ao tratamento contra o câncer. O passado do escritor tinha grande significado para Natália: ele representava um elo vivo com o pai e o avô que ela nunca conheceu. Depois de vinte anos de casados, Natália dizia, "Sou grata a Deus por ter conservado Alexander Isaevich vivo... por nós termos saúde e filhos maravilhosos...".[695]

A mãe de Natália se ausentava com frequência, em viagens de negócios, e ela, deixada sozinha, soube aproveitar a excelente biblioteca legada pelo avô. Essa coleção de livros continha exemplares raros de trabalhos históricos e literários publicados antes da era Stálin, obras estas que não se podia mais encontrar. Quando cursou o ensino médio, Natália estudou a história do Partido Comunista, escrita por Stálin, e a comparava com os trabalhos originais da biblioteca do avô. O interesse dela pela história bolchevique e o rigor com que interpretava os fatos viriam a impressionar Soljenítsin.

Tendo aprendido a datilografar aos doze anos, em uma máquina German Torpedo, de sua mãe, Natália produziu e encadernou cópias clandestinas dos poemas de Mandelstam e de Marina Tsvetaeva, e as distribuiu para amigos. Coincidentemente, Soljenítsin também apreciava o trabalho de Tsvetaeva, em especial sua prosa.

No tempo de escola, o desejo de vencer foi um traço marcante da personalidade de Natália, e levou-a a se graduar com medalha de ouro. Ela se dedicava, também, aos esportes, como o alpinismo, o esqui e as corredeiras, tendo vencido duas vezes o campeonato de remo da União Soviética. Quando estudante universitária, fez caminhadas e praticou esqui nos Urais, no Cáucaso e nas montanhas Altai, tendo, além disso, viajado para Tian Shan e Pamir. (No inverno de 1959, o grupo em que ela estava foi pego por uma nevasca no Cáucaso e precisou passar a noite em um vale na montanha. Pela manhã, com os esquis irrecuperavelmente soterrados na nave, foram obrigados a caminhar até a base. A despeito de sérias queimaduras causadas pelo frio, todos sobreviveram.)

Natália queria ser jornalista, como seu avô, porém, em um evento orientacional, na Universidade de Moscou, ela se deu conta de que os partidários da linha dura ainda tinham o país sob controle e, dessa forma, seu aprendizado estaria limitado a exercícios ideológicos. A geração de Natália sofria forte influência da liberalização do regime promovida por Khrushchev e acreditava na liberdade de expressão. Em nome disso, ela optou por estudar matemática, disciplina pela qual se interessara na escola, e continuou, por conta própria, seus estudos de literatura. Natália entrou para a Faculdade de Mecânica e Matemática, conhecida por sua mentalidade aberta (em 1965, o primeiro recital de poesias de Mandelstam foi realizado nessa instituição). Soljenítsin fizera, antes da guerra, uma opção semelhante, à qual denominou "resgate matemático". Ele estudou matemática e física na Universidade de Rostóv, levado pela certeza de que a literatura soviética estava tão impregnada pela política que o simples fato de conversar sobre ela poderia resultar em problemas.

Aos 21 anos, Natália se casou com Andrei Tiúrin, talentoso matemático, companheiro de suas jornadas de esqui e partidário dos mesmos interesses quanto à *samizdat*. Dmitri, o filho do casal, nasceu um ano depois; porém, o casamento durou pouco tempo. Em 1962, ano do nascimento de Dmitri, Natália leu a novela de Soljenítsin, *Um dia na vida de Ivan Denisovich* e, "sentiu imediatamente que esse era um grande evento".[696]

Muita gente, em todo o país, compartilhava de tal sentimento. Quando Alexander Tvardóvski, editor da *Novy Mir*, leu pela primeira vez o manuscrito de Soljenítsin, percebeu o surgimento de uma nova literatura muito poderosa. Depois de ler a novela durante a noite, o editor mal conseguia esperar para partilhar suas impressões. Pela manhã, correu para o apartamento de alguns amigos, e entrou anunciando em voz alta o nascimento de um novo escritor notável, de cujo trabalho ele ainda não encontrara par. Ciente de que Khrushchev seria a única pessoa capaz de sancionar a publicação de um autor prisioneiro do *gulag*, Tvardóvski passou para as mãos dele o manuscrito. Tal fato ocorreu antes do XXII Congresso do Partido, que extinguiu o culto à personalidade de Stálin. Khrushchev autorizou pessoalmente a publicação da novela e ela saiu a tempo de ser divulgada no congresso. Os delegados receberam um livro vermelho com o discurso de Khrushchev, acompanhado de um exemplar azul da revista, contendo a história de Soljenítsin.

Ivan Denisovich tornou-se o primeiro relato sobre o *gulag* publicado na União Soviética. A novela não era apenas um trabalho literário: tratava-se de um feito político que abalava os alicerces do país depois de décadas de ditadura e transformava seu autor em uma celebridade. A tiragem total da revista, com cerca de cem mil cópias foi vendida em um único dia. A demanda, no entanto, era muito maior: havia listas de espera para ler o exemplar. Brincando com o título da novela, um leitor enviou um telegrama à revista, dizendo: "Congratulo vocês pelo dia que mudou o mundo".[697] Soljenítsin recebeu centenas de cartas, muitas delas de prisioneiros do *gulag*. Escritores e intelectuais afamados procuravam travar amizade com ele. Akhmatova, que na época vivia em Moscou, convidou Soljenítsin a visitar sua casa, e declarou a ele estar feliz por ter vivido para conhecer essa novela e convicta de que todos na União Soviética deveriam lê-la. Akhmatova apresentou Soljenítsin a Elena Bulgákov, a quem ele ofereceu uma cópia autografada de sua novela. (O escritor manteve contato com ela ao longo dos anos, e lhe enviava com frequência cartões postais e fotografias.) A história logo alcançou notoriedade em âmbito internacional: traduzida para diversos idiomas, ela foi publicada na Europa e na América.

Natália não procurou travar conhecimento com Soljenítsin quando ele se transformou em celebridade. Na verdade, se quisesse, ela poderia tê-lo conhecido por meio do círculo de dissidentes em que convivia, porém, dedicava seu tempo às obrigações maternais e às atividades da pós-graduação que cursava, sob orientação do matemático mundialmente famoso Andrei Kolmogoróv. O encontro dela com o escritor fora traçado pelo destino. Em 1968, a mais importante aliada de Soljenítsin, Natália Stoliarova, que fizera arranjos para o envio clandestino ao exterior do microfilme de *O arquipélago Gulag*, alertou o literato para a necessidade imperiosa de ele ampliar sua rede de aliados e conhecer pessoas jovens e dinâmicas. Ela sugeriu o contato com Natália, quem tivera oportunidade de conhecer na casa de Nadejda Mandelstam.

O encontro de Soljenítsin com Natália aconteceu no apartamento dela, em 28 de agosto de 1968. Uma semana antes, os tanques soviéticos haviam avançado sobre Praga para esmagar uma tentativa da Tchecoslováquia no sentido de liberalizar o regime comunista vigente no país. Em Moscou, um grupo de sete jovens dissidentes se reuniu na Praça Vermelha para expressar solidariedade à Primavera de Praga. Os manifestantes mal tinham acabado de desenrolar seus cartazes, quando foram atacados por homens da KGB e levados em carros da polícia. Soljenítsin soube do ocorrido através de um boletim da BBC e, logo em seguida, Natália lhe deu a versão dos fatos pela ótica de um *insider*. Ela tinha vínculos com o emergente movimento de defesa dos direitos humanos: dois membros do grupo feito prisioneiro eram seus amigos e ela havia pensado em se juntar a eles na Praça Vermelha.

> E agora essa jovem extraordinária, com seus cabelos negros penteados logo acima dos olhos cor de avelã, desprovida de qualquer traço de afetação em sua forma de agir e se vestir, estava me contando não apenas o desenrolar da manifestação, mas todo o seu planejamento... Eu fiquei muito impressionado com seu ardoroso interesse pela causa social – era esse meu tipo de temperamento. Eu não poderia esperar para envolvê-la em nosso trabalho![698]

Essa conversa estabeleceu imediata afinidade entre os dois e Soljenítsin perguntou a Natália se ela poderia datilografar *O primeiro círculo*. Ele lhe passou às mãos uma volumosa versão do romance, contendo 96 capítulos. Natália aceitou o trabalho de bom grado, mas ressaltou que estava desenvolvendo seu doutorado e lecionando no curso de graduação, assim, só poderia dedicar duas horas por noite à datilografia do romance. Natália e o filho de dezesseis anos compartilhavam um apartamento acanhado com a mãe dela, o padrasto e a avó, e, portanto, o único espaço de que dispunha para escrever à máquina era a pequena cozinha.

Natália levou quatro meses para concluir o trabalho e, durante esse período, Soljenítsin a visitou diversas vezes. Ela se mostrou uma editora competente e interessada e, além de datilografar, sugeria alterações, verificava os fatos e apresentava ao escritor questões meticulosamente elaboradas. "Natália me colocava em contato com detalhes da história do Partido Comunista, um assunto sobre o qual eu não imaginava que ela tivesse tamanho conhecimento..." Ela digitava os capítulos sem erros e "com excelente percepção da apresentação", um aspecto que Soljenítsin não havia considerado. Os manuscritos eram densos: páginas duplas, datilografadas sem margens e sem parágrafos. Ele era um escritor da clandestinidade, que vivia sob constante temor das buscas e se preocupava fundamentalmente em condensar o texto para economizar espaço. A existência oficial de Soljenítsin na literatura soviética terminou logo após a deposição de Khruschchev, em 1964. Na época em que ele conheceu Natália, suas diversas publicações haviam sido retiradas das prateleiras das bibliotecas e se encontravam sob intensa vigilância da KGB.

Em uma das visitas, ele perguntou se Natália poderia guardar seu arquivo ilícito, e ela lhe respondeu que "tomaria conta disso". Natália organizou um eficiente sistema de armazenamento dos papéis. Em primeiro lugar, leu tudo o que ele escrevera, para depois organizar o material em pacotes e catalogá-los, especificando o que existia em cada um.

Como Soljenítsin vivia sob vigilância, Natália não podia manter o arquivo em seu apartamento: a KGB tinha ciência de todas as idas e vindas do escritor. Os papéis teriam que ser contrabandeados por meio dos visitantes habituais. Tiúrin, o ex-marido de Natália, que aparecia com frequência para visitar o filho, não levantaria suspeitas; assim, ele foi o primeiro a quem ela pediu colaboração. Tiúrin concordou e conseguiu que sua irmã Galina, uma professora de álgebra, guardasse o arquivo em sua casa. Ela manteve os manuscritos no sótão, com seus equipamentos de esqui, e nem mesmo seus familiares tomaram conhecimento do fato.

A principal preocupação de Natália não era com a própria segurança ou com a de seus amigos: o arranjo deveria em primeiro lugar ser adequado para Soljenítsin. O sistema por ela criado, à semelhança dos empréstimos em bibliotecas, permitia que ele tivesse rápido acesso a qualquer papel do arquivo. "Ela própria mantinha controle de tudo – o que estava sob a guarda de quem e como deveria ocorrer a retirada e a devolução –, deixando minha mente livre para outras coisas. Eu precisava apenas entregar a ela o material que acabara de escrever e pedir aquele que eu necessitava". Para um escritor que valorizava seu tempo, o procedimento era perfeito. Natália criou um conjunto duplo de selos postais numerados, que usou para elaborar um catálogo de identificação dos pacotes. Ela mantinha um conjunto em casa, acompanhado de uma lista codificada, e o par correspondente, nos pacotes. Quando Soljenítsin fazia um pedido, Natália verificava o catálogo, entregava o selo apropriado para Tiúrin que, por sua vez o fazia chegar às mãos de Galina. Esse sistema conspiratório funcionava perfeitamente: "Descrevê-la como uma pessoa metódica seria apenas meia verdade; ela trabalhava com tal entusiasmo, meticulosidade e ausência de afobação que se igualava a qualquer homem".

Em Natália, ele encontrou uma amiga fiel e prestativa em diversas frentes, com quem partilhava das mesmas ideias. O autor discutia tudo com ela, desde seus escritos literários até trabalhos conspiratórios e respostas às autoridades, incluindo como e quando agir. "Até aqui, tomei todas as minhas decisões estratégicas sozinho, mas agora ganhei mais um par de olhos críticos, alguém com quem posso discutir as coisas e que, ao mesmo tempo, é uma conselheira confiável, cujo espírito e cujas maneiras são tão inflexíveis como os meus". Ele ficou impressionado com essa mulher muito mais jovem, que além de perspicaz era dedicada à sua causa, e desejava vê-la com mais frequência.

Beirando os cinquenta anos, ele era casado com Natália Reshetovskaia, namorada dos tempos de colégio.[699] Ela já havia colaborado na organização da correspondência de Soljenítsin e microfilmado secretamente seu romance *O arquipélago Gulag*. Todavia, o relacionamento dos dois passava por um período de intensas pressões: a prisão e o encarceramento do escritor, somados ao divórcio (Reshetovskaia casara com outro homem enquanto Soljenítsin estava no *gulag*). O casal retomou sua união depois do retorno de Soljenítsin, mas vivia sob constantes desentendimentos. Ele sustentava que seu trabalho estava em primeiro lugar e, quando discutia com ela, costumava dizer, "Não preciso de uma esposa, não preciso de uma família, preciso apenas escrever meu romance".[700] A segunda Natália de sua vida, Ália, como ele afetuosamente a chamava, sabia por instinto o que o literato desejava, e não pedia nada para si.

Na quarta ou quinta vez que nos encontramos, coloquei minhas mãos sobre os ombros dela, como se costuma fazer para expressar gratidão e confiança a um amigo. Esse gesto transformou imediatamente nossa vida: daquele momento em diante ela passou a ser Ália, minha segunda esposa, e, dois anos mais tarde, nasceu nosso primeiro filho.

Depois que já se conheciam havia meses, Natália contou a um amigo: "Eu gostava muito de meu marido, mas até agora nunca soubera o verdadeiro significado do amor".[701] Eles se uniram "por um vínculo inabalável" em novembro de 1968, quando os dois descobriram que desejavam ter um filho. Embora Soljenítsin se considerasse estéril em consequência da radioterapia contra o câncer, ele esperava um milagre.

No outono de 1968, os romances de Soljenítsin, *O pavilhão dos cancerosos* e *O primeiro círculo*, foram lançados no Ocidente e logo entraram para a lista dos mais vendidos. No ano seguinte, a Academia Americana de Artes e Letras concedeu a ele o título de membro honorário. Entretanto, o reconhecimento além das fronteiras da União Soviética fez apenas alimentar as perseguições internas. Tendo recebido ameaças e ciente de que poderia ser morto pela KGB, Soljenítsin decidiu nomear um herdeiro literário. Todos os seus manuscritos estavam nas mãos de Natália, inclusive *O arquipélago Gulag*, o romance que continha o testemunho de mais de duzentos de ex-prisioneiros. A lógica apontava que era ela a pessoa indicada para assumir o espólio literário: Soljenítsin redigiu um testamento e se sentiu aliviado ao saber que seu trabalho fora colocado "nas mãos de minha tenaz e fiel herdeira".

A situação vivida por Pasternak, com seu *Doutor Jivago*, repetiu-se em novembro de 1969, com a expulsão de Soljenítsin do sindicato dos escritores em virtude da publicação de seus trabalhos no exterior. Ele correu a partilhar a notícia com Natália, mas ela viajara para esquiar no Cáucaso. Quando de lá retornou foi procurada pelo autor, que desejava lhe pedir conselhos sobre como proceder. A resposta foi lacônica: "Precisamos devolver o golpe!". A proposta encontrou eco na determinação de Soljenítsin para lançar um contra-ataque. De fato, ele já havia escrito uma carta aberta endereçada ao Partido e ao sindicato dos escritores e queria mostrá-la a Natália antes da divulgação. Não intimidado pela expulsão, Soljenítsin atacava os líderes do governo. Em uma alusão à perseguição imposta a Pasternak uma década antes, ele recomendava que os governantes soviéticos acertassem seus relógios e abrissem as pesadas cortinas para enxergar o mundo lá fora. Não bastasse isso, exigia a extinção da censura, a principal doença da sociedade, e uma "*glasnost* completa".[702] A carta de Soljenítsin chocou seus oponentes no Partido e no sindicato dos escritores. Mas, também transformou a revista liberal que publicou o romance e o defendeu, em um alvo perfeito. Tvardóvski ficou estarrecido ao receber uma cópia da carta e, ao mesmo tempo, furioso pelo fato de Soljenítsin não tê-lo comunicado. Daquele dia em diante, as autoridades ficaram aguardando um momento oportuno para uma revanche contra a revista. No período de um ano, a equipe sênior da *Novy Mir* foi demitida por ordem do Partido, e Tvardóvski, forçado a pedir demissão. Depois de perder a revista, o editor sofreu um infarto e faleceu em 1971.

Soljenítsin estava queimando suas pontes. A emigração passou a fazer parte de suas alternativas e ele a discutiu com Natália, o que deu margens para a primeira briga do casal. "Ália pensa que todos devem viver e morrer em sua terra natal, não importando o rumo dos acontecimentos; eu penso, como aprendi nos campos, deixe que os estúpidos morram; vou viver para, em breve, ver meu trabalho publicado".[703] Era melhor lutar contra "um Golias", ou o Estado comunista, estando fora, onde seus trabalhos estivessem livres da censura.[704]

As autoridades soviéticas acreditavam que o exílio de Soljenítsin pudesse reduzir os danos causados por ele, assim, as demandas por sua expulsão se tornaram mais frequentes. Mas, as tentativas de intimidar o literato, por parte do Estado, fizeram surgir em outros países uma enorme manifestação de solidariedade a ele: escritores ocidentais, como Arthur Miller, Alberto Moravia, Jean-Paul Sartre, Louis Aragon e Elsa Triolet enviaram cartas ao governo soviético, em que expressavam seu apoio a Soljenítisin.

No outono de 1969, o violoncelista Mstislav Rostropovish deu abrigo a Soljenítsin em sua *datcha* em Jukovka, local onde as autoridades não ousariam tocá-lo. Ironicamente, no auge da campanha contra ele, Soljenítisin se descobriu em um lugarejo privilegiado, povoado por *datchas* do governo. De lá ele viajava a Moscou para encontrar Natália e deixar com ela capítulos subversivos recém-escritos de seu ciclo de obras revolucionárias, *A roda vermelha*.

Por volta dessa época, Soljenítsin visitou Natália para lhe entregar as passagens sobre Lênin, com conteúdo tão incriminador como o de *O arquipélago Gulag*. Ele deixou com ela os manuscritos, ciente de que estava sendo seguido: da janela do apartamento de Natália, avistou agentes da KGB. Consoante com o que o escritor explicou mais tarde, seu desejo de voltar rapidamente ao trabalho na *datcha*, foi responsável por essa falha nas táticas conspiratórias. De volta à *datcha*, ele percebeu o erro e se viu "atormentado" pela ideia de ter seu arquivo confiscado. "Consumido pela apreensão", e prevendo o pior, ele voltou correndo a Moscou, mas o desastre "profetizado" não aconteceu desta feita. (Em 1965, a KGB apreendeu o arquivo de Soljenítsin que estava em posse de seu amigo Vaniamin Teush.) Apesar do desejo que ambos alimentavam de ter um filho, a preocupação com o arquivo do autor era maior do que com a própria segurança.

No verão de 1970, Natália deu a Soljenítsin a notícia pela qual ele tanto ansiava: ela estava grávida. Embora Natália se dissesse preparada para criar a criança sozinha, ele imediatamente escreveu a Reshetovskaia, revelando a seriedade de seu relacionamento. "Eu *queria*, de fato, um filho, devido à minha idade avançada; *queria* uma extensão de meu ser na Terra."[705] Contrariada por essa revelação, Reshetovskaia declarou a seus familiares que não concederia o divórcio a Soljenítsin, naquele momento em que ele estava em evidência. No início de outubro, depois de anunciado o Prêmio Nobel conferido ao escritor, Reshetovskaia foi à *datcha* de Rostropovich, onde, dias mais tarde, ingeriu uma overdose de pílulas para dormir. Contudo, a tentativa de suicídio foi descoberta e ela, conduzida a um hospital e salva.

Quando Soljenítsin recebeu a notícia do Prêmio Nobel, Natália foi tomada por um sentimento de "total euforia, triunfo e felicidade, por ele e por todos nós". Contrastava com essa alegria, porém, o desespero dela ao pensar que se Soljenítsin tivesse que ir a Estocolmo para receber o prêmio, as autoridades soviéticas poderiam lhe negar a autorização para entrar novamente no país. Não obstante, quando ele colocou o assunto em discussão, Natália o incentivou a ir. Tempos depois, relembrando essa difícil escolha, ela observou: "... Nosso casamento não foi registrado; eu estava grávida de Ermolai, nosso primeiro filho... Sem dúvida alguma, ele deveria ir, mas eu sabia também que não o deixariam voltar. Isso significava uma separação para sempre".[706] Os representantes do governo soviético já haviam considerado a hipótese de revogar a cidadania de Soljenítsin e, para tanto, elaboraram a minuta de uma resolução. Em novembro, o escritor decidiu não viajar a Estocolmo e propôs que a Academia lhe entregasse o diploma e a medalha em Moscou.

No dia 10 de dezembro, Natália foi convidada para a celebração de dois eventos na *datcha* de Rostropovich: o prêmio e o quinquagésimo segundo aniversário de Soljenítsin. A despeito de sua capacidade para superar o estresse, ela começava a manifestar os efeitos da tensão do ano anterior. Em 30 de dezembro, Natália deu à luz Ermolai, seis semanas antes do previsto. Ela recebeu no hospital uma carta arrebatadora de Soljenítsin, na qual ele conferia ao nascimento o título de "um evento notável". Ela registrou em seu diário que, ele possuía diversos romances, mas esse era seu primeiro filho![707] Amigos o escutaram se dizer feliz como nunca estivera antes, um reconhecimento surpreendente para um escritor obsessivo como ele.

A soprano Galina Vishnevskaia, esposa de Rostropovich, que observara o comportamento de Soljenítsin durante o período em que o casal esteve na *datcha*, comentou que ele "vivia apenas para escrever". Levantava-se cedo e passava o dia trabalhando em uma mesa de madeira na área externa, assim, a primeira coisa que ela sempre via "era Soljenítsin caminhando de um lado a outro, ao longo da cerca, com passos cadenciados, como um tigre. Então, ele voltava depressa para a mesa, e escrevia... Parecia que as ideias o obcecavam e pulsavam febrilmente dentro dele...".[708]

Rostropovich foi convidado a ser padrinho de Ermolai. Durante um almoço após a cerimônia do batismo, Vishnevskaia observou Natália detalhadamente e viu nela "uma mulher forte, a personificação de uma boa mãe e esposa... Percebi que tal mulher, sem pensar duas vezes, entraria com ele até dentro do fogo".[709] O batismo foi celebrado no novo apartamento da rua Górki, no centro da cidade, adquirido por Natália no outono de 1970, por meio de uma engenhosa negociação.[710] (Três anos mais tarde, Soljenítsin estava neste apartamento quando foi levado pela KGB.) Logo após, o responsável pelo edifício recebeu um telefonema do Politburo, exigindo que ele providenciasse acomodações contíguas para a KGB, de forma a viabilizar a realização de vigilância sobre os habitantes. Natália e Soljenítsin sabiam que suas conversas estavam sendo gravadas 24 horas por dia.

O apartamento de Natália se converteu no quartel general do movimento conspiratório de Soljenítsin: naquele local seus manuscritos eram fotografados e, de lá, contrabandeados para o exterior. Em 1971, o casal decidiu fazer outra cópia de *O arquipélago Gulag*, para incluir as revisões mais recentes, e Natália solicitou ao amigo Valeri Kurdiumov, um físico, que microfilmasse a versão atualizada. Kurdiumov, cujo pai fora prisioneiro do *gulag*, não se recusava a frequentar o apartamento, apesar de ciente dos riscos. A microfilmagem podia ser realizada em qualquer lugar, mas Natália queria que fossem fotografadas todas as versões desse extenso romance e, até mesmo, os rascunhos. Kurdiumov levou seu equipamento à residência da amiga, onde, durante três dias e três noites, fotografou os manuscritos e gerou o filme. Este deveria ser depositado em Zurique, sob a tutela do advogado de Soljenítsin, dr. Fritz Heeb, cujos serviços Natália esforçou-se por manter. O envolvimento com Soljenítsin acabou tendo um alto preço para a carreira de Kurdiumov. Quando da deportação do escritor, em 1974, ele foi interrogado pela KGB no quartel general de Lubianka, e recebeu ameaça de demissão do instituto radiotécnico de alta segurança da Academia de Ciências da URSS. (Outros colaboradores de Soljenítsin também foram mais tarde submetidos a interrogatórios, ameaçados de prisão e espancados, além de perderem o emprego. A carreira profissional de Rostropovich e Vishnevskaia passou a sofrer restrições e eles foram obrigados a deixar a União Soviética, em 1974.)

Natália teve participação decisiva na criação de um seguro círculo de aliados, com canais no Ocidente, por meio do qual Soljenítsin contrabandeou seu romance *Agosto de 1914*. Este trabalho foi encaminhado a um editor parisiense, Nikita Struve, por intermédio de um viajante, um insuspeito policial francês, que acreditava estar transportando "uma enorme caixa de doces para uma freira doente".

Em agosto de 1971, enquanto fazia levantamento de dados para *A roda vermelha*, em Novocherkassk, na região sul da Rússia, Soljenítsin foi seguido de perto por agentes da KGB, que lhe injetaram uma substância venenosa. Embora não tivesse ficado exposto ao sol, espalharam-se em todo o lado esquerdo de seu corpo bolhas características de uma queimadura de segundo grau. Em poucas horas ele ficou totalmente incapacitado. De volta à *datcha* de Rostropovich, os médicos diagnosticaram uma forte alergia causada por substância tóxica. No entanto, a causa da enfermidade continuou sendo um mistério até 1992, quando um coronel aposentado da KGB, Boris Ivanov, publicou um relato sobre a tentativa frustrada da organização para assassinar Soljenítsin. Ele descreveu a perseguição realizada em Novocherkassk: um agente o seguia a pé pela cidade, comunicando-se com os demais por meio de um radiotransmissor. Quando o escritor entrou em uma mercearia lotada, diversos agentes o acompanharam, postando-se atrás dele na fila. Acredita-se que, nesse momento, comprimido pelos agentes, a injeção venenosa tenha sido aplicada. Toda a "operação" levou apenas três minutos. Ivanov, que ficara do lado de fora, escutou os encarregados da ação comentarem ao sair da mercearia: "Agora ele está acabado. Não vai demorar muito". Em 1994, Ivanov entregou a Soljenítsin uma nota com os nomes dos participantes.[711] Enquanto o escritor esteve acamado, ficou sob os cuidados de Natália, que permaneceu na *datcha* para esse fim. Ele só conseguiu voltar a escrever cinco meses mais tarde; uma pausa que jamais aconteceu em sua carreira, antes nem depois.

Naquele ano o divórcio de Soljenítsin também sofreu contratempos: a corte concedeu à sua esposa seis meses de adiamento. As autoridades apoiaram Reshetovskaia, convertendo o divórcio em uma questão política que se arrastou por mais um ano; essa ação, no entanto, serviu apenas para alimentar em Soljenítsin a firme determinação de colocar um ponto final naquele casamento. Sem estar legalmente casada, Natália não teria direito a visitá-lo, na eventualidade de uma prisão; e, se ele fosse deportado, ela e o filho não poderiam acompanhá-lo. No inverno de 1972, Soljenítsin foi alertado para a existência de um novo plano de assassinato; surpreendentemente, a informação partiu de uma fonte do governo, a filha do ministro de Negócios Internos, que era vizinha da *datcha* de Rostropovich. Ela contou a Soljenítsin que a KGB planejava matá-lo em um acidente de automóvel. O ministro queria impedir a realização de tal atentado, tendo inclusive advertido seus colegas do governo de que a perseguição a Soljenítsin só fazia solapar o prestígio do país junto à comunidade internacional. Ele sugeria que o escritor fosse tratado amigavelmente: "Não matem o inimigo, conquistem-no com afagos". Essa carta sagaz foi, entretanto, ignorada.[712]

Em fevereiro, o escritor alemão Heinrich Böll, ativista do movimento de defesa dos direitos humanos, foi a Moscou, com o propósito de se encontrar com Soljenítsin. As autoridades não tiveram condições de impedir o encontro, que se realizou no dia 20 de fevereiro, na casa de Natália. Lev Kopelev, um amigo de Soljenítsin, que era fluente em alemão, serviu de intérprete. Como a conversa estava grampeada, eles discutiram por escrito os assuntos importantes, destruindo logo em seguida as anotações. Soljenítsin solicitou a Boll que fosse testemunha em seu testamento e responsável por fazer cumprir as disposições nele expressas, segundo as quais Natália era nomeada sua herdeira literária. Ele pediu, também, que Boll fizesse o documento chegar às mãos de seu advogado em Zurique. Soljenítsin considerava indispensável tal procedimento, porque ainda não estava legalmente casado com Natália. Boll, por sua vez, aconselhou o autor a não responder a todos os artigos hostis divulgados pela imprensa soviética: seus livros eram lidos ao redor do mundo e a história se encarregaria de colocar as coisas em seu devido lugar.[713]

No dia 30 de março, Natália recebeu os jornalistas Robert Kaiser do *The Washington Post* e Hedrick Smith do *The New York Times*.[714] Eles queriam entrevistar Soljenítsin antes da chegada do presidente Nixon a Moscou, prevista para maio. O presidente assinaria o Tratado de Limitação de Armas Estratégicas, e o encontro com Soljenítsin seria incompatível com sua missão conciliatória. A entrevista acabou se convertendo em uma estressante experiência de quatro horas para todos os envolvidos. De acordo com relatório da KGB, "A amante de Soljenítsin advertiu os correspondentes de que alguém poderia estar bisbilhotando a conversa, em vistas do que, o resto da comunicação foi realizada por meio de notas escritas".[715] Além disso, Soljenítsin elaborou um documento, em 25 páginas datilografadas, contendo perguntas e respostas que ele elaborara antecipadamente. O escritor insistiu em que o texto fosse publicado na íntegra, condição com a qual os jornalistas decerto não concordaram. Natália amenizou a tensão com humor e ajudou-os a chegar a um acordo. Kaiser relembra que Soljenítsin aceitou responder a algumas questões não preparadas, mas primeiro discutia as respostas com Natália: "Ela oferecia longos conselhos, alguns dos quais ele acatava. O jogo parecia agradá-lo, embora estivesse visivelmente nervoso com uma situação que não tinha condições de controlar por completo".[716]

A KGB logo relatou outro importante desdobramento: Natália preparava-se para oferecer uma recepção por ocasião da cerimônia do Prêmio Nobel em Moscou. No entanto, no dia 9 de abril, as autoridades negaram o visto de entrada a Karl Gierow, secretário da Fundação Nobel. Depois de lançado por terra o plano da cerimônia, Soljenítsin precisava fazer chegar à Suíça um microfilme com seu discurso de agradecimento pela premiação. O casal esperava que o jornalista suíço Stig Fredrikson concordasse em passá-lo pela fronteira. Natália acompanhou Soljenítsin ao encontro com Fredrikson, que chegara com a esposa Ingrid. A gravidez das duas mulheres sugeriu a Soljenítsin um bom presságio para a realização de seu plano. Fredrikson recebeu o rolo do filme em um pátio escuro e o escondeu dentro de seu rádio transistorizado.

Em junho de 1972, Natália já se encontrava nos últimos meses da gravidez, foi quando soube de mais um adiamento do divórcio de Soljenítsin. Vishnevskaia relembra que, a despeito da difícil gestação, Natália enfrentou a situação serenamente: "Com olheiras ao redor dos olhos e dores na barriga, ela dizia, 'Mas, por que toda essa confusão? Eu já disse a ele que podemos continuar como estamos. Nós não precisamos de mais nada...'".[717]

No dia 23 de setembro de 1972, nasceu o segundo filho do casal, Ignat. O médico que fez o parto de Natália foi imediatamente expulso do Partido e perdeu sua cadeira de professor no Instituto de Medicina. A justificativa apresentada foi o fato de ele ter "ajudado a vir ao mundo o filho do inimigo do povo".[718] Natália estava ainda convalescente quando, em 18 de outubro, a esposa de Soljenítsin, Reshetovskaia, apareceu sem prévio aviso para visitá-la. Reshetovskaia perguntou se a jovem alguma vez pensou nela; Natália respondeu afirmativamente, pedindo desculpas pela dor que tinha causado. "Perdoe-me!", acrescentou, com emoção.[719] Depois desse encontro, Reshetovskaia, retirou suas objeções da Suprema Corte, onde o divórcio estava sendo julgado. Depois disso, ela enviou uma carta a Natália, confessando que, tivessem elas se encontrado antes, o divórcio não teria se arrastado por dois anos.

Aquele encontro pessoal a persuadira. O processo do divórcio foi concluído em 15 de março de 1973 e, em 11 de maio, Natália e Soljenítsin se casaram. Além do casamento na Igreja, o casal registrou sua união em uma cerimônia civil, o que dava a Soljenítsin o direito legal de residir com sua família em Moscou. Todavia, as autoridades continuaram a lhe negar a permissão para viver na capital. Ele poderia ser preso, caso permanecesse junto a Natália e seus filhos por mais de 72 horas.

Naquele ano, a briga de Soljenítsin com o Estado soviético entrou em uma fase crítica. Em maio, a família alugou uma casa de campo em Firsanovka, a sudeste de Moscou, porém as férias se transformaram em verdadeiro inferno. O casal foi vítima de uma enxurrada de cartas ameaçadoras que perdurou até o momento em que Soljenítsin decidiu encaminhar uma amostra para a KGB, advertindo que levaria o caso ao conhecimento público. Não bastasse esse problema, a vila em que estavam hospedados ficava nas proximidades do aeroporto e o barulho dos aviões atormentava dia e noite. O literato, precisando escrever, isolou-se em um chalé, que já havia compartilhado com a primeira esposa. Natália permaneceu com a mãe e as crianças em uma região rural onde estavam completamente à mercê da KGB. Para completar, ela enfrentava outra gravidez complicada e o medo de um aborto; não obstante, ela escrevia a Soljenítsin demonstrando confiança e dizendo-se pronta a encarar qualquer situação.

Naquele verão, o casal tomou uma decisão sobre-humana: não se deixar intimidar por ameaças e estar com o espírito preparado para morrer a qualquer momento. Em 1992, quando questionada por um repórter russo se ela tinha receio em relação à escolha que Soljenítsin fizera para toda a família, Natália afirmou que sabia o que estava em jogo e não hesitou em momento algum. "Porém, eu estaria mentindo para você se dissesse que não tinha receios. Eu senti medo. Sobretudo pelas crianças..."[720]

Em 2 de setembro, o casal tomou conhecimento da apreensão dos manuscritos de O arquipélago Gulag pela KGB. A organização seguiu, em Leningrado, as pistas da antiga datilógrafa e ajudante de Soljenítsin, Elizaveta Voronianskaia, e a forçou a revelar o que sabia a respeito da existência do O arquipélago Gulag. Após o interrogatório, que levou cinco dias e cinco noites, a KGB descobriu onde encontrar os manuscritos. Acreditando ter traído Soljeníztsin e outras pessoas, Elizaveta cometeu suicídio, aos 67 anos.

O arquipélago Gulag foi o segredo de Soljenítsin mais hermeticamente guardado e outro "debilitante golpe para o comunismo". O romance fora deixado havia muito tempo sob a guarda do editor parisiense de Soljenítsin, porém o escritor aguardou o momento mais propício para a publicação. Esse momento surgiu com o confisco da cópia pela KGB. No dia 3 de setembro, o autor chegou a Moscou para pedir a opinião de Natália a respeito do lançamento do livro no Ocidente, o que poderia representar novo ciclo de perseguições em casa. "'Precisamos detonar isso, você concorda?' perguntei a ela. 'Vamos em frente!', foi a corajosa resposta." Soljenítsin informou a seus apoiadores no Ocidente sobre o confisco de *O arquipélago Gulag*, e deu sinal verde para Struve, seu editor em Paris. Ele o pressionou para que o romance fosse publicado com a maior celeridade possível, antecipando-se a qualquer possível ação da KGB. Em meio a esses eventos, a 8 de setembro de 1973, Natália deu à luz o terceiro filho do casal, Stepan.

A partir de novembro, Soljenítsin viveu e trabalhou na colônia dos escritores, em Peredelkino. Ele se hospedou na *datcha* da escritora e antiga assistente Lídia Chukovskaia, e viajava uma vez por semana para visitar a família em Moscou. De tempos em tempos, fazia visitas de surpresa: depois da habitual ligação para Natália, destinada aos ouvidos da KGB, ele deixava a luz acesa e saía de casa sem ser notado. A caminho de Moscou, trocava de trem, seguindo rotas tortuosas, confiando que lograra despistar os agentes.

A YMCA Press, de Struve, lançou *O arquipélago Gulag* em 28 de dezembro de 1973, dez dias antes da data prevista. Para garantir o sigilo, o próprio editor e sua esposa prepararam pessoalmente o romance para publicação, projeto de que apenas alguns membros da equipe tiveram conhecimento. Logo após o lançamento na França e na Inglaterra, o livro foi imediatamente traduzido para diversos países, com uma edição americana lançada pela Harper & Row em 1974. "Era uma bomba", comentou mais tarde um empolgado Struve, "pronta para explodir ao redor do mundo... um evento literário do século XX".[721]

Quando Soljenítsin ouviu na BBC o anúncio da publicação do romance, sentiu que "um enorme peso havia sido tirado" de seus ombros, e se dirigiu no mesmo instante a Moscou, para compartilhar a notícia com Natália. "Naquela noite, Alia e eu estávamos com o espírito festivo – tudo desmoronava à nossa volta, mas nós conseguíamos segurar o que era nosso". Soljenítsin relacionou uma série de acontecimentos possíveis para o Ano Novo: as autoridades soviéticas poderiam responder à publicação do romance com assassinato, prisão ou deportação. Natália se mantinha mais otimista, e previa apenas outra campanha da imprensa contra ele.

Em 14 de janeiro de 1974, o *Pravda* saiu com um editorial intitulado "O caminho da traição" e no dia seguinte, o artigo foi reimpresso em todo o país. Começaram a chover cartas e telefonemas ameaçadores. Durante duas semanas seguidas, o telefone do apartamento de Natália não parou de tocar, numa tentativa da KGB para abalar o espírito da família com uma campanha de "cólera popular". Os autores das chamadas exigiam falar com Soljenítsin e bradavam obscenidades. O escritor admirava Natália por ter suportado tudo isso calmamente:

> Ela escutava as agressões com toda paciência e então, tranquilamente dizia: "Diga-me, você é pago na KGB por quinzena, ou por mês, como no exército?". De vez em quando ela até fazia alguma observação encorajadora, deixava o homem falar seu texto e então dizia, "Isso é tudo? Está certo – dê um recado meu a Yuri Vladimirovich [chefe-executivo da KGB], que ele vai acabar tendo problemas, por manter idiotas como você em sua equipe".[722]

À semelhança do que acontecera em eventos anteriores, a campanha da imprensa soviética contra Soljenítsin ajudou a promover o livro no exterior. De acordo com um comentário irônico do escritor Veniamin Kaverin, as autoridades estavam punindo Soljenítsin "com uma fama mundial".[723] Antes desse livro, cerca de quarenta outros livros que tinham como tema o *gulag* haviam sido publicados no Ocidente, e todos passaram despercebidos.

Quando, na primeira semana de fevereiro, o telefone de Natália parou de tocar, ela logo imaginou que era uma calmaria precedendo a tempestade. Enquanto o casal se perguntava qual seria a próxima ação dos homens do governo, a KGB negociava em sigilo a deportação do escritor. No dia 2 de fevereiro, Willy Brandt, chanceler da Alemanha Ocidental, político amplamente respeitado por seus esforços para estreitamento das relações entre Ocidente e Oriente, declarou que a Alemanha abria suas portas para que lá Soljenítsin fosse viver e trabalhar. Yuri Andropov, chefe-executivo da KGB (ele viria a suceder Brejnev como líder soviético), agarrou a oportunidade de se ver livre de um dissidente incômodo. Andropov enviou um memorando a Brejnev informando que o general Kevorkov da KGB estava em negociação com os alemães. Esta organização preocupava-se, talvez sem motivos, com a possibilidade de Soljenítsin vir a descobrir o plano e o arruinar, daí a urgência na solução do problema.

No dia 8 de fevereiro, Soljenítsin estava na *datcha*, em Peredelkino, mergulhado em seu trabalho, quando Natália telefonou para comunicar que ele recebera uma intimação para comparecimento ao escritório do procurador geral da URSS. Ela conseguira ganhar um tempo, lançando mão de artifícios para não assinar a confirmação de recebimento da convocação na primeira tentativa que as autoridades fizeram para entregá-la em seu apartamento. No entanto, uma segunda intimação chegou em 11 de fevereiro. Naquele dia, ele retornou a Moscou e escreveu uma carta recusando-se a aceitar a legalidade da determinação governamental.

À noite, o escritor e Natália saíram para uma caminhada, durante a qual discutiram as estratégias a adotar caso ele viesse a ser preso. Acreditando na possibilidade de ser enviado para o *gulag*, Soljenítsin afirmou a Natália que durante o tempo que lá permanecesse, ele escreveria uma história da Rússia para crianças. Os agentes da polícia os seguiram de perto ao longo de todo o trajeto, mas o casal fingiu ignorar a presença deles. Em casa, deram andamento às atividades habituais e microfilmaram o manuscrito mais recente de Soljenítsin, além de preparar o *kit* que ele levaria para a prisão.

Em 12 de fevereiro, o governo assinou um decreto para deportação de Soljenítsin; ignorando os fatos, o casal passou a manhã trabalhando em seu escritório compartilhado. Pela tarde, bateram à porta. Quando o escritor a abriu, oito homens grandalhões se precipitaram para dentro da sala. Natália exigiu a apresentação do mandado de busca e, ao descobrir que não existia, gritou "Fora!".[724] Minutos depois, Soljenítsin foi levado, e dois agentes permaneceram no apartamento. Natália se fechou no escritório onde, trabalhando "na velocidade de um raio", reuniu os papeis e os microfilmes, decidindo quais deles destruiria e quais esconderia dentro de livros e em seu próprio corpo. Em 22 minutos ela deixou o ambiente preparado para as buscas e queimou os materiais mais incriminatórios. Saindo do escritório, ela se surpreendeu ao ver que os agentes haviam partido.

A polícia havia quebrado a fechadura e deixado a porta de entrada aberta; o filho de dezoito meses do casal, Ignat, engatinhava no patamar da escada. Ela precisava ir buscar Ermolai, o de três anos, na escolinha, enquanto os outros dois, Dmitri, de onze e Stepan, de cinco meses, encontravam-se no pátio com a avó, sua mãe. Natália estava sem condições de cuidar deles, mas respondeu em tom ríspido a uma amiga que lhe ofereceu levar o menino de três anos para passar a noite com ela: "Não! Deixe-o se acostumar com isso. Ele é um Soljenítsin".[725]

Ela telefonou aos amigos contando sobre a prisão, e, logo depois, os ativistas dos direitos humanos, entre os quais estava Andrei Sakharov, o pai da bomba H soviética, começaram a chegar ao apartamento dela. Sakharov deu uma declaração em entrevista pelo telefone a uma agência de notícias canadense, denunciando a prisão e atribuindo-a ao livro de Soljenítsin que advogava pela causa de milhões de vítimas. (Sakharov, um dos fundadores do Conselho de Direitos Humanos na URSS, foi agraciado com o Prêmio Nobel da Paz em 1975. A exemplo de Soljenítsin, ele não teve permissão para receber o prêmio e sua esposa, Elena Bonner, também ativista dos direitos humanos, proferiu o discurso em nome dele em Oslo. Sakharov foi mantido em exílio interno depois de seu protesto contra a invasão soviética do Afeganistão.)

Toda aquela noite e também na seguinte, Natália não teve notícias a respeito do local onde seu marido estava detido nem, tampouco, se ele ainda vivia. Para manter a pressão sobre a KGB, ela decidiu liberar para publicação no Ocidente todos os trabalhos dele ainda inéditos e, assim, quando o advogado, dr. Heeb, soube da prisão e telefonou de Zurique, ela o instruiu a tomar providências nesse sentido.

À noite, com a ajuda da mãe e de alguns amigos, Natália fez uma triagem mais minuciosa dos papéis. Eles queimaram cartas, cópias e microfilmes sem interesse, em uma bacia colocada no chão da cozinha, onde permaneceu durante as seis semanas seguintes. Lembrando que Soljenítsin havia escrito uma carta para ser publicada na eventualidade de sua prisão, ela separou o documento, datilografou cópias em papel vegetal e chamou Robert Lacontre, do *Le Figaro*. Ele chegou depois da meia noite e prometeu distribuir a carta, que contrabandeou do apartamento para todas as agências de notícias.

No dia 14 de fevereiro, chegaram a Natália relatos de correspondentes estrangeiros, dando conta de que Soljenítsin fora deportado, mas ela se recusou a fazer comentários: "Eu não acreditarei nisso enquanto não escutar a voz dele".[726] Ela só reconheceu o fato como verdadeiro quando o próprio escritor telefonou da residência de Boll, na Alemanha. Natália afirmou que, mais cedo ou mais tarde, ela e as crianças iriam se juntar a ele. Cerca de quarenta pessoas que se encontravam no apartamento presenciaram a ligação. Ao ser cumprimentada por elas, Natália descreveu a deportação de seu marido como "um infortúnio, um ato não menos arbitrário que a prisão em um campo de trabalhos forçados".[727]

Foi só durante a execução dos procedimentos de deportação que a KGB se deu conta da real possibilidade de Soljenítsin vir a ser fotografado em sua chegada ao Ocidente. Contando como certa a prisão, o escritor vestira uma pele de carneiro e um velho gorro de pele dos tempos do *gulag*, por isso, a KGB entregou a ele roupas novas e um *ushanka*,* obrigando-o a se trocar. Quando falou com Natália pelo telefone, Soljenítsin lhe pediu para recuperar sua indumentária de prisioneiro que já estava incorporada à sua imagem. Ela correu até a prisão de Lefortovo e exigiu a devolução dos pertences de seu marido. Porém, seu esforço foi inútil: tudo havia sido queimado.

Natália tinha à sua frente a árdua tarefa de mandar para o exterior os papéis do marido. Naquela ocasião, a maior parte das obras completas do escritor estava guardada na Suíça, mas havia também outro arquivo enorme, além de anotações de pesquisas e material impresso que ele reuniu ao longo dos anos para seu épico revolucionário *A roda vermelha*. Sabendo que a continuação do trabalho no exterior dependia desse material, ela empacotou tudo o que ele poderia precisar, uma empreitada nada fácil, já que Soljenítsin considerava importante todo e qualquer pedaço de papel.

Para ter sucesso em sua missão, ela precisava contar com a ajuda de muitas pessoas no mundo ocidental, desde acadêmicos a jornalistas e diplomatas, pessoas que pudessem contrabandear o arquivo de Soljenítsin

---

* Típico gorro russo com protetores de orelha, que pode ser confeccionado de pelo de rato almiscarado, coelho, lobos, entre outros animais. (N.E.)

dividido em diversas porções. Natália criou uma rede de aliados, por meio do jornalista norueguês Nils Udgaard, que colocou-a em contato com seus amigos do corpo diplomático. Visitas de correspondentes estrangeiros, cuja colaboração ela solicitava, garantiram liberdade de ação. Pacotes marcados para embarque eram entregues no apartamento do jornalista sueco Fredrikson, que atuou como principal elo de Soljenítsin com o Ocidente. Finalmente, o arquivo foi transferido de forma clandestina, dividido em 45 partes, através de diferentes trajetos e malotes diplomáticos.

Natália planejava partir em seis semanas, mas Soljenítsin lhe telefonava todos os dias, expressando seu desejo urgente de que ela fosse embora mais depressa. Para amenizar a pressão ela lhe enviou uma carta, por meio de Fredrikson, explicando o que a prendia em casa. Essa carta, escrita em códigos, foi, no entanto, apreendida na fronteira, colocando em risco toda a operação. Nesse período tumultuado o bebê Stepan adoeceu, com pneumonia, e Natália precisou passar noites à cabeceira do filho.

Dias antes de partir, ela ofereceu uma festa de despedida à qual compareceram companheiros dissidentes e correspondentes estrangeiros. Elena Bonner, descreveu a ocasião, "Muitas pessoas de bem estavam presentes na festa, e muitas belas canções russas foram cantadas".[728] O mais memorável para a maioria dos convidados foi o espírito da ocasião e o emocionado discurso de Natália, expressando agradecimentos em seu nome e no de Soljenítsin:

> Eles podem separar um escritor russo de sua terra natal, mas ninguém tem força ou poder para cortar seu vínculo espiritual com ela... E mesmo que seus livros sejam agora queimados em fogueiras, a existência deles nessa terra é indestrutível... Meu lugar é ao lado dele, mesmo que deixar a Rússia me cause uma dor lancinante.[729]

Natália sentia a dor da deportação de forma mais intensa que Soljenítsin, que já se havia mudado para Zurique quando levantou material para seu romance a respeito de Lênin. (O líder bolchevique vivera e trabalhara lá durante diversos anos antes da Revolução de 1917.) No dia 29 de março, Natália, acompanhada dos quatro filhos e da mãe, chegou a Zurique e foi recepcionada por Soljenítsin e uma multidão de repórteres, na pista de aterrissagem. Autorizado a entrar a bordo e se encontrar com a esposa em particular, ele se precipitou para dentro do avião, onde ela o informou que o arquivo havia sido despachado separadamente. Ele saiu, sorrindo, carregando seus dois filhos.

Naqueles meses de primavera e verão, quando as maletas com o arquivo de Soljenítsin foram entregues em sua casa em Zurique, o casal ficou exultante: "Estava tudo lá... tudo o que importava verdadeiramente, as coisas de valor mais inestimável! Nós tínhamos salvado tudo aquilo!". A casa de três pavimentos, nas proximidades do centro, na qual Soljenítsin estava vivendo "parecia vazia e sem vida", de acordo com as lembranças de Natália. "O chão dos quartos ficava encoberto por montanhas de cartas..."[730] Eles receberam milhares de correspondências de todo o mundo e sacolas de cartas ainda não abertas se acumulavam no sótão. Soljenítsin não queria contratar uma secretária, e deu, então, uma declaração, desculpando-se por não ter condições de responder aos inúmeros remetentes.

Dias depois da chegada de Natália, o casal decidiu criar o Fundo Social Russo, cujo propósito era ajudar prisioneiros políticos e suas famílias, assim como oferecer suporte a escritores e editores. Soljenítsin doou para essa causa os direitos autorais de todas as edições de *O arquipélago Gulag*, em todo o mundo. Natália assumiu a presidência da instituição, o que lhe valeu outras novas responsabilidades, entre as quais a mais problemática era o envio de ajuda para a União Soviética. (O registro desse fundo na terra natal do casal só foi possível depois da dissolução da União Soviética. Até 1992 ele funcionou clandestinamente e a ajuda não conseguia chegar às vítimas aprisionadas no *gulag* de Stálin.[731] Os Soljenítsin ajudaram sobretudo os dissidentes e suas famílias, que sofreram sob Brejnev. Em 1976, com a descoberta da agenda política do fundo, as autoridades soviéticas revogaram a cidadania de Natália.)

Logo nas primeiras semanas após a chegada de Natália, o casal discutiu a possibilidade de mudança para a América, onde Soljenítsin pensava em adquirir uma propriedade. Em Zurique havia o inconveniente da perturbação de admiradores, repórteres e fotógrafos, que os seguiam por toda parte. Soljenítin já havia se indisposto com a imprensa: perseguido por jornalistas enquanto caminhava nas colinas, ele gritou em altos brados, "Vão embora! Vocês são piores que a KGB!".[732] O comentário, publicado por diversos jornais, pôs um ponto final no bom relacionamento do escritor com a imprensa, o que mais tarde ele veio a lamentar.

No período em que Soljenítsin viveu em Zurique, o prefeito da cidade, Sigmund Widmer, ofereceu-lhe sua fazenda em Sternenberg, e ele pôde, então, retomar seus hábitos solitários de trabalho. O escritor passava a maior parte do tempo naquela vila pitoresca, viajando para Zurique nos finais de semana. Na verdade, ele manteve o mesmo arranjo da fase anterior à deportação. Nesse meio tempo, *Frau* Widmer, sempre disposta a ajudar Natália, acompanhava-a em caminhadas nas montanhas.

Em outubro, o autor fez uma pausa em seu trabalho literário para levar Natália em uma viagem à Suíça, visitando Berna, Genebra, Castelo de Chillon e Montreux. Em sua chegada ao Ocidente, ele recebera uma carta de boas-vindas de Vladimir Nabokov, com um convite em aberto para que fizesse uma visita. Soljenítsin admirava Nabokov e o havia indicado para o Prêmio Nobel em 1971. (Nabokov entrou para a sociedade de eminentes escritores, entre os quais incluíam Tolstói e Tchékhov, que não chegou a receber o prêmio.) Soljenítsin propôs dia e hora para um encontro, mas ficou aguardando a resposta de Nabokov, que nunca chegou. Os Nabokov imaginaram que a data estivesse confirmada. Na hora marcada, eles esperaram pelos convidados em um quarto privativo do Hotel Montreux Palace, enquanto os Soljenítsin, no automóvel, discutiam se deveriam ou não entrar. Devido a um erro de comunicação, os dois famosos casais literários nunca se encontraram.

Em dezembro de 1974, quatro anos depois de ser laureado com o Prêmio Nobel, Soljenítsin finalmente conseguiu recebê-lo. (As comemorações que tiveram lugar logo em seguida coincidiram com o aniversário do escritor, em 11 de dezembro.) Ele foi o segundo literato russo a receber o Nobel; o primeiro fora Ivan Búnin. Natália, que acompanhou o marido a Estocolmo declarou posteriormente, em uma entrevista, que via nesse evento "nossa vitória, a vitória da Rússia, a vitória de *Ivan Denisovich*."

O casal passou o Ano Novo em Paris, onde fizeram uma visita à editora YMCA Press, responsável pela publicação dos trabalhados enviados de Moscou em microfilmes, com destaque especial para *O arquipélago Gulag*. Eles imaginavam a editora como um local de conspirações e não uma casa comum onde qualquer pessoa pudesse entrar. Em abril, Natália convenceu Soljenítsin a fazerem outra viagem a Paris para lançamento das memórias dele, *O carvalho e o bezerro*. Depois disso, passaram diversos dias na Itália. No final de abril, Soljenítsin viajou sozinho para o Canadá, usando um nome falso na compra da passagem de avião, para esconder sua intenção de se estabelecer por lá. Entretanto, poucos dias após sua chegada, os jornais canadenses noticiaram que Soljenítsin estava à procura de terras para comprar. Ele viajou por Ontário e Quebec, tentando encontrar uma localidade com ares "russos". O padre Alexander Shmeman o levou para conhecer regiões que possuíam comunidades e igrejas ortodoxas russas. Em maio, Natália atendeu a um chamado do marido e foi encontrá-lo, mas rejeitou a restrita lista de opções que ele lhe apresentou. Soljenítsin queria viver perto de uma comunidade de russos, no Canadá ou nos Estados Unidos, enquanto ela preferia continuar na Europa, onde estariam menos isolados.

Por falta de tempo (Natália retornaria a Zurique e Soljenítsin tinha compromisso assumido para dar palestras nos Estados Unidos), a questão teve que ser resolvida por terceiros. Em outubro de 1975, Alexei Vinogradov, um arquiteto refugiado russo, a quem Soljenítsin outorgou procuração, realizou a compra de uma casa, mais cinquenta acres de terra em Cavendish, Vermont. Era uma antiga fazenda, cuja casa ficava encravada no bosque e não podia ser avistada da estrada. O escritor gostou da propriedade arborizada, por causa da localização remota e de seus dois lagos e riachos, que o faziam lembrar da Rússia e dos lagos e bosques de Iásnaia Poliana. O lugar era chamado "Riachos gêmeos", mas Soljenítsin renomeou-o para "Cinco riachos", o verdadeiro número existente na propriedade. Ele só lamentava não existirem arroios e clareiras, que a deixariam mais parecida com a fazenda de Tolstói.

A mudança da família para a América precisou ser preparada clandestinamente: Natália solicitou os vistos para os Estados Unidos, sem que ninguém, em Zurique ou outro lugar qualquer, soubesse. A 2 de abril, dia em que partiu da Europa para Nova York, Soljenítsin contou a seu confidente, padre Shmeman, que estava partindo para uma vida melhor. O padre ortodoxo que ciceroneara o autor no Canadá, registrou em seu diário: "Hoje (por certo, sem que ninguém mais saiba), Soljenítsin mudou-se para os Estados Unidos! Esse país não permite que as pessoas se conservem inalteradas... Mas, conseguirá ele ver a América... para além das árvores?".[733] No início de julho, Natália se uniu ao marido para observar a construção da nova casa. Ele vivia em uma pequena cabana junto ao lago, onde o barulho da construção o perturbou até o final do ano. A nova casa de três andares tinha bastante espaço para sua biblioteca e seu arquivo, além de uma capela privada e um escritório no andar superior, com teto envidraçado e diversas janelas, seu local de trabalho nos dias de inverno. (Soljenítsin necessitava de luz e tranquilidade para escrever, observou Natália, acrescentando que, de resto, ele era um homem simples.) Uma passagem subterrânea de vinte metros ligava a parte principal da casa com a pequena cabana, na qual o escritor trabalhava nas outras estações. No final de julho, o resto da família chegou a Cavendish.

A notícia da fuga dos Soljenítsin chocou o prefeito de Zurique, que havia oferecido a eles uma acolhida hospitaleira. Eles partiram sem uma palavra sequer de agradecimento, e o povo de toda a Suíça se sentiu ofendido. A única pessoa capaz de compreender essa conspiração foi Svetlana Allilueva, filha de Stálin, que comentou: "Ele é russo".[734] Mas, na verdade, Soljenítsin rompeu com uma tradição de defesa da lisura de caráter, distintiva dos escritores russos, e com a prática de Tolstói e Dostoiévski, que se mostravam sempre abertos a receber todos os visitantes, sem exceções. Já aqueles que visitavam Soljenítsin, defrontavam-se com uma cerca de dois metros e meio de altura, encimada por arame farpado, cujo portão ostentava um aviso, "Não entre".

O escritor estabeleceu um distanciamento em relação ao mundo ocidental, com o qual vivia agora em conflito. Em aparições públicas ele criticava a adoção do socialismo pelo Ocidente, os prazeres de sua sociedade de consumo e a ausência de valores espirituais. Entre outras críticas, Soljenítsin desacreditava Roosevelt e comparava a posição britânica no mundo à de Uganda. Aos poucos, as nações ocidentais descobriam que o famoso dissidente não era um democrata: os jornais o descreviam como um "profeta barbudo" e anticapitalista. As plateias que compareciam às suas palestras classificavam sua inflamada retórica política de opressiva e fora de sintonia com a realidade. O autor se viu isolado e ridicularizado pela imprensa, o que usava como justificativa para sua decisão de viver em reclusão. Além do mais, ele queria evitar que sua família fosse contaminada pela cultura americana.

A escritora Lídia Chukovskaia, que concedera abrigo a Soljenítsin, numa região campestre de Moscou, entre 1973 e 1974, teve oportunidade de vê-

-lo trabalhando dezesseis horas por dia, seis dias por semana. O "regime de rígida disciplina" que ele se impunha, assemelhava-se àquele adotado nos campos de prisioneiros. "O princípio era destinado a ombros heróicos, para uma vida inteira de labuta, sem dias de descanso..."[735] Sua missão no passado fora mostrar ao mundo o *gulag*; depois da chegada ao Ocidente, Soljenítsin assumiu a determinação de escrever a verdadeira história da Revolução de 1917 e reestabelecer os fatos distorcidos pelos bolcheviques. Sua saga, *A roda vermelha*, em dez volumes, envolveu a ele e Natália em um trabalho que levou duas décadas para ser concluído.

Aos 38 anos, Natália, uma mulher da cidade, estabeleceu-se no ambiente de reclusão da fazenda do casal, em uma "zona de quietude", onde permaneceu por dezoito anos. Soljenítsin não podia interromper seu trabalho, portanto, havia poucas visitas. Habituar-se ao isolamento era uma tarefa árdua: ela nunca antes vivera em um local tão afastado, que a obrigasse a dirigir dezesseis quilômetros para comprar artigos de primeira necessidade. Natália vivia uma rotina subordinada à rígida programação de Soljenítsin, rotina esta que ela tentou apresentar a um repórter russo como gratificante: "É muito simples. Alexander Isaevich levanta cedo, por volta de sete horas... Café, e volta ao trabalho... Nós vivemos em uma floresta... trabalhamos quatorze horas por dia; as pessoas podem dizer que é a vida de um condenado, mas somos felizes".[736]

Em 1977, Natália começou a produzir, com auxílio de um computador IBM, as obras completas de Soljenítsin, em vinte volumes, criando o que eles chamavam de um "*samizdat* no exílio". Ela catalogou, editou e imprimiu os trabalhos e fez a revisão final dos volumes. Em um prefácio para a edição de Vermont, Soljenítsin ressaltou a extrema meticulosidade do trabalho por ela realizado, algo impossível para uma empresa do ramo editorial.

Natália, cuja extraordinária capacidade para o trabalho se igualava à de Soljenítsin, administrou outro importante projeto. Depois de decidir criar a Biblioteca da história de todos os russos, o escritor fez um apelo a refugiados que haviam deixado a Rússia depois da Revolução e durante ou após a Segunda Guerra Mundial, para que enviassem textos autobiográficos, fotografias e cartas. O casal recebeu milhares de manuscritos, entre os quais estavam incluídos testemunhos de ex-prisioneiros dos campos de concentração alemães. Natália organizou essa enxurrada de contribuições, manteve correspondência com os autores, catalogou os materiais e, finalmente, nos anos 1990, transferiu o conjunto de documentos para arquivamento e publicação na Rússia.

Além disso, ela ajudou Soljenítsin na pesquisa para *A roda vermelha*. O volume do trabalho preparatório desenvolvido por Natália, com vistas a apenas essa etapa, seria suficiente para mobilizar todo um instituto de pesquisa. "Arquivos e bibliotecas inteiras" uniram forças com o autor, contribuindo com montanhas de materiais, que Natália processou e organizou. Soljenítsin declarou que seria impossível descrever a importância da colaboração prestada por ela. Natália foi sua revisora e substituiu todo o seu público. A atenção dela aos detalhes e à gramática ajudou-o a desenvolver um estilo mais apurado. Ela participava de todos os estágios da criação literária do marido: "Não me aventuro a dizer que outro escritor russo teve a seu lado um colaborador desse quilate, um crítico e consultor de tamanha perspicácia e sutileza. Não conheci, em toda a vida, uma pessoa com tal talento editorial brilhante como minha esposa, e tão indispensável em minha reclusão...".[737] Na verdade, com exceção de sua breve sociedade com a *Novy Mir*, Natália foi a única editora que Soljenítsin conheceu. Ele aguardava as sugestões anotadas por ela nas margens da primeira prova; a exemplo do que ocorre em uma editora real, as revisões eram então apresentadas a Soljenítsin. Stepan se lembra de carregar as provas "da mesa do editor" para a do autor: as revisões feitas por sua mãe eram escritas com lápis vermelho, enquanto as modificações de Soljenítsin ficavam marcadas em azul.[738] Em certa oportunidade, quando a impressora quebrou, houve uma interrupção do trabalho conjunto programado e Soljenítsin ficou visivelmente nervoso.

Tais responsabilidades consumiam a maior parte do dia de Natália, não lhe restando tempo sequer para as leituras de lazer. Ela escrevia aos amigos de Moscou, Evgeni Pasternak, filho de Boris Parsternak, e sua esposa Elena, contando que Soljenítsin era "sem dúvida, o centro talentoso e o propósito de nossa vida".[739] (Evgeni Pasternak estava entre aqueles que foram se despedir de Natália no aeroporto de Moscou, quando ela partiu para se encontrar com Soljenítsin no exílio. Isso serviu de motivo para sua demissão do cargo que ocupava no Instituto de Engenharia Elétrica de Moscou.)

Os diários de Natália, distribuídos por trinta cadernos espessos, registram a evolução dos trabalhos e a variação de humor de Soljenítsin. O estilo da escrita deixa clara a influência do marido, o que não surpreende, já que ela esteve envolvida quase exclusivamente com o trabalho dele, enquanto viveu em isolamento. Soljenítsin nunca deixou de escrever: Natália não se lembra de tê-lo visto passar por uma crise de criatividade sequer. Mesmo quando ele trabalhava fora de casa, em sua cabana, dava para a família a impressão de ter um constante prazo a cumprir. O biógrafo Michael Scammell, que visitou o local em 1977, descreve uma atmosfera de "ordem e propósito em todo o ambiente doméstico, no qual se observava uma coesão análoga a um monastério informal, onde cada indivíduo trabalhava para o bem comum – uma situação que Soljenítsin aprovava e incentivava enfaticamente".[740]

Pelo próprio exemplo, o casal ensinava os filhos a trabalhar. Aos dez anos, Yermolai ajudou a mãe a compor a impressão de um volume da Biblioteca da História de todos os Russos. Eles consideravam importante que os filhos não perdessem o contato com seu idioma nativo e, por esse motivo, complementavam, com aulas em casa, a formação dada por meio de ensino particular. Soljenítsin ensinava matemática, física e astronomia, enquanto Natália dava aulas de língua e literatura russa (o mesmo arranjo adotado na família de Tolstói). Os filhos se encontravam com o pai em horários predefinidos para receber as lições: "Nem lhes passava pela cabeça a ideia de bater à porta do pai trinta segundos mais tarde...".[741]

O padre Andrew Tregubov, sacerdote ortodoxo local, de ascendência russa, ensinava as leis divinas; além disso, Natália lia os Evangelhos com os meninos. Todas as manhãs, os filhos iam à cabana do pai, para rezar na floresta de pinheiros. Eles se ajoelhavam e recitavam as orações, incluindo uma composta pelo próprio Soljenítsin, na qual ele rogava a Deus que lhes permitisse retornar para a Rússia. Ele contou aos garotos que uma rocha existente na fazenda era um Pégaso encantado que um dia os levaria de volta à terra natal.

A mãe de Natália, membro indispensável da família, atuava como motorista, fotógrafa e cozinheira profissional. Ignat, que costumava ser levado por ela para as aulas particulares de música, relembra da avó como um gênio bom: ela era uma força de união dentro da família, e ele não conseguia imaginar sua infância e juventude sem a presença dela. (Os filhos foram educados em Harvard e numa escola particular em Londres; Ermolai se formou em sinologia e Ignat tornou-se diretor de música da Orquestra de Câmara da Filadélfia. Certa feita, Rostropovich fez uma visita à família, em Cavendish, e foi o primeiro a descobrir o talento musical de Ignat. Stepan, o mais novo, formou-se em engenharia civil e arquitetura, e também trabalhava como tradutor e revisor de Soljenítsin.)

Em 1981, depois de cinco anos vivendo nos Estados Unidos, o casal já tinha direito à cidadania americana, porém, optou por não adotá-la, muito embora não tivesse outra cidadania. Natália veio a solicitar a sua apenas em 1985, com o objetivo de simplificar os trâmites das viagens. Em 24 de junho, ela registrou no diário que estava a caminho da cerimônia de concessão da cidadania americana "com o coração pesado, completamente infeliz". Depois disso, Natália deixou o telefone fora do gancho durante vários dias, para não receber congratulações: a obrigação de jurar lealdade ao governo americano era um sacrifício necessário.[742]

O ano de 1985 marcou o início da *perestroika** de Mikhail Gorbachev, a qual, paradoxalmente, os Soljenítsin não aplaudiram. Em dezembro de 1986, Gorbachev telefonou a Sakharov, para lhe comunicar o fim do exílio interno que lhe fora imposto; ele logo foi reempossado na Academia de Ciências. Ao contrário de Sakharov, que via na defesa dos direitos civis e na liberdade as bases da sociedade, Soljenítsin atribuía a elas "uma importância apenas secundária", creditando à religião o principal papel. Em suas memórias, Sakharov esboçou em linhas gerais a opinião de Soljenítsin, diametralmente oposta à sua, o que se tornou mais notório durante a *glasnost*:

> A desconfiança de Soljenítsin em relação ao Ocidente, ao progresso em geral, à ciência e à democracia, levou-o a romantizar um estilo de vida patriarcal... a esperar muito da Igreja Ortodoxa Russa. Ele encara a região nordeste de nosso país como uma reserva onde o povo russo pode se purificar da destruição moral e física causada pelo comunismo, uma força diabólica importada do Ocidente.[743]

Escreveu-se, mais tarde, que se Soljenítsin tivesse retornado durante a *perestroika*, momento em que os partidários da linha dura se opunham

---

* Processo de reestruturação e abertura econômica da União Soviética. (N.E.)

às reformas e que o apoio de pessoas influentes, como ele, era necessário, o país o teria recebido como herói. Em vez disso, o escritor preferiu aguardar que chegasse um momento mais conveniente para sua volta e suas condições fossem satisfeitas. A imposição mais importante feita por ele era a publicação de *O arquipélago Gulag* na União Soviética, condição praticamente impensável no início da *perestroika*.

No ano de 1986, em Cavendish, o casal comemorou o aniversário de *A roda vermelha*: cinquenta anos haviam se passado desde o dia em que Soljenítsin tomou a decisão de criar um relato abrangente sobre a Revolução de 1917. Eles tinham se dedicado incansavelmente a esse projeto, e, em tempos mais recentes, Natália se sentia esmagada pelo peso da tarefa. O incrível poder de recuperação que sempre a caracterizara mostrava sinais de esgotamento e ela começava a se queixar da dificuldade de continuar trabalhando dezesseis horas por dia em uma obra sobre a catástrofe russa e as intrigas e traições dos bolcheviques.[744] Soljenítsin, relutante em por um fim à saga, acabou se vendo frente à indiferença do público por sua história bolchevique em dez volumes. Vivendo em isolamento cultural, ele pode não ter percebido que seus leitores, nos dois lados do Atlântico, tinham pouco interesse pelo assunto.

Soljenítsin descreveu a *perestroika* de Gorbachev como um fenômeno "nebuloso" e registrou em seu diário que "a temperatura" da mudança permanecia baixa.[745] Enquanto isso, as revistas literárias soviéticas estavam publicando trabalhos reveladores que não puderam vir à tona durante setenta anos de censura política; cada publicação colaborava para um avanço maior da *glasnost*. Em 1988, a *Novy Mir* entrou em contato com Soljenítisin, em busca de licença para produção de *O pavilhão dos cancerosos*, por si só um grande evento, já que o romance só havia sido publicado no exterior; mas o escritor insistiu no lançamento prioritário de *O arquipélago Gulag*, seu trabalho mais importante sobre a repressão. No entanto, dada a enérgica resistência da velha guarda contra essa obra, Gorbachev teve medo de que o romance pudesse afetar o delicado equilíbrio interno. Quando, a despeito da recusa de Gorbachev, o editor da *Novy Mir* decidiu levar em frente o projeto, Natália escreveu em seu diário que a simples tentativa de publicação já significava uma vitória.[746] Apesar da apreensão do casal, *O Gulag* apareceu nessa revista popular em 1989, no auge da *glasnost*, ocasião em que a tiragem da *Novy Mir* excedeu um milhão de exemplares. *O Gulag* foi impresso em 1.600.000 cópias.[747]

No final do ano, as autoridades soviéticas manifestaram a possibilidade de restituição da cidadania a Soljenítsin, caso ele a solicitasse. Em uma entrevista ao *The New York Times*, Natália classificou essa oferta de "vergonhosa", esclarecendo que o escritor fora escorraçado do país e não iria depois disso "pedir permissão para entrar... Nós esperamos muito tempo. Continuaremos esperando até que eles se tornem mais sábios".[748] Em 1990, ainda no governo de Gorbachev, a cidadania de Soljenítsin e a de Natália foram restituídas. O casal, no entanto, não se convenceu. Recusando-se a apoiar Gorbachev, cujas reformas chamavam de "um mito", eles receberam com satisfação a queda da União Soviética. No mês de agosto de 1991, os Soljenítsin acompanharam pelo noticiário a retirada da estátua de Dzerjínski da Praça Lubianka. O monumento de quinze toneladas, em homenagem ao fundador da polícia secreta bolchevique, foi desmantelado sob os aplausos da multidão. Natália escreveu em seu diário que Soljenítsin sentia-se orgulhoso e feliz pelo povo russo, mas também tinha dúvidas quanto à perenidade da mudança. O escritor, em seu diário, considerou o evento como o dia mais importante de sua vida.[749] No mês seguinte, Soljenítsin recebeu a reabilitação oficial, acompanhada de pedido de desculpas do governo russo e da garantia do presidente Yeltsin de que o país estava tomando um novo rumo.

Na primavera de 1992, Natália foi para Moscou, com o objetivo de tratar do retorno. Ela se encontrou com o presidente Yeltsin e com o prefeito de Moscou, Yuri Lujkov, e recebeu deles as boas-vindas e o apoio. O governo de Moscou prometeu devolver o antigo apartamento de Natália, no centro, para servir de sede ao Fundo Social Russo, que pôde finalmente ser registrado. Ela comprou um apartamento na cidade, onde a família residiu durante algum tempo e, como Soljenítsin necessitasse de um local tranquilo, para se isolar em seu trabalho, Natália acabou adquirindo, com uma permissão especial do prefeito, quatro hectares e meio de terra em Troitse-Likovo, uma região histórica de Moscou. Antes da Revolução, esse lugar pertencera a inúmeras famílias importantes da aristocracia, das quais, a do tio de Pedro, o Grande, foi a primeira. No século XX, o local abrigou um sanatório para os membros do governo soviético, onde Lênin se restabeleceu em 1922. A fascinação de Soljenítsin por Lênin, a quem ele retratou em *A roda vermelha*, aparentemente não se extinguiu depois do épico.

Em 1993, Mike Wallace entrevistou o casal, ainda em Cavendish, para a CBS. Ele classificou Soljenítsin como um indivíduo ensimesmado: "Tudo na vida se resumia a negócios, a trabalho pesado. Os dias do escritor eram numerados e ele tinha tarefas muito importantes a realizar". Em contraste, Natália se destacava por ser "extremamente atraente, interessante, fascinante de fato; uma mulher dotada de inteligência notável; a definitiva protetora e mantenedora da chama; uma serva do marido".[750] Além de outras responsabilidades, Natália tratava dos assuntos públicos de Soljenítsin. Naquele ano, enquanto preparava o retorno para a Rússia, ela precisou esconder da imprensa o itinerário que seguiriam; os direitos exclusivos da filmagem do retorno ao lar de Soljenítsin seriam vendidos para a BBC.

A partida estava programada para o dia 25 de maio de 1994. Dois meses antes, Dmitri, filho do primeiro casamento de Natália, morreu, vítima de um ataque cardíaco, aos 32 anos. A dor de ter que sepultar o filho foi devastadora e não amenizou com o passar do tempo. Tiúrin, o pai de Dmitri, voou de Moscou para acompanhar o funeral na Igreja Ortodoxa próxima de Cavendish. Tudo isso aconteceu no meio dos exaustivos preparativos para a mudança. Natália assumiu a supervisão da embalagem e do embarque dos enormes arquivos e da biblioteca de Soljenítsin, para o que foram necessárias quatrocentas caixas. A mudança foi tão bem organizada que o escritor pôde trabalhar quase até o dia da partida. Ele viajou a Moscou através do extremo oriente, desembarcando em Madagan (um centro simbólico do *gulag* de Stálin). De lá, fez uma viagem de dois meses em um trem especial contratado pela BBC, no qual dois vagões privativos foram reservados para a família. A imprensa russa noticiou com sarcasmo a viagem do escritor. Um jornal escreveu, "Soljenítsin está retornando ao país que ele não conhece e onde está praticamente esquecido".[751] A antipatia dos Soljenítsin em relação à mídia era bem conhecida. Quando um exército de jornalistas e cinegrafistas russos seguiu de perto o casal em Vladivostok, Natália se dirigiu a eles em tom ríspido, dizendo, "Vocês da imprensa têm a segunda profissão mais antiga do mundo".[752] (A observação lembrava uma do próprio Soljenítsin, quando, em sua chegada ao Ocidente ele se dirigiu ofensivamente aos *paparazzos* dizendo que eles eram piores que a KGB). Insatisfeita com a cobertura da viagem do marido pela imprensa russa, Natália a considerou desrespeitosa.[753] Ela se desligou da turnê depois de algumas semanas e voou para Moscou, deixando o escritor com um de seus filhos.

Natália declarou ao *Izvestiya* que Soljenítsin, ao retornar, pretendia se tornar uma força unificadora.[754] Mas ele falhou claramente em seu objetivo. Quando ainda se encontrava em Cavendish, escreveu um artigo, "Como revitalizar a Rússia", no qual discutia o futuro do país após a dissolução da União Soviética. Em 1990, o artigo foi publicado em milhares de cópias por dois jornais nacionais, mas foi considerado ofensivo por outros estados. Soljenítsin se referia à Ucrânia como "pequena Rússia", termo empregado no século XIX, e descrevia o Cazaquistão como "baixo ventre da Rússia". Com a escalada das tensões étnicas, um dos jornais que publicou esse artigo foi queimado em praça pública no Cazaquistão e na Ucrânia.

No outono de 1994, recebido como convidado especial da Duma*, Soljenítsin atacou o programa de privatizações e as reformas de mercado, promovidos por Yeltsin. Seu discurso foi transmitido pela televisão e, posteriormente, publicado na íntegra, mas as ideias por ele propostas tiveram pouco impacto: nenhum dos partidos desejava trazer Soljenítsin para dentro de seus quadros. Mais tarde, seu livro *Russia in the Abyss* [A Rússia no abismo] passou a ser considerado "apocalíptico" por amplos setores da sociedade. O livro foi lançado durante a moratória interna de 1998 e alguns leitores interpretaram erroneamente o título como uma previsão do colapso econômico da Rússia. Na verdade, o livro discutia o declínio espiritual do país. O uso deliberado de palavras arcaicas por Soljenítsin, tanto nesse livro como em suas apresentações públicas, geravam ambiguidade, sendo, em parte, responsáveis por essa falta de entrosamento com as plateias. Depois que retornaram, sempre que a imprensa atacava Soljenítsin, Natália servia de intermediária entre ele e o mundo exterior.

Na primavera de 1995, o casal se mudou para a nova residência no campo, onde Soljenítsin retomou sua vida de reclusão, com horário regular para o trabalho literário. Natália cuidava de assegurar a paz do marido e controlava a vasta correspondência que ele recebia. Ela se enga-

---

* Câmara baixa do parlamento russo, equivalente à Câmara dos deputados no Brasil. (N.E.)

jou ativamente também na vida pública. Naquele mesmo ano, o Fundo Social Russo, que ela presidia, em conjunto com a YMCA Press de Paris, e o governo de Moscou, inaugurou a Russian Abroad Foundation Library [Biblioteca Básica dos Russos Residentes no Exterior]. Os inúmeros manuscritos de refugiados que Soljenítsin despachara de Vermont formaram o núcleo da coleção.

Após o retorno para a Rússia, Natália revelou a um entrevistador o motivo que a levou a se casar com Soljenítsin: "Estava muito claro para mim... o que eu queria fazer por ele... Compartilhar luta. Compartilhar trabalho. Gerar e criar descendentes respeitáveis".[755] Ela cumpriu todas as promessas, mas acreditava que sua luta era permanente e seu trabalho, por toda a vida: a missão de Soljenítsin, na qualidade de escritor nacional, implicava uma carga muito pesada, que eles carregaram juntos ao longo dos anos.

Natália assumiu a nova incumbência de ajudar Soljenítsin a reconquistar seus leitores. Na década de 1990, o número de assinaturas dos trabalhos do escritor havia despencado, refletindo a moratória da Rússia, o empobrecimento geral e o declínio do interesse por temas clássicos na literatura e na história. Os livros de Soljenítsin já não estavam proibidos, como alguém observou, no entanto, sua leitura fora mais interessante no período em que poderia acarretar uma prisão. Durante a *perestroika*, o mercado editorial foi inundado por trabalhos sobre a repressão promovida por Stálin, o que conduziu à saturação. Além disso, os intelectuais, que haviam apoiado Soljenítsin no passado, voltaram-se contra ele, desapontados com sua postura de antagonismo ao Ocidente. Nessa ocasião, Natália buscou formas alternativas de promoção dos trabalhos do marido, tentando, por exemplo, divulgar *O primeiro círculo*, como um romance policial de tons políticos.

Quando Soljenítsin iniciou seu último trabalho monumental, *Two Hundred Years Together* [Dois séculos de proximidade], um estudo em dois volumes sobre a relação entre russos e judeus, Natália o ajudou, mais uma vez, com as pesquisas. Fiel à sua opinião de que "todo livro precisa maturar",[756] ela esmiuçou montanhas de materiais, além de revisar e comentar os volumes. O trabalho, porém, não somou pontos para a glória de Soljenítsin. O assunto a respeito da influência judia na história da Rússia era muito delicado e o escritor, convicto defensor da ortodoxia, não conseguiu evitar a parcialidade. Quando de sua publicação em 2001-2002, Natália protegeu o trabalho contra acusações de antissemitismo, descartando-as como absurdas.

Em 2000, os Soljenítsin conquistaram um aliado improvável na figura do novo presidente da Rússia, Vladimir Putin. Em setembro, Putin e sua esposa Ludmila tiveram um encontro com o casal, a portas fechadas, na residência campestre do escritor. Depois da visita, Soljenítsin declarou à televisão Vesti que Putin o impressionara por ser um homem que colocava em primeiro lugar "o destino da Rússia e não seu poder pessoal".[757] Natália, por sua vez, descreveu Putin como um líder dinâmico e eficaz, que trabalha para solucionar os problemas do país.[758] Uma fotografia dela, recebendo de Putin um buquê de flores foi divulgada na Internet. Não mais na condição de dissidentes, os Soljenítsin emergiram como um casal politicamente poderoso. A viúva de Sakharov, Elena Bonner, declarou ao *The Evening Moscow*, que a aliança entre o antigo oficial da KGB e Soljenítsin era fascinante para ela e merecia ser escrita por Dostoiévski.[759] Embora Putin viesse a se revelar um líder corrupto, apoiando a KGB e esmagando as liberdades políticas e as instituições democráticas, o casal não fez críticas a seu governo.

Em 2007, Putin agraciou Soljenítsin com o Prêmio Estadual da Federação Russa por seu trabalho humanitário. O único a receber esse prêmio anteriormente fora o chefe da Igreja Ortodoxa Russa, o patriarca Alexis II. Natália recebeu o prêmio, no Kremlin, em nome de Soljenítsin, que estava indisposto e ficou em casa.

No dia 3 de agosto de 2008, poucos meses antes de completar noventa anos, o escritor faleceu, em consequência de uma insuficiência cardíaca. Ele foi sepultado no cemitério do Monastério Donskoi, em Moscou, com permissão pessoal do patriarca Alexis II, concedida cinco anos antes. Soljenítsin é lembrado ao redor do mundo como o gigante que tornou conhecidas as atrocidades cometidas por Stálin e denunciou com veemência o regime comunista. Esse êxito não será ofuscado por suas opiniões e ações contraditórias dos últimos anos.

Em 2009, Putin recebeu Natália no Kremlin para discutir a adoção de *O arquipélago Gulag* nas escolas. Embora Putin não tenha economizado esforços pela reabilitação de Stálin, ele não deixou de respaldar, de forma bastante surpreendente, esse importante trabalho antistalinista.

Nos dias de hoje, os livros de Soljenítsin estão disponíveis em livrarias, ao lado de textos que promovem uma visão positiva de Stálin e de seus partidários. Como as duas interpretações contraditórias podem ser conciliadas ou ensinadas simultaneamente nas escolas é uma questão que desafia as análises.

Em abril de 2002, cheguei à sede do Fundo Social Russo, o mesmo apartamento central de onde Soljenítsin fora levado pela KGB. Eu pedira a Natália para termos uma conversa informal: minha intenção era compreendê-la enquanto um ser humano, e não como a porta-voz de Soljenítsin. De estatura baixa, uma mulher dinâmica e atraente, Natália estava trajando um terninho preto, com camisa branca e uma gravata cinza. Ela me conduziu até seu escritório, sentou-se à escrivaninha e, à medida que falava, tamborilava com as pequenas mãos confiantes sobre a superfície brilhante da mesa. Natália é carismática, e gosta de falar sem ser interrompida.

Ela acredita que as mulheres russas são mais dedicadas à família do que as ocidentais, além do que elas tendem, também, a se envolver com maior afinco nos negócios do marido. Porém, esposas de escritores verdadeiramente dedicadas são casos raros, até mesmo na Rússia. Suas predecessoras não influenciaram sua decisão de abandonar a carreira de matemática e partilhar do trabalho de Soljenítsin. Ela nunca se arrependeu da escolha feita e acredita que ter auxiliado no trabalho de seu marido foi mais importante do que completar o doutorado. Em seguida, Natália passa a falar do casamento de Tolstói, que conheceu intimamente. Ela desaprovava a atitude de Sofia ao não seguir o caminho espiritual do marido, assim como por ter discordado quando ele renunciou às suas propriedades: "Ela deveria tê-lo seguido e vivido em uma cabana, como ele pediu". Se Sofia amasse Tolstói, teria ido com ele; se deixara de amá-lo, "deveria se retirar". Não era razoável esperar que Tolstói participasse da criação dos filhos. Soljenítsin, por exemplo, conseguia dedicar uma hora por dia para as crianças. Natália continuou seu questionamento em relação a Sofia, traçando um paralelo entre a renúncia de Tolstói por seus direitos autorais e a decisão que Soljenítsin tomou de abrir mão do lucro produzido por *O arquipélago Gulag*, decisão apoiada por Natália.

Natália desaprova a palavra "sacrifício" e a substitui por "amor". Nadejda Mandelstam não se sacrificou: ela amou o poeta. "Eles estavam juntos e ela acreditava que poderiam morrer juntos". (Natália também se considerava preparada para morrer pela causa de Soljenítsin.)

Quando eu parti, ela me disse que a Rússia estava passando por tempos difíceis e que o papel do escritor na sociedade havia mudado. Sua preocupação era tentar entender se a nova geração iria ler Soljenítsin. Natália presenteou-me com uma coleção em três volumes dos trabalhos de não ficção de seu marido que haviam sido publicados na Rússia pela primeira vez, os quais ela havia comentado e revisado.[760]

O retrato de Natália permanece inacabado porque ela continua trabalhando. Recentemente, esteve envolvida em um projeto que iniciou com Soljenítsin, para a produção da edição em trinta volumes das obras completas do marido. Hoje, Natália exerce uma enorme influência e se tornou a mais poderosa viúva de um literato russo. Com o tempo, a imagem completa de seu casamento literário emergirá. Apesar de assumirem uma postura de total submissão a notáveis talentos, as seis esposas retratadas neste livro deixaram sua marca pessoal como editoras, tradutoras e revisoras. A colaboração que dispensaram ao trabalho dos companheiros escritores fez delas personagens fundamentais em seu tempo. A tarefa de tais mulheres, ao lado daqueles gênios, foi extremamente árdua. Os problemas que enfrentaram – resguardando-os das questões de ordem prática, compensando as variações de humor a que estavam sujeitos e sabendo lidar com seu ego desmesurado – transformou-as em mulheres mais fortes e flexíveis.

Epílogo

Escritores tais como F. Scott Fitzgerald, James Joyce e D.H. Lawrence fizeram de seu casamento fonte de inspiração literária. William Wordsworth valeu-se da ajuda de sua família – irmã, esposa e cunhada – para realização das cópias de seus manuscritos. Thomas Carlyle também pretendia contar com a assistência da esposa, mas, de acordo com Rosemary Ashton, autora de *Thomas and Jane Carlyle*, Jane "foi, pouco a pouco, desenvolvendo verdadeira aversão por essa função de coadjuvante, embora tenha sido de extrema ajuda para o marido". Nos casamentos literários levados a efeito na Rússia, as mulheres não se melindravam por assumir uma posição secundária e, na verdade, encaravam sua colaboração como uma atividade gratificante.

Tais mulheres desempenharam um importante papel de companheiras intelectuais, confidentes e parceiras criativas dos respectivos maridos. Depois de viúvas, elas deram prosseguimento a esse trabalho, atuando como tradutoras e promotoras da obra desenvolvida por eles, assim como fundando museus e colaborando com os biógrafos. Este livro pretende modificar a percepção difundida de que a vida de tais esposas foi infeliz, solitária e frustrante em termos da realização de sonhos e desejos.

Embora este livro retrate os casais literários mais renomados da Rússia, há outras esposas de literatos que fizeram importantes contribuições para as letras russas e, portanto, não podem ser esquecidas. Gostaria de mencionar ao menos duas. Klavdia Bugaev foi musa e colaboradora de Andrei Béli, célebre escritor e poeta do século XX. (Em 1933, o casal se encontrou com os Mandelstam, na Crimeia, porém, não chegou a nascer um elo de amizade entre eles.) A exemplo de Elena Bulgákov, Klavdia deixou a situação confortável de seu primeiro casamento (era casada com um médico), para se unir a um escritor que mal conseguia ser publicado na Rússia pós-Revolução. Em 1931, Klavdia foi presa em virtude da posição de destaque que ocupava na Sociedade Antroposófica, instituição defensora da filosofia espiritualista, banida durante o governo de Stálin. Tomado pelo desespero, Béli escreveu ao diretor teatral Vsevolod Meierhold: "Klavdia Nikolaevna é muito mais do que minha vida – representa mil vidas".[761] No final daquele ano, os esforços de Meierhold foram recompensados com a libertação de Klavdia da prisão de Lubianka. Logo depois, ela e Béli casaram-se oficialmente, o que aconteceu poucos anos antes da morte do escritor, em 1934. Bibliotecária profissional, Klavdia passou as três décadas seguintes catalogando os arquivos de Béli e escrevendo um relato biográfico, que era, essencialmente, uma pesquisa a respeito da vida e das obras do autor. Ela analisou o vocabulário inovador de Béli, desenvolvendo esse trabalho abnegado sem contar com respaldo financeiro: Béli foi um escritor apolítico, sem valor para o estado soviético. Os diários e as cartas deixados por ele, dos quais Klavdia fez uma cópia, sobreviveram devido aos esforços dela. Paralítica e confinada a uma cama durante seus últimos dezessete anos de vida, ela continuou sendo a única fonte confiável para os estudiosos de Béli em todo o mundo. As reminiscências escritas por ela foram publicadas postumamente na América, em 1981; duas décadas mais tarde, foram lançadas na Rússia.

Vera Muromtseva, esposa de Ivan Búnin, o primeiro escritor russo a ser agraciado com o Prêmio Nobel de Literatura, estudou química na Universidade de Moscou. Ela era, também, apaixonada por literatura, e conheceu Búnin em um evento literário em 1906. Vera deixou a universidade para acompanhar o escritor em suas viagens através da Palestina, do Egito e da Europa. Depois da Revolução de 1917, o casal emigrou para a França, onde Vera começou a escrever um diário sobre a vida de Búnin. Companheira dele durante 46 anos, ela reuniu os arquivos e escreveu a biografia do autor. Fluente em quatro idiomas europeus, Vera publicou diversas traduções, porém, para a comunidade de refugiados políticos, ela foi memorável por sua dedicação a Bunin. Para Marina Tsvetaeva, notável poeta do século XX, que conheceu o casal na França e manteve correspondência com Vera, Bunin devia à companheira as conquistas de sua carreira literária. "O amor incondicional, a dedicação e a abnegação de Vera brindaram o mundo com outro clássico da literatura russa. Estou certa de que, sem ela, Búnin não teria alcançado o que alcançou".[762]

Ao longo de toda a história da Rússia, seus escritores representaram a principal oposição aos regimes repressivos. A luta desses literatos por liberdade foi não apenas importante, como inspiradora; alguns estavam dispostos a morrer por seu trabalho, o que tornou mais valiosa a verdadeira literatura. As esposas dos escritores russos colaboraram para o surgimento desses trabalhos e garantiram sua sobrevivência, fazendo, dessa forma, uma inestimável contribuição à cultura mundial.

Bibliografia

Fontes Primárias

Akhmatova, Anna. *My Half Century: Selected Prose*. Ed. Ronald Meyer. Ann Arbor: Ardis, 1992.

Bugaeva, Klavdia. *Vospominaniya ob Andree Belom*. Ed. John Malmstad. São Petersburgo: Izdatel'stvo Ivana Limbaha, 2001.

Bulgákov, Mikhail. *The Master and Margarita*. Trad. Michael Gleeny. Nova York: Harper & Row, 1967.

_____. *Sobranie sochinenij v pyati tomah*. Moscou: Hudozhestvannaya literatura, 1990.

Complete Poetry of Osip Emilievich Mandelstam. Trad. Burton Raffael e Alla Burago. Albany: State University of New York Press, 1973.

The Diaries of Sophia Tolstoy. Trad. Cathy Porter. Nova York: Random House, 1985.

The Diary of Dostoevsky's Wife. Trad. Madge Pamberton. Nova York: Macmillan, 1928.

Dnevnik Eleny Bulgakovoi. Ed. V. Losev e L. Yanovskaya. Moscou: Knizhnaya palata, 1990.

Dostoevsky, Anna. *Dostoevsky: Reminiscences*. Trad. Beatrice Stillman. Nova York: Liveright, 1975.

Dostoevskaia, A. G. *Dnevnik 1867 goda*. Ed. S.V. Zhitomirskaia. Moscou: Nauka. 1993.

Fyodor Dostoevsky: Complete Letters. Ed. e trad. David A. Lowe. Ann Arbor: Ardis, 1990.

Dostoevsky, F. M. *Sobranie sochinenij v pyatnadtsati tomah*. São Petersburgo: Nauka, 1996.

Dostoevsky, F. M. e A. G. Dostoevskaya. *Perepiska*. Leningrado: Nauka, 1976.

Kuzminskaia, Tatyana. *Tolstoy As I Knew Him: My Life At Home and At Yasnaya Polyana*. Trad. Nora Sigerist. Nova York: Macmillan, 1948.

Makovitsky, D. P. 4 vols. *The Yasnaya Polyana Notes*. Moscou: Nauka, 1979.

Mandelstam, Nadezhda. *Hope Abandoned*. Trad. Max Hayward. Nova York: Atheneum, 1974.

_____. *Hope Against Hope*. Trad. Max Hayward. Nova York: Atheneum, 1970.

_____. *Kniga tretya*. Paris: YMCA Press, 1987.

_____. *Ob Akhamatovoi*. Moscou: Tri kvadrata, 2008.

_____. *Vospominaniya*. Moscou: Soglasie, 1999.

Mandelstam, Osip. *Critical Prose and Letters*. Ed. Jane Gary Harris; trad. Jane Gary Harris e Constance Link. Ann Arbor: Ardis, 1979.

Complete Poetry of Osip Emilievich Mandelstam. Trad. Burton Raffel e Alla Burago. Albany: State University of New York Press, 1973.

Nabovok, Vladimir. *Speak, Memory*. Nova York: G. P. Putnam's Sons, 1966.

_____. *Pereposla s sestroi*. Ann Arbor: Ardis, 1985.

_____. *Poems and Problems*. Nova York: McGraw-Hill, 1970.

The Nabokov-Wilson Letters: Correspondence Between Vladimir Nabovok and Edmund Wilson 1940-1971. Ed. Simon Karlisnky. Nova York: Harper & Row, 1979.

Pasternak, Boris. *I Remember: Sketch for an Autobiography*. Trad. David Magarshack. Cambridge: Harvard University Press, 1983.

Solzhenitsyn, Alexander. *Invisible Allies*. Trad. Alexis Klimoff e Michael Nicholson. Washington: Counterpoint, 1995.

_____. *The Oak and the Calf*. Trad. Harry Willets. Londres: Collins and Harvill, 1980.

_____. *Publitsistika v treh tomah*. Yaroslavl': Verhne-Volzhskoe knizhnoe izdatel'stvo, 1995.

_____. "Ugodilo zernyshko promezh dvuh zhernonov". *Novy mir*, Nº 9, 2000.

Tolstoy, Alexandra. *Out of the Past*. Ed. Katharine Strelsky e Catherine Wolkonsky. Nova York: Columbia University Press, 1981.

_____. *Doch'*. Moscou: Vagrius, 2000.

Tolstoy, Ilya. *Tolstoy, My Father. Reminiscences*. Trad. Ann Dunnigan. Chicago: Cowles, 1971.

Tolstoy's Diaries. 2 vols. Ed. e trad. R. F. Christian. Londres: Anthlone, 1985.

Tolstoy's Letters. 2 vols. Ed. e trad. R. F. Christian. Londres: Anthlone, 1978.

Tolstoy, Leo. *Anna Karenina*. Trad. Richard Pevear e Larissa Volokhonsky. Nova York: Penguin, 2002.

_____. *Childhood, Boyhood & Youth*. In *The Works of Leo Tolstoy*. Trad. Aylmer e Louise Maude. Londres: Oxford University Press, 1928-37.

_____. *Plays: Volume Three*. Trad. Marvin Kantor e Tanya Tulchinsky. Evanston: Northwestern University Press, 1998.

_____. *War and Peace*. Trad. Richard Pevear e Larissa Volokhonsky. Nova York: Alfred A. Knopf, 2007.

Tolstoy, L. N. *Polnoe sobranie sochinenij v 90 tomah*. Ed. V. G. Chertkov. Moscou/Leningrado: Goslitizdat, 1928-58.

The Tolstoy's Correspondence with N. N. Strakhov. Ed. A. A. Donskov. Ottawa: Slavic Research Group, 2000.

Tolstoy, Sophia. "Avtobiografia". In *Dve zheny: Tolstaia i Dostoevskaia*. Ed. Yu. Aikhenvald. Berlim: Izdatelstvo Pisatelei, 1925.

_____. *Ch'ya vina?* Oktyabr'. Nº 10, 1994.

_____. *Moya zhizn'*. GMT. (L. N. Tolstoy State Museum)

_____. *Pesnya bez slov*. GMT.

_____. *Pis'ma k Tolstomu: 1862-1910*. Ed. P. Popov. Moscou/Leningrado: Academia, 1936.

Tolstoy, Tatyana. *Tolstoy Remembered*. Trad. Derek Coltman. Nova York: McGrawHill, 1977.

Vladimir Nabokov: Selected Letters, 1940-1977. Ed. Dmitry Nabokov e Matthew J. Bruccoli. Nova York: Harcourt Brace Jovanovich, 1989.

Vospominaniya o Mikhaile Bulgakove. Ed. E. S. Bulgakova. Moscou: Sovetskij pisatel', 1988.

Fontes Secundárias

Amis, Martin. *Visiting Mrs. Nabokov and Other Excursions*. Londres, Jonathan Cape, 1993.

Bahrah, Alexander. *Bunin v halate*. Moscou: Soglasie, 2000.

Bartlett, Rosamund. *Tolstoy: A Russian Life*. Boston: Houghton Mifflin Harcourt, 2011.

Belov, Sergey. *Zhena pisatelya*. Moscou: Sovestskaya Rossiya, 1986.

Berberova, Nina. *The Italics Are Mine*. Trad. Philippe Radley. Nova York: Harcout, Brace & World, 1969.

Berlin, Isaiah. *The Soviet Mind: Russian Culture Under Communism*. Ed. Henry Hardy. Washington, D.C.: Brookings Institution Press, 2004.

Björkegren, Hans. *Alexander Solzhenitsyn: A Biography*. Nova York: The Third Press, 1972.

Boyd, Brian. *Vladimir Nabokov: The Russians Years*. Princeton: Princeton University Press, 1990.

_____. *Vladimir Nabokov: The American Years*. Princeton: Princeton University Press, 1991.

Brodsky, Joseph. "Nadezhda Mandelstam: An Obituary". In Mandelstam, Nadezhda, *Hope Against Hope*. Trad. Max Hayward. Nova York: Modern Library, 1999.

Brown, Clarence. *Mandesltam*. Cambridge: Cambrigde University Press, 1973.

Bulgakov, Valentin. *The Last Year of Leo Tolstoy*. Trad. Ann Dunnigan. Nova York: Dial Press, 1971.

Bunin, Ivan. *The Liberation of Tolstoy*. Ed. e trad. Thomas Gaiton Marullo e Vladimir T. Khmelkov. Evanston: Northwestern University Press, 2001.

The Cambridge Companion of Tolstoy. Ed. Donna Tussing Orwin. Nova York: Cambridge University Press, 2002.

Chudakova, Marietta. *Zhizneopisanie Mikhaila Bulgakova*. Moscou: Kniga, 1988.

Curtis, J. A. E. *Mikhail Bulgavkok: A Life in Letters and Diaries*. Londres: Bloomsbury, 1991.

Dostoevsky, Andrei. "Anna Dostoevskaya". In Zhurnal *Zhenshchiny mira*, Nº 10, 1963.

Field, Andrew. *Nabokov: His Life in Part*. Nova York: Viking, 1977.

_____. *The Life and Art of Vladimir Nabokov*. Nova York: Crown, 1977.

Frank, Joseph. *Dostoevsky. The Miracle Years, 1865-1871*. Princeton: Princeton University Press, 1995.

_____. *Dostoevsky. The Mantle of the Prophet, 1871-1881*. Princeton: Princeton University Press, 2002.

Fyodor Dostoevsky, A Study. By His Daughter Aimee Dostoevsky. New Haven: Yale University Press, 1922.

The Garland Companion to Vladimir Nabokov. Ed. Vladimir Alexandrov. Nova York: Garland, 1995.

Gershtein, Emma. *Memuary*. Moscou: Zakharov, 2002.

Gorky, Maxim. *Literary Portraits*. Trad. Ivy Litvinov. Moscou: Foreign Languages Publishing House, 1982.

Grossman, Leonid. *Dostoevsky*. Moscou: Molodaya Gvardiya, 1965.

_____. "A.G. Dostoevskaya i ee vospominaniya". In *Vospominaniya A. G. Dostoevskoi*. Moscou: Gosudarstvennoe izdatel'stvo, 1925.

Gusev, Nikolai. *Letopis' Zhizni i tvorchestva L'va Nikolaevicha Tolstogo*. 2 vols. Moscou: Goslitizdat, 1958.

Hitchens, Christopher. *Arguably: Essays*. Toronto: McLelland & Steward, 2011.

Ivinskaya, Olga. *A Captive of Time*. Trad. Max Hayward. Nova York: Warner Books, 1978.

Lekhmanov, Oleg. *Mandelstam*. Boston: Academic Studies, 2010.

Maddox, Brenda. *Nora: The Real Life of Molly Bloom*. Boston: Houghton Mifflin, 1988.

Maude, Aylmer. *The Life of Tolstoy: Later Years*. Londres: Oxford University Press, 1930.

Møller, Peter Ulf. *Postlude to the Kreutzer Sonata. Tolstoy and the Debate on Sexual Morality in Russian Literature in the 1890s*. Leiden: E. J. Brill, 1988.

Osip i Nadezhda Mandelshtamy v rasskazah sovremennikov. Ed. O. S. Figurnova. Moscou: Natalis, 2002.

Pearce, Joseph. *Solzhenitsyn: A Soul in Exile*. Londres: HarperCollins, 1999.

A Pictorial Biography of Mikhail Bulgakov. Ed. Ellendea Proffer. Ann Arbor: Ardis, 1984.

Polner, Tikhon. *Lev Tolstoy i ego zhena*. Moscou: Nash dom-L'age d'Homme, 2000.

Proffer, Carl. *The Widows of Russia and Other Writings*. Ann Arbor: Ardis, 1987.

Proffer, Ellendea. *Bulgakov: Life and Work*. Ann Arbor: Ardis, 1984.

Rayfield, Donald. *Stalin and his Hangmen*. Londres: Viking, 2004.

Reeder, Roberta. *Anna Akhmatova*. Nova York: Picador USA, 1994.

Safonova, O. Yu. *Rod Berson v Rossii*. Moscou: Village Encyclopedia, 1999.

Sakharov, Andrei. *Memoirs*. Trad. Richard Lourie. Nova York: Alfred Knopf, 1990.

Saraskina, Lyudmila. *Alexander Solzhenitsyn*. Moscou: Molodaya Gvardiya, 2008.

Scammell, Michael. *Solzhenitsyn: A Biography*. Nova York: W. W. Norton, 1984.

Schiff, Stacy. *Véra (Mrs. Vladimir Nabokov)*. Nova York: Random House, 1999.

Shvarts, Anatoly. *Zhizn' i smert' Mikhaila Bulgakova*. Tenafly, N. J.: Ermitazh, 1988.

Solzhenitsyn Files. Ed. Michael Scammell. Chicago: Edition q, 1995.

Thomas, D. M. *Alexander Solzhenitsyn: A Century in His Life*. Nova York: St. Martin's Press, 1998.

Vishnevskaya, Galina. *Galina: A Russian Story*. Trad. Guy Daniels. Nova York: Harcourt Brace Jovanovich, 1984.

Volkogonov, Dmitry. *Lenin: A New Biography*. Trad. e ed. Harold Shukman. Nova York: Free Press, 1994.

Wright, Colin. *Mikhail Bulgakov: Life and Interpretations*. Toronto: University of Toronto Press, 1978.

Yanovskaia, Lydia. *Zapiski o Mikhaile Bulgakove*. Holon, Israel: Moria, 1997.

Notas

Prólogo

1 Grigory Baklanov, escritor russo. Entre seus romances estão *The Moment Between the Past and the Future* (Londres: Faber and Faber, 1994), *Forever Nineteen* (Nova York: J.B. Lippincott, 1989).
2 Stacy Schiff, *Véra (Mrs. Vladimir Nabokov)* (Nova York: Random House, 1999), 52.
3 Ibid., xiv.
4 Anna Dostoevsky, *Dostoevsky: Reminiscences*, trad. Beatrice Stillman (Nova York: Liveright, 1975), 364.
5 Boris Pasternak, *I Remember: Sketch for an Autobiography* (Cambridge: Harvard University Press, 1983), 66.
6 *The Diaries of Sophia Tolstoy*, trad. Cathy Porter (Nova York: Random House, 1985), 42.
7 Ibid., 41.
8 Nome e patronímico de Dostoiévski.
9 Anna Dostoevsky, *Dostoevsky: Reminiscences*, 90.
10 Ibid., 5-6.
11 Na década de 1960, a estenógrafa russa Poshemanskaia, que estudou o sistema adotado por Anna Dostoiévski, conseguiu decifrar o código por ela utilizado. Outras três décadas se passaram antes que os diários completos aparecessem na Rússia em uma edição acadêmica.
12 Joseph Brodsky, "Nadezhda Mandelstam: An Obituary" em Nadezhda Mandelstam, *Hope Against Hope*, trad. Max Hayward (Nova York: The Modern Library, 1999), viii.
13 Nadezhda Mandelstam, *Hope Abandoned* (Nova York: Atheneum, 1974), 264.

14 Em outra conversa, Natália me contou que jamais daria a alguém a permissão de escrever sua biografia enquanto Soljenítsin vivesse.
15 Stacy Schiff, *Véra*, 73.
16 Anna Dostoevsky, *Dostoevsky: Reminiscences*, 1.
17 *Osip i Nadezhda Mandelshtamy v rasskazah sovremennikov*, ed. O.S. Figurnova (Moscou: Natalis, 2002), 453.

Anna Dostoiévski: acalentando uma memória

18 Herói russo do século XIII, santo patrono dos guerreiros russos e símbolo do nacionalismo no país.
19 Anna Dostoevsky, *Dostoevsky: Reminiscences*, 5-6. Exceto quando explicitado de outra forma, todas as citações relativas à infância e ao noivado de Anna, foram extraídas de *Reminiscences*.
20 Catedral de Turku (*Abo domkyrkha*, em sueco), construída no século XIII, foi santuário nacional da Finlândia e principal igreja evangélica luterana do país.
21 Os ancestrais de Anna, pelo lado paterno, foram proprietários de terras na província de Poltava, na Ucrânia. Quando se estabeleceram em São Petersburgo, o sobrenome da família foi alterado de Snitko para o equivalente com acento russo, Snitkin.
22 Aimee Dostoevsky, *Fyodor Dostoevsky* (New Haven: Yale University Press, 1922), 127.
23 No final de 1850, foram abertas diversas escolas secundárias para meninas. O Ginásio Marinskaia foi inaugurado em 1858, e Anna foi matriculada no mesmo ano; ela recebeu uma medalha de prata quando se formou.
24 A revista era publicada por Dostoiévski e seu irmão.
25 Pietrachévski, partidário do socialismo utópico do francês Charles Fourier, fundou um grupo de discussões literárias, do qual tomavam parte opositores da autocracia, entre eles escritores, estudantes, funcionários do governo e oficiais do exército.
26 http://art.thelib.ru/science/unusual/misc/kak_rodilsya_vokrug_sveta.html
27 A.G. Dostoevskaia, *Dnevnik 1867 goda*, ed. Zhitomirskaia (Moscou: Nauka, 1993). Abril (17?), 1867. Essa edição pode ser encontrada em http://az.lib.ru/d/dostoewskij_f_m/text_0630.shtml. Zhitomirskaia foi o primeiro a revelar que Anna havia introduzido significativas modificações em seu diário. Exceto quando explicitado de outra forma, a tradução foi feita pela autora.
28 Anna Dostoevsky, *Dostoevsky: Reminiscences*, 17.
29 Niilismo, fenômeno social que surgiu na Rússia na década de 1860 e estava presente no trabalho de Turguêniev *Pais e filhos*, e no de Tchernichevski, *What is to be Done?*. Dostoiévski retratou o niilismo em *Crime e castigo* e em *Os demônios*.
30 Aimee Dostoevsky, *Fyodor Dostoevsky*, 139.
31 Leonid Grossman, *Dostoevsky* (Moscou: Molodaya Gvardiya, 1965), 381. Tradução feita pela autora.

32 Conforme relato de Dostoiévski a Anna, ele mesmo liberou Korvin-Krukovskaia do compromisso por ela assumido. Porém, de acordo com Joseph Frank, não existe certeza quanto a essa moça ter aceito a proposta de Dostoiévski. Joseph Frank, *The Miraculous Years*, (1865-1871) (Princeton: Princeton University Press, 1995), 23.

33 Citado em Joseph Frank, *The Miraculous Years*, 161-62.

34 Nadejda Suslova, famosa irmã de Apollinaria, foi a primeira mulher russa a se formar em medicina, em 1867.

35 O segundo e último romance de Suslova é intitulado *Chuzhaya i Sovi (Estranged and Own)*.

36 A.G. Dostoevskaia, *Dnevnik 1867 goda*, 12 de outubro (31), 1867.

37 Citado em Joseph Frank, *The Miraculous Years*, 23

38 *Fyodor Dostoevsky: Complete Letters*, ed. e trad. David A. Lowe (Ardis: Ann Arbor, 1990), vol. 2, 211.

39 Ibid.

40 Ibid., 217.

41 Ibid., 219.

42 Ibid., 235.

43 Anna Dostoevsky, *Dostoevsky: Reminiscences*, 121.

44 *The Diary of Dostoevsky's Wife*, trad. Madge Pamberton (Nova York: Macmillan, 1928), p. 7. Esse capítulo se baseia em duas edições dos diários de Anna – uma completa, disponível *on-line* apenas em russo, e a versão traduzida.

45 Agora Vilna, capital da Lituânia.

46 A.G. Dostoevskaia, *Dnevnik 1867 goda*, abril (17?), 1867.

47 *The Diary of Dostoevsky's Wife*, 29.

48 Ibid.

49 A.G. Dostoevskaia, *Dnevnik 1867 goda*, 21 de setembro, 1867.

50 Anna Dostoevsky, *Dostoevsky: Reminiscences*, 118.

51 A.G. Dostoevskaia, *Dnevnik 1867 goda*, 18 de agosto (6), 1867.

52 Ibid., abril (19?), 1867.

53 Ibid., 26 de junho, 1867.

54 Anna Dostoevsky, *Dostoevsky: Reminiscences*, 117.

55 *The Diary of Dostoevsky's Wife*, 56.

56 A.G. Dostoevskaia, *Dnevnik 1867 goda*, 6 de junho (25 de maio), 1867.

57 Ibid., 21 de abril (3 de maio), 1867.

58 Ibid., 29 de abril (11 de maio), 1867.

59 Anna Dostoevsky, *Dostoevsky: Reminiscences*, 125.

60 *The Diary of Dostoevsky's Wife*, 64.

61 A.G. Dostoevskaia, *Dnevnik 1867 goda*, 27 de abril (9 de maio), 1867.

62 *Fyodor Dostoevsky: Complete Letters*, vol. 2, 227.

63 Ibid., 235.

64 Ibid., 232.

65 Ibid., 236.

66 Ibid., 241.

67 Ibid., 237.

68 A.G. Dostoevskaia, *Dnevnik 1867 goda*, 8 de maio (20), 1867.

69 *Fyodor Dostoevsky: Complete Letters*, vol. 2, 239-40.
70 A.G. Dostoevskaia, *Dnevnik 1867 goda*, 11 de maio (23), 1867.
71 *Fyodor Dostoevsky: Complete Letters*, vol. 2, 243.
72 Anna Dostoevsky, *Dostoevsky: Reminiscences*, 130.
73 Ibid., 131-32.
74 *The Diary of Dostoevsky's Wife*, 227.
75 Ibid., 264.
76 Ibid, 306.
77 A.G. Dostoevskaia, *Dnevnik 1867 goda*, 8 de agosto (27 de julho), 1867.
78 *Fyodor Dostoevsky: Complete Letters*, vol. 2, 252.
79 A.G. Dostoevskaia, *Dnevnik 1867 goda*, 23 de agosto (11), 1867.
80 Fyodor Dostoevsky, *Sobranie sochinenij v pyatnadtsati tomah* (São Petersburgo: Nauka, 1996), vol. 15, 319.
81 Anna Dostoevsky, *Dostoevsky: Reminiscences*, 137.
82 Expressão de Nikolái Strakhov citada em Joseph Frank, *The Miraculous Years*, 305.
83 Caderno de Dostoiévski com as anotações de *O idiota*. Joseph Frank, *The Miraculous Years*, 274-75.
84 *Fyodor Dostoevsky: Complete Letters*, vol. 2, 297.
85 A.G. Dostoevskaia, *Dnevnik 1867 goda*, 11 de outubro (29 de setembro), 1867.
86 Ibid., 18 de setembro (6), 1867.
87 Anna Dostoevsky, *Dostoevsky: Reminiscences*, 137-38.
88 Ibid., 140.
89 Joseph Frank, *Dostoevsky: The Miraculous Years* (1865-71), 277.
90 A.G. Dostoevskaia, *Dnevnik 1867 goda*, 1º de outubro (19 de setembro), 1867.
91 Cartas de Dostoévski para o dr. Stepan Yanovsky, 31 de dezembro, 1867 (12 de janeiro, 1868). Joseph Frank, *The Miraculous Years*, 244.
92 Anna Dostoevsky, *Dostoevsky: Reminiscences*, 141.
93 Ibid, 142.
94 *Fyodor Dostoevsky: Complete Letters*, vol. 3, 36.
95 Ibid., 53.
96 Ibid., 63.
97 Ibid., 67.
98 Anna Dostoevsky, *Dostoevsky: Reminiscences*, 147.
99 *Fyodor Dostoevsky: Complete Letters*, vol. 3, 88.
100 Ibid., 104.
101 Ibid., 99.
102 Anna Dostoevsky, *Dostoevsky: Reminiscences*, 153.
103 Ibid.
104 Carta de Dostoiévski para Nikolai Strakhov. Anna Dostoevsky, *Dostoevsky: Reminiscences*, 153.
105 *Fyodor Dostoevsky: Complete Letters*, vol. 3, 174.
106 Ibid., 185.
107 Anna Dostoevsky, *Dostoevsky: Reminiscences*, 182.

108 Fyodor Dostoevsky: *Complete Letters*, vol. 3, 193.
109 Anna Dostoevsky, *Dostoevsky: Reminiscences*, 162.
110 Netchaiev fugiu para a Suíça, onde manteve suas atividades subversivas. Em 1872, ele foi preso em Zurique e entregue para a polícia russa.
111 Anna Dostoevsky, *Dostoevsky: Reminiscences*, 165.
112 O pai de Dostoiévski foi morto em sua fazenda, pelos escravos.
113 Fyodor Dostoevsky: *Complete Letters*, vol. 3, 341.
114 Anna Dostoevsky, *Dostoevsky: Reminiscences*, 170-71.
115 Ibid.
116 Ibid., 184.
117 A primeira anestesia por meio de clorofórmio, na Rússia, foi testada por Nikolái Pirogov, em 1847, e as primeiras aplicações do anestésico em cirurgias ocorreram em 1848.
118 Anna Dostoevsky, *Dostoevsky: Reminiscences*, 199.
119 Ibid., 183.
120 Ibid., 216.
121 Ibid., 218.
122 Citado em Joseph Frank, *The Mantle of the Prophet*: 1871-1881, 202.
123 Fyodor Dostoevsky: *Complete Letters*, vol. 4, 39-40.
124 Ibid., 148.
125 Ibid., 84-85.
126 Ibid., 86.
127 Anna Dostoevsky, *Dostoevsky: Reminiscences*, 238.
128 Carta de AD para FD, 26 de julho, 1873. F.M. Dostoevsky, A.G. Dostoevskaia, *Perepiska* (Leningrado: Nauka, 1976), 110-11. Exceto quando explicitado de outra forma, as cartas de Anna para Dostoiévski são baseadas nessa fonte. Tradução do autor.
129 Carta de AD para FD, 16 de agosto, 1873.
130 Fyodor Dostoevsky: *Complete Letters*, vol. 4, 317.
131 Anna Dostoevsky, *Dostoevsky: Reminiscences*, 191.
132 Ibid., 238-39.
133 Fyodor Dostoevsky: *Complete Letters*, vol. 4, 199.
134 Carta de AD para FD, 12 de fevereiro, 1875.
135 Carta de AD para FD, 22 de junho, 1874.
136 Anna Dostoevsky, *Dostoevsky: Reminiscences*, 258.
137 Carta de AD para FD, 21 de junho, 1875.
138 Carta de AD para FD, 22 de junho, 1874.
139 Carta de FD para AD, 9 de julho (27 de junho), 1876. F.M. Dostoevsky, A.G. Dostoevskaia, *Perepiska*, 208.
140 Carta de AD para FD, 18 de julho, 1876.
141 Fyodor Dostoevsky: *Complete Letters*, vol. 4, 303.
142 Alióchá Dostoiévski, filho caçula do casal. Ele tinha onze meses naquela época.
143 Fyodor Dostoevsky: *Complete Letters*, vol. 4, 316.
144 Anna Dostoevsky, *Dostoevsky: Reminiscences*, 264.

145 Anna começou a colecionar selos aos 21 anos. De acordo com o seu *Reminiscences*, ela não comprou um selo sequer para sua ampla coleção, limitando-se a guardar os que recebia nos envelopes. O paradeiro dessa coleção é desconhecido.

146 Anna Dostoevsky, *Dostoevsky: Reminiscences*, 270. Exceto quando explicitado de outra forma, todas as citações relativas aos últimos anos de vida de Dostoiévski e à sua morte, são baseadas nessa fonte.

147 *Fyodor Dostoevsky: Complete Letters*, vol. 5, 233.

148 Joseph Frank, *The Mantle of the Prophet*: 1871-1881, 525.

149 *Fyodor Dostoevsky: Complete Letters*, Vol. 5, 236.

150 Anna Dostoevsky, *Dostoevsky: Reminiscences*, 337.

151 Anna conta essa história em *Reminiscences*. Contudo, a causa exata da hemorragia de Dostoiévski é desconhecida.

152 Anna Dostoevsky, *Dostoevsky: Reminiscences*, 349.

153 De acordo com correspondência de Dostoiévski a Maikov, ele se tornara "um monarquista intransigente, quanto às questões relativas à Rússia". Joseph Frank, *Dostoevsky: The Miraculous Years* (1865-71), 279.

154 Sergey Belov, *Zhena pisatelya* (Moscou: Sovetskaya Rossiaya, 1986), 157.

155 Anna Dostoevsky, *Dostoevsky: Reminiscences*, 384.

156 Palavras de Leonid Grossman.

157 Essa casa foi destruída durante a Segunda Guerra Mundial.

158 Sergey Belov, *Zhena pisatelya*, 171.

159 Ibid.

160 Leonid Grossman, "A.G. Dostoevskaya i ee vospominaniya", em *Vospominaniya A.G. Dostoevskoy*. (Moscou: Gosudarstvennoe izdatel`stvo, 1925), 12-14.

161 Anna Dostoevsky, *Dostoevsky: Reminiscences*, xii.

162 Sergey Belov, *Zhena pisatelya*, 176.

163 Leonid Mironovich Leonidov, ator e diretor teatral (1871-1941).

164 Sergey Belov, *Zhena pisatelya*, 193.

165 Ibid., 194.

166 Ibid., 199.

167 Em cinco dias, entre 8 e 12 de março de 1917, um movimento popular, em Petrogrado [São Petersburgo], depôs o governo czarista.

168 *Vospominaniya A.G. Dostoevskoy*, 16.

169 Ibid., 14.

170 Sergey Belov, *Zhena pisatelya*, 200.

171 Andrei Dostoevsky, "Anna Dostoevskaya," Periódico *Zhenshchiny mira (Women of the World)*, Nº 10, 1963.

172 Biblioteca Estadual da Rússia, Departamento de manuscritos, F. 93, 3, 59 a. Tradução feita pela autora.

173 Carta de AD para FD, 6 de fevereiro, 1918., F. 93, 3, 59 a.

Sofia Tolstói: babá de um talento

174 *The Diaries of Sophia Tolstoy*, 27.

175 Tatyana Tolstoy, *Tolstoy Remembered*, trad. Derek Coltman (Nova York: McGraw-Hill Book Company, 1977), 275.

176 A mãe e os tios de Sofia eram ilegítimos perante a lei e não puderam herdar o nome de família, Islenev. Em vez disso, receberam um nome inventado, Islavin.

177 O. Yu. Safonova, *Rod Bersov v Rossii* (Moscou: Entsiklopedia syol i dereven, 1999), 19-20.

178 Nikolái Rubinstein, fundador do Conservatório de Moscou, era pianista, regente e compositor; irmão mais novo de Anton Rubinstein, fundador do Conservatório de São Petersburgo.

179 Sophia Tolstoy, *My Life*, parte 1. A citação dessas memórias tem como base o manuscrito original mantido no Museu Tolstói em Moscou. (GMT, f. 47, partes 1-8). Tradução feita pela autora.

180 Tatyana Kuzminskaia, *Tolstoy As I Knew Him: My Life At Home and At Yasnaya Polyana*, trad. Nora Sigerist (Nova York: The Macmillan Company, 1948), 5.

181 Sophia Tolstoy, *My Life*, parte 1.

182 *The Diaries of Sophia Tolstoy*, 835.

183 Sophia Tolstoy, *My Life*, parte 1.

184 *Tolstoy's Diaries*, ed. e trad. R. F. Christian (Londres: The Anthlone Press, 1985), vol. 1, 164.

185 Sophia Tolstoy, *My Life*, parte 1.

186 Leo Tolstoy, *Anna Karenina*, trad. Richard Pevear e Larissa Volokhonsky (Nova York: Penguin Books, 2002), 21.

187 *Tolstoy's Diaries*, vol. 1, 166.

188 Sophia Tolstoy, *My Life*, parte 1.

189 *The Diaries of Sophia Tolstoy*, 832.

190 Ibid.

191 Ibid., 835.

192 Sophia Tolstoy, *My Life*, parte 1.

193 *The Diaries of Sophia Tolstoy*, 838.

194 Ibid., 839.

195 Tatyana Kuzminskaia, *Tolstoy As I Knew Him*, 81-82.

196 Sophia Tolstoy, *My Life*, parte 1.

197 Sophia Tolstoy, *Who Is To Blame? Oktyabr'*, N° 10, 1994. Tradução feita pela autora.

198 *The Diaries of Sophia Tolstoy*, 3.

199 Ver também cartas de Sofia à sua irmã Tatiana Kuzminskaia (TA), 13 de fevereiro, 1863. A correspondência de Sofia Tolstói com sua irmã é mantida em GMT e citada a partir dessa fonte. Tradução feita pela autora.

200 *The Diaries of Sophia Tolstoy*, 17.

201 Sophia Tolstoy, *The Autobiography* in *Dve zheny: Tolstaia e Dostoevskaia* (Berlim, 1925), 15-16.

202 Leo Tolstoy, *War and Peace*, trad. Richard Pevear e Larissa Volokhonsky, (Nova York: Alfred A. Knopf, 2007), 1157.

203 *The Diaries of Sophia Tolstoy*, 22-23.

204 Tatyana Kuzminskaia, *Tolstoy As I Knew Him*, 233.

205 Sophia Tolstoy, *The Autobiography*, 17.
206 *Tolstoy's Letters*, ed. e trad. R. F. Christian (Londres: The Anthlone Press, 1978), vol. 1, 182.
207 Carta de LN para Alexandrine, 5 de julho, 1865. Tradução feita pela autora.
208 *The Diaries of Sophia Tolstoy*, 41.
209 Carta de SA para Tolstói (LN), 26 de novembro, 1864. As cartas de Sofia para Tolstói são citadas em *Pis'ma k Tolstomu: 1862-1910*, ed. P. Popov (Moscou/Leningrado: Academia, 1936). Tradução feita pela autora.
210 Carta de LN para SA, 6 de dezembro, 1864. Exceto quando especificado de outra forma, todas as citações relativas às cartas de Tolstói para Sofia estão em vols. 83-84, Leo Tolstoy, *Complete Collected in 90 volumes*, ed. V.G. Chertkovv (Moscou/Leningrado, 1928-58). Edição especial póstuma.
211 Carta de LN para SA, 4 de dezembro, 1864.
212 Ibid.
213 *Tolstoy's Letters*, vol. 1, 190.
214 Bosque de carvalho na Iásnaia Poliana.
215 Carta de SA para LN, 9 de dezembro, 1864.
216 *Tolstoy's letters*, vol. 1, 190.
217 Sophia Tolstoy, *My Life*, parte 2.
218 Sophia Tolstoy, *The Autobiography*, 14-15.
219 Carta de LN para SA, 14 de novembro, 1866.
220 Carta de SA para LN, 14 de novembro, 1866.
221 *The Diaries of Sophia Tolstoy*, 42.
222 Sophia Tolstoy, *The Autobiography*, 15.
223 *Tolstoy's Letters*, vol. 1, 220.
224 *The Diaries of Sophia Tolstoy*, 846.
225 *Tolstoy's Letters*, vol. 1, 222.
226 Carta de LN para Fet, 21 de outubro, 1869.
227 Sophia Tolstoy, *My Life*, parte 2.
228 *Tolstoy's Letters*, vol.1, 240-41.
229 Tatyana Tolstoy, *Tolstoy Remembered*, 110.
230 *The Diaries of Sophia Tolstoy*, 845.
231 Sophia Tolstoy, *My Life*, parte 2.
232 *Tolstoy's Letters*, vol. 1, 235.
233 Carta de SA para TA, 8 de julho, 1873.
234 Ibid.
235 Sophia Tolstoy, *My Life*, parte 2.
236 Carta de SA para TA, 25 de agosto, 1873.
237 Sophia Tolstoy, *My Life*, parte 2.
238 Ibid.
239 Carta de SA para LN, 27 de julho, 1871.
240 *The Diaries of Sophia Tolstoy*, 50.
241 Sophia Tolstoy, *My Life*, parte 2.
242 Leo Tolstoy, *Anna Karenina*, 607.
243 Sophia Tolstoy, *My Life*, parte 2.

244 Ibid.
245 Carta de SA para TA, 19 de dezembro, 1873.
246 Carta de SA para TA, 6 de fevereiro, 1874.
247 Carta de SA para TA, 10 de dezembro, 1874.
248 Ibid.
249 Carta de SA para TA, 23 de fevereiro, 1874.
250 Tatyana Tolstoy, *Tolstoy Remembered*, 49.
251 Ilya Tolstói, *Tolstoy, My Father* (Chicago: Cowles Book Company, 1971), 96.
252 *Tolstoy's Letters*, vol. 1, 293.
253 Carta de Nikolai Strakhov para LN, fevereiro de 1877.
254 Nikolai Gusev, *Chronicle of the Life and Works of L.N. Tolstoy* (Moscou: State Literary House, 1958), vol. 1, 490.
255 Sophia Tolstoy, *My Life*, parte 3.
256 *The Diaries of Sophia Tolstoy*, 850.
257 Nikolai Gusev, *Chronicle*, v. 1, 513.
258 Ibid., 516.
259 Carta de SA para TA, novembro, 1879.
260 Sophia Tolstoy, *My Life*, parte 4.
261 Carta de SA para TA, 29 de novembro, 1879.
262 Carta de SA para TA, 9 de janeiro, 1880.
263 Carta de LN para Vladimir Stasov, 1º de maio, 1881.
264 *Tolstoy's Letters*, vol. 2, 340.
265 Carta de LN para SA, 2 de agosto, 1881.
266 Sophia Tolstoy, *My Life*, parte 3.
267 Carta de SA para TA, 19 de fevereiro, 1880.
268 Sophia Tolstoy, *My Life*, parte 3.
269 Ibid., parte 4.
270 Carta de LN para SA, 10 de novembro, 1883.
271 Leia mais sobre esse assunto em Aylmer Maude, *The Life of Tolstoy: Later Years* (Londres: Oxford UP, 1930), vol. 2, 249-265.
272 Carta de SA para TA, 3 de março, 1881.
273 Tatyana Tolstoy, *Tolstoy Remembered*, 193.
274 Destacado em Leo Tolstoy, *Plays: Volume Three*, trad. Marvin Kantor e Tania Tulchinsky (Evanston: Northwestern UP, 1998). Acredita-se que essa peça, baseada nas conversas entre eles, seja o trabalho de Tolstói com caráter autobiográfico mais acentuado.
275 Sophia Tolstoy, *My Life*, parte 3.
276 Leo Tolstoy, *And the Light Shineth in Darkness*, ato 1, cena 19. *Plays: Volume Three*, 39.
277 Tolstói L.N., *Complete Collected Works: Jubilee Edition*, ed. V.G. Chertkov (Moscou/Leningrado: Goslitizdat, 1928-58), vol. 83, 579.
278 Sophia Tolstoy, *My Life*, parte 4.
279 Ibid.
280 Carta de LN para Chertkov, 24 de junho, 1884.
281 Carta de SA para TA, 12 de abril, 1885.

282 Carta de SA para TA, 25 de fevereiro, 1885.
283 Carta de SA para LN, 29 de outubro, 1884.
284 Carta de SA para LN, 5-6 de março, 1882.
285 *Tolstoy's Letters*, vol. 2, 392. Apesar de ter escrito isso, Tolstói tentou vender uma tiragem limitada do tratado, *What I Believe*, por 25 rublos. Em comparação, o preço da edição de doze volumes produzida por Sofia foi 18 rublos.
286 Carta de SA para TA, outono de 1885.
287 Carta de SA para TA, 20 de dezembro, 1885.
288 Tatyana Tolstoy, *Tolstoy Remembered*, 202.
289 Carta de SA para LN, 23 de dezembro, 1885.
290 Carta de SA para LN, 24 de dezembro, 1885.
291 Carta de SA para LN, 28 de março, 1889.
292 Sophia Tolstoy, *My Life*, parte 4.
293 Carta de SA para TA, 9 de janeiro, 1885.
294 Carta de Strakhov, publicada pela primeira vez no *Yasnaya Polyana Almanach*, Tula, 1978.
295 Carta de SA para LN, 5 de maio, 1886.
296 *Tolstoy's Letters*, vol. 2, 402.
297 *The Diaries of Sophia Tolstoy*, 79.
298 Aylmer Maude, *The Life of Tolstoy: Later Years*, vol. 2, 478.
299 *The Diaries of Sophia Tolstoy*, 77.
300 Ibid., 78.
301 Carta de SA para TA, 13 de março, 1889.
302 *The Diaries of Sophia Tolstoy*, 371.
303 *Tolstoy's Diaries*, vol.1, 271.
304 Sophia Tolstoy, *My Life*, parte 5.
305 Ivan Bunin, *The Liberation of Tolstoy* (Evanston: Northwestern University Press, 2001), 55.
306 Carta de Nikolai Strakhov para Tolstói, 24 de abril, 1890.
307 *The Diaries of Sophia Tolstoy*, 141.
308 Sophia Tolstoy, *My Life*, parte 5.
309 Aylmer Maude, *The Life of Tolstoy: Later Years*, vol. 2, 400.
310 Ibid., 158.
311 Um *pood* equivale a aproximadamente 36 libras [13,5 quilogramas].
312 *The Diaries of Sophia Tolstoy*, 168.
313 Ibid., 169.
314 Carta de LN para SA, 23 de novembro, 1891.
315 Carta de SA para LN, 20 de novembro, 1891.
316 *Tolstoy's Letters*, vol. 2, 489.
317 Carta de SA para TA, 8 de janeiro, 1892.
318 Carta de SA para LN, 16 de setembro, 1893.
319 *The Diaries of Sophia Tolstoy*, 73.
320 Carta de LN para SA, 26 de setembro, 1896.
321 *Tolstoy's Letters*, vol. 2, 517.
322 Sophia Tolstoy, *My Life*, parte 3.

323 Carta de SA para Leonila Annenkova, outono de 1896.
324 Carta de SA para LN, 12 de outubro, 1895.
325 *Tolstoy's Diaries*, vol. 2, 418.
326 *Tolstoy's Letters*, vol. 2, 557.
327 Carta de SA para LN, 14 de maio, 1897.
328 Carta de SA para LN, 11 de setembro, 1894.
329 Carta de SA para LN, 29 de outubro, 1895.
330 Sophia Tolstoy, *My Life*, parte 7.
331 *The Diaries of Sophia Tolstoy*, 916.
332 Ibid., 374.
333 Ibid., 443.
334 Ibid.
335 Ibid., 420.
336 Ibid., 447.
337 Ibid., 457.
338 Ibid., 442.
339 Ibid.
340 Carta de SA para TA, 28 de março, 1904.

341 Há uma edição em inglês de *My Life*. Sophia Andreyevna Tolstaya, *My Life*, trad. John Woodsworth e Arkadi Klioutchanski (Ottawa: University of Ottawa Press, 2010). Infelizmente, essa tradução não transmite o estilo de Sofia.

342 *Tolstoy's Diaries*, vol. 2, 555-56.
343 Carta de SA para TA, 26 de novembro, 1906.
344 Alexandra Tolstaia, *Doch'* (Moscou: Vagrius, 2000), 271.
345 Alexander Goldenweiser, *Lev Tolstoy: Reminiscences* (Moscou: Zakharo, 2002), 166.
346 Georgy Orekhanov, *V.G. Chertkov v zhizni L.N. Tolstogo* (Moscou: PSTGU, 2009), 152.
347 *Tolstoy's Diaries*, vol. 2, 589.
348 Ibid., 678.
349 *Tolstoy's Letters*, vol. 2, 703.
350 *The Diaries of Sophia Tolstoy*, 536.
351 Ibid., 498.
352 *Tolstoy's Diaries*, vol. 2, 683.
353 Tatyana Komarova, *On the Flight and Dead of L.N. Tolstoy* (Yasnaya Polyana Yearbook, 1992).
354 Sergei Belov, *Zhena pisatelya* (Moscou: Sovetskaya Rossiya, 1986), 180.
355 Sophia Tolstoy, *Autobiography*, 55.
356 Tikhon Polner, *Tolstoy and His Wife* (Moscou: Nash Dom-L'Age d'Homme, 2000), 195-96. Tradução feita pela autora.
357 *Tolstoy's Letters*, vol. 2, 562.

Nadejda Mandelstam: testemunha da poesia

358 Nadezhda Mandelstam, *Hope Against Hope* (Nova York: Atheneum, 1970), 211.

359 Nadezhda Mandelstam, *Hope Abandoned* (Nova York: Atheneum, 1974), 507.
360 *Osip i Nadezhda Mandelshtamy v rasskazah sovremennikov*, 297.
361 Roberta Reeder, *Anna Akhmatova* (Nova York: Picador USA, 1994), 18.
362 Nadezhda Mandelstam, *Hope Abandoned*, 310.
363 Ibid., 14.
364 Ibid., 13-14.
365 Abreviação para artistas, escritores, atores e músicos.
366 *Osip i Nadezhda Mandelshtamy v rasskazah sovremennikov*, 476-77.
367 Nadezhda Mandelstam, *Hope Abandoned*, 15.
368 Ibid., 136.
369 Oleg Lekhmanov, *Mandelstam* (Boston: Academic Studies, 2010), 65.
370 Nadezhda Mandelstam, *Hope Abandoned*, 260.
371 Ibid.,135.
372 Donald Rayfield, *Stalin and his Hangmen* (Londres: Viking, 2004), 77.
373 Nadezhda Mandelstam, *Hope Abandoned*, 20.
374 Ibid., 17.
375 Ibid., 515.
376 Osip Mandelstam, *Critical Prose and Letters* (Ardis, Ann Arbor, 1979), 484.
377 Nadezhda Mandelstam, *Hope Abandoned*, 542.
378 Ibid., 217.
379 Ibid., 65, 71.
380 Ibid., 78.
381 Ibid., 142.
382 Ibid., 260.
383 *Osip i Nadezhda Mandelshtamy v rasskazah sovremennikov*, 481.
384 Nadezhda Mandelstam, *Hope Abandoned*, 196.
385 Ibid.
386 Nadezhda Mandelstam, *Kniga tret'ya* (Paris: YMCA Press, 1987), 81-82.
387 Nadezhda Mandelstam, *Hope Abandoned*, 198.
388 Ibid., 232
389 Nadezhda Mandelstam, *Hope Abandoned*, 117.
390 *Osip i Nadezhda Mandelshtamy v rasskazah sovremennikov*, 150.
391 Clarence Brown, *Mandelstam* (Cambridge, Cambridge UP, 1973), 101.
392 Nadezhda Mandelstam, *Hope Against Hope*, vii.
393 Nadezhda Mandelstam, *Hope Abandoned*, 203.
394 Ibid., 195-96.
395 Oleg Lekhmanov, *Mandelstam*, 94.
396 Ibid.
397 Nadezhda Mandelstam, *Hope Abandoned*, 206.
398 Ibid.
399 Ibid., 158.
400 *Osip i Nadezhda Mandelshtamy v rasskazah sovremennikov*, 101.
401 Ibid., 297.
402 Anna Akhmatova, *My Half Century: Selected Prose* (Ardis: Ann Arbor, 1992), 96.

403 Oleg Lekhmanov, *Mandelstam*, 91.
404 Nadezhda Mandelstam, *Hope Abandoned*, 212.
405 Carl Proffer, *The Widows of Russia and Other Writings* (Ann Arbor: Ardis, 1987), 23.
406 Emma Gershtein, *Memuary* (Moscou: Zakharov, 2002), 596-97.
407 Nadezhda Mandelstam, *Hope Abandoned*, 208-09.
408 Ibid., 212.
409 Osip Mandelstam, *Critical Prose and Letters*, 495.
410 Nadezhda Mandelstam, *Hope Abandoned*, 261.
411 Osip Mandelstam, *Critical Prose and Letters*, 512.
412 Anna Akhmatova, *My Half Century: Selected Prose*, 97.
413 Nadezhda Mandelstam, *Hope Abandoned*, 262.
414 Ibid., 135.
415 Nadezhda Mandelstam, *Hope Abandoned*, 236-37.
416 Ibid., 397.
417 Ibid., 528.
418 Ibid., 263.
419 Oleg Lekhmanov, *Mandelstam*, 98.
420 Ibid., 110.
421 Nadezhda Mandelstam, *Hope Against Hope*, 117.
422 Nadezhda Mandelstam, *Hope Abandoned*, 549.
423 Ibid., 134.
424 Nadezhda Mandelstam, *Kniga tret'ya*, 134.
425 Nadezhda Mandelstam, *Hope Abandoned*, 264.
426 Ibid., 264.
427 Ibid.
428 Ibid., 234.
429 As áreas assoladas pela fome incluíam a Ucrânia, o norte do Cáucaso, a região do Volga, o Casaquistão, o sul dos Urais e o oeste da Sibéria.
430 Nadezhda Mandelstam, *Hope Against Hope*, 158.
431 Nadezhda Mandelstam, *Hope Abandoned*, 469.
432 Ibid, 347.
433 Nadezhda Mandelstam, *Hope Against Hope*, 158.
434 Citado em Roberta Reeder, *Anna Akhmatova*, 196.
435 Nadezhda Mandelstam, *Hope Against Hope*, 159.
436 Ibid., 157.
437 Nadezhda Mandelstam, *Hope Abandoned*, 265.
438 Linha da primeira versão do poema que caiu nas mãos da polícia secreta.
439 *Osip i Nadezhda Mandelshtamy v rasskazah sovremennikov*, 109.
440 Olga Ivinskaya, *A Captive of Time* (Nova York: Warner Books, 1978), 122.
441 Anna Akhmatova, *My Half Century: Selected Prose*, 99.
442 Nadezhda Mandelstam, *Hope Against Hope*, 11.
443 Isaiah Berlin, *The Soviet Mind: Russian Culture Under Communism* (Washington, D.C.: Brookings Institution Press, 2004), 76.
444 Nadezhda Mandelstam, *Hope Against Hope*, 4.

445 Ibid., 5.
446 Ibid., 15. Exceto quando especificado de outra forma, todas as citações relativas à primeira prisão de Mandelstam e ao exílio do casal em Voronej provêm dessa fonte.
447 Enukidze foi secretário do Comitê Executivo Central.
448 Oleg Lekhmanov, *Mandelstam*, 140.
449 Anna Akhmatova, *My Half Century: Selected Prose*, 106.
450 *Osip i Nadezhda Mandelshtamy v rasskazah sovremennikov*, 152.
451 Anna Akhmatova, *My Half Century*, 104.
452 *Osip i Nadezhda Mandelshtamy v rasskazah sovremennikov*, 252.
453 Osip Mandelstam, *Critical Prose and Letters*, 564.
454 Ibid., 560.
455 Ibid., 572.
456 Ibid., 562.
457 Ibid., 564.
458 Ibid., 570.
459 Ibid., 562.
460 Anna Akhmatova, *My Half Century: Selected Prose*, 108.
461 Nadezhda Mandelstam, *Hope Abandoned*, 613.
462 Nadezhda Mandelstam, *Hope Against Hope*, 353.
463 Ibid.
464 Ibid., 357.
465 Ibid., 361.
466 Ibid., 362.
467 Nadezhda Mandelstam, *Hope Abandoned*, 609.
468 Anna Akhmatova, *My Half Century: Selected Prose*, 108.
469 Osip Mandelstam, *Critical Prose and Letters*, 573.
470 Oleg Lekhmanov, *Mandelstam*, 162.
471 http://mandelshtam.lit-info.ru/review/mandelshtam/002/141.htm
472 Nadezhda Mandelstam, *Hope Abandoned*, 620.
473 Ibid., 610.
474 Ibid.
475 Ibid., 180.
476 Ibid., 597.
477 Ibid., 509.
478 Nadezhda Mandelstam, *Ob Akhmatovoi* (Moscou: Tri kvadrata, 2008), 284.
479 *Osip i Nadezhda Mandelshtamy v rasskazah sovremennikov*, 368.
480 Nadezhda Mandelstam, *Hope Against Hope*, 276.
481 *Osip i Nadezhda Mandelshtamy v rasskazah sovremennikov*, 378.
482 Nadezhda Mandelstam, *Hope Against Hope*, 283.
483 Nadezhda Mandelstam, *Hope Abandoned*, 558.
484 Ibid., 379-80.
485 Ibid., 381.
486 Ibid., 384.

487 Ibid., 584.
488 *Osip i Nadezhda Mandelshtamy v rasskazah sovremennikov*, 329-30.
489 Nadezhda Mandelstam, *Hope Abandoned*, 386.
490 *Osip i Nadezhda Mandelshtamy v rasskazah sovremennikov*, 344.
491 Ibid., 342.
492 Nadezhda Mandelstam, *Hope Abandoned*, 586.
493 Ibid., 587.
494 Nadezhda Mandelstam, *Hope Against Hope*, 215-16.
495 Ibid., 376.
496 *Osip i Nadezhda Mandelshtamy v rasskazah sovremennikov*, 417.
497 Nadezhda Mandelstam, *Hope Abandoned*, 184.
498 Ibid., 617-18.
499 Ibid., 361.
500 Nadezhda Mandelstam, *Hope Against Hope*, vi.
501 Ibid., v.
502 Carl Proffer, *The Widows of Russia and Other Writings*, 15. Exceto quando especificado de outra forma, todas as citações relativas ao encontro de Nadejda com os Proffer provém dessa fonte.
503 Nadezhda Mandelstam, *Hope Against Hope*, 259.
504 Nadezhda Mandelstam, *Vospominaniya* (Moscou: Soglasie, 1999), xviii.
505 Nadezhda Mandelstam, *Hope Against Hope*, vi.
506 Carl Proffer, *The Widows of Russia and Other Writings*, 38.
507 Nadezhda Mandelstam, *Hope Against Hope*, xi.
508 Osip Mandelstam, *The Complete Critical Prose and Letters*, ed. e trad. Jane Gary Harris (Ardis: Ann Arbor, 1979), 570.
509 *Osip i Nadezhda Mandelshtamy v rasskazah sovremennikov*, 515.
510 Ibid., 395-96.
511 Ibid., 497.
512 Ibid., 504.
513 *Complete Poetry of Osip Emilievich Mandelstam*, trad. Burton Raffel e Alla Burago (Albany: State University of New York Press, 1973), 211.
514 Nadezhda Mandelstam, *Kniga tret´ya*, 310.

Vera Nabokov: apenas uma sombra

515 Os dados biográficos de Vera foram obtidos em Brian Boyd, *Vladimir Nabokov: The Russian Years* (Princeton: Princeton UP, 1990), *Vladimir Nabokov: The American Years* (Princeton: Princeton UP, 1991) e em Stacy Schiff, *Véra (Mrs. Vladimir Nabokov)* (Nova York: Random House, 1999).
516 *The Garland Companion to Vladimir Nabokov*, ed. Vladimir Alexandrov (Nova York: Garland Publishing, Inc., 1995), xxxiii.
517 Dmitri Volkogonov, *Lenin: A New Biography* (Nova York: Free Press, 1994), 238.
518 Stacy Schiff, *Véra*, 29.
519 Brian Boyd, *Vladimir Nabokov: The Russian Years*, 214.

520 Andrew Field, *Nabokov: His Life in Part* (Nova York: The Viking Press, 1977), 178.
521 Ibid., 173.
522 Stacy Schiff, *Véra*, 3.
523 Brenda Maddox, *Nora: The Real Life of Molly Bloom* (Boston: Houghton Mifflin Company, 1988), 25.
524 Stacy Schiff, *Véra*, 11.
525 Ibid., 10.
526 Alexander Bahrah, *Bunin v halate* (Moscou: Soglasie, 2000), 120-21.
527 Stacy Schiff, *Véra*, 12.
528 Brian Boyd, *Vladimir Nabokov: The Russian Years*, 239.
529 Stacy Schiff, *Véra*, 62.
530 Ibid., 46.
531 Ibid., 42.
532 Ibid., 56.
533 Ibid., 52.
534 Andrew Field, *Nabokov: His Life in Part*, 172.
535 Stacy Schiff, *Véra*, 57.
536 Brian Boyd, *Vladimir Nabokov: The Russian Years*, 291.
537 Ibid., 343.
538 Ibid., 396.
539 Stacy Schiff, *Véra*, 74.
540 Andrew Field, *Nabokov: His Life in Part*, 200.
541 Vladimir Nabokov, *Speak, Memory* (Nova York: G.P. Putnam's Sons, 1966), 295.
542 Brian Boyd, *Vladimir Nabokov: The Russian Years*, 408.
543 Andrew Field, *Nabokov: His Life in Part*, 198.
544 Ibid., 206.
545 *Vladimir Nabokov: Selected Letters: 1940-1977*, ed. Dmitry Nabokov (Nova York: Harcourt Brace Jovanovich, 1989), 23-24.
546 Stacy Schiff, *Véra*, 85.
547 *Vladimir Nabokov: Selected Letters*, 19-20.
548 Na Alemanha, os Nabokov e outros refugiados da Rússia bolchevique receberam passaportes provisórios. Esses haviam expirado.
549 Diminutivo de Dmitri.
550 Nina Berberova, *The Italics Are Mine* (Nova York: Harcourt, Brace & World, 1969), 324.
551 Stacy Schiff, *Véra*, 98.
552 Brian Boyd, *Vladimir Nabokov: The Russian Years*, 421.
553 Vladimir Nabokov, *Speak, Memory*, 302.
554 *Vladimir Nabokov: Selected Letters*, 30.
555 Vladimir Nabokov, *Speak, Memory*, 292.
556 Stacy Schiff, *Véra*, 108.
557 Ibid., 179.
558 Brian Boyd, *Vladimir Nabokov: The American Years*, 83.

559 Stacy Schiff, *Véra*, 120.
560 *The Nabokov–Wilson Letters: Correspondence between Vladimir Nabokov and Edmund Wilson 1940-1971*, ed. Simon Karlinsky (Nova York: Harper&Row Publishers, 1979), 121.
561 Stacy Schiff, *Véra*, 167.
562 Ibid., 131.
563 Ibid., 189.
564 Ibid., 187.
565 Ibid., 151.
566 Ibid., 184.
567 Ibid., 163.
568 Ibid., 171.
569 Brian Boyd, *Vladimir Nabokov: The American Years*, 222.
570 Stacy Schiff, *Véra*, 171.
571 Brian Boyd, *Vladimir Nabokov: The American Years*, 221.
572 Stacy Schiff, *Véra*, 220.
573 Ibid., 221.
574 Ibid., 200.
575 Christopher Hitchens, *Arguably: Essays* (Toronto: McLelland & Stewart, 2011), 73-74.
576 Vladimir Nabokov, *Perepiska s sestroi* (Ann Arbor: Ardis, 1985), 69. Tradução feita pela autora.
577 Vladimir Nabokov, *Poems and Problems* (Nova York: McGraw-Hill Book Company, 1970), 155.
578 Brian Boyd, *Vladimir Nabokov: The American Years*, 201.
579 Vladimir Nabokov, *Poems and Problems*, 175.
580 Stacy Schiff, *Véra*, 214.
581 Carta de VN para Elena Sikorskaya, 29 de setembro, 1953.
582 Carta de VN para Wilson, 30 de julho, 1954.
583 Carta de Wilson para VN, 30 de novembro, 1954.
584 Brian Boyd, *Vladimir Nabokov: The American Years*, 264.
585 Ibid., 267.
586 Stacy Schiff, *Véra*, 201.
587 Ibid., 206.
588 Brian Boyd, *Vladimir Nabokov: The American Years*, 269.
589 Stacy Schiff, *Véra*, 213.
590 Brian Boyd, *Vladimir Nabokov: The American Years*, 301.
591 Ibid., 365.
592 Carta de VN para Elena Sikorsky, maio 24, 1959.
593 Stacy Schiff, *Véra*, 243.
594 Brian Boyd, *Vladimir Nabokov: The American Years*, 371.
595 Ibid., 373.
596 Stacy Schiff, *Véra*, 343.
597 Brian Boyd, *Vladimir Nabokov: The American Years*, 501.

598 Stacy Schiff, *Véra*, 269.
599 Martin Amis, *Visiting Mrs. Nabokov and Other Excursions* (Londres: Jonathan Cape, 1993), 119.
600 Stacy Schiff, *Véra*, 254.
601 Ibid., 255-56.
602 Ibid., 259.
603 Ibid., 271.
604 Brian Boyd, *Vladimir Nabokov: The American Years*, 459.
605 Ibid., 568.
606 Ibid., 570.
607 Stacy Schiff, *Véra*, 297.
608 Brian Boyd, *Vladimir Nabokov: The American Years*, 471.
609 Stacy Schiff, *Véra*, 53.
610 Ibid.
611 Ibid., 277.
612 Ibid., 296.
613 Andrew Field, *Nabokov: His Life in Part*, 180.
614 Ibid., 176.
615 Andrew Field, *The Life and Art of Vladimir Nabokov* (Nova York: Crown Publishers, 1977), 96.
616 Andrew Field, *Nabokov: His Life in Part*, 177.
617 Ibid., 180.
618 Stacy Schiff, *Véra*, 297-98.
619 Ibid., 299.
620 Vladimir Nabokov: *Selected Letters*, 546.
621 Stacy Schiff, *Véra*, 360.
622 Ibid., 365.
623 Martin Amis, *Visiting Mrs. Nabokov and Other Excursions*, 117, 115.

Elena Bulgákov: a Margarida misteriosa

624 *Dnevnik Eleny Bulgakovoi*, eds. L. Yanovskaya, V. Losev (Moscou: Knizhnaya palata, 1990), 16. Exceto quando especificado de outra forma, todas as citações nesse capítulo provém desta fonte. Tradução feita pela autora.
625 Lydia Yanovskaia, *Zapiski o Mikhaile Bulgakove* (Holon, Israel: Publishers "Moria," 1997), 347-49. Tradução feita pela autora.
626 Mikhail Bulgakov, *The Master and Margarita*, trad. Michael Glenny (Nova York: Harper & Row, 1967), 215.
627 http://moscowia.su/images/ris2/11.htm
628 A operação internacional de assistência humanitária foi organizada por Fridtjof Nansen, pesquisador norueguês nomeado comissário da Liga das Nações em 1921. Os Estados Unidos enviaram o maior volume de ajuda: a ARA (American Relief Administration) alimentava 11 milhões de pessoas por dia.
629 A igreja foi destruída durante a campanha soviética antirreligiosa.

630 J.A.E. Curtis, *Mikhail Bulgakov: A Life in Letters and Diaries* (Londres: Bloomsbury, 1991), 69.
631 Stálin manteve correspondência com Vladimir Bill-Belotserkovsky, autor de peças de propaganda política.
632 *Mikhail Bulgakov: A Life in Letters and Diaries*, 70.
633 Ibid., 104.
634 Ibid., 108–10.
635 Marietta Chudakova, *Zhizneopisanie Mikhaila Bulgakova* (Moscou: Kniga, 1988), 371.
636 *Vospominaniya o Mikhaile Bulgakove*, ed. E.S. Bulgakova (Moscou: Sovetskij pisatel', 1988), 387.
637 Mikhail Bulgakov, *The Master and Margarita*, 216.
638 Carta de Evgeni Shilovski's para Serguei e Alexandra Nurenberg, setembro 3, 1932. Russian State Library, Manuscript Department, f. 562, 62, 56.
639 Ellendea Proffer, *Bulgakov: Life and Work* (Ann Arbor: Ardis, 1984), 345.
640 Anatoly Shvarts, *Zhizn ' i smert ' Mikhaila Bulgakova* (Tenafly, N.J.: Ermitazh, 1988), 34.
641 *Mikhail Bulgakov: A Life in Letters and Diaries*, 157.
642 Ibid., 158.
643 Ibid.
644 Ibid., 190.
645 Marietta Chudakova, *Zhizneopisanie Mikhaila Bulgakova*, 388.
646 Nikolai Erdman e Vladimir Mass, dramaturgos soviéticos.
647 Diminutivo de Mikhail.
648 Diminutivo de Sergei.
649 *Dnevnik Eleny Bulgakovoi*, 53-54.
650 *Mikhail Bulgakov: A Life in Letters and Diaries*, 168.
651 Ibid., 165.
652 Ibid., 189.
653 Ibid., 212.
654 Ibid., 198.
655 *Vospominaniya o Mikhaile Bulgakove*, 389.
656 Púnin foi o terceiro marido de Akhmatova (de acordo com a lei).
657 *Mikhail Bulgakov: A Life in Letters and Diaries*, 214.
658 Ibid., 220.
659 Ibid., 221.
660 Marietta Chudakova, *Zhizneopisanie Mikhaila Bulgakova*, 435.
661 *Mikhail Bulgakov: A Life in Letters and Diaries*, 254.
662 Marietta Chudakova, *Zhizneopisanie Mikhaila Bulgakova*, 443.
663 *Mikhail Bulgakov: A Life in Letters and Diaries*, 258.
664 Embora Elena tenha registrado em seu diário uma notícia que dava conta da morte de Neelov em 1935, pode ter havido um erro. Em outros apontamentos ela registrou 1936.
665 Marietta Chudakova, *Zhizneopisanie Mikhaila Bulgakova*, 449.

666 Carta de MB para EB, junho 15, 1938. A carta de Bulgákov para Elena vem de M.A. Bulgakov, *Sobranie sochinenij v pyati tomah* (Moscou: dozhestvannaya literature, 1990), vol. 5. Tradução feita pela autora.
667 Carta de MB para EB, maio 27, 1938.
668 *Mikhail Bulgakov: A Life in Letters and Diaries*, 272.
669 Carta de MB para EB, junho 15, 1938.
670 Carta de MB para EB, junho 14, 1938.
671 Carta de MB para EB, julho 30, 1938.
672 *Mikhail Bulgakov: A Life in Letters and Diaries*, 282.
673 Ibid.
674 Ibid., 234.
675 Marietta Chudakova, *Zhizneopisanie Mikhaila Bulgakova*, 460.
676 Ibid., 477.
677 Ibid., 481.
678 *Vospominaniya o Mikhaile Bulgakove*, 481.
679 Russian State Library, Manuscript Department, f. 562, 33, 22.
680 Ibid., 419.
681 Colin Wright, *Mikhail Bulgakov: Life and Interpretations* (Toronto: University of Toronto Press, 1978), 255.
682 Lydia Yanovskaya, *Zapiski o Mikhaile Bulgakove*, 255.
683 Carta de EB para Lugovskoy, junho 20, 1943. Tradução feita pela autora.
684 Russian State Library, Manuscript Department, f. 562, 33, 22.
685 Serguei Ermolinsky, Dramaticheskie sochineniya (Moscou, 1982), 199.
686 *Vospominaniya o Mikhaile Bulgakove*, 381.
687 Elena registrou a visita de Tvardovski em uma folha separada, com a data de "19 de outubro". O registro seguinte, datado de 20 de outubro, refere-se à visita de Soljenítsin e Natália Reshetovskaya ao apartamento dela, depois da publicação de *Ivan Denisovich*. Russian State Library, Manuscript Department, f. 562, 29. 11.
688 Carta de EB para Nikolai Bulgakov, setembro 7, 1962. Tradução feita pela autora.
689 Ibid.
690 Vladimir Lakshin, Vtoraya vstrecha (Moscou: Sovetskij pisatel', 1984), 359-60.
691 Ibid., 356.
692 Lydia Yanovskaya, *Zapiski o Mikhaile Bulgakove*, 294.
693 Russian State Library, Manuscript Department, f. 562, 28, 23.

Natália Soljenítsin: "companheira inseparável de meu trabalho"

694 *Komsomol'skaya Pravda*, 31 de dezembro, 1994.
695 Ibid.
696 *Argumenty i Facty*, dezembro de 1997, N 50 (895).
697 Lyudmila Saraskina, *Alexander Solzhenitsyn* (Moscou: Molodaya Gvardiya, 2008), 497.

698 Alexander Solzhenitsyn, *Invisible Allies* (Washington, Counterpoint, 1995), 197. Exceto quando especificado de outra forma, as citações de Soljenítsin nesse capítulo provém desta fonte.

699 Soljenítsin casou-se com Reshetovskaia em 1940. Ela se divorciou do autor, quando ele estava cumprindo sentença na prisão, e os dois voltaram a se casar em 1957.

670 Lyudmila Saraskina, *Alexander Solzhenitsyn*, 611.

701 D.M. Thomas, *Alexander Solzhenitsyn: A Century in His Life* (Nova York: St. Martin's Press, 1998), 365.

702 Lyudmila Saraskina, *Alexander Solzhenitsyn*, 626.

703 Alexander Solzhenitsyn, *The Oak and the Calf* (Londres: Collins and HarvillPress, 1980), 294.

704 Lyudmila Saraskina, *Alexander Solzhenitsyn*, 622.

705 Ibid., 642.

706 Documentário da televisão russa, intitulado *On the Last River Reach* levado ao ar no 85° aniversário de Soljenítsin, em 11 de dezembro de 2003.

707 Lyudmila Saraskina, *Alexander Solzhenitsyn*, 649.

708 Galina Vishnevskaia, *Galina: A Russian Story* (Nova York: Harcourt Brace Jovanovich Publishers, 1984), 404.

709 Galina Vishnevskaia, *Galina*, 405.

710 Apartamento n° 169 na Kozitsky Lane n° 2; durante certo tempo, sede provisória do Fundo Social Russo. Está prevista a instalação, neste apartamento, do Museu Soljenítsin.

711 Lyudmila Saraskina, *Alexander Solzhenitsyn*, 658-59. Soljenítsin conta toda essa história em suas memórias, *The Grain Fell Between the Two Millstones*.

712 Lyudmila Saraskina, *Alexander Solzhenitsyn*, 662.

713 Ibid., 666.

714 Devo as informações sobre esse episódio a Michael Scammell, *Solzhenitsyn: A Biography* (Nova York: W.W. Norton, 1984), 758.

715 *Solzhenitsyn Files*, ed. Michael Scammell (Chicago: Edition Q, 1995), 213.

716 Michael Scammell, *Solzhenitsyn: A Biography*, 760.

717 Galina Vishnevskaia, *Galina*, 405.

718 Lyudmila Saraskina, *Alexander Solzhenitsyn*, 672.

719 D.M. Thomas, *Alexander Solzhenitsyn: A Century in His Life*, 391.

720 *Komsomol'skaya Pravda*, junho 20, 1992.

721 Aleksandr Solzhenitsyn, filme dirigido por Françoise Wolff (Montreal, QC: Ciné Fête c1999).

722 Alexander Solzhenitsyn, *The Oak and the Calf*, 390-91.

723 Hans Bjorkegren, *Alexander Solzhenitsyn: A Biography* (Nova York: The Third Press, 1972), 117.

724 Alexander Solzhenitsyn, *The Oak and the Calf*, 410.

725 Ibid., 421.

726 Ibid., 450.

727 Ibid., 444.

728 Andrei Sakhakov, *Memoirs* (Nova York: Alfred Knopf, 1990), 407.

729 Michael Scammell, *Solzhenitsyn: A Biography*, 856.
730 *Literaturnaya Gazeta*, 9 de setembro, 1998.
731 Atualmente, o Fundo Social Russo atende a mais de mil ex-prisioneiros políticos.
732 D.M. Thomas, *Alexander Solzhenitsyn: A Century in His Life*, 423.
733 Lyudmila Saraskina, *Alexander Solzhenitsyn*, 729.
734 Ibid., 733.
735 Michael Scammell, *Solzhenitsyn: A Biography*, 821.
736 Entrevista, *Komsomol'skaya Pravda*, junho 20, 1992.
737 Alexander Solzhenitsyn, "Grain Fell Between Two Millstones," Novy mir, n° 9, 2000. Tradução feita pela autora.
738 *Literaturnaya Gazeta*, 5 de abril, 1995. Soljenítsin utilizava diferentes cores de lápis para cada tarefas.
739 Lyudmila Saraskina, *Alexander Solzhenitsyn*, 742.
740 Michael Scammell, *Solzhenitsyn: A Biography*, 980.
741 *Argumenty i Facty*, dezembro de 1997, n° 50.
742 Lyudmila Saraskina, *Alexander Solzhenitsyn*, 780.
743 Andrei Sakharov, *Memoirs*, 408–09.
744 Lyudmila Saraskina, *Alexander Solzhenitsyn*, 790.
745 Ibid., 787.
746 Ibid., 792.
747 Ibid., 798.
748 Joseph Pearce, *Solzhenitsyn: A Soul in Exile* (Londres: HarperCollins Publishers, 1999), 258.
749 Lyudmila Saraskina, *Alexander Solzhenitsyn*, 805.
750 D.M. Thomas, *Alexander Solzhenitsyn: A Century in His Life*, 504.
751 Lyudmila Saraskina, *Alexander Solzhenitsyn*, 814.
752 D.M. Thomas, *Alexander Solzhenitsyn: A Century in His Life*, 512.
753 Lyudmila Saraskina, *Alexander Solzhenitsyn*, 821.
754 *Izvestiya*, 23 de julho, 1993.
755 *Komsomol'skaya Pravda*, 31 de dezembro, 1994.
756 Russian Television Channel Kul`tura, 27 de maio, 2003.
757 Lyudmila Saraskina, *Alexander Solzhenitsyn*, 869.
758 Newspaper Utro, 1° de março, 2001, n° 41.
759 Lyudmila Saraskina, *Alexander Solzhenitsyn*, 869-70.
760 Alexander Solzhenitsyn, Publitsistika v tryoh tomah (Yaroslavl: Verhe-Volzhskoe knizhnoe izdatelstvo, 1995).

Epílogo

761 K.N. Bugaeva, *Vospominaniya ob Andree Belom*, ed. John Malmstad (São Petersburgo, Izdatel'stvo Ivana Limbaha, 2001), 19.
762 http://www.peoples.ru/family/wife/vera_muromtseva-bunina/rss.xml

Índice remissivo

A
Ada ou ardor 226, 228, 230
Admoni, Vladimir 155
Adolescência 83, 84
adolescente, O 62-4
Agosto de 1914 286
Aikhenvald, Iuli 204
Akhmatova, Anna 137-39, 147-49, 155, 157-63, 166, 168-71, 173-75, 178-80, 185-87, 190, 243-44, 251-52, 268, 278
Aldanov, Mark 211
Alexandre I 125
Alexandre II 25, 54
Alexandre III 69, 115-6
Alexandrov, Mikhail 59
Alexis II, Patriarca 310
Allilueva, Svetlana 300
Almas mortas 242
amiga secreta, À uma 237
Amis, Martin 224, 229
Anais da Pátria 61
And the Light Shineth in Darkness 107
Andropov, Yuri 293
Angarski, Nikolái 206-61

Anna Kariênina 87, 89, 96-103, 116, 121, 123, 127-28, 202
Aragon, Louis 283
Arens, Elena 176, 185, 188
arquipélago Gulag, O 160, 279, 281-84, 290-91, 297-98, 305, 310-12
Ashton, Rosemary 313
Aurora 52

B
Babaev, Eduard 178
Balzac, Honoré de 46
Barbusse, Henri 145
Baryshnikov, Mikhail 232
Batum 264, 265
Bazikina, Aksinia 89
Behrs, Andrei 84-7
Behrs, Elizaveta (Liza) 84-7
Behrs, Sofia 84-5. *Ver também* Kuzminskaia, Tatiana
Belozerskaia, Liubov 236-39
Bely, Andrei 149, 314
Berberova, Nina 202, 210
Beria, Lavrenty 174
Berlin, Isaiah 157

Bernstein, Serguei 179-81
Biriukov, Paul 124, 131
Bliumkin, Yakov 140
Bohlen, Charles E., 249-50
Böll, Heinrich 288, 295
Bonner, Elena 294, 296, 310
Brandt, Willy 292
Brejnev, Leonid 188, 293
Brodski, Joseph 19, 188
Brown, Clarence 140, 190, 192
Bugaev, Klavdia 314
Bukharin, Nikolái 151-52, 156-59, 162, 250
Bulgákov, Elena 231-74
  anos iniciais de 231-45
  casamento com Bulgákov 233-34
  educação de 233
  família de 231-33
  infância de 234, 241-42
  morte de 273
  nascimento de 231-32
  papel de 18, 20
  últimos anos de 264-73
Bulgákov, Ksenia 273
Bulgákov, Mikhail 231-74
  anos iniciais de 231-45
  ao conhecer Elena 231,235, 240-42
  empregos negados para 236-38
  morte de 266-67
  proibição de publicação 18, 236, 238, 252-54, 256-57, 260-62
  relação com Stálin 18, 236, 238-41, 246-47, 264-65
  últimos anos de 260-67
Bulgákov, Nadejda 246
Bulgákov, Nikolái 243, 266, 271
Bullitt, William 252
Búnin, Ivan 192, 202, 211, 314-15

C
cadernos de Pickwick, Os 546-47, 258
Callier, Jaqueline 228
Carlyle, Thomas 313
capital, O 179

Carracci, Annibale 40
carvalho e o bezerro, O 299
"Caso Dreyfus" (Mandelstam) 152
Chagall, Marc 171, 198
Chalámov, Varlam 192
Chaliapin, Fiódor 233
Chertkov, Vladimir 108-9, 117, 120-21, 123, 128-34
Chopin, Frédéric 85, 121
Christie, Agatha 193
Chukovskaia, Lídia 231, 291, 300
Chukovski, Kornei 167
Church News 124
cidadão, O 60, 69
"Como revitalizar a Rússia" 308
"complô dos doutores" 182
confissão, Uma 105, 111
Conrad, Joseph 215
Contemporary Annals 206
Contos de Kolimá 192
Contos de Sebastópol 83
Convite para uma decapitação 207, 209
coração de cachorro, Um 243
Correggio, Antonio da 40
Crime e castigo 16, 27, 29-34, 46
Crítica da teologia dogmática 104

D
Dalski, Mamont 233
Dante 157, 170
David Copperfield 84
defesa Lujin, A 205-6, 217
demônios, Os 53-5, 57-8
Desespero 208
Diário de um escritor (Dostoiévski) 59-60, 63-7, 71-2
Diary of Myself Alone (Tolstói) 131
dias dos Turbins, Os 18, 232, 236, 238, 240, 246, 247, 249, 253, 257, 262
Dickens, Charles 26, 46, 84
"Discovery, A" 219
Dobujinski, Mstislav 198
Dom Quixote 42
Don Giovanni 86

Don Juan 237
Dostoiévski, Andrei 80-2
Dostoiévski, Anna 23-82
  anos iniciais de 24-7
  ao conhecer Dostoievski 27-8
  atuação editorial de 57-9, 75-8, 114
  casamento de 34-7
  como estenógrafa 15, 17, 26, 28-9, 33-4, 37, 41-3, 57-8, 77-8
  educação de 24-6
  família de 24-5
  filhos de 49-50, 53-4, 55-7, 60-2, 63-4, 66-8, 80-2
  morte de 80-2
  nascimento de 23
  noivado de 32-5
  papel de 13-6
  Sofia Tolstói e 110, 132-33
  últimos anos de 73-7
Dostoiévski, Fiódor 27-82
  anos iniciais de 24-5
  ao conhecer Anna 27-8
  casamento de 34-8
  infância de 49-50, 53-4, 55-7, 60-2, 63-4, 66-8, 80-2
  morte de 72-3
  noivado de 32-5
Dostoiévski, Fiódor, Jr. (Fédia) 56-7, 60-2, 74-5, 79-82
Dostoiévski, Liubov (Liúba) 53-4, 55-7, 65-6, 70-1, 73-5, 77-8, 80-2
Doutor Jivago 222-23, 282
Dresdner Nachrichten 42
Dzerjínski, Felix 140, 151, 306

E
E o vento levou... 222
Eisenstein, Serguei 232
Ejov, Nikolái 171
Em que consiste minha fé 108, 111
"Encounter, The" 201
Enukidze, Avel 159
Epstein, Jason 223
Época, A 58

Erdman, Boris 259, 260
Erdman, Nikolái 244, 259, 260, 263
Erenburg, Ilia 138, 140-1, 186, 189
Erenburg, Liúba 141
Ergaz, Doussia 221
Ermolinski, Serguei 267
Eugênio Oneguin 219, 220, 227
Evening Moscow, The 310
Exter, Alexandra 138

F
Fadeev, Alexander 171-72, 267-68
"Falsas notas no balé" 254
Fausto 136, 215
Feigin, Slava 198
Fet, Afanássi 105
Field, Andrew 227
Fitzgerald, F. Scott 20, 313
Fitzgerald, Zelda 20
Fogo pálido 229
Fondaminski, Ilia 212
For a Communist Education 155
Fourth Prose 155
Francisco de Assis, São 121, 166
Fredrikson, Ingrid 289
Fredrikson, Stig 289
Frost, Robert 192
Frunze, Mikhail 258
frutos da instrução, Os 120
Fuga 236, 238, 240, 253, 267, 270, 273

G
Galperina-Osmerkina, Elena 144
Gay, Nikolái, Jr. 114-15, 119
Gay, Nikolái, Sr. 119
gazeta de Moscou, A 98
Gazeta Russa 117-18, 120
Gellhorn, Martha 21
Gelshtein, Gdal 194
Gelshtein, Vita 194
Gente pobre 53
Gershtein, Emma 179
Gide, André 259
Gierow, Karl 289

Girodias, Maurice 221, 222
Glory 204
Godunov, Boris, czar 160
Goethe, Johann Wolfgang von 136, 164
Gógol, Nikolái 242, 256, 274
Golitsin, Alexander 125
Gorbachev, Mikhail 178, 304-6
Gordon, John 222
Górki, Maksim 234, 240
Gorskaia, Alexandra. *Ver também* Nurenberg, Alexandra 232
Grande Expurgo 217, 222
Greene, Graham 222
Grossman, Leonid 77-79, 82
Guadanini, Irina 208
guarda branca, A 233, 237, 242, 272
Guerra e paz 14, 18, 52, 83, 87, 91-2, 94-5, 126-7
Gumilev Nikolái, 139, 170
Gumilev, Lev 168, 251

H
Harris, James 225
Heeb, Fritz 286, 294
Hemingway, Ernest 21
Hitchens, Christopher 218
Hitler, Adolf 206, 207, 265
Homero 83
Hope Abandoned 189, 194
Hope against Hope 135, 192
Humilhados e ofendidos 25, 27, 33

I
Iagoda, Genrikh 159
Iasnáia Poliana 87
idiota, O 46, 52-3, 55, 59, 63
Ilíada 83
Infância 83, 111
Inferno *(A divina comédia)* 157
inspetor, O 256
irmãos Karamazov, Os 16, 53, 67-72, 77-8, 133, 166
Isaeva, Maria 29

Islavin, Constantin 85
Islavin, Liubov 84
Islenev, Alexander 84
Ivan Denisovich, Um dia na vida de 19, 270, 277-78, 298
Ivan IV (O Terrível), czar 72, 170, 252-3
Ivan Susanin 263
Ivan Vasilievich 253
Ivanov, Boris 287
Ivich-Bernstein, Alexander 179
Ivich-Bernstein, Sofia 180
Izvestiya 159, 233, 250, 308

J
Jaclard, Charles 69
jogador, O 15, 30-1, 42, 46, 78
Journal for All 127
Joyce, James 18, 313
Joyce, Nora 18, 201
Jukhovitski, Emmanuil 249
Jukóvski, Vassili 248
July 1941 12

K
Kafka, Franz 165
Kaganovich, Lazar 254
Kaiser, Robert 288-89
Kalujski, Evgeni 255
Karpovich, Mikhail 213
Katkov, Mikhail 34, 35, 48, 50, 52, 53
Kaverin, Veniamin 194, 269, 292
Kevorkov, Vyacheslav 293
KGB 194-96, 226, 279-80, 282-95, 297, 307, 310-11
Khardjiev, Nikolái 181
Khazin, Alexander 137
Khazin, Evgeni 137, 154, 161
Khazin, Yakov 136, 138
Khazina, Nadejda 135-137. *Ver também* Mandelstam, Nadejda
Khazina, Vera 136, 167-168, 177-78
Khlebnikov, Velimir 143
Khodasevich, Vladislav 202

Kirov, Serguei 247
Koni, Anatoli 133
Konski, Grisha 258
Kopelev, Lev 288
Korvin-Krukovskaia, Anna 29, 31, 31, 69
Kramskoi, Ivan 98-9, 127
Kretova, Olga 167
Kruchev, Nikita 180, 272
  liberalização do regime promovida por 179, 181, 192, 276, 277
Kurdiumov, Valeri 285-86
Kuzminskaia, Tatiana. 84-5, 90-1, 91-3, 99-101, 103-4, 111-13. Ver também Behrs, Tatiana

L
Lacontre, Robert 295
Lady Macbeth do distrito de Mtsensk 254
Lakshin, Vladimir 271-73
Lamont, William 217
Lashkova, Vera 195-96
Lawrence, D.H. 313
Le Figaro 295
Lelia, ou la vie de George Sand 272
Lênin, Vladimir 136, 146-7, 181-82, 199, 306
Leningrad 179
Leuthold, Dorothy 213
Lev Tolstoy and His Wife 134
Life for the Czar, A 261
límpido regato, O 252, 254
Literary Gazette 155, 164, 270
Litovski, Osaf 254
Lolita 217-226, 228
Lugovskói, Vladimir 269
Lujkov, Yuri 306

M
Macdonald, Dwight 223
Machenka 203
Madona Sistina 40

Maiakóvski, Vladimir 150, 191, 235, 238
Maikov, Apollon 45-7, 53
Makovitski, Dushan 127
Mandelstam, Nadejda 135-96
  anos iniciais de 137, 178-79
  casamento de 142-44
  educação de 137, 178-79
  falta de moradia de 142-46, 153-54, 170-72, 187-88
  família de 136-37, 142-44
  morte de 195-96
  nascimento de 135-6
  preservação do arquivo por 158-59, 172-74, 176-81, 186-88, 190, 196
  sobre Nabokov 218
  últimos anos de 174-196
Mandelstam, Óssip 138-96
  anos iniciais de 139-44
  casamento de 142-44
  exílio em Cherdin 160-63
  exílio em Voronej 162-69
  família de 139
  morte de 174-76
  últimos anos de 172-79
Marx, Alfred 77
Mass, Vladimir 244
Maude, Ailmer 114, 117
Maupassant, Guy de 165
Maurois, Andre 272
Mazzini, Giuseppe 125
Medicina da Família 106
Meia-noite em Moscou 196
Meierhold, Vsevolod 250, 264, 314
Memórias da casa dos mortos 25, 33, 59
Men, Alexander 194
Mensageiro Russo 34-5, 46-7, 50, 52, 67, 72, 92, 101-2
  mestre e Margarida, O 18, 233, 235-38, 241-42, 243-45, 249-50, 254-55, 257-61, 263-64, 265-72, 274
Miliukov, Paul 202
Miller, Arthur 283

Miltopeus, Maria Anna 24. *Ver também* Snitkin, Anna Nikolaievna
miseráveis, Os 60
moeda do tributo, A 40
Molière 248, 252-53, 253-55
Molière, Jean-Baptiste 237, 240, 242-43, 263
Molotov, Viacheslav 152, 238, 254
Moravia, Alberto 283
morte de Iván Ilitch, A 110, 117
Moskva 186
"Mulheres e a estenografia" 42
Murillo, Bartolomé 40
Muromtseva-Bunina, Vera 314-15

N
Nabokov, Dimitri 206-7, 208-10, 215-6, 219, 225-6
Nabokov, Vera 197-274
  anos iniciais de 197-202
  casamento de 202-3
  como mãe 206-7, 208-10
  educação de 200
  família de 197-198
  Mandelstam e 146-47, 193-94
  morte de 238
  nascimento de 198
  papel de 12-13, 18-20
  últimos anos de 223-74
Nabokov, Vladimir 201-274
  anos iniciais de 198-202
  ao conhecer Vera 201
  casamento de 202-3
  como lepidopterologista 205-7, 212-4, 218-23, 228-9
  fama de 222-4
  Mandelstam e 146-47, 193-4
  morte de 228-9
  últimos anos de 223-30
Nabokov, Vladimir, Sr. 201-2
Narbut, Vladimir 138
Narishkin-Kurakina, Elizabeth 69
"Natasha" 87
Neelov, Yuri 233, 258

Nekrasov, Nikolai 62-3, 66-7
Nemirovich-Danchenko, Vladimir 78, 232, 246-7, 255-6, 262-3
Névski, Santo Alexandre 23-4
New York Review of Books, The 194, 211, 223-4
New York Times, The 230, 288, 306
New Yorker, The 220, 223
Nicholson, Nigel 224
Niecháiev, Serguei 54
Nixon, Richard 288
Notes of a dead man, The (Bulgákov) 255
Novo Tempo 117
Novy Mir 186, 270-2, 278, 283, 302, 305-6
Nurenberg, Alexander 232, 273
Nurenberg, Alexandra. *Ver também* Gorskaia, Alexandra 232
Nurenberg, Elena 231-2. *Ver também* Bulgákov, Elena
Nurenberg, Olga 208, 260-2
Nurenberg, Serguei 231

O
Observer, The 229
"Ode a Stálin" 168
Olkhin, Pavel 26-7, 42
On Human Duty 125
On Life 121
Osmerkina, Tatiana 195

P
Pais e filhos 28
Panina, Sofia 125
Pasternark, Boris 14, 145-7, 149-50, 159-60, 162-63, 165-66, 179-80, 191, 222-24, 238, 551-52, 282-83, 302
Pasternark, Evgeni 302
pavilhão dos cancerosos, O 282, 305
Pedro I (O Grande), czar 96, 164, 256, 258, 306
pequena Dorrit, A 46
Perestroika 304-5, 309

pessoa em questão, A (Fala, memória) 211-12
Pilniak, Boris 258
Pirogova, Anna 96
Pnin 220
Pobedonostsev, Constantin 69, 111-12, 125
poder das trevas, O 115
Poe, Edgar Allan 202
poeta e o camponês, O 41
Polikuchka 90, 134
Poskrebishev, Alexander 269
Pravda 151, 156, 253, 254, 257, 292
Primeiro amor 89
primeiro círculo, O 19, 279, 282, 309
processo, O 165
Proffer, Carl 125, 168, 171, 195, 202
Proffer, Ellendea 190-1, 194, 226
Prokofiev, Serguei 78, 252
Púchkin 253, 257
Púchkin, Alexander 219, 247-49, 252-54, 255-57, 269
Púchkin, Natália 248
Púnin, Nikolái 146, 173, 251
Putin, Vladimir 310-11

Q
"questão terrível, Uma" 120

R
Rachmaninov, Serguei 210
Rafael 40
Rei, valete, dama 205
Reich, Zinaida 250, 264
reino de Deus está em vós, O 120
Rembrandt e sua esposa 40
Rembrandt van Rijn 40
Repin, Ilia 127
Réquiem 173
Reshetovskaia, Natalia 281, 284, 287, 289
Ressurreição 123-4
Riso no escuro 207

roda vermelha, A 284, 295, 301, 302-5, 307
Rolf, Filippa 224, 226
Romance teatral 255-59, 272
Roosevelt, Franklin D. 249, 300
Rozanova, Maria 193
Rubinstein, Nikolái 85
Rul 201-2
rumor do tempo, O 145
Russia in the Abyss 308

S
Sabatier, Paul 121
Sakharov, Andrei 294, 304, 310
Sartre, Jean-Paul 283
Saryan, Martiros 153
Scammell, Michael 303
Second Book, The 144
servidão dos santarrões, A 237
Shakespeare, William 83, 170
Shileiko, Vladimir 147
Shilovski, Evgeni 233-34, 238-39, 241-42, 257-58
Shklovski, Vasilisa 146, 157, 171, 184
Shklovski, Victor 146, 170-1
Shostakovich, Dimitri 252, 254, 259
Shteiger, Boris 250
"Silêncio" 202
Simonov, Constantin 189, 270, 272
sinete egípcio, O 150
Siniávski, Andrei 193
Slezkin, Yuri 167
Slonim, Evsei 197-8
Slonim, Vera 197-202. Ver também Nabokov, Vera
Smith, Hedrick 288
Snegirev, Vladimir 127-28
Snitkin, Anna 23. Ver também Dostoiévski, Anna
Snitkin, Anna Nikolaievna. Ver também Miltopeus, Maria Anna
Snitkin, Grigory 2-3
Snitkin, Ivan 53-5
Soljenítsin, Alexander 275-312

anos iniciais de 250-60
ao conhecer Natália 278-9
casamento de 281-82, 289-90
como celebridade 277-78
deportação de 294-95
divórcio de 289-90
em Zurique 296-98
família de 181-82
filhos de 281-82, 284-86, 288-91, 293-94, 297
morte de 310-11
Nabokov e 298
nos Estados Unidos 299-300
prisão de 293-95
retorno à Rússia 306-10
tentativas de assassinato de 286-88
últimos anos de 301-12
Soljenítsin, Ermolai 285-86, 294, 303-4
Soljenítsin, Ignat 289, 294, 303-4
Soljenítsin, Natália 275-312
  anos iniciais de 275-86
  ao conhecer Soljenítsin 279
  casamento de 277, 289-90
  deportação de 294-97
  educação de 277
  em Zurique 296-8
  entrevista com 310-12
  família de 275-6
  filhos de 277, 284-86, 288-90, 293-95, 297
  nos Estados Unidos 302-3
  papel de 18-19
  retorno à Rússia 306-10
  últimos anos de 301-12
Soljenítsin, Stepan 291, 294, 296, 302-4
Sollogub, Vladimir 92
Son of the Fatherland 33
sonata a Kreutzer, A 115-17, 122, 124, 218
Song without words 122
Soul of a People, The 125

Stálin, Joseph 11-13, 152-53, 157-59, 162-63, 182-84, 236-44, 246-47, 251-54, 257-60, 262-63, 269, 300, 310-11
Stanislavski, Constantin 232, 255
Stavski, Vladimir 171
Steinberg, Saul 13
Stoliarova, Natália, 279
Stone 139
Strakhov, Nikolái 52, 101, 102-3, 105
Struve, Nikita 286, 291
Sukhotin, Mikhail 130
Sukhotin, Tatiana 92-3, 94-5, 101-2, 103-5, 106-8, 113, 124, 129-30. Ver também Tolstói, Tatiana
Sunday Express, The 222
Sunday Time 222
Surkov, Alexei 185-6
Suslova, Apollinaria 21, 47, 77
Svetlov, Ferdinand 275
Svetlova, Ekaterina 275
Svetlova, Natália 192. Ver também Soljenítsin, Natália

T
Taboritski, Serguei 208
Tale of the unextinguished moon, The 258
Taneiev, Serguei 121-22
Tartufo 237
Tatlin, Vladimir 148
Tchékhov, Anton 217, 298
Tchékhov, Maria 81
Tempo, O 24-5, 31, 58-9
Teush, Vaniamin 284
Thomas and Jane Carlyle 313
Thornton, Elena 214
Time & Tide 255
Times, suplemento literário 222
Tiurin, Andrei 277, 280-82, 307
Tiurin, Galna 280-82
Tolstáia, Alexandra (Alexandrine, dama de companhia) 69-70, 91-2, 104-5, 121

Tolstói, Alexandra (Sacha) 109, 113,
    128-29, 130-34
Tolstói, Alexei 157-58, 242-43
Tolstói, Alióchа 113
Tolstói, Ilia 101, 118
Tolstói, Ivan (Vanechka) 114-15,
    121-22
Tolstói, Lev 83-134
    anos iniciais de 83-90
    casamento de 83-4, 88-90
    concepções religiosas de 102-5,
        121
    família de 83-5
    filhos de 83, 90-1, 92-3, 96-7, 98-9,
        100-2, 103-5, 113-15, 118, 121,
        127-28
    morte de 131-33
    mutirão contra a fome 98, 118-20
    noivado de 88-9
    últimos anos de 128-32
Tolstói, Maria (Macha) 127-8
Tolstói, Mikhail (Misha) 113
Tolstói, Nicholas 84
Tolstói, Serguei 90-1, 103-4, 118
Tolstói, Sofia 83-134
    Anna Dostoiévski e 110, 132-33
    anos iniciais de 83-90
    aspirações artísticas de 84-5, 98-9,
        125-7
    atuação editorial de 109-10,
        114-19, 126-27
    casamento de 83-4, 88-90
    como escritora 86-7, 89-90, 95-6,
        97-8, 122, 125-27
    como fotógrafa 86-7, 114, 124-5,
        126-7
    educação de 86-7
    família de 83-8
    filhos de 83, 90-1, 92-3, 96-7, 98-9,
        100-2, 103-5, 109, 113-15, 118,
        121, 127-28
    morte de 133-34
    mutirão contra a fome 97-8, 118-20
    noivado de 88-9

papel de 13-5, 17-8, 20
prática da medicina por 106
últimos anos de 128-34
Tolstói, Tatiana (Tânia). *Ver também*
    Sukhotin, Tatiana
Tregubov, Andrew 303
Triolet, Elsa 283
Tsvetaeva, Marina 9, 149, 277, 315
Tukhachevski, Marshal Mikhail 250,
    257
Turguêniev, Ivan 28, 69-70, 83-6,
    88-9, 104-5
Tvardovski, Alexander 270-1, 277-78,
    282-84
Two Hundred Years Together 309
Two Wives, The 204
Tyshler, Alexander 138

U
Uborevich, comandante em chefe
    Ieronim 257
Uborevich, Vladimira 268
Udgaard, Nils 296
Ulisses 18
Updike, John 229

V
Vaksel, Olga 147
Velikorodnij, Dmitri 275
verdadeira vida de Sebastian Knight,
    A 210
Veresaev, Vikenty 245, 248
Viagem à Armênia 156
vida de um grande pecador, A 53
Vigdorova, Frida 188
Vinogradov, Alexei 299
Vishnevskaia, Galina 285-6, 289
Volga-Volga 260
Volpin, Nadejda 147
von Meck, Galina 175
von Suppé, Franz 41
Voronezh Notebooks 166
Voroshilov, Kliment 254

W
Wallace, Mike 307
Washington Post, The 288
White, Katherine 220
Who is to blame? 90
Widmer, Sigmund 298
Wiedenfeld, George 224
Wilson, Edmund 214, 220
Winer, Bart 226
"Wolf, The" 155
Wordsworth, William 313

Y
Yanovskaia, Lidia 231
Yeltsin, Boris 306, 308

Z
Zamyatin, Evgeni 242
Zeibig, Woldemar 42
Zochtchenko, Mikhail 179, 269
Zoika, O apartamento de 249
Zvezda 179

Agradecimentos

Preciso agradecer a muitas pessoas pela ajuda inestimável para a pesquisa e a elaboração deste livro. Quero manifestar minha gratidão à escritora e tradutora Antonina Bouis, aos biógrafos Robert Calder e Michael Shelden, aos escritores Dave Carpenter, Myrna Kostash, Dave Margoshes e Yann Martel, que contribuíram lendo partes de meu manuscrito.

Estou também em dívida com meu marido, Wilfred, por suas brilhantes sugestões na revisão: elas foram providenciais, como sempre. Meu especial agradecimento a meus pais, de quem herdei o amor pela literatura.

Este livro não seria possível sem a ajuda financeira do Conselho para as Artes do Canadá e da Secretaria de Artes de Saskatchewan. Sou grata aos muitos bibliotecários e curadores de museus pela colaboração para minha pesquisa no Museu Tolstói de Moscou, no departamento de manuscritos da Biblioteca Estadual da Rússia, no arquivo estadual de Literatura e Artes da Rússia, na Coleção Berg da Biblioteca Pública de Nova York e na biblioteca da Universidade de Saskatchewan.

Este livro – composto em Charlotte Book
no corpo 11/14,5 – foi impresso sobre papel
Pólen Soft 80g/m² pela Geográfica Editora,
em Santo André – SP, Brasil.